교육사회학

Sociology of Education

교육 사회학

성낙돈 · 안병환 · 가영희 · 노재화 공저

동 문 사

머리말Preface

교육사회학은 교육적 현상과 문제에 대하여 사회적 시각과 관점에서 이해, 연구함으로써 교육활동이 보다 적절하고 효과적으로 이루어질 수 있도록 하는 데 기여하기 위한 학문이다.

교육은 사회적 역할과 기능을 가지고 있으며, 사회의 존속과 발전은 교육의 수준과 질에 크게 영향을 받는다는 점에서 볼 때, 교육과 사회는 불가분의 관계에 있으며 따라서 교육을 사회학적 맥락에서 고찰한다는 것은 무엇보다 중요하다. 교육사회학적 고찰은 교육적 문제를 분석하고 해결하는 데 기초가 되며, 궁극적으로 교육의 효과를 제고하여 사회발전을 앞당기는 데 핵심적 역할을 할 수 있는 촉매가 될 수 있다. 교육사회학은 특히 교육에 대하여 사회구조적인 접근방법을 통해 실증적으로 연구함으로써 교육적 현상과 문제를 과학적으로 분석하고 합리적으로 해결하는 데 필요한 안목과 상상력을 함양하는 데 효과적이다.

이 책은 교육사회학이 교직과목으로서 다루어야 할 내용 중 기본적인 것을 위주로 서술하였다. 이에 전반부에서는 교육사회학의 학문적 기초가 되는 접근방법과 이론을 소개하였으며, 후반부에서는 교육사회학적 연구 또는 응용의 대상이 되는 문제나 주제를 다루었다. 집필은 분담하였다. 1~4장은 안병환 교수가, 5~7장 및 9~11장은 가영희 교수가, 8장은 성낙돈 교수가, 12장은 노재화 교수가 담당하였다. 집필에서는 이 책이 교직과목의 수업에서 유용해야 한다는 점을 우선적으로 고려하였다.

아무쪼록 이 책이 교육사회학 연구의 관점과 방법을 이해하고, 나아가 교육적 문제를 해결하는 데 응용할 수 있는 역량을 배양하는 데 일조할 수 있기를 바란다.

이 책을 출판하는 데 수고해 주신 동문사 이중수 사장님과 임직원 여러분들에게 감사의 마음을 전한다.

2015년 8월
저자 일동

차 례Contents

제01장

교육사회학의 이해

교육사회학은 교육현상을 사회학적으로 연구하는 학문분야이다. 사회학적 연구는 사회현상을 과학적으로 기술, 설명, 예측하기 위하여 사회과정과 사회적 관계에 대한 이론을 발전시켜 나가려는 학문이다. 사회학은 단지 이론의 논리적 타당성 자체에 대한 믿음에 머무르지 않고, 이론의 타당성을 경험적 관찰, 특히 실증적 연구를 적극적으로 활용함으로써 검증하고자 한다. 즉, 사회학은 실증적 연구로 이론의 타당성 여부를 검증해 나감으로써 과학적 지식으로서의 위상을 추구하는 학문이다.

이 장에서는 먼저 교육사회학의 학문적 성격을 고찰하고 교육사회학의 발달과정을 개관한다. 마지막으로 교육사회학 연구의 주요 주제영역을 살펴본다.

01 교육사회학의 성격

교육사회학이란 교육을 '사회적 관계' 속에서 연구하는 것을 의미한다. 말하자면 이는 교육과 사회의 관계를 이해해 보려는 동시에 사회학적 관점에서 교육을 이해해 보려는 것이다. 이러한 접근방법은 교육에 대한 심리학적 접근 내지는 개인적 측면의 접근과는 달리 사회적 혹은 구조적 측면에서 접근해 보려는 것이다. 다시 말하면, 사회학은 대체로 사회 속의 집단에 강조점을 두고 있기 때문에 개인에 초점을 두어 인간의 행동을 연구하는 심리학과는 달리 집단의 구조와 기능을 분석하는데 관심을 두고 있다. 즉 사회학자들은 집단의 기원과 구성 및 이들의 상호관련성 등의 제 요인이 인간행동에 어떻게 관련되고 또 어떻게 작용하는가를 고찰한다(Prichard & Buxton, 1973).

그렇다면 교육사회학은 사회학자, 교육자, 학생 그리고 일반 시민들에게 어떤 도움을 줄 수 있는가?

사회학자들을 위해서, 교육사회학은 한 세대로부터 다음 세대로 문화가 전달되는 과정 그리고 사회질서가 어떻게 유지되며, 사회가 어떻게 변화하는가에 대한 기본적인 이해를 하는데 도움을 준다. 교육자들을 위해서, 교육사회학은 조직적, 문화적 그리고 개인상호 간의 요인들에 대해 의사결정을 하는데 도움을 준다. 일반 학생들을 위해서, 교육사회학은 사회학적 상상력을 발달시키는 데 도움을 준다. 즉 교육사회학적 관점에서 개인문제와 개인의 경험을 사회문제와 집단현상의 맥락에서 이해할 수 있다. 미래의 시민들을 위해서, 교육사회학은 교육정책과 국가의 경제·정치·사회생활사이의 관계를 이해하도록 한다(Parelius & Parelius, 1978).

교육사회학자들이 제기한 교육사회학에서의 주요 연구문제의 사례를 살펴보면 다음과 같다(Ballantine, 2001).

첫째, 학교교육에 관여하고 있는 학부모의 자녀가 더 성공적인 학교생활을 하는가?

둘째, 상이한 교수기법, 학습유형, 학급조직은 다양한 형태의 능력을 가진 학생들에게 얼마나 효과적인가?

셋째, 일부 지역사회가 학교에 미치는 영향은 무엇이며, 이러한 영향력은 특히 어린 학생들의 사회화와 관련하여 학교의 의사결정에 어떻게 반영되는가?

넷째, 교사들의 전문성이 학교체제에 주는 영향은 무엇인가? 교사채용 시험이 교사의 질을 높이는가?

다섯째, 기회의 평등과 인종차별 폐지와 같은 문제들이 학교에 어떻게 영향을 주는가? 소수민족의 학생들이 인종차별이 폐지된 학교에서 더 좋은 교육을 받을 수 있는가?

여섯째, 어떤 학생들은 그들에게 유익한 고용기회를 만들기 위해 더 많은 교육을 받고 있지 않는가?

일곱째, 교육은 잠재적인 수입에 얼마나 영향을 주는가?

이러한 물음은 교육사회학에서 어떤 분야가 주요 연구대상인지를 암시하기도 한다. 즉 이러한 물음에 내포된 문제의식이나 주안점은 교육사회학의 성격을 시사하고 있는 것이기도 하다. 따라서 교육사회학은 학부모의 참여와 자녀의 학교생활, 학생들의 능력에 미치는 요인, 학교와 지역사회, 어린이들의 사회화, 교사의 전문성 제고, 교육기회균등, 교육과 직업 및 수입 등의 주제나 분야를 중요한 연구과제와 문제로 보고 있다. 특히 소수민족 학생들의 교육부분은 다문화교육에도 시사하는 바가 크다 할 것이다.

이상에서 살펴본 교육사회학의 성격을 기초로 교육사회학의 개념을 알아보기로 하자.

교육사회학은 사회학의 과학적 연구방법에 의하여 교육현상을 연구하는 학문이다(Parelius & Parelius, 1978). 또한 교육사회학은 교육의 기능 및 현상을 사회학적으로 파악하려는 학문이다. 교육사회학은 교육현상을 사회적 관계 속에서 이해하려고 하며 이에 따라 교육현상과 관련된 집단, 집단 간의 이해관계, 집단체제의 영향력, 교육과정, 교사와 학생과의 관계와 기능을 이론적, 경험적으로 파악하는 학문이다. 요컨대, 교육사회학이 연구해야 할 기본적인 과제는 다양한 사회구조 속에서 교육이 존재하는 양상을 발견하는 것이다(한준상, 1996).

한편 김신일(2000)은 '교육이란 무엇인가' 하는 것이 교육학의 기본적 질문이라는 관점에서 본다면, 교육사회학은 '교육의 사회성'에 초점을 맞추어 교육이란 무엇인가라는 질문에 답을 얻으려는 지적인 활동이라고 정의한다. 즉 교육사회학은 사회현상으로서의 교육을 기술·설명·이해하는 활동이라는 것이다.

이상과 같은 관점에서 보면, 교육사회학은 사회학적 이론과 방법에 의해 영향을 받은 바 크다고 할 수 있다. 그렇다고 해서 교육사회학이 단순히 교육학과 사회학의 주변적 위치에 머무는 것이 아니라 독자적인 연구영역을 토대로 발전되고 있다.

요컨대, 교육사회학은 사회학에서 발견된 지식, 원리, 연구방법 등을 통하여 교육현상분석이나 교육의 과정을 이해하려는 학문으로 볼 수 있다. 다시 말하자면 교육사회학은 교육에 대한 사회학적 연구이다. 사회학이 인간의 상호작용과 그것이 인간행동에 미치는 영향에 관하여 과학적으로 연구하는 학문이라면, 교육사회학은 교육현상의 사회적 측면을 과학적인 방법으로 연구하는 학문이다. 즉 교육사회학은 교육과 인간, 집단, 조직 및 문화 등과의 상호관련성을 연구한다.

그러면 사회학적 관점은 우리의 삶에 어떤 도움을 주기에 우리들로 하여금 많은 관심을 갖게 하는가? 그 이유를 다음과 같이 요약할 수 있다.

첫째, 사회학은 다양한 관점에서 사회세계를 보도록 한다. 만일 우리가 자주 다른 사람들이 어떻게 살고 있는가를 적절히 이해한다면, 우리는 그들의 문제가 무엇인지를 보다 더 잘 이해할 수 있을 것이다. 또한 어떤 정책 입안·시행하는 경우에 해당 정책이 그 정책의 영향을 받는 사람들의 생활양식에 대한 이해에 기초하지 않는다면 그 정책이 성공할 가능성이 매우 적다. 이처럼 사회학은 문화적 차이를 인식할 수 있는 힘을 기르는데 도움을 준다.

둘째, 사회학적 연구들은 정책의 내용과 결과를 평가하는 데 실질적인 도움을 준다. 즉, 사회학적 연구들은 사회현상에 대한 이해를 통하여 정책효과를 평가할 수 있는 안목을 기른다.

셋째, 어떤 점에서 가장 중요한 것으로, 사회학은 우리에게 자기계몽을 하게 한다. 즉, 사회학은 왜 우리가 어떤 행동을 하고 있는지 또한 우리는 우리 사회가 전체적으로 어떻게 움직이고 있는가를 잘 알 수 있게 한다. 자기계몽이 이루어지는 집단은 사회학적 연구로부터 도움을 얻고 여러 정책들에 대해서 효율적으로 대응할 수 있거나 자신들이 주도하는 정책들을 만들 수도 있다.

넷째, 무엇보다도 사회학은 사회학적으로 사고하는 것을 가르쳐 준다. 다시 말하면, 사회학적으로 생각한다는 것은 주어진 문제를 넓은 관점에서 바라볼 수 있는 능력을 기르는 것을 의미한다. 즉 사회학적 상상력은 미국의 사회학자인 밀즈(C. W. Mills, 1959)가 강조한 '사회학적 상상력'을 말한다. 사회학적 상상력은 우리의 일상적인 삶을 새롭게 볼 수 있도록 한다. 가령 커피를 생각해 보자. 커피가 피로회복제인가 아닌가, 또한 커피에 카페인의 함유 정도 등을 알아 보는 것도 중요하지만 커피를 통한 만남, 그리고 그 만남을 통한 사회적 상호작용은 어떻게 이루어지고 있는가를 알아보는 것도 필요하다. 커피의 생산, 수송과 분배는 수천 마일 떨어져 있는 사람들을 지속적으로 거래하게 한다. 이와 같이 사회학적 상상력을 통하여 단지 개인들과 관련된 것처럼 보이는 많은 사건들을 공적인 일로 보게 함으로써 문제해결을 촉진시키고, 하나의 단순한 현상을 통하여 다양한 사회적 관계를 이해하도록 함으로써 결국 생산적 사고를 촉진시킨다(Giddens, 1989).

이러한 사회학적 관점을 토대로 교육사회학을 생각한다면, 먼저 교육사회학은 교육에 영향을 미치는 문화의 차이를 이해하게 하고 둘째, 교육정책결과를 평가할 수 있는 안목을 기르며, 셋째, 교육에 대한 사회학적 상상력을 기르게 하여 사회통합을 통한 공동체 정신을 일깨우는 데 도움을 준다.

이처럼 교육자들은 교육사회학을 더욱 잘 이해할수록 다양한 문화적 배경을 가진 학생 지도방법에 도움을 얻게 될 뿐만 아니라, 문화의 다양성에 대한 이해 정도와 균형감각을 높일 수 있다. 그리고 교육정책을 보다 종합적이고 체계적으로 평가할 수 있는 안목을 가지고 바람직한 교육여론 형성자로서뿐만 아니라 교육정책 입안자로서 적극적으로 참여할 수 있다.

이와 같은 맥락에서 교사들이 교육사회학을 더 연구해야 할 필요성이 제기된다. 교육사회학 연구의 필요성을 더 구체적으로 살펴보면 다음과 같다(Prichard & Buxton, 1973).

① 오늘날 교사들은 그 어느 때보다도 개념의 도구와 사회적 기술을 갖추고 있어야 한다. 왜냐하면 교사는 다양한 사회계층과 각기 다른 환경을 가진 가정의 학생들을 대하고 가르쳐야 하기 때문이다.

② 학교나 지역사회 또는 학생을 이해하는 데 있어서는 교육심리학, 교육철학 또는 교육사 등의 단독 연구보다는 교육사회학적 이해를 함으로써 이들에 대한 보다 총괄적인 개념을 가져다 주어야 한다.

③ 교육사회학은 과학적 지식과 연구의 방법 및 기술을 가지고 집단행동을 다루고 있는 주요 과목의 하나이다.

④ 교육사회학은 교육자의 교수행위와 태도에 있어서 편견을 피하도록 하는데 도움을 준다. 왜냐하면 교육사회학은 다양한 문화를 이해하는 데 초점을 두기 때문이다.

⑤ 정책수립에 관여하는 교육자들은 교육사회학 연구를 통해서 교육에 영향을 주고 있는 사회적 압력과 사회체제에 영향을 주는 방법에 대한 지식을 얻을 수 있다. 지역사회 내의 어떤 집단성원들의 행위와 태도에 대한 지식은 학교체제를 통하여 사회에로 이행되는 사회변동의 과정을 원활히 이끄는데 도움을 준다.

⑥ 모든 교육자들은 교육사회학 연구를 통해서 수행되고 있는 각각 다른 역할에 대하여 보다 나은 견해를 얻을 수 있다.

⑦ 교육사회학은 교육심리학 및 교육철학과 더불어 교육자에게 어떤 집단에는 적용이 가능하고 또 어떤 집단에는 적용이 가능하지 않다는 정책적 판단의 준거를 마련하여 준다. 정책수립에 있어서 교육사회학은 학교와 지역사회가 성취하려는 목적과 목표를 판단하는데 도움이 된다. 또한 이 분야는 학교프로그램의 결과로 생기는 사회적 행위를 결정하는 데 도움을 준다. 교육심리학은 개인의 학습적 능력을 판단하는데 도움을 주지만, 교육사회학은 어떤 교육적 프로그램에 포함되는 집단행동의 목표를 결정하는 데 도움을 준다.

이 외에도 교육사회학 연구의 필요성을 다음과 같이 설명하기도 한다(Ballantine, 2001). 즉 학교들이 직면한 여러 문제들이 가까운 장래에 개선될 수 있을까? 학교가 직면하고 있는 문제들은 곧 사회에서의 문제들을 반영한다. 사회학적 방법과 이론들은 학교가 직면하게 될 문제들을 이해하는 데 공헌하게 될 것이다. 학교는 분열된 사회를 통합시키는 곳이며, 역할을 잘 수행할 수 있는 유능한 성인을 길러 낼 수 있도록 종종 기대되고 있다. 교육사회학은 학교, 학급 그리고 가족체계 뿐만 아니라 불평등에 영향을 미치는 요인, 아동의 학습과 성취에 영향을 미치는 비학구적 요인과 기타 교육제도의 많은 영역을 이해하는 데 도움을 준다.

02 교육사회학의 발달과정

대체로 교육사회학은 1883년 워드(L. Ward)의 「역동적 사회학」(Dynamic Sociology)에서 비롯되었다고 보고 있다. 여기서 교육이란 인간진보와 사회변화의 주요 원천으로서의 교육의 중요성을 강조하였다. 그리고 1899년 듀이(J. Dewey)의 「학교와 사회」(The School and Society)가 출간됨으로써 교육사회학 발달의 활력소가 되었다. 그러나 많은 사람들은 뒤르켐(E. Durkheim, 1922 & 1925)을 교육사회학의 창시자라고 말하기도 한다. 그는 교육의 기능을 사회적인 것으로 간주하면서 교육은 사회학과 밀접한 관련을 맺고 있다고 주장하였다. 따라서 교육이란 아동을 사회화시키는 것이며 미성숙한 개인적 존재를 사회적 존재로 변화시키는 것이라 하였다. 그의 주요 저서로는 「교육과 사회」(Education and Society)와 「도덕교육」(Moral Education) 등이다. 이러한 과정을 거친 교육사회학은 20세기 초 대학에서 강좌가 개설됨으로써 더 한층 발전하게 되었다.

그런데 초기의 교육사회학의 발달과정에서 '교육적 사회학(Educational Sociology)'과 '교육의 사회학(Sociology of Education)'이란 명칭에 대해 어떤 것이 타당한 것인가에 대한 논란이 있었다. 이를 간단히 비교하면 다음과 같다.

먼저 교육적 사회학은 수잘로(H. Suzzallo)가 1907년 콜럼비아 사범대학에 강좌를 개설해서 강의를 시작하였고 이후 1940년대까지 미국 교육사회학의 주류를 이루었다(Calhoun, 2008). 이 분야는 전적으로 교육학에 속한다고 보고, 교육적 문제를 풀 수 있는 유용하고 실용적인 내용을 강조하여 사회학의 지식을 교육실천에 응용하려는 실천지향적 연구이다. 특히 교육을 사회진보의 한 수단으로 봄으로써 학교는 변화의 한 대행기관으로 공헌해야 한다고 본다. 따라서 일반대중의 요구가 학교의 목표와 교육과정에 반영되어야 한다는 것이다.

교육의 사회학은 1950년대 이후 브루코버(W. Brookover, 1957) 등을 중심으로 교육체제의 사회적 과정에 대해 분석·적용을 시도하였다. 이 분야는 전적으로 사회학에 속한다고 보고, 교육현상에 대한 탐구를 통하여 사회학의 지식과 이론을 넓히려는 이론지향적 연구이다. 기능적으로 볼 때는 과학적 방법을 통한 이론적 지식의 성취를 강조한다. 또한 사회학을 주축으로 하여 교육연구를 위한 교육종사자나 행정가의 훈련에 관심을 둔다. 그리하여 교사나 기타 교육관계자에게 필요한 사회학적 방법과 기술을 부여하는데 초점을 둔다. 그리고 사회 안에서 일어나는 사회적 상호작용의 유형과 사회적 역할 및 집단 간의 상호관련성에 관심을 둔다.

교육적 사회학과 교육의 사회학을 비교해보면, 교육적 사회학과 교육의 사회학은 모두 교육을 과학적으로 연구하려고 하였다.

첫째, 교육적 사회학은 교육적 문제를 강조한 교육학에 속한다고 본 반면, 교육의 사회학은 사회적 문제를 강조한 사회학에 속한다고 본다.

둘째, 교육적 사회학은 실천지향적 응용과학으로 도덕적·철학적 지향을 하는 반면, 교육의 사회학은 학문지향적 순수과학으로 사회적 유형 지향이다.

셋째, 교육적 사회학은 교육체제에 사회적 원리를 적용하는 반면, 교육의 사회학은 교육현상을 통해 사회학의 지식과 이론을 확장한다.

이와 같이 교육학자나 사회학자의 초점의 차이가 없었던 것은 아니었으나, 1960년대에 이르러 교육적 사회학이란 명칭이 교육의 사회학으로 바뀌어 오늘에 이르고 있다. 그러나 오늘날에는 우리는 이들을 교육적 사회학이니 교육의 사회학으로 분리하여 부르기보다는 교육사회학이라고 부르고 있다.

한국에서 교육사회학 강좌가 처음으로 개설된 것은 1952년 9월 서울대학교 사범대학이었으며, 이때는 선택과목의 하나로 개설되었다가 1954년에는 서울대학교 사범대학 모든 학생들이 수강해야 하는 필수과목으로 지정되었다. 1955년에는 중등학교 교사자격취득을 위한 교직과정의 한 과목으로 포함되었으며 이후 많은 대학들이 교육사회학 강좌를 개설하였다(김신일, 2000).

그러나 1970년대에 접어들어 정부가 추진하고 있던 새마을운동에 보조를 맞추기 위해 교직과정의 필수과목으로 교육사회학을 빼고 학교와 지역사회라는 강좌를 신설하였다. 그러다가 1985년에 교직과정이 개편되면서 학교와 지역사회강좌는 폐지되고 교육사회학이 다시 자리를 잡게 되어 오늘에 이르고 있다.

03 교육사회학의 연구영역

한 학문의 연구영역을 간단히 제시한다는 것은 대단히 어려운 일이다. 왜냐하면 과거에는 어느 학문이라 하면 대체로 고유의 영역 속에서 접근되고 연구되어 왔으나 최근의 경향은 한 현상에 대하여 다학문적 접근 또는 학제간 접근(interdisciplinary approach)이 활발히 이루어지고 있기 때문이다. 여기서 제시하고자 하는 교육사회학의 연구영역은 앞에서 기술한 교육사회학 성격 속에 포함된 부분도 있다. 따라서 여기서는 교육사회학관련 학술지나 서적에 주로 많이 등장하는 개념을 중심으로 간략하게 제시해 보고자 한다.

교육사회학의 연구 영역과 연구 주제는 다양하다. 참고로 미국의 대표적인 교육사회학 관련 학술지인 *Sociology of Education* (1982–1994)에 수록된 논문을 중심으로 많이 연구된 연구주제를 살펴보면 다음과 같다.

먼저 1980년대의 주요 연구내용을 보면 다음과 같다.

① 학교교육의 효과연구

② 과제, 학업성취에 관한 학생들의 노력
③ 교육과정과 중류층
④ 학생들에 대한 교사의 기대
⑤ 교육적 성취의 분석
⑥ 과잉교육과 실업
⑦ 인간화로서의 사회화
⑧ 중등학교에서의 대인관계에 미치는 영향
⑨ 자녀의 학교적응에 관한 어머니의 전략
⑩ 학교팽창과 교육의 질
⑪ 능력별 집단화의 효과
⑫ 문화 및 재정이 성취도에 미치는 효과

다음으로 1990년대의 주요 연구내용을 보면 다음과 같다.

① 조직과 불평등
② 교육·직업·수입관계
③ 흑인청소년의 태도형성에 미치는 영향
④ 학생의 특성과 또래집단 형성과정
⑤ 또래와 부모가 학생의 지속성에 미치는 영향
⑥ 학급에서의 일탈행위
⑦ 교육과정통제와 학급수업
⑧ 교과서내용 평가
⑨ 전문가(교사·교수)·행정가·부모관계
⑩ 학교가 고등학생의 초기 직업에 미치는 영향
⑪ 교육·사회계층·집단활동에의 참여
⑫ 학교조직이 교사의 능률성과 만족도에 미치는 영향
⑬ 교육과정에 대한 사회학적 해석
⑭ 잠재적 교육과정(언어)에 관한 연구
⑮ 이웃이 교육적 성취에 미치는 영향

⑯ 학교수업을 위한 학생조직
⑰ 고등학교 교사들의 자기지각에 미치는 영향
⑱ 대중교육의 세계적 동향

2000년대 초까지 교육사회학과 관련된 국내외의 학술지를 종합적으로 분석한 연구(차경수 등, 2001)에 의하면, 한국, 미국 그리고 일본의 교육사회학에서 가장 많이 취급하고 있는 개념은 다음과 같다.

표 1-1 한국 및 미국, 일본의 교육사회학 연구에서 가장 많이 취급하고 있는 개념

한 국	미국 및 일본
1. 지역사회의 학교	1. 사회계급
2. 문화	2. 교사론
3. 가정	3. 인종문제
4. 지역사회	4. 학교의 사회적 성격
5. 사회계층	5. 문화
6. 동배집단	6. 교육환경
7. 학교조직	7. 성차별주의
8. 교육의 사회적 성격	8. 교육제도
9. 사회변동	9. 사회계층이동
10. 사회화	10. 사회적 지위
11. 교육개혁	11. 사회변동
12. 사회교육	12. 능력별 집단
13. 교육사회학의 성격	13. 역할
14. 교육사회학의 연구방법	14. 학급의 사회적 성격
15. 학교의 사회적 과정	15. 문화실조 아동
16. 교사론	16. 교육의 사회적 목적
17. 정치와 교육	17. 사회통제
18. 경제와 교육	18. 사회구조
19. 대중매체	19. 교육사회학의 연구방법
20. 사회통제	20. 교사－학생관계
21. 사회정의와 교육	21. 교육정책
22. 기능론과 갈등론	22. 지역사회학교
	23. 교사－행정가 관계
	24. 교육개혁
	25. 문화적 다원주의

출처: 차경수 등 (2001). 교육사회학의 이해. 서울: 양서원

김경식과 안우환(2003)은 1990~2002년까지의 12년간에 걸쳐 학술지 교육

사회학 학술지에 발표된 논문을 분석하였다. 이 연구는 교육사회학에서 주요 연구 주제가 무엇인가를 이해하는 데 많은 도움을 주고 있다. 이들 중 주요 영역과 빈도를 제시하면 <표 1-2>와 같다.

표 1-2 한국 교육사회학회 학술지에 나타난 주요 연구주제 영역

주요 영역	논문 수
교육과 평등(사회적 지위획득)	41
학교사회와 학업성취	31
교육정책과 제도	30
공교육의 문제, 교육개혁	30
교육학, 교육사회학의 성격, 발달, 이론	29
교육열, 학력사회	29
청소년문제와 문화	25
페미니스트(여성)	23
교사교육, 교직사회	19
진로교육	16
정보화 사회, 미래사회	13
평생(사회)교육	9
가족구조, 관계	8
교육과정사회학	7
민주시민교육	7
문화, 환경교육	6
통일교육	6
기타	8

출처: 김경식, 안우환 (2003). 한국교육사회학의 연구 동향 분석

<표 1-2>에 나타난 바와 같이, 최근 우리나라 교육사회학회지에 수록된 연구의 주제들 중 가장 빈도가 높은 것이 '교육과 사회적 지위획득' 영역이다. 여기에서는 주로 교육기회, 노동시장, 사회적 평등과 불평등, 사회계층, 사회이동, 학교교육의 역할 등의 주제가 중심을 이룬다. 다음으로 연구의 빈도가 높은 것은 학교사회와 학업성취 영역이다. 여기서는 주로 교실문화, 교사 학생 상호작용, 학업성취, 학교효과, 학교풍토, 학교장의 리더십 등의 주제가 중심을 이룬다.

참고문헌

김경식, 안우환 (2003). 한국교육사회학의 연구동향분석. *교육사회학연구*, 13(2).

김신일 (2000). *교육사회학*. 서울: 교육과학사.

차경수 등 (2001). *교육사회학의 이해*. 서울: 양서원.

한준상 (1996). *신교육사회학*. 서울: 학지사.

Ballantine, J. H. (2001). *Sociology of Education* (5th ed.). NJ: Prentice Hall (김경식, 이병환 역, 교육사회학, 서울: 교육과학사, 2005).

Brookover, W. (1957). *The Sociology of Education*. NY: American Book Company.

Calhoun, C. (2008). *Sociology in America: A History*. Chicago: University of Chicago Press.

Dewey, J. (1899). The school and society. In *Middle Works of John Dewey*, Carbondale, IL: Southern Illinois University Press, 1976, 1, 1-109.

Durkheim, E. (1922). *Education and Society* (S. D. Fox, Trans.). Glencoe, IL: The Free Press.

Durkheim, E. (1925). *Moral Education: A Study in the Theory and Application of the Sociology of Education* (E. K. Wilson, & H. Schnurer, Trans.). NY: The Free Press.

Giddens, A. (1989). *Sociology*. Cambridge: Polity Press (김미숙 역, 1994, 현대사회학. 서울: 을유문화사).

Mills, C. W. (1959). *The Sociological Imagination*. NY: Oxford University Press.

Parelius, A. P., & Parelius, R. J. (1978). *The Sociology of Education*. Englewood Cliffs, NJ: Prentice-Hall Inc.

Parsons, T. (1954). Social classes and class conflict in the light of recent sociological theory. In: *Essays in Sociological Theory*. Rev. ed. Glencoe.

Parsons, T. (1959). The school class as a social system: Some its functions in American society. *Harvard Educational Review*, 29(4): 297 - 318.

Parsons, T. (1991). *The Early Essays* (Essays from the late 1920s and the 1930s). Edited by Charles Camic.

Prichard, K. W., & Buxton, T. H. (1973). *Concepts and Theories in Sociology of Education*. Lincoln, Neb.: Professional Educators Publications (정우현 역, 1980, 교육사회학. 고려대학교출판부).

Ward, L. (1883). *Dynamic Sociology: or Applied Sociology as Based Upon the Statistical Sociology and the Less Complex Sciences*, Vol.1 & 2. D. Appleton and Co.

제02장

교육사회학이론

교육사회학은 교육현상을 이해하기 위하여 사회학적 접근방법을 적용·활용하는 학문이기 때문에 기본적으로 사회학적 이론에 기초한다. 이에 교육사회학에서의 이론적 발달과정은 사회학에서 발전된 주요 이론에 기초하여 발전되어 왔다. 교육사회학 이론은 1950년대에 이르기까지 구조기능주의적 접근이 주도적이었으나 1960년대에 갈등주의적 접근방법이 대두되었고, 곧 이어 신교육사회학적 접근이 도입되었다.

교육사회학은 사회를 보는 시각이나 관점에 따라 거시적 수준으로 접근하는 방식과 미시적 수준으로 접근하는 방식이 있다. 거시적 접근방식은 교육현상을 사실중심으로 보며, 미시적 접근방식은 교육현상을 관계중심적으로 본다. 거시적 접근은 기능주의적 관점과 갈등주의적 관점으로 구분하고, 미시적 접근에는 해석학적 관점과 신교육사회학적 관점으로 나누었으며, 기능주의적 관점에 속하는 이론으로는 초기 합의론적 기능주의, 인간자본론, 근대화 이론이 포함될 수 있고, 갈등주의적 관점에 속하는 이론으로는 사회재생산이론, 종속이론, 급진적 저항이론을 들고 있다. 그리고 해석학적 관점에 속하는 이론은 상호작용 이론과 민속방법론을 제시하였다.

이 장에서는 먼저 구조기능주의 이론에 대해 살펴보고, 다음에 갈등주의 이론에 대해 알아보고자 한다.

01 구조기능주의 이론

구조기능주의(structural-functionalism)이론은 기능주의, 합의이론, 균형이론 등으로 부르기도 하는데, 1940년대 사회학적 분석의 일부로 등장하였다. 1950년대에 절정을 이루어 이 기간 동안에 이 이론은 대부분 사회학자들의 표준적인 이론이었고 다른 이론들의 도전도 거의 받지 않았다. 그러나 1960년대에 기능주의는 심각한 도전을 받게 되었고, 점차 그 적합성에 심각한 의문이 제기되었다.

1) 구조기능주의의 사회관

기능론자들은 사회를 생물유기체에 비유하여 인간의 인체가 눈, 코, 귀, 입, 폐, 손, 발과 같은 호흡기관, 소화기관, 순환기관 등 여러 기관이 인체를 유지하기 위하여 각각의 맡은 바 기능을 수행함으로써 인체의 생존과 활동을 가능하게 하듯이 전체 사회는 몸이고 사회 내의 개인이나 학교, 기업, 병원, 정당 등과 같은 구성요소는 손, 발, 위, 폐, 세포 등에 해당하는데, 이들은 각각 맡고 있는 기능을 순조롭게 수행함으로써 전체 사회는 질서, 안정, 균형, 통합을 유지하게 된다고 본다.

기능주의에서 보는 사회에 대한 관점은 모든 개인들에게 균등한 기회를 제공하는 사회로서 개인의 노력과 능력에 따라 사회적 지위, 경제적 수준이 결정되는 자유경쟁사회로 본다. 따라서 사회구성원들은 이러한 사회구조에 대하여 합의하고 긍정적으로 수용하고 있다고 본다. 계급불평등은 사회적으로 기능적이고 긍정적이며 직업적 지위와 경제적 지위는 개인의 업적과 성취수준에 의해 결정되며, 고도로 훈련된 인력과 전문가를 필요로 하는 사회이고 교육받은 사람이 사회전체의 경제발전에 기여한다.

구조기능주의의 특징을 핵심 용어를 중심으로 살펴보면 다음과 같다(Parelius & Parelius, 1978).

첫째, 구조(structure)와 기능(function)이다. 기능주의자들은 사회란 많은 부분들로 구성되어 있는 것으로 간주한다. 이러한 부분들은 그 사회의 구조를 이룬다. 이러한 부분들은 어느 정도 불일치한 면이 있으나 전체의 생존에 공헌한다는 입장을 취한다. 사회의 생존욕구가 그 사회의 제도, 규범 및 사회적 역할에 의해 어떻게 충족되는가를 보여주는데 관심이 있다.

둘째, 통합(integration)이다. 기능주의자들은 사회의 다양한 부분들은 서로 통합된다는 것을 강조한다. 사회의 한 부분에서 일어나는 변화는 모든 다른 부분에 영향을 미치게 될 것이다. 그러나 이러한 부분들이 바로 상호의존적으로 되지는 않지만 그들은 조정되고 보완된다. 그들은 다른 것들과 거의 반대되거나 갈등적인 위치에 있는 것이 아니라 각 부분은 대체로 사회뿐만 아니라 다른 것들의 활동을 지원한다.

셋째, 안정(stability)이다. 어떠한 사회도 완전히 정적인 사회는 없다. 기능주의자들은 적어도 어떠한 사회변화는 불가피하다는 점을 인정한다. 그럼에도 불구하고, 기능주의자들은 급진적이고 갑작스런 변화를 강요하는 것이라기보다는 상대적으로 사회가 안정을 유지하도록 한다는 점을 강조한다.

넷째, 합의(consensus)이다. 기능주의자들은 중요한 지각, 감정, 가치 및 신념에 대한 일치를 강조한다. 물론 사회는 합의의 성격과 정도에 따라 다양하다. 거대한 현대 산업사회에서 보다는 소규모 민속사회에서의 합의가 더 쉬울 것이다. 이러한 합의는 사회화를 통해서 이루어지며 현대사회에 있어서 사회화의 기능은 주로 가정과 학교에 의해서 수행된다. 그러나 이러한 합의이론은 사람들 사이의 유사성을 지나치게 강조하고 복합적이고 다원주의사회에서 존재하는 관심, 가치 및 신념을 무시하고 있다는 점에서 비판을 받고 있다.

2) 구조기능주의 교육

기능이론의 관점에서 보면 교육은 사회통합과 질서유지의 기능을 발휘하고 기존 사회의 규범과 가치를 전달한다. 학교교육을 통해서 사회적 구성원들로 하여금 사회적 역할을 원활하게 담당할 수 있도록 선발하여 배치하는 기능을 수행하고 있다고 보고, 개인의 노력과 능력에 의해 객관적인 증표를 인정하는 학력주의사회이며 적자생존의 사회라고 본다. 학교교육의 주요 기능은 선발·배치·분류의 기능으로 능력이 있고, 재능이 있는 사람을 선발하여 개인의 잠재능력을 계발하고 다양한 직업적 지위를 부여하며 적재적소에 인재를 배치하여 사회조직이 역동적으로 작용하여 사회가 활발하게 영위되도록 한다.

뒤르켐(E. Durkheim, 1925)은 교육을 사회의 하위체계로 파악하고, 학교교육의 핵심은 보편적 가치를 가르치는 도덕교육이라고 보았다. 뒤르켐은 교육은 사회화의 기능을 수행하고 학교교육은 사회적 기능을 수행하기 때문에 국가가 관여해야 하며, 교육은 천성이 비사회적인 존재를 사회적 존재로 만드는 과정으로 본다.

파슨스(T. Parsons, 1959)는 교육에 있어서 강조하는 것은 학생 개인의 성적이고, 이러한 성적을 기준 삼아 사회적 선발이 이루어지는 것으로 본다.

이상의 기능주의자들이 주장하는 학교교육에 대한 특징을 제시하면 다음과 같다(송병순 등, 2002).

첫째, 교육의 목적을 공민성 계발에 둔다.

둘째, 학교에서의 학생선발은 재능있는 사람을 분류, 선발하는 합리적 방법이다.

셋째, 교육내용에 대하여, 교육내용 구성의 과학성과 객관성 및 조직성을 강조하며 교육내용, 교육평가, 교육목표의 보편성 및 학업성취도의 측정을 강조한다.

넷째, 교육결과의 분배에 대하여, 학업성취정도에 따른 직업분배(능력주의 원칙) 및 학교 졸업장이 노동시장의 신용장이라는 입장이다.

다섯째, 학교사회에 대하여, 중앙집권적 교육체제는 의무교육의 연장과 교육기회의 확대에 기여하며 현행 학교는 민주사회의 가치에 적합하다. 뿐만 아니라 학교의 관료주의 체계는 교사의 평가, 선발, 승진의 보편적 기준을 제시하며, 학교의 위계적 관료주의적 조직이 중시하는 권위는 학생들로 하여금 객관적이고 합리적인 권위관계를 학습하게 한다. 기능주의자들이 교육과정의 보편성을 강조하는 것은 교육기회 균등화의 이념을 교육과정에 반영시키려는 노력이라고 볼 수 있다.

3) 사회화에 대한 구조기능주의 사회학자들의 입장

(1) 뒤르켐의 이론

뒤르켐(E. Durkheim, 1922 & 1925)은 근대적인 사회형태의 출현은 개인주의 팽창을 초래하며, 그 이행과정에서 통제임무를 수행할 사회규범이 해이해지는 문제가 발생하는 데 이런 현상을 아노미 상태로 보았다. 따라서 아노미 상태를 해소하기 위해서 인간의 도덕적 자율성을 계발해야 한다고 주장하였으며, 학교교육의 핵심은 사회의 보편적 가치를 가르치는 도덕교육에 있다고 주장하였다. 뒤르켐은 교육이 사회화의 기능을 수행한다고 보고, 학교교육은 사회적 기능을 수행하기 때문에 국가가 관여해야 한다고 보았다. 내면화가 사회가치규범의 보편화를 도모하여 사회통합을 가능하게 한다고 주장하였다. 즉 도덕적 사회화는 전체로서의 사회가 요구하는 것으로 한 사회의 공통적 감성과 신념 즉 집합의식을 새로운 세대에게 내면화시키는 것으로 이를 통해 사회는 그 특성을 유지하고 구성원의 동질성을 확보한다. 따라서 사회가 분화되고 전문화될 수록 사회의 동질성의 확보가 필요하므로 보편적 사회화는 더욱 요구된다.

(2) 파슨스의 이론

파슨스(T. Parsons, 1954 & 1959)는 사회화를 사회적 가치와 규범이 개인의 인성구조 속에 내면화되는 과정으로 보았다. 그는 가치체계와 행위체계가 사회체계와 함께 정립되면 사회는 통합되고 균형된 체계를 이룬다고 보았다. 사회체계는 개인 사이의 교섭에서 발생하는 관계이며 역할과 기대에 의해 수행된다. 사회가 분화되고 전문화됨에 따라 역할사회화가 매우 중요하다고 본다. 역할사회화란 아동들이 장차 성인이 되어 담당하게 될 역할수행에 반드시 필요한 것으로 정신적 자세와 자질을 기르는 것을 의미한다.

(3) 드리븐의 이론

드리븐(R. Dreeben, 1967)은 사회화의 내용을 좀 더 구체적으로 표현하여 사회적 규범이라고 규정하고 규범은 "상황별로 구체화된 행동의 표준으로써 개인들이 특정 상황에서 어떻게 행동해야 하는지를 지시하는 원칙, 전제 또는 기대들"이라고 정의한다. 요약하면 학교는 규범을 적절한 방법을 동원하여 학생들에게 내면화시키는 것이다(김신일, 2000).

드리븐은 학생들이 학교의 구조 속에서 생활하는 동안 산업사회의 일원으로 살아가는 데 필요한 규범인 독립의 규범, 성취의 규범, 보편주의의 규범, 예외의 규범이라는 네 가지의 주요 규범들을 배운다는 것이다. 독립의 규범이란 학문적 학습활동에 적용되는 규범으로 학교에서 과제를 스스로 처리하는 것인데, 자신의 행동에 대한 책임을 지게 함으로서 독립성을 습득한다. 성취의 규범은 학생들이 할 수 있는 최선을 다해 과제를 수행해야 한다는 전제를 받아들이며, 그 전제에 따라 행동할 때 습득된다. 보편주의의 규범은 학교에서의 동질성 확보를 위한 것으로 주로 동일연령의 학생들이 같은 학습내용과 과제를 공유함으로써 형성된다. 예외의 규범은 일반적으로 인정될 수 있는 개인의 특수한 사정에 따라 예외가 인정되는 것을 말하는 것으로 특수성 또는 특정성(specificity)의 규범이라고 할 수 있다. 이는 학생들이 학년이나 학교의 수준이 높아지면서 특정한 환경을 공유하며, 흥미와 적성에 맞는 분야에 한정하여 그 분야의 교육을 집중적으로 수행함으로써 습득하게 된다.

3) 구조기능주의 이론의 비판

구조기능주의는 존재하는 모든 사회조직을 기능적인 것으로 보고, 권력과 투쟁, 일탈행동을 범법행위 또는 병리현상으로 간주해버리며, 변화와 개혁보다는 현상유지(status quo)를 지지하는 보수적인 점에서 비판을 받는다. 구조기능주의적 교육과정은 여러 집단의 교육을 둘러싼 갈등의 가능성을 언급하지 않음으로써 교육과정의 공정성 확보과정에 대한 의문을 남기고 있다. 또한 학교교육에 대한 투입–산출을 중시한 나머지 결과의 측정에만 초점을 둔다는 비판을 받고 있다. 즉 노력과 능력에 의한 경제적·사회적 지위 획득이라는 자본주의 사회체제의 정당화 방식은 지배계층 위주의 이익을 유지하기 위한 정책과 교육이 이루어짐으로써 피지배계층이나 민중의 이익에 배치될 우려가 있으며, 학교교육이 인간성 상실과 인간소외, 사회불평등의 재생산과 사회정의의 부재라고 비판한다.

02 갈등이론

갈등이론(conflict theory)은 구조기능주의 이론이 자본주의 사회체제를 정당화하여 지배집단과 피지배집단의 양극화 현상을 초래했다는 구조기능이론의 허구성과 학교교육의 모순을 비판하며 1960년대를 전후하여 비판적으로 보는 급진론적 관점이 등장하기 시작하였으며, 1970년대에 들어서며 그 세력이 팽창하였다. 갈등이론은 마르크스(K. Marx, 1859)와 베버(M. Weber, 1947)의 이론과 사상에 뿌리를 두고 다렌도르프(R. Dahrendorf, 1968)와 아론(R. Aron, 1968a & 1968b) 등에 의해 발전되었으며, 월러(W. Waller, 1970)와 보울스와 진티스(S. Bowles & H. Gintis, 1976) 등에 의해서 제시되었다.

갈등이론적 기초는 마르크스와 베버에 의해 이루어졌다. 고전적 마르크스주의적 갈등이론은 역사의 발전을 유산계급과 무산계급 사이의 투쟁과 결과로 보고 생산수단의 사유재산 제도가 있는 한 계급 간의 대립과 갈등은 지속될 수밖에 없다고 본다. 계급 간 대립갈등의 해소를 위한 유일한 방법은 사유재산을 철폐하고 공산주의를 실시할 때 가능하다고 주장하였다(김신일, 2000).

1) 갈등이론의 사회관

갈등론자들은 사회를 인간과 인간의 관계체제로 본다. 인간의 사회적 관계는 조화와 질서를 이루고 통합과 균형을 유지하기도 하지만 분열과 대립의 관계로 또는 상반된 의견의 불일치와 적대적 관계로 발전하기도 한다는 것이다. 현 사회체제는 자본주의 경제구조를 재생산하기 위해 지배계급의 이익을 유지하고 강화하기 때문에 지배계급은 높은 사회경제적 지위를 정당화하게 되고 불평등한 계급구조를 더욱 심화시키게 되어 지배계급과 피지배계급 간에 갈등이 불가피하다는 것이다.

현대적 갈등이론에서는 희소가치의 재분배로 인한 불공정 분배에 의해 불평등한 사회가 되고, 그로 인해 갈등이 생긴다고 본다. 갈등의 궁극적 원인은 사회적 불평등이고 불평등과 부·권력·지위·명예 등 모든 사회적 가치들은 희소성이 있기 때문에 이들 사회적 가치를 둘러싼 경쟁과 갈등은 지속될 수밖에 없다고 본다. 이러한 관점에서 갈등이론은 사회적 가치의 평등분배를 가능하게 하는 사회적 재구조화를 강조하는 입장이다. 갈등이론의 목표는 인간성 회복을 지향하고 인간주의 정신을 기치로 비인간적인 것과 인간적인 것을 이원적 대립구조에서 비인간적인 것을 비판하고 인간적인 것을 존중하는 입장에 서 있다.

이종각(1996)은 갈등이론의 특징으로 다음과 같이 제시하였다.

첫째, 모든 사회는 변화지향적이다.

둘째, 모든 사회는 불일치와 갈등이 일어나고 있다.

셋째, 사회변화는 급진적이고 비약적으로 진행된다.

넷째, 사회의 각 집단은 경쟁적이며, 대립적인 관계를 가지고 있다.

다섯째, 일반적으로 사회가 선호하는 가치는 지배집단과 관련을 맺고 있다.

여섯째, 사회의 각 기관들은 지배집단의 이익에 봉사한다.

일곱째, 상호갈등의 원인은 재화의 희소성과 불평등한 분배에 기인한다.

기능주의자들이 기능적 통합, 중핵가치 및 사회안정에 초점을 맞추고 있는데 비해, 갈등론자들은 사회 내에 잠재되어 있는 갈등, 변화 및 강압에 초점을 두고 있다. 갈등이론의 특징을 보면 다음과 같다.

첫째, 갈등(conflict)이다. 사회제도와 집단은 보통 다른 사람들과 상충된 목적으로 활동한다. 권력집단의 이해관계는 지배를 받는 사람들의 이해관계와 첨예하게 대립된다. 따라서 갈등은 각 집단이 지배를 위해 투쟁함으로써 보편적이 된다. 이러한 갈등은 가끔 조용히 일어나기도 하지만 종종 공개적으로 일어나기도 한다.

둘째, 변화(change)이다. 집단들 간의 끊임없는 권력투쟁은 끊임없는 변화를 가져온다.

셋째, 강압(coercion)이다. 투쟁과 변화가 일어나는 동안에 어떠한 특정 집단이 권력을 충분히 강화하려 할 때는 항상 일시적인 안정과 사회질서기간을 유지하려 한다. 이러한 강압은 단지 힘만을 사용하여 강압하려는 것이 아니다. 지배집단은 선전과 교화와 같은 방법을 사용하기도 한다(Parelius & Parelius, 1978).

2) 갈등이론의 교육

갈등이론적 관점은 사회나 교육을 규정하는 방법에 있어서 기능주의와는 근본적으로 입장을 달리한다. 갈등이론에 의하면, 학교는 지배층의 문화를 전수하여 교육을 통한 평등사회의 실현보다도 불평등을 영속화시킬 수 있다는 것이다. 따라서 학교의 주요 활동은 교실 안에서와 교실 바깥에서 모두 특정한 지위문화(status culture)를 가르치고 있다는 것이다.

보울즈와 진티스는 자본주의 생산관계를 학교를 통하여 재생산하고 있다는 점을 대응원리(correspondence theory)로써 설명하고 있다(Bowles & Gintis, 1976). 이 원리는 위계적인 노동의 분화에 대응하는 학교의 위계적인 사회관계는 교장과 교사, 교사와 학생 사이에 이르는 학교구성원들 사이의 수직적인 권위체계에 반영되어 있다는 것이다.

교육에 대한 갈등론적 관점을 간단히 제시하면 다음과 같다(송병순 등, 2002).

첫째, 교육의 목표를 인간성 회복에 두고 있다.

둘째, 학생선발에 대해서, 기능주의의 능력주의적 원칙은 이론적 허구이며 인간능력을 객관적으로 측정할 수 있는 과학적 도구의 미비와 현행 학생선발 도구의 내용에는 문화적, 계층 간의 편협성이 존재한다.

셋째, 학교체제에 대해서, 학교체제의 관료화는 민주적 가치실현에 부적합하며 학교조직의 관료화는 인종, 계급 그리고 성별에 근거한 불평등을 영속화하고 있다. 또 중앙집권적이며 획일적 학교체제의 운영은 인간을 수동적 존재로 만들고 있다. 따라서 학교에서의 지시·명령구조는 구성원들의 창의성을 저해할 우려가 있다.

넷째, 교육과정에 대해서, 학교에서 제공되는 교육내용에는 특정계층의 문화 내용으로 구성되었으며, 학교지식이 때로는 학습자, 교사, 학부모, 정책 당국자 사이의 갈등을 유발시키기도 하고, 사회적으로 제도화된 지식을 주입시키는 현행 주지주의의 교육은 평등화 실현에 위배된다.

다섯째, 잠재적 교육과정에 대해서, 관료주의적 위계로 인하여 인간을 수동적인 존재로 취급하고 있으며 상벌체계에 의한 통제는 복종심을 형성하며 권위주의적 억압은 유순한 성격을 형성시킨다.

여섯째, 학교 교육결과에 대해서, 사회계층에 따라 교육적 성취가 다르게 나타남으로써 불평등의 재생산과 자본주의 생산양식에 필요한 기술적, 지적 기능의 재생산 그리고 경제적 불평등이 정당화된다는 것이다.

3) 갈등이론 학자들의 관점

(1) 베버의 갈등이론

베버(M. Weber, 1947)는 마르크스의 영향을 많이 받았으며, 마르크스 이론을 비판하고 완성하려고 하였다. 베버는 사회적 관계를 권력관계로 보았고, 이 권력관계에서 갈등을 찾으려고 하여 베버의 갈등론을 권력갈등론으로 불리기도 한다. 마르크스는 가진 자와 못 가진 자 사이의 갈등, 즉 물질적인 갈등에 주목하고 있는데 반해 베버는 물질이 아닌 다른 종류의 생산수단, 즉 정당화를 만드는 지성적인 영역과 같은 것을 동원하고 비판하는 관계에서 비롯되는 조직 내 갈등에 주목하고 있는 것에 우선하는 것이고 보다 보편적으로 산재해 있는 갈등을 다루고 있다고 평가받고 있다(박영신, 1980). 또한 마르크스가 사회계급에 기초한 사회분석에 초점을 맞추고 있는데 반해, 베버는 사회집단이나 사회적 지위에 기초한 사회분석에 주안점을 두고 있다.

베버는 교육활동을 목적합리성을 추구하는 행위이며 목적합리적인 교육이 되는 것이 바람직한 것으로 보았다. 베버는 사회의 발전은 합리화의 과정이고, 교육은 이 같은 합리성(rationality)의 개발과 성숙을 목표로 하는 것이라고 주장하였다.

베버의 갈등론은 특히 오늘날 학력 인플레이션이나 과잉교육(over-education) 현실을 설명하는데 유용한 것으로 여겨지고 있다. 대표적으로 콜린스(R. Collins, 1979)는 학력 인플레이션이 제한된 사회적 지위를 놓고 경쟁을 벌이는 상황에서 교육을 통해 상대적 우위를 확보하려는 동기에서 야기되는 불가피한 양상으로 파악하고 있다.

(2) 짐멜의 갈등이론

짐멜(G. Simmel, 2009)은 사회를 상호작용의 체계라고 보았다. 사회란 그 구성원들 간의 상호관계로 표현되는 객관적 통합체이므로 사회관계의 분석, 상호작용의 과정이 사회학의 중심과제이다. 짐멜은 갈등도 상호작용으로 집단성원의 접촉 때문에 집단 내에서 발생하는 상호작용의 형식이라고 보았으며, 갈등은 서로 대응되는 둘 사이의 관계를 전제로 보았다.

짐멜은 갈등이 폭력적 갈등으로 격렬해지지도 않고 양극화되지도 않으며 폭력보다는 사회통합과 발전에 기여한다고 보았다. 즉 갈등은 집단 간의 불화와 일탈을 없애고 사회적 자원을 조직하고 조정하며 제삼자와의 새로운 관계를 발달시킨다. 갈등은 구성원들로 하여금 더욱 강한 충성심이 일어나게 할 수 있기 때문에 짐멜은 갈등의 긍정적 가치에 더욱 큰 비중을 둔다. 갈등은 죽음, 상해, 범죄, 해체적 효과의 부정적 가치도 있으나 균형, 안정,

통합, 창의성, 참신성을 발전시킨다는 것이다(김병성, 1990).

(3) 다렌도르프의 갈등이론

다렌도르프(R. Dahrendorf, 1968)는 사회적 질서가 사회체계들의 모순수준에 있는 다양한 형태의 '권위적으로 변증된 단체'에서 권위관계를 만들어내는 과정에 의해 유지되는 것으로 보았다. 권력과 권위는 희소자원이다. 이것 때문에 특정한 '권위적으로 조정된 단체' 내의 하위집단들이 경쟁하고 투쟁한다. 이런 까닭에 이 희소자원들이 그 제도화된 유형들에서의 갈등과 변동의 주요 원천이 된다는 것이다(김병성, 1990).

4) 갈등이론에 대한 비판

갈등이론은 학교교육을 통해서 사회적 불평등의 재생산, 특정문화와 이념의 표준화 등의 문제가 가중되고 있다고 지적한 것은 평가할 만하지만 갈등과 세력경쟁을 지나치게 강조한 나머지 교육이 사회적 결속력을 높이고, 국가적 공동체 의식을 높이는데 기여하는 점을 과소평가하고 있다. 뿐만 아니라 교육선발의 불평등 요소를 지나치게 강조함으로써 교육을 통한 능력과 재능의 선별을 제대로 인정하지 않았으며, 사회적 상승이동에 기여한 학교교육의 공적도 무시하려는 경향이 있다. 또한 갈등이론은 교육이 경제적 구조에 의해 일방적으로 결정된다는 경제적 결정론에 빠져 있다는 비판을 받고 있다.

표 2-1 구조기능이론과 갈등이론의 비교

특 징	구조기능이론	갈등이론
기초	A. Comte, H. Spencer, E. Durkheim, T. Parsons, W. F. Buckley, K. Davis, W. E. Moore, F. Tönnies	K. Marx, M. Weber, S. Bowles, H. Gintis, M. Carnoy, I. Illich, E. Reimer, R. Freire
기본 가정	• 모든 사회는 요소들이 잘 통합된 구조이다. • 사회는 비교적 안정된 구조를 가지고 있다.	• 모든 사회는 모든 면에 있어서 이견과 갈등을 보인다. • 모든 사회는 모든 면에 있어서 변화 과정을 겪는다.

특 징	구조기능이론	갈등이론
	• 사회의 모든 요소들은 체제유지 기능을 가지고 있다. • 사회구조는 그 구성원 간의 가치에 대한 합의에 토대를 두고 있다.	• 사회의 모든 요소는 와해와 변동에 기여한다. • 모든 사회는 구성원의 일부에 의한 다른 일부의 강제에 토대를 두고 있다.
기본 요소	구조와 기능, 통합, 안정, 합의	갈등, 변동, 강압
교육에 대한 견해	전체 사회의 한 하위체제로서 사회의 존속을 위한 기능을 수행한다.	지배집단의 문화를 정당화하고 주입하며, 기존 계층구조의 재생산을 정당화한다.
공통점	• 교육은 정치, 경제적 구조의 종속변수로만 인식되고 있다. • 교육을 설명하는 데 교육의 본질이 아닌 외적 기능에만 초점을 두고 있다.	

표 2-2 구조기능이론과 갈등이론의 학교교육에 대한 관점 비교

1) 구조기능이론의 관점

① 학교는 사회의 안정과 질서에 기여하는 제도라고 본다.
② 학교는 사회에서 요구하는 기술, 지식 등과 공동체 의식을 전수한다고 본다. 즉 학교에서 전수하는 교과내용은 사회구성원들의 합의에 의한 것이라고 본다.
③ 학교교육이 기술훈련을 통하여 국가의 경제성장과 발전 그리고 인간의 자아실현에 결정적인 역할을 한다고 본다.
④ 학교는 사회구조의 모순을 해결하여 주며 사회평등화를 도모한다. 즉 교육기회의 균등화를 통하여 삶의 기회를 공평하게 해줄 수 있다는 의미에서 교육이 사회적 불평등을 해소할 수 있다고 본다.
⑤ 교육은 독립적이며 자율적이라는 자유주의적 이데올로기에 근거하고 있다고 본다.
⑥ 학교는 개인의 재능과 노력에 따라 공정한 평가를 하며 아울러 정당한 사회적 보상이 주어진다고 본다.

2) 갈등이론의 관점

① 학교는 기존의 위계질서를 공고히 하고 지배계급의 이익에 종사하는 기구라고 본다.
② 학교에서 가르쳐지는 내용은 지배계급의 문화와 이익에 밀접히 관련되어 있다고 본다.
③ 학교는 지적 기술보다 지배계층이 선호하는 가치관, 규범, 태도 등을 은밀히 강조한다고 본다.
④ 학교가 기존의 질서를 재생산함으로써 사회의 불평등을 영속화한다고 본다.
⑤ 학교에서 인간을 강요하고, 억압함으로써 타율적이고 수동적인 존재로 전락시키고 있다고 본다.
⑥ 학교가 피지배층에게 기존의 불평등 위계구조에 순응하도록 강요하는 이데올로기적 기관이라고 본다.

참고문헌

김병성 (1990). 교육사회학 신강. 서울: 학지사.

김신일 (2000). 교육사회학. 서울: 교육과학사.

박영신 (1980). 갈등의 사회학. 서울: 까치.

송병순 등 (2002). 교육사회학. 서울: 문음사.

이종각 (1996). 교육사회학총론. 서울: 동문사.

Anderson, B. C. (1998). *Raymond Aron: The Recovery of the Political*. Rowman & Littlefield.

Aron, R. (1968a). *Main Currents in Sociological Thought 1*. New York.

Aron, R. (1968b). *Progress and Disillusion*. New York.

Bowles, S., & Gintis, H. (1976). *Schooling in Capitalist America: Educational Reform and the Contradictions of Economic Life*. NY: Basic Books.

Bowles, S., & Gintis, H. (1981). Contradiction and reproduction in educational theory. In Len Barton (ed.), *Schooling, Ideology, and Curriculum*. Sussex: Falmer Press.

Bowles, S., & Gintis, H. (1986). *Democracy and Capitalism: Property, Community, and the Contradictions of Modern Social Thought*. NY: Basic Books.

Buckley, W. F. (1967). *Sociology and Modern Systems Theory*. Prentice Hall.

Carnoy, M. (1974). *Education as Cultural Imperialism*. NY: McKay.

Collins, R. (1979). *The Credential Society: A Historical Sociology of Education and Stratification*. NY: Academic Press.

Collins, R. (2009). Functional and conflict theories of educational stratification. *American Sociological Review*, 36(6), 1002-1019.

Comte, A. (1856). *A General View of Positivism* [Discourssur l'Esprit positif 1844]. London.

Comte, A. (1858). *The Positive Philosophy*. New York.

Dahrendorf, R. (1959) *Class and Class Conflict in Industrial Society*. Stanford: Stanford University Press.

Dahrendorf, R. (1968). *Essays in the Theory of Society*. Stanford: Stanford University Press.

Davis, K., & Moore, W. E. (1945). Some principles of stratification. *American Sociological Review*, 10(April), 242-249.

Dreeben, R. (1967). *On What Is Learned in School*. Reading, MA: Addison-Wesley.

Durkheim, E. (1922). *Education and Society* (S. D. Fox, Trans.). Glencoe, IL: The Free Press.

Durkheim, E. (1925). *Moral Education: A Study in the Theory and Application of the Sociology of Education* (E. K. Wilson, & H. Schnurer, Trans.). NY: The Free Press.

Giddens, A. (1971). *Capitalism and Modern Social Theory: An Analysis of the Writings of Marx, Durkheim and Max Weber*. Cambridge University Press.

Gintis, H. (1971). Education, technology, and the characteristics of worker productivity. *American Economic Review*, 61(2), 266-279.

Heer, D., & Davis, K. (2005). *Kingsley Davis: A Biography and Selections from His Works*. Transaction Publishers.

Illich, I. (1971). *Deschooling Society*. Harper and Row.

Marx, K. (1859). *A Contribution to the Critique of Political Economy.* Progress Publishers. Moscow.

Moore, W. E. (1964). *Social Change*. Prentice Hall: NJ.

Parelius, A. P., & Parelius, R. J. (1978). *The Sociology of Education*. Englewood Cliffs, NJ: Prentice-Hall Inc.

Parsons, T. (1954). Social classes and class conflict in the light of recent sociological theory. In *Essays in Sociological Theory*. Rev. ed. Glencoe.

Parsons, T. (1959). The school class as a social system: Some its functions in American society. *Harvard Educational Review*, 29(4), 297-318

Parsons, T. (1991). *The Early Essays* (Essays from the late 1920s and the 1930s). Edited by Charles Camic.

Reimer, E. (1971). *School is Dead: Alternatives in Education*. Publisher: Penguin.

Simmel, G. (1908, 2009). *Sociology: Inquiries Into the Construction of Social Forms*. Translated and edited by A. J. Blasi, A. 0K. Jacobs, M. Kanjirathinkal. NY: Koninklijke Brill. (Originally published in 1908 in Leipzig by Verlag von Dunker &

Humblot.)

Simmel, G., & Wolff, K. H. (1950). *The Sociology of Georg Simmel*. Glencoe, IL.: Free Press.

Spencer, H. (1949). *Education: Intellectual, Moral and Physical*. NY: Hurst. (Original work published 1861)

Tönnies, F. (1887). *Gemeinschaft und Gesellschaft*, Leipzig: Fues's Verlag. (Trans. in 1957 by Charles Price Loomis as *Community and Society*, East Lansing: Michigan State University Press.)

Waller, W. (1970). *On the Family, Education, and War: Selected Writings*. Chicago: University of Chicago Press.

Weber, M. (1947). *The Theory of Social and Economic Organization* (Trans. by A. M. Henderson and Talcott Parsons, Edited with an introduction by Talcott Parsons). NY: Free Press.

Young, M. F. D. (1972). On the Politics of Educational Knowledge. *Economy and Society*, 1: 193-215.

Young, M. F. D. (ed.) (1976). *Knowledge and Control*. London: Collier-Macmillan.

제03장

신교육사회학

1970년대에 들어서면서 새롭게 대두된 교육사회학적 연구의 관점은 신교육사회학이다. 신교육사회학은 교육에 대한 종래의 교육사회학적 논의가 투입-산출에 전적으로 의존되어 있음을 지적하고 교육연구의 핵심이 되어야 할 교육의 내적 과정에 대해 소홀히 한 점을 비판하는 입장에서 새로운 교육사회학적 관심이 대두되기에 이르렀다. 즉 신교육사회학은 교육내용을 합의된 가정이나 전제로 수용하는 자세를 비판하고 지식 내용의 개념 자체의 합리성, 타당성을 검토하고자 하는 입장을 취하게 되었다.

이 장에서는 먼저 신교육사회학의 기본입장을 살펴보고, 신교육사회학의 연구 맥락에서 발전된 교육과정 사회학의 내용 및 관련 이론들에 대해 알아보고자 한다.

01 신교육사회학의 기본입장

신교육사회학의 접근방식은 종래의 학교교육에 대한 규범적 패러다임에서 해석적 패러다임으로의 변화를 의미한다.

규범적 패러다임이란 개인을 초월하여 존재하는 실체로서의 사회를 움직이는 인과관계적인 법칙을 찾으려고 하는 입장이고, 해석적 패러다임이란 사회를 구성하고 그 속에서 행동하는 개인과 집단이 가지는 주관적 의미와 동기를 이해하려는 입장이다.

신교육사회학 관점에서의 학교교육에 대한 연구는 지식이 어떤 방식으로 형성되고, 학교에서 다루는 교육내용으로서의 지식이 여러 체제와 어떤 관련을 맺고 있는지를 논의하는데 초점을 두고 있다. 이와 같이, 교육의 기능을 주로 개인의 사회화나 사회이동이라고 간주했던 전통적 교육사회학(Old Sociology of Education)을 비판하며 신교육사회학(New Sociology of Education)이 등장하였다.

1950년대와 1960년대의 영국 사회학의 연구는 사회평등 구현을 위한 수단으로서 학교교육에 대한 관심이 고조되었다. 교육을 위대한 평등의 실현자(great equalizer)로 여기던 것도 이 시기이다. 교육불평등이 교육내부에 문제가 있다고 보고, 복선학제를 단선제로 전환하고, 중등교육의 의무교육화, 불우계층 자녀에게 의복과 학용품 등을 지급하는 등 교육기회를 확대하였으나 계층에 의한 불평등이 지속되어 연구한 결과 교육불평등은 교육제도상의 문제가 아니라 전체사회의 구조적 불평등이 교육에 반영된다는 것을 밝히며 이런 현상을 극복하고자 새로운 교육사회학이 등장하게 되었다.

영(M. F. D. Young, 1972 & 1976)은 지식이 고정적이고 불변하는 것이 아니라 사회구조에 의해 내용이 선정되고 조직되는 사회적 구성물(social construct)이라고 주장하고, 지식은 사회적 계층을 반영하는 산물이며 교육과정은 상류층에게 유리하다고 보았다. 즉 지식에 상류계층의 이해가 반영되어 상류층의 학생들이 높은 성적을 내게 된다는 것이다.

번스타인(B. Bernstein, 1975)은 사회계층의 언어사용이 학업성취의 차이를 가져온다고 보았다. 언어는 지식을 매개하는 중요한 수단이므로 학업성취와 밀접한 관계가 있는데, 학교에서 사용하는 언어는 중류계층이 쓰는 '정련된 어법'이므로 정련된 어법을 잘 쓰지 못하는 노동계층의 학생들은 중산계층의 학생들보다 학업성취도가 낮을 수밖에 없다는 것이다.

신교육사회학은 갈등이론과 마찬가지로 학교교육의 기능적인 면보다는 역기능적인 면에 관심을 두고 있다. 신교육사회학의 기본입장은 다음과 같다.

첫째, 교육과정은 사회적 산물이다. 즉 지식이 보편타당하고 객관적이 아니라 사회구조를 반영한 사회적 산물이며, 지식을 체계화한 교육과정 역시 사회의 구조를 반영한 사회적 산물이라는 것이다.

둘째, 교사와 학생 간의 관계도 사회적 산물이다. 즉 교사와 학생 간의 상호작용도 중립적이 아니라 사회적인 영향을 받는다고 본다. 교사는 나름대로의 기준에 따라 학생들을 분류하고 이에 근거해서 학생들을 대하는데 교사의 태도는 학생들의 성적에 영향을 주게 된다.

셋째, 교육과정과 교육 내적 과정의 비판적 분석이다. 즉 기존의 교육과정과 학교 내의 과정을 주어진 대로 당연하게 받아들이지 않고 그 자체를 의심하고 분석하여 그것이 지니고 있는 사회적 의미를 해석하고자 한다.

신교육사회학은 지식을 한 사회의 시대상 및 사회상과 관련지어 논의하는 지식사회학적 관점에서 출발한 것이다. 지식사회학이란 지식과 존재의 관계를 분석하려는 것이다. 지식이란 어떠한 사고양식을 대표하는 집단과 계층의 성격을 통해서 이해해야 하며, 끊임없이 변화하는 특정 역사적 순간의 구조적 상황과 관련하여 해석해야 한다(K. Mannheim, 1936).

지식사회학은 문화적 현상을 이해하기 위해서는 그것이 생겨나고 인식되어진 사회적 배경을 탐색해 봄으로써 비로소 사회적 하부구조와 지적 상부구조의 관계를 정확히 알 수 있다는 것이다(Stark, 1971). 지식사회학의 특징은 지식을 사회적 존재의 다양한 제측면과 기능적으로 관련된 것으로, 즉 외인적으로 해석하는데 있다. 이에 기초한 교육사회학자들은 학교에서 다루는 지식이 객관적이며 중립적이라는 기존의 입장과는 차이가 있다. 따라서 신교육사회학자들은 교육이란 특정 시대에 요구되는 지식을 선정·조직하는 것으로 간주함으로써, 지식의 선택 및 제도화 과정을 인간의 상호작용과 역사적 상황에 의해 이해하려는 것이다(Wexler, 1976).

신교육사회학의 출발점은 지식에 대한 관점 특히, 학교지식(school knowledge)에 관한 것이다. 학교지식은 역사적·사회적으로 결정된다. 학교에서의 지식에 대한 신교육사회학적 태도는 주로 효과적인 전달에 대한 것이 아니라 관련 지식이 어떻게 구성되는가 하는 것이며, 어떤 상황에서 그것이 재생산되는가이다. 따라서 여기서 강조하는 것은 교육과 사회이동 등과 같은 전통적 교육사회학의 주요 관심사가 아니라, 교육체제에 의해서 사회와 지식에 관한 어떤 관점이 전달되며 이것은 광범한 맥락에서 어떻게 전달되는가 하는 것이다(Englund, 1986).

이현청(1994)은 신교육사회학의 특징을 다음과 같이 제시하고 있다.

첫째, 종래의 교육사회학의 입장이 사회구조 내의 질서와 갈등을 중심과제로 삼아 온 데 반해, 신교육사회학은 교육과정에 대한 관심을 중요시함으로써 학교교육의 내적 과정에 대한 현상학적인 접근과 해석학적인 관심을 수용하고 있다.

둘째, 종래의 교육사회학이 사회현상에 대한 객관적 이해를 해 온데 반해, 신교육사회학은 주관적 이해와 내부적 요인을 강조한다.

셋째, 신교육사회학은 지식사회학적인 관점에 따라 지식, 특히 학교지식의 사회적 조직에 관심을 갖는다.

넷째, 인간의 교육이 이루어지고 있는 교실장면이나 학교생활에서의 상호작용을 중요시하여, 교사와 학생, 교사와 교사 그리고 교사와 학부모 및 지역사회의 제 요인들 간에 이루어지는 상호관련성과 영향에 관심을 갖는다.

다섯째, 방법론에 있어서는 질적 방법을 활용한다. 즉 신교육사회학자들은 과학적 실증주의를 배격하고 해석학적 방법론을 중시한다. 따라서 사회학적 방법과 사회심리학적 방법을 토대로 하여 상징적 상호작용주의 및 현상학의 방법론 등을 활용하는 특성을 갖는다.

02 교육과정 사회학

신교육사회학은 특정 문화를 누가, 왜 선택하여 학교에서 가르치게 하는가에 연구의 초점을 두고 있다. 따라서 학교에서 다루어지는 교육내용으로써의 지식에 관한 논의는 자연히 교육과정 문제에 귀결된다. 왜냐하면 본질적으로 한 사회의 문화로부터 선택된 것이 넓은 의미의 교육과정(Lawton, 1975)이기 때문이다. 따라서 우리의 생활방식이나 지식, 태도 및 가치 중에서 중요하다고 생각되는 것이 교육을 통해 세대전수 된다고 볼 수 있다. 따라서 신교육사회학은 교육과정에 대한 사회학적 이해의 폭을 넓혀주는데 공헌하였다.

이와 같은 관점은 영(Young, 1972)의 연구를 근간으로 하고 있다. 영은 오랫동안 교육사회학을 지배해 왔던 사회계층과 교육기회에 관한 초기 연구를 비판하였다. 왜냐하면 이런 종류의 연구는 학교에서 무엇을 가르치고 있는가에 대해서는 문제시하지 않고 단편적인 행정적 개혁 및 교육과정 개혁을 위한 여러 압력요인들에 대해 단지 모호한 정당성만을 제공하였기 때문이다.

교육과정 사회학은 현재의 사회적 불평등을 기능론이나 갈등론의 거시적 관점만으로는 해결하기 어려우며 보다 근본적인 해결책을 수립하기 위해서는 지식을 통한 사회적 통제와 지식이 조직·구성되고 분배되는 기제에 관심을 두고 이를 이해하고 변화시켜야 한다고 본다. 즉 신교육사회학은 해석적 패러다임으로서 교육과정을 지식사회학을 연구방법론으로 하여 교육과정의 사회적 가치를 분석하는 미시적 교육사회학 이론이다.

신교육학자들은 현재의 주지주의 교육에서 지식의 가치는 사회적으로 위계화되어 있으므로 평등화 실현에 위배된다고 보며, 학교가 특정한 사회계층의 현실적 이해관계를 지식으로 변형시켜 가르치고 있다는 점을 들어 학교가 가르치는 지식을 일종의 이데올로기라고 하였다(Mannheim, 1936). 아동의 학습문제와 학교교육 문제의 근원을 학습자의 가정에서 찾아왔던 기존 연구들의 오류를 지적하고, 교육과정에 특정 집단의 이해관계가 반영되어 있으므로 교육과정을 사회적으로 분석하여야 한다고 주장한다. 이러한 접근 방법을 이른바 교육과정 사회학이라고 한다.

교육과정 사회학에서 주요 연구의 관심은 교육과정에 대한 사회적 통제와 교육과정을 통한 문화재생산의 실제를 밝히는데 있다. 신교육사회학은 문제의식의 근원을 지식사회에 있다고 본다. 학교에서 가르치고 있는 지식은 영원불변하고 보편타당한 진리라고 하는 전통적 교육과정에 대해 비판을 하며 결국 학교의 교육과정을 통해서 사회재생산이 이루어진다고 본다. 즉 교육내용에 특정 지배집단의 이해관계가 반영되어 있으며, 이런 지식은 때로는 학습자, 교사, 학부모, 정책당국 간에 갈등을 유발하기도 한다는 것이다. 교육과정 사회학의 이론에는 경제재생산 이론, 문화재생산 이론, 문화적 헤게모니(hegemony) 이론, 교육자율성 이론 등을 들 수 있다.

1) 경제재생산 이론

경제재생산 이론은 보울즈(S. Bowles)와 진티스(H. Gintis)의 관점과 주장에 기초하고 있다. 보울즈와 진티스는 마르크스의 상부-하부 구조관계에 관한 명제를 받아들이고 교육의 구조가 생산관계에 대한 사회적 구조를 반영한다고 주장한다. 학교는 자본주의의 불평등한 경제적·사회적 구조를 재생산하고, 억압적 자본주의 사회유지에 필요한 가치관과 성격적 특성을 학생들에게 차별적으로 주입시킨다. 즉 지배계급의 아동에게는 창의성과 독립심을 길러주고, 피지배 계급의 아동에게는 순종과 복종을 강요한다. 학교는 세 가지 측면에서 자본주의 사회를 재생산함으로써 영속화한다.

첫째, 학생들은 가정환경에 따라 직업적 위계가 다른 학교로 진학함으로써, 노동계급의 아동은 노동자가 되고 자본가 계급의 아동은 자본가가 된다.

둘째, 학교가 직업적 위계수준에 따라 적합한 기술 및 인성적 특성과 태도를 가르친다. 즉 초등학교에서는 하위직에 적합한 복종, 순종, 시간엄수 등을 강조하고, 중등학교에서는 중간직에 적합한 지식, 가치, 규범 등을 강조하며, 고등교육에서는 최고경영자에 적합한 독립심, 리더십, 창의력 등을 은밀히 전수한다.

셋째, 학생의 가정환경에 따라 학교를 배분하고 사회화시키면서, 모두의 이익을 위한다는 명분하에 이러한 과정을 정당화하고 합법화한다.

보울즈와 진티스는 마르크스(K. Marx)가 1859년 「정치경제학 비판에의 기여(A contribution to a critique of political economy)」라는 책의 서문에서 "생산관계가 법적·정치적 상부구조를 형성하며 사회의식의 일정한 유형에 대응하는 진정한 기초가 된다."는 말에서 대응(correspondence)이란 말을 인용하여 대응이론을 주장한다. 교육구조의 변화는 생산의 사회조직의 변화와 대응된다. 교육은 경제구조나 경제현상과 대응되어 사회계급이나 자본가 집단의 이해를 반영하여 이들이 요구하는 성격특성을 반영한다고 본다. 예를 들면 학교의 사회적 관계와 노동의 사회적 관계의 대응원리는 다음과 같다.

첫째, 학생과 노동자는 모두 권력을 가지고 있지 않다.

둘째, 노동의 분업과 지식의 전문화 및 분화는 경쟁과 분열을 조장한다.

셋째, 교육의 여러 수준은 직업구조의 여러 수준과 대응하며 직업구조에 따라 사람을 대응시킨다.

경제재생산 이론은 교육의 역할을 경제구조에 한정시킴으로써 교육의 다른 측면들을 경시하였고, 학생들을 자본가 계급이 요구하는 수동적인 존재로 이해하였으며, 경제적 재생산을 위한 학교교육의 역할에만 관심을 집중시킴으로써 교수-학습 장면에서 일어나는 복잡한 관계를 단순화시키거나 간과하였다는 비판점이 있다.

2) 문화재생산 이론

문화재생산 이론은 부르디외(P. Bourdieu, 1973 & 1974)의 관점과 견해에 기초하고 있다. 부르디외는 학교의 재생산 기능에는 사회적 재생산과 문화적 재생산이 있다고 본다. 사회적 재생산은 사회자본 즉 경제력과 권력의 세대적 전수로 부모의 기득권이 자식에게 그대로 전수되는 것이고, 문화적 재생산은 문화자본의 세대간 전수로 부모세대의 가정의 생활양식과 그 때문에 가정과 학교에서 갖게 되는 제반 경험이 자식세대에 전수되는 것이다(김병성, 1990).

부르디외의 문화재생산 이론에 의하면 다음과 같은 점이 강조되고 있다.

첫째, 학교교육은 지배계층이 문화를 학생에게 내면화시킴(상징적 폭력)으로써 자본주의 사회의 구조적 모순과 불평등을 정당화하고 재생산한다.

둘째, 지배계급은 그들만의 언어, 지위, 관습, 상징 등을 갖고 있는데 이를 통해서 그들의 사고방식이나 지배유형 또는 문화양식이 자연스러운 질서를 가진 것처럼 보이게 한다.

셋째, 이러한 상징적 폭력을 통해 학교교육이 사회적으로 정당화된다.

부르디외는 문화자본의 개념을 통해 문화적 재생산 이론을 입증하였다. 문화는 소비, 분배, 생산되는 경제자본의 운동원리와 비슷하게 문화시장을 형성할 뿐만 아니라, 소유한 문화 형태에 따라 화폐적 가치를 지니는데 이를 문화자본이라고 한다. 문화자본은 하비투스(habitus)적 문화자본과 객관적 문화자본, 제도화된 문화자본으로 구분한다. 하비투스적 문화자본은 어렸을 때부터 계급적 배경에서 획득한 지속적인 성향을 말하고, 객관적 문화자본은 책, 예술품 등과 같이 객관화된 것을 말하며, 제도화된 문화자본은 졸업장이나 자격증과 같이 제도화된 상태로서의 문화자본을 말한다.

문화적 재생산의 기본 개념은 다음과 같다.

첫째, 교육제도는 계급에 따른 문화적 자본의 분배구조를 재생산함으로써, 계급간의 권력관계와 상징관계의 구조를 재생산하는 데 기여한다.

둘째, 학교는 지배계급이 강조하는 문화를 교육을 통해 전수함으로써, 불평등한 사회적 관계를 재생산한다.

셋째, 상대적으로 지배계급의 아동은 교수내용을 잘 이해하고, 지적으로 탁월함을 과시할 수 있는 가능성이 많은 반면, 피지배계급의 아동은 학습활동에서 위축되고, 교육내용을 이해하는 데 어려움이 있으며, 결과적으로 학업성취도 낮아질 수밖에 없다.

문화재생산 이론은 자본주의 사회에서의 빈부격차와 사회문화의 차이를 입증한 이론으로 교육사회학 탐구에서 구조적 접근과 상호작용적 접근을 접목시켰으며, 경제결정론에 빠지지 않고 이데올로기를 이해할 수 있는 안목을 제공한 공헌점이 있으나 비판점으로는 재생산이라는 개념만으로는 복합적인 학교교육 현상을 설명하는 것은 무리라는 점이다. 사회구조적 특징을 지나치게 강조함으로써 문화형성과정에서 사회구성원의 주체적이며 자발적인 역할을 너무 약화시켰다는 것이다. 그리고 경제재생산 이론과 마찬가지로 문화재생산 논의가 권력과 지식과의 관계를 일방적인 관계로 인식하여 계급관계와 같은 구조적 특징이 일상적 경험을 통해 사회관계가 재구조화되는 과정이 무시되었다는 것이다.

3) 문화적 헤게모니 이론

문화적 헤게모니(cultural hegemony) 이론은 그람시(A. Gramsci)의 관점과 주장에 기초하고 있다. 헤게모니란 용어는 그람시가 사용하기 시작하였으며, 일상생활과 사회의식 속에 스며 있는 지배집단의 가치체계를 뜻하는 것으로 이해될 수 있다. 즉 지배집단은 피지배집단에게 도덕, 관습, 행동의 제도화된 규칙을 포함하는 지배계층의 문화를 보편적인 것으로 보이게 하고 또한 계층의 질서는 대중의 합의를 통해서 실행된다고 믿게 함으로써 기존 질서를 유지하고 정당화해 준다. 학교, 지식, 일상생활에 대한 통제는 눈에 보이는 경제적 분업과 조작에 의해서뿐만 아니라 상식적인 사고방식과 실천에 대한 은밀한 영향력 행사를 통해 이루어지는데, 이렇게 일상생활과 사회의식 속에 스며있는 지배집단의 의미와 가치체계가 헤게모니이다. 문화적 헤게모니 이론은 현 사회의 지배적인 이데올로기적 헤게모니와 교육내용의 선정과의 관계를 분석하려는 입장이다. 이러한 입장은 알튀세르(L. Althusser)의 '이데올로기적 국가 장치(ISA)'의 관점과도 맞닿아 있다. 지배집단은 공식적인 지배메커니즘을 사용하지 않고도 문화를 보존·분배하는 학교와 같은 기관을 통해서 사람들의 의식구조에 작용함으로써 사회를 통제할 수 있다는 견해를 내포하고 있다. 애플(M. Apple, 1979)은 학교는 헤게모니 재생산의 도구라고 보았으며, 학교는 사회질서를 경제적으로뿐만 아니라 문화적으로 재생산한다고 보았다. 즉 교육체제가 경제적·문화적 재생산을 할뿐만 아니라 경영자층의 이윤을 유지시키고 증대시키기 위해 자본축적에 필요한 전문적이고 행정적인 지식을 산출한다는 것이다. 또한 학교는 이와 같은 지식을 위계적 노동시장에서 장차 차지할 위치에 따라 학생을 분류하는 기제로 사용된다고 본다.

문화적 헤게모니 이론의 특징은 첫째, 학교뿐만 아니라 매스미디어, 예술, 대중문화 등 사회적 방식도 경제적 재생산이나 문화적 재생산에 연결되어 있다고 주장한다. 둘째, 오늘날 사회를 지배하고 있는 세 가지의 이데올로기 요소가 교육과정을 통해서 재생산되고 있다. 세 가지 이데올로기 요소는 사회의 발전이 과학과 산업에 의존한다는 신념, 사회는 경쟁시장을 통해서 자신의 능력을 최대한 실현시킬 수 있다는 신념, 그리고 훌륭한 삶이란 개인으로서 상품과 서비스를 생산하고 소비하는 것이라는 신념 등이다.

이 이론의 비판점은 학교의 자율성을 어느 정도 인정하고 있으나 여전히 학교를 사회의 하위체제로만 인정하고 있을 뿐 아니라, 교육과정에 내재된 복잡한 성격과 요소를 지나치게 단순하게 이해하고 있다는 것이다.

4) 교육자율성 이론

교육자율성 이론은 번스타인(B. Bernstein)의 관점과 주장에 기초하고 있다. 번스타인은 위의 이론들은 학교가 사회적 힘이나 경제자본 혹은 문화자본을 단순 재생산함으로써 사회계급 구조의 재생산을 매개해 주는 중간도구로 봄으로써 학교가 가지고 있는 교육의 자율성을 간과하였다고 보고, 학문영역에서 생산된 지식을 지배적인 원칙에 맞추어 교육과정화하는 단계(교육과정의 공식적 재맥락화 단계, ORF)와 이러한 교육과정을 다시 실제 교육현장 속으로 가져가 그 현장의 틀에 맞도록 재구조화하는 단계(교수를 위한 재맥락화 단계, PRF)가 동일하지 않다는 사실에서 볼 때 교육이 상당한 정도의 자율성을 유지하고 있다고 보았다.

교육과정의 공식적 재맥락화 단계란 학문영역에서 생산된 지식을 지배적인 원칙에 맞추어 교육과정화하는 단계를 말하고, 교수를 위한 재맥락화 단계란 공식적 재맥락화 단계를 거친 교육과정이 다시 실제 교육현장에 들어가서 그 현장의 틀에 맞도록 재구조화되는 단계를 말한다. 즉 주어진 지식들을 현장에 맞도록 재조절하고 배열하는 작업이 이루어지는 단계이다.

참고문헌

김병성 (1990). *교육사회학 신강*. 서울: 학지사.

이현청 (1994). *교육사회학*. 서울: 양서원.

Althusser, L. (2008). Ideology and ideological state apparatuses. In *On Ideology*. London: Verso.

Apple, M. (1979). *Ideology and Curriculum*. Boston: Routledge & Kegan Paul.

Atkinson, P. (1985). *Language, Structure and Reproduction: An Introduction to the Sociology of Basil Bernstein*. London: Methuen.

Bernstein, B. (1975). *Class, Codes and Control (Vol. 3): Towards a Theory of Educational Transmissions*. London: Routledge & Kegan Paul.

Bernstein, B. (1996). *Pedagogy, Symbolic Control and Identity: Theory, Research, Critique*. London: Taylor & Francis.

Bourdieu, P. (1973). Cultural reproduction and social reproduction. In R. Brown (ed.), *Knowledge, Education, and Cultural Change*. London: Tavistock.

Bourdieu, P. (1974). The school as a conservative force: Scholastic and cultural inequalities. In J. Eggleston (ed.), *Contemporary Research in the Sociology of Education*. London: Methuen.

Bourdieu, P., & Passeron, J. C. (1977). *Reproduction in Education, Society and Culture*. London: Sage.

Bowles, S., & Gintis, H. (1976). *Schooling in Capitalist America: Educational Reform and the Contradictions of Economic Life*. NY: Basic Books.

Collins, R. (1971). Functional and conflict theories of educational stratification. *American Sociological Review*, 36(December), 1002-1019.

Collins, R. (1978). *The Credential Society*. NY: Academic Press.

Durkheim, E. (1947). *The Division of Labor in Society*. Glencoe, IL: Free Press. (Original work published 1893)

Englund, T. (1986). *Curriculum as a Political problem: Changing Educational Conceptions with Special Reference to Citizenship Education*. Lund, Studentlitteratur: Chartwell Bratt.

Entwistle, H. (1979). *Antonio Gramsci*. London: Routledge & Kegan Paul.

Gramsci, A. (1971). *Selections from the Prison Notebooks*. London: Lawrence & Wishart.

Lawton, D. (1975) *Class, Culture and the Curriculum*. London: Routledge & Kegan Paul.

Longhurst, B. (1989). *Karl Mannheim and the Contemporary Sociology of Knowledge*. NY: St Martins Press.

Mannheim, K. (1936). *Ideology and Utopia*. London: Routledge.

Marx, K. (1859). *A Contribution to the Critique of Political Economy*. Progress Publishers, Moscow.

Marx, K. (1975). *Preface to A Contribution to the Critique of Political Economy*. (Trans. by R. Rojas) Vol. 13 of Collected Works. NY: International.

Simon, R. (1991). *Gramsci's Political Thought: An Introduction*. Lawrence and Wishart, London.

Stark, W. (1978). *The Sociology of Knowledge*. London: Routledge & Kagan Paul.

Wexler, P. (1976). *The Sociology of Education: Beyond Equality*. Indianapolis: Bobbes-Merrill.

Whitty, G., & Young, M. (1976). *Explorations in the Politics of School Knowledge*. Driffield: Nafferton Books.

Willis, P. (1977). *Learning to Labour: How Working Class Kids Get Working Class Jobs*. Aldershot, UK: Gower.

Young, M. F. D. (1972). On the Politics of Educational Knowledge. *Economy and Society*, 1, 193-215.

Young, M. F. D. (ed.) (1976). *Knowledge and Control*. London: Collier-Macmillan

Young, M. F. D., & Whitty, G. (1977). *Society, State and Schooling*. Falmer Press.

제04장

사회화와 교육

교육의 사회적 기능 중 사회화는 가장 기본적인 것이다. 사회화는 개인이 한 사회의 구성원이 될 수 있도록 자신이 속한 사회의 지식과 기술 및 태도, 규범과 가치 등을 학습함으로써 사회적·문화적 존재로 성장 발달하여 가는 것을 말한다. 이런 사회화는 교육에 의하지 않고는 어렵다.

이 장에서는 먼저 사회화의 개념을 살펴보고, 이어 사회화 담당기관, 사회화와 자아형성과의 관계에 대해 알아보며, 마지막으로 교육의 사회적 기능에 대해 살펴보고자 한다.

01 사회화의 개념

인간은 타인과의 끊임없는 상호작용을 통하여 자신이 속한 집단에서 적절한 행동과 승인되는 가치를 학습하게 된다. 이와 같이 사회에서 필요로 하는 것을 배움으로써 한 사회의 일원으로서 성장해 나가게 되는 것이다. 다시 말하면, 인간은 출생 시에는 무기력한 자연적 존재로 세상에 태어나지만 점차 성장해 가면서 그 사회의 구성원들과 상호작용을 통해 새로운 지식, 기술, 태도, 규범 그리고 가치 등을 학습함으로써 사회적·문화적 존재로 성장·발달해 간다. 이와 같이, 개인이 한 사회의 구성원으로서 갖추어야 할 것을 배워나가는 과정을 사회화 과정이라 한다.

사회화(socialization)의 개념은 학문적 입장에 따라 다르게 논의되고 있다. 따라서 각 학문에 따른 사회화의 정의를 살펴보기로 하자(Borgatta & Borgatta, 1992).

인류학자들은 사회화를 주로 한 세대로부터 다음세대로 문화를 전달하는 것으로 간주하는 경향이 있다. 즉 사회화를 문화전계(enculturation)라 부른다. 1920년대 후반과 1930년대에 미드(M. Mead, 1928), 베네딕트(R. Benedict, 1959), 말리노프스키(B. Malinowski, 1944) 등의 연구는 문화가 아동양육, 가치전달 및 인성발달에 미치는 영향에 초점을 두었으며, 사회회화에 대한 인류학적 접근을 하는데 도움을 주었다.

한편, 사회학에서는 일반적으로 사회화에 대한 두 가지 측면이 있다.

첫 번째 관점은 사회화란 사회적 역할을 학습하는 것으로 보는 것이다. 이 관점에서는 개인들은 자신이 속해 있는 집단의 적절한 역할과 지위를 학습함으로써 사회의 구성원으로 통합된다. 이것은 구조기능주의 관점과 가장 밀접하게 관련되어 있다. 두 번째 관점은 사회화를 주로 자아개념 형성으로 보는 것이다. 친밀하고 호혜적인 상호작용의 맥락에서 자아 및 정체성의 발달은 사회화의 핵심으로 생각된다. 이러한 관점의 사회화는 상징적 상호작용 관점과 밀접하게 관련되어 있다.

사회심리학자 미드(G. H. Mead, 1934)는 자아란 반사적이며, 언어나 상징적 상호작용을 통하여 발달하는 완전히 사회적 현상으로 파악하고 있다. 역할획득을 통하여, 개인은 타인의 관점에서 자신을 바라 볼 수 있다. 자아와 사회는 동전의 두 측면이다. 이러한 주장에 대한 기초 자아개념(예: 정체성)의 내용은 역할정체성, 가치, 의미의 내면화를 통하여 개인이 포함된 그러한 측면들의 사회적 과정을 반영한 것이다. 이러한 내면화는 사회를 재생산한다. 성공적인 사회화는 사회적 통제(social control)를 스스로의 통제(self-control)로 변형하는 것이다. 이것은 자아에 귀속된 여러 가지 명명과 특성인 정체성의 발달을 통하여 성취된다.

이러한 정의 외에도, 개인이 자기가 생활하고 있는 사회집단의 태도, 규범 및 가치 등의 문화를 학습하여 내면화하고, 자신의 독특한 자아를 형성해 가는 과정을 사회화라고 한다(Horton & Hunt, 1980).

이처럼 사회화에 대해서 다양한 입장이 있지만, 대체로 공통적인 것은 특정한 사회에 소속되어 있는 개인이 사회적 학습, 또는 사회적 상호작용을 통해서 그 사회에의 적응 또는 그 사회의 성숙된 성원이 되어 가는 과정을 뜻하고 있다. 즉 한 사회나 집단의 효과적인 구성원이 되는데 필요한 지식, 기술, 태도 그리고 규범 등을 획득하는 과정으로 볼 수 있다. 특히, 뒤르켐(E. Durkheim)은 사회화란 문화를 내면화시키는 과정이며, 학교교육의 주요 기능은 젊은 세대를 사회화시키는 것이라고 하였다. 파슨스(T. Parsons)는 사회화란 사회체제가 균형을 유지하도록 하는 주요 메카니즘이라는 것이다.

이러한 사회화는 가정과 또래와 같은 비공식적인 상황에 의해 이루어지는지, 학교와 같은 공식적 상황에 의해 이루어지는지에 따라 1차적 사회화와 2차적 사회화로 구분할 수 있다(Landis, 1995).

버거와 러크먼(Berger & Luckmann, 1966)에 따르면, 1차적 사회화(primary socialization)는 개인이 아동기에 경험하는 최초의 사회화로서, 그것을 통하여 사회구성원이 되어 간다. 1차적 사회화는 보통 가정에서 일어난다. 여기서, 개인은 중요하거나 의미 있는 사회화 기관에 대해 선택의 여지가 없다. 아동은 거의 자동적으로 그리고 필연적으로 가족이 세계를 바라보는 관점을 수용하여 내면화하게 된다.

1차적 사회화가 진행됨에 따라 아동의 준거는 특수한 것에서 일반적인 것으로 이동한다. 일반적으로 자녀는 부모가 어떤 것을 하기를 구체적으로 원하는 것(예: 음식을 마루에 던지지 않기)을 이해하는 단계와 일반적인 사람들이 어떤 방법(예: 올바른 식사방법, 식탁을 올바르게 사용하기)으로 행동하도록 기대하는 것을 이해한 다음 단계에서 점진적인 추상적 개념이 일어난다. 1차적 사회화를 통하여 개인의 최초의 사회화가 이루어지기 때문에 최초의 사회화수준은 매우 중요하다.

왜냐하면 2차적 사회화의 기본적 구조는 1차적 사회화의 구조를 닮기 때문이다. 2차적 사회화(secondary socialization)는 이미 사회화된 개인을 사회의 새로운 부분으로 이끄는 과정이다. 이것은 1차적 사회화가 끝날 때 일어나며, 새로운 삶의 영역으로 이동하고 또 그것을 내면화하는 것을 포함한다. 2차적 사회화는 개인이 특정 직업을 갖기를 결정할 때 일어난다. 따라서 2차적 사회화의 예는 새로운 직장에 들어 갈 때 거기서 필요로 하는 언어, 태도 그리고 지식 등을 배우는 것이다. 2차적 사회화에서, 개인은 1차적 사회화보다 더 객관적일 수 있다.

학교는 공식적인 아동의 수업과 인지기술발달과 주로 관련되어 있다. 이런 점에서 학교는 1차적 사회화(기본적 가치, 기술, 동기, 자아개념 등)보다는 2차적 사회화(지식과 기술발달)에 더 연관되어 있다고 할 수 있다(Borgatta & Borgatta, 1992). 물론 학교에서의 사회화 경험과정에서는 지식과 기술 이외에 가치, 태도, 인성, 태도 같은 것도 많은 영향을 받고 있다.

그런데 사회화의 개념은 교육의 개념과의 관련에서 보다 명료하게 정의될 필요가 있다. 우선, 사회화는 종종 교육과 동일시되지만 엄밀히 보면 양자 사이에는 차이가 있다. 따라서 사회화에 대해서는 다양한 입장이 있다. 학생들을 사회의 유능인이 되도록 키우는 것이 사회화이고, 이것에 어떤 것을 덧붙이는 것이 교육이라고 본다. 즉 우리는 사회화로써 사회생활을 유능하게 하고, 교육으로써 그 삶을 더욱 가치 있게 한다. 우리는 학교가 사회화를 필요한 것으로 다루고, 교육은 바람직한 것으로 다루어 주기를 원한다. 사회화와 교육은 교육과정 활동을 정당화하는데 있어서 서로 다른 기준을 요구한다. 사회화는 사회적 실천에 대한 직접적 관련성이나 유용성이란 기준에 따라 평가받는다. 그러므로 주어진 사회의 성격에 따른 사회적 유용성을 근거로 아동의 읽기와 쓰기의 교수가 정당화된다. 그러나 사회적 유용성이나 직접적 관련성이라는 준거로는 비판적 분별력이 있는 읽기와 개성 있는 쓰기가 정당화될 수 없다. 이것은 교육적 차원의 기반 위에서 정당화될 수 있다. 학교는 개인에게는 생계의 수단을 주고, 국가에는 인력수급과 생산성 및 안정성을 준다고 하는 관점에서는 학교의 사회화가 필요하다. 그러나 학교란 교육을 추구하는 곳이다(Nyberg & Egan, 1981).

그렇다고 해서 사회화와 교육이 완전히 별개의 범주로 구분하여 사용하기가 쉽지는 않다. 왜냐하면 이 둘 사이에는 중복된 부분도 많고, 교육적 활동들이 사회화 활동에서 나타날 수도 있으므로 사회화 없이 교육은 불가능하다고 볼 수도 있다. 그러나 위의 주장은 학교의 모든 활동 속에는 사회화 차원과 교육적 차원이 있다는 점을 고려하는 것이라 생각된다.

여기서는 사회화보다는 교육이 더 넓은 개념이라는 입장을 취하고자 한다. 왜냐하면 사회화가 특정 집단의 문화에 치중함으로써 다른 집단의 사회화와 배타적 관계를 가지는데 비해서, 교육은 보다 넓은 세상을 편견 없이 보도록 함으로써 다른 집단의 교육과 많은 원리를 공유할 수 있기 때문이다. 예컨대, 많은 사회가 아직까지 남성과 여성을 차별하는 방식의 사회화를 답습하고 있지만, 그것은 평등한 성문화의 정착을 위해서 바람직하지 않는 관행이다(조용환, 1997).

개인은 일생 동안 하나 이상의 문화 또는 부분문화를 배우게 되며 또 다른 사회의 일원이 되어 간다. 사회화의 목표를 완전히 성취하기란 결코 쉬운 일이 아닐 것이다. 사회가 그 사회구성원들을 완전하게 사회화할 수 있다면 어떠한 비행이나 범죄도 없을 것이다.

02 사회화의 담당기관

인간이 태어나서 사회적 존재로 성장·발달해 가는 과정에서 사회적 학습을 하는데 직·간접으로 영향을 주는 매개체들을 사회화 기관 또는 사회화 담당자(socializing agents)라고 한다. 인간이 성장해 가는 과정에서는 수많은 사회화담당자 또는 기관과 만나게 된다. 따라서 어떤 사람, 어떤 집단과 상호작용을 하느냐하는 것은 개인의 사회화과정에 지대한 영향을 미치게 된다. 이와 같은 사회화담당자나 기관 등에는 친척, 이웃, 지역사회, 신문, 잡지, 영화, 라디오, 텔레비전 등 다양할 수 있다. 그러나 수많은 사회화 기관 중에서 가정, 학교, 또래집단, 매스 미디어 등이 그 대표적인 기관이라 할 수 있다. 따라서 여기서는 이들을 중심으로 간략히 살펴보기로 한다.

1) 가정

인간이 태어나서 제일 먼저 접하는 곳이 가정이다. 가정에 있어서도 부모가 첫 번째 사회화 담당자가 되는 것이다. 어린이들은 부모를 중심으로 하여 한 사람으로서의 자신과 자신이 속한 집단으로서의 가족을 이해할 기회를 갖게 된다. 다시 말하면, 어린이들은 가족집단을 통해서 자신의 정체감은 물론이고 사회구성원으로서의 행동양식을 배우게 될 것이다.

가정환경의 중요성을 지적한 한 연구결과를 살펴보기로 하자(Mussen et al., 1979). 공격적인 환경에서 성장한 어린이의 전체적인 자아개념은 가족들과의 관계에 의해 큰 영향을 받는다. 자존심의 검사에서 높은 점수를 받은 남아의 어머니는 어린이에 대해 수용적이고 지지적이며 애정과 관심이 많다. 이러한 어머니는 일관된 규칙을 제시하고 어린이의 행동을 변화시키는데 벌보다 보상을 사용한다.

엄격하고 처벌적이거나 대단히 제한적인 사회화 방법(지나치게 높은 행동규준의 부과, 어린이의 행동과 성취에 대한 부정적인 평가, 일관성 없는 처리)은 어린이에게 심한 불안을 야기시킨다. 이때 어린이는 고통스러운 불안감을 방어하기 위하여 억압, 부정, 합리화, 도피, 퇴행 등의 방어 기제를 발달시킨다. 부모의 행동에 대한 관찰과 부모와의 동일시가 정직, 관용, 친절, 이타심, 타인의 권리와 복지에 대한 관심 등의 친사회적 행동의 습득에 가장 중요한 역할을 한다.

이러한 측면에서 보면, 초기 사회화과정이 어떻게 이루어지느냐 하는 것은 한 어린이의 성인생활에도 지대한 영향을 미치기 때문에 대단히 중요하다. 왜냐하면 어른들을 통하여 승인된 가치와 적절한 행동을 배울 수 있기 때문에, 이러한 것을 어떻게 배우느냐에 따라 곧 학교 또는 사회생활에도 영향을 미칠 수 있기 때문이다. 왜냐하면 어린 시절은 감수성이 예민하기 때문이다.

특히, 어린이가 가정에서 사회화되는 방법은 대체로 모방에 의한 것이다. 따라서 그 모방의 대상이 되는 부모나 형제자매의 언어와 행동 등은 자녀들에게 많은 영향을 미치므로 신중을 기해야 할 것이다.

그러나 오늘날 핵가족화로 말미암아 가정에서의 역할모델(role model)이 부족하게 되어 자녀들에게 풍부한 경험을 시키지 못하는 취약성도 있다. 뿐만 아니라 맞벌이 부부의 수가 증가함으로써 자녀－부모와의 상호작용기회가 점점 줄어들고, 자녀양육을 가정 바깥에 의존하는 경향이 점점 증대하고 있으므로 이에 대한 대책이 필요하다.

2) 또래집단

어린이들이 점점 성장하게 됨에 따라 대체로 부모나 형제 등의 가족중심적인 상호작용에서 벗어나 비슷한 나이 또래의 친구들과 상호작용하게 된다. 어린이들은 이와 같은 또래집단(peer group)을 통해서 다른 가족과의 문화적 차이를 발견하게 되고 동등한 관계를 유지하면서 동료관계를 경험하게 된다.

또래집단은 일반적으로 가정과는 달리 또래들과의 관계가 수평적이며 자유롭게 의사소통이 이루어지고 있다. 뿐만 아니라 그들이 공유하고 있는 경험도 비슷하기 때문에 이 집단 속에서는 상당히 안정감을 느끼게 된다. 이러한 분위기 속에서 어린이들은 자신들의 생각을 거리낌없이 말하고, 하고 싶은 것과 하기 싫은 행동을 상당히 자유롭게 선택을 하게 된다. 이러한 과정을 통하여 어린이들은 아직은 부족하지만 해야 할 것과 하지 말아야할 것 등을 배우며, 자신이 어떻게 해야 다른 사람들에게 수용될 수 있는가 하는 방법을 배우게 된다.

어린이는 두 개의 세계에서 성장하고 있다. 하나는 부모, 친척, 교사, 클럽의 지도자 및 가족의 친지들과 같은 어른의 세계이다. 다른 하나는 친구, 놀이집단, 학교집단과 같은 또래의 세계이다. 따라서 사회화 담당자로서 또래집단은 많은 점에서 아동들에게 도움을 주고 있으며, 일반적으로 어른들은 또래집단이 아동들에게 함께 어울리는 방법을 가르치도록 기대하고 있다 (Levine & Havighurst, 1992).

또래적응이 부족한 어린이들은 위험하다. 또래관계가 원만하지 못할 경우 또래들로부터 이탈될 우려가 있으며 특히, 또래수용도가 낮다는 것이다. 또래집단은 중요한 정보원이며, 어린이들에게 그들의 성역할을 가르친다. 성인의 세계에서는 어린이들은 복종적인 위치에 머물지만 또래와의 사이에서는 동등한 관계에 놓여있다. 따라서 그들의 관점에서 논의하고 참여함으로써 민주적 태도를 배울 수 있다.

교육자들과 어른들은 또래관계를 통하여 효과적인 사회화를 촉진시키기 위하여 다음과 같은 것을 고려하여야 할 것이다(Levine & Havighurst, 1992).

① 지지, 수용 및 관심의 느낌을 고무시켜 줄 것
② 협동적인 상호의존적 관계를 유지하고 함께 공부하거나 놀이하도록 자극하는 활동을 격려할 것
③ 가능한 한 개별적 결과물보다는 협동에 의한 결과물을 강조할 것
④ 대인관계기술 및 소규모집단 기술을 직접 가르칠 것
⑤ 또래들의 안녕을 위해서 아동들에게 책임감을 부여할 것
⑥ 개인적 정보를 적절하게 교환하도록 할 것
⑦ 가끔 개인상호 간에 그리고 집단상호 간에 적절한 경쟁심을 갖도록 할 것
⑧ 가끔은 개별적인 활동도 하도록 할 것
⑨ 친사회적인 행동을 위한 기회를 제공할 것
⑩ 아동의 연령에 적합한 의사결정에 참여할 기회를 제공할 것
⑪ 반사회적 행동을 부추기려는 또래들의 압력을 제거할 것
⑫ 상급생들에게 하급생들과 상호작용하고 감독할 수 있는 기회를 제공할 것

이상에서 간단히 살펴본 또래집단은 어린이들에게 민주적 태도, 사회적 역할학습, 집단에의 소속감으로 인한 자아정체감 그리고 독립심 등을 기를 수 있는 기능을 수행하게 된다. 특히, 오늘날 따돌림 그리고 비행청소년 문

제 등은 상당부분 바로 이 또래집단과 관련하여 이해해야 할 것이다. 따라서 또래집단이 청소년들에게 미치는 영향이 매우 크기 때문에 이에 대한 연구 필요성이 증대되고 있다.

아직은 아동이나 청소년들은 미성숙자이기 때문에 그들이 건전한 집단에 소속될 수 있도록 부모나 교사 등의 관심 또한 높아야 할 것이다. 그 사람에 대해 알려고 하면 그의 친구를 보라는 말은 바로 또래집단의 중요성을 말하는 것이 아닐까?

3) 학교

어린이들이 가정을 벗어나면서 가족 이외의 가장 많은 접촉을 하는 또 하나가 학교일 것이다. 가정생활과 또래집단을 통하여 집단의 규칙 등 기본 행동양식을 습득한 아동들은 학교라는 새로운 조직사회에 적응하게 된다. 이것은 가정과 또래집단의 비형식적인 생활에서 이제는 학교라는 집단 속에서 형식적 기대와 규범을 통한 조직적 생활을 익히게 되는 것이다.

학교는 가정이나 또래집단에 비하여 더 계획적이고 체계적인 사회화 기관이다. 학생들은 학교교육을 통하여 일반적인 태도, 가치, 기능을 습득할 뿐만 아니라 학급 동료들과의 비공식적 상호작용이나 교사 또는 상급생들과의 관계를 통하여 사회적 역할을 배움으로써 사회화되는 것이다. 이는 가정에서의 수직적 관계, 또래들과의 수평적 관계라는 한정된 범위에서 벗어나 동료, 교사, 상급생 등 바로 성인사회에서 필요한 것을 모두 배우는 종합적인 예견적 사회화(anticipatory socialization) 담당기관이다. 다시 말하면, 미래 성인으로서 수행해야 될 사회적 역할을 미리 학습하는 기관으로서 중요한 의미를 갖는다.

일반적으로 교사는 가정 밖에서 대하게 되는 첫 번째의 성인으로서 어린이의 생활에 중요한 역할을 하고 또 부모의 대리자역할을 하는 경우가 많다. 교사의 아동에 대한 사회화의 역할을 보기로 하자.

학교에서의 교사는 부모의 대리자역할을 한다고 해도 틀린 말이 아닐 것이다. 따라서 교사의 모든 것이 대단히 중요하다. 우리들의 과거 학교경험을 되살려 보자. 선생님의 말씨, 표정, 동작 그리고 글씨까지도 모방하려는 성향이 강했다. 유치원에서부터 시작하여 학교는 가정 밖 생활의 중심이 되어 매일 깨어 있는 시간의 약 반을 차지한다. 어린이는 교사의 교수방법, 사용하게 되는 교과서에 따라 학습할 뿐만 아니라 일반적인 적응, 성격, 자존심에까지 상당한 영향을 받는다. 권위주의적인 교사보다는 융통성이 많고 민주적인 교사 밑에서 자라는 어린이는 독립심이 많고 학급활동에 적극적으로 참여하고 자기감정을 보다 자유롭게 표현하며 어떤 일이든지 자발적으로 나서기를 좋아한다. 이와 같이 교사는 사회화모델로서뿐만 아니라 행동수정자로서 중요한 역할을 수행하게 된다(Mussen et al., 1979).

뒤르켐(E. Durkheim, 1922)은 교육의 주요 기능을 젊은 세대를 사회화시킴으로써 이기주의를 극복하게 하고 사회의 생산적인 구성원이 되도록 하는 것이라 보았다. 학교교육이 집단생활에서 요구되는 기본적인 동질성을 학생들에게 가르침으로써 사회통합을 유지할 수 있는 중요한 사회화기관이라고 하였다. 그는 교육을 사회화와 동일시하였다. 이런 점에서 보면 학교교육도 당연히 아동 및 청소년을 위한 사회화기능을 담당해야 하는 것이다. 즉 학교는 사회를 존속, 유지, 발전시키기 위하여 사회구성원을 사회화시켜야 하는데 이때 교사는 중요한 사회화담당자가 된다.

현대사회와 같이 가치관의 혼돈과 청소년비행 등 각종 사회문제가 증대되고 있는 시점에서 교사와 학교의 역할이 그 어느 때보다도 강조되고 있다. 그러나 과중한 업무부담, 도시 지역의 경우 학생 수의 증대, 상급학교에의 입시준비 등은 교사들로 하여금 학생 인성교육에 필요한 시간을 빼앗고 있다. 따라서 청소년을 위한 학교의 사회화기능을 더 강화시키려면 제반 여건이 더 성숙되어야 할 것이다.

4) 매스미디어

현대사회에서 매스미디어의 중요성은 더 이상 설명할 필요가 없을 정도로 우리 생활에 필수적인 요소가 되었다. 매스미디어는 생활전반에 영향을 미치므로 사회적 책임도 크다고 볼 수 있다. 매스미디어에는 여러 가지가 포함되겠지만 여기서는 주로 텔레비전(TV)를 중심으로 살펴보기로 한다.

포스트먼(N. Postman, 1985)은 학교와 텔레비전은 청소년의 마음과 성격에 영향을 미치고 있는 특별히 구성된 정보체계로서 두 가지 모두가 교육과정이라고 한다. 그런데 텔레비전이 학교보다도 더 강력한 교육과정이라는 것이다. 비록 학교와 텔레비전 모두 교육과정을 대표할지라도 텔레비전이 주의집중이나 참여를 강요하는 심리사회적 수단을 사용하는 반면에, 학교는 참여를 강요하기 위하여 법의 힘에 호소해야만 한다는 것이다. 포스트먼은 텔레비전의 교육과정은 주의집중적, 비처벌적, 비위계적, 영상중심적, 직접적인 만족 등의 특징을 가지고 있는데, 이러한 것의 대부분은 오늘날 공립학교의 특성과는 반대되는 것이라고 한다. 물론 텔레비전은 시청자로 하여금 수동적이게 하고 비활동적이게 하며, 폭력성과 광고에 대한 과다노출 등을 들어 비판을 받기도 한다(Scotter et al., 1991).

텔레비전은 아동 및 청소년들이 쉽게 접할 수 있기 때문에 그들의 행동에 많은 영향을 미치게 될 것이다. 특히, 아동기나 청소년기는 감수성이 예민하기 때문에 더 많은 영향을 받을 수 있다. 어떤 학자는 어린이들이 텔레비전 앞에서 보내는 시간이 많기 때문에 텔레비전을 제2의 학교체계라고 주장하기도 한다. 그러나 텔레비전은 주로 흥미위주로 구성되지만 학교의 교육과정은 도덕성 발달과 추상적 사고기술과 같은 목적을 수행해야한다. 더욱이 텔레비전 시청은 시청자의 노력과 기술을 거의 요구하지 않기 때문에 자칫하면 생각하거나 문제해결을 하지 않는 등의 나쁜 습관을 가질 수 있다(Ornstein & Levine, 1981).

텔레비전에서 어떤 내용이 방영되고 어린이가 어떤 행동을 모방하느냐에 따라 친사회회적 행동을 나타내주는 긍정적 효과를 낼 수도 있고, 공격적 행동을 촉진시키는 부정적인 효과를 낼 수도 있다. 많은 연구결과에 의하면, 어린이와 청소년이 텔레비전의 폭력적인 프로그램을 보고 언어적으로나 신체적으로 높은 수준의 공격적 행동을 보이면 공격적인 태도가 증가한다고 한다. 마찬가지로 텔레비전은 사회적으로 바람직한 행동도 촉진시킬 수 있는 역량도 가지고 있다. 협조적이고 동정적이고 가진 것을 나누고 남의 감정을 이해하는 내용을 담은 프로그램을 본 어린이는 행동상 긍정적이요 지속적인 변화를 나타내어, 협조적이고 동정적이요 온정적인 태도가 증가하며, 일을 할 때 인내심을 가지며 공격적 성향을 덜 나타낸다. 간단히 말해서 텔레비전의 영향은 깊고 지속적인 것이라고 말할 수 있다(Mussen et al., 1984).

사실 지금까지도 텔레비전의 사회화 기능의 긍정적·부정적 기능에 대해 많은 논쟁이 있다. 긍정적인 견해를 갖고 있는 사람들은 텔레비전이 아동을 교육시키며, 과학이나 여타의 외국의 문화를 배울 수 있는 기회를 제공한다고 주장하고 있다. 한편 부정적 견해를 갖고 있는 사람들은 너무 오랜 시간의 텔레비전 시청이 아동의 시력을 감퇴시키며, 아동의 건전하고 활동적인 여가시간을 방해하고 많은 범죄나 폭력 프로그램이 아동을 타락시키고, 학교에서의 공부나 학습활동에 방해가 되지 않을까 우려하고 있다(Maccoby, 1963).

텔레비전이 많이 보급됨으로써, 많은 사람들은 텔레비전이 교육문제를 해결하고 교육의 기회도 확대시켜 줄 것으로 생각했다. 아마 이러한 기대는 많이 충족되었을 것으로 생각된다. 특히 텔레비전을 통한 다양한 정보의 획득, 방송교육, 문자 만에 의한 것이 아니라 생동감 넘치는 생생한 화면을 통한 직접적인 관찰 등은 텔레비전의 교육적 순기능을 다했음을 부인할 수 없다. 그러나 몇 가지 고려해야 할 점이 있다.

첫째, 모두가 다 그런 것은 아니지만, 특히 교육방송의 경우는 예외이지만, 텔레비전 프로그램이 다소 흥미위주로 흐르는 감이 있다. 만약 오랫동안 이러한 프로그램에만 접해온 어린이들은 학교도 흥미로만 가득 찬 것으로 지나치게 기대하게 되지는 않을까? 이러한 것이 자칫 학교에서의 흥미를 잃게 할 우려도 있다. 어디 인생이나 모든 일이 흥미로움만 가득 차 있는 것은 아니지 않는가? 따라서 때로는 고민하고 진지하게 생각하고 엄청난 노력을 기울여 결정해야 할 것들이 너무나도 많다.

둘째, 매스미디어는 문화전달 기능뿐만 아니라 문화변화·창조기관으로서의 기능을 다해주어야 할 것이다.

셋째, 맞벌이부부의 급증으로 자녀의 텔레비전 접근이 용이하게 되었다. 따라서 프로그램내용도 단순한 오락적 기능을 벗어나 교육적 기능을 다해 줄 수 있도록 노력을 기울여야 하겠다.

03 사회화와 자아형성

자아(self)와 인성(personality)은 의미상 비슷하지만, 인성은 다소 일반적인 말이며 개인의 신체적, 정신적, 정서적, 사회적 및 행동적 특성을 종합적으로 정의하는 것이다. 자아는 자신의 개인적, 사회적 정체감의 인식 및 그것에 대한 관념과 태도를 일컫는 말이다. 심리학자들은 인성이란 말을 더 많이 사용하는 경향이 있고, 사회학자들은 보통 자아라는 말을 사용하기를 선호한다.

일반적으로 심리학자들은 인성발달에 있어서 유전적 요인과 생물학적 요인에 더 초점을 두는 반면에, 사회학자들은 사회적 상호작용과 사회적 환경에 초점을 둔다. 심리학자들은 사회학자들 보다 초기 아동기에 더 중점을 둔다.

이러한 관점에서 볼 때, 대표적인 심리학자 프로이트(S. Freud, 1923)를 들 수 있다. 프로이트는 성격의 세 가지 구성요소로 원초아(id), 자아(ego), 초자아(superego)를 들고 있다. 원초아는 인성의 가장 원초적인 측면으로서 개인이 태어날 때 가지고 있는 기본적인 본능적 충동이다. 원초아에 있어서 성적·공격적 욕망은 끊임없이 나타난다. 자아는 원초아와 초자아와의 중재역할을 수행한다. 원초아가 쾌락의 원리(유기체를 위한 쾌락의 극대화)에 의해 작용하는 반면, 자아는 실제원리(직접적인 환경에서의 상태에 대해 유기체의 본능적 욕구의 균형유지)에 의해 작용한다. 초자아는 그들의 부모에 의해 개인들에게 최초로 해석된 사회의 가치와 이념을 나타내는 내면화된 일단의 규칙과 규정이다. 초자아는 도덕원리로 양심에 해당하며, 도덕적으로 행동을 통제한다. 프로이트는 개인은 일련의 심리성적 단계를 경험함으로써 인성은 매우 이른 시기인 대략 6세경에 고정된다고 믿었다.

사회학자들은 아동초기가 아주 중요한 것은 사실이나 사회화와 자아발달은 일생동안 이루어지는 과정이라고 믿고 있다. 프로이트는 부모, 사회 그리고 집단생활의 갈등적인 측면을 충분히 반영하지 못한데 비해, 사회학자들은 사회화와 자아발달에서 부모와 집단에 의해 수행된 적극적인 역할에 더 초점을 두고 있다.

사회학자들은 자아발달이란 생물학적, 유전적 그리고 본능적 요인에 뿌리를 두고 있는 것이 아니라 사회적 행동에 뿌리를 두고 있다고 믿고 있다. 자아는 사회화과정 동안에 타인들과의 상호작용을 통하여 발달된다. 이것은 다양한 사회집단에서 자신에게 요구되는 역할, 자신의 위치에 대한 지각 및 행동에 대한 기대이다.

개인은 타인이 자신에게 반응하는 방법으로부터 자신의 이미지나 관점을 발달시킨다. 다른 사람들이 자신에게 반응하고 있다고 자신이 생각하는 방법으로부터 자신을 발달시킨다. 자아발달은 일생의 사회화기간 내내 일어나는 쌍방간의 상호작용 과정이다. 자아발달은 타인의 평가에 대한 해석을 포함하는 극도의 주관적 과정이다. 현재의 평가는 과거의 평가에 기초를 두고 있으므로 이전의 실수는 부가된다. 아버지는 딸에게 아주 영리하다고 계속 말을 하게 되면, 그녀가 자신을 바라보는 방법들 중의 하나인 딸의 자아의 일부가 됨으로써 그녀는 그것 때문에 행동하고 어떤 기대를 가진다. 자아는 끊임없이 변화의 과정을 겪는다. 이러한 변화는 종종 서서히 일어나기도 하지만 가끔은 아주 갑자기, 극적으로 일어나기도 한다. 이러한 모든 변화는 타인이 우리를 평가한데 대한 우리의 평가의 결과다(Landis, 1995).

쿨리(C. H. Cooley, 1902)는 자아발달을 이해하기 위하여 면경자아(looking-glass self) 개념을 도입하였다. 면경자아는 타인에 대한 우리의 모습 상상, 그 모습에 대한 자신의 판단 상상, 자부심이나 수치심과 같은 일종의 스스로의 느낌 등의 세 가지 요소를 포함하고 있다. 우리가 거울을 통해 우리의 얼굴과 모습을 보듯이, 우리는 다른 사람들이 우리의 행동과 성격 등을 어떻게 지각하는 가를 상상하게 되는데, 이러한 타인들의 생각이 우리에게 많은 영향을 미치게 된다.

이것은 타인이 우리를 어떻게 보며 또 어떻게 평가하는가에 대한 우리의 지각을 말하는 것이다. 어느 정도 우리는 우리 자신을 타인 특히, 중요한 타인(significant others)이 우리를 바라보고 있다고 우리가 생각하는 것으로 간주한다. 우리는 또한 우리 자신을 타인과 비교하고('사회적 비교') 우리 자신의 행동과 타인의 결과에 대한 관찰을 통하여 스스로 추론함으로써 구체적인 속성에 관한 우리 자신의 자아개념을 발달시킨다.

정체성형성으로써 사회화에 특히 중요한 것은 동일시(identification)과정이다. 동일시는 원래 프로이트에 의해 사용되었는데, 아동의 부모에 대한 정서적 애착과 부모와 같아지기를 바라는 희망이다. 그 결과 아동은 부모의 태도, 신념과 타인의 특성을 내면화하고 채택하여 초자아를 형성하여 도덕성을 형성한다. 따라서 자아형성 과정에서 부모의 역할은 매우 중요하다.

미드(G. H. Mead, 1934)는 자아발달에 대해서 다음과 같이 주장하고 있다. 개인들은 중요한 타인이 자신을 생각한다고 자신이 믿는 것처럼 자신을 생각할 것이다. 개인들은 자신과 같은 사람들이 행동하는 방법에 관해 중요한 타인들의 기대에 따라 행동하는 경향이 있을 것이다. 아동은 자신의 행동에 대해 타인의 관점과 태도에 따라 자신의 행동을 통제하기 위한 능력을 계발함으로 그들은 타인의 역할을 취하기 위하여 학습한다. 이와 같은 최초의 발달단계 즉 일차적 사회화 단계에서 아동은 타인과 협동하지 않는다. 아동은 부모와 형 또는 누이, 교사와 같은 소위 중요한 타인이라고 하는 특정인에게만 관련된다. 그 후에 아동이 발달함에 따라 타인 한 사람 한 사람에게 반응하는 것은 줄어들 것이고 대신에 덜 개인화된 타인의 집단에 더 반응하는 것을 배운다. 미드는 이러한 타인들의 집단을 일반화된 타인(generalized other)이라고 한다. 일반화된 타인은 어떤 사람이 속해있는 사회집단이나 사람들의 공동체의 여러 관점들을 종합한 것을 의미한다. 이차적 사회화 즉 발달의 두 번째 단계는 아동이 공동활동에서 타인과 협동하고 특정인들보다는 오히려 일반적인 사람들의 이념에 반응할 수 있을 정도로 성숙되어 있을 때 시작된다.

비록 타인에 대한 우리의 내면화된 태도가 중요할지라도 그러한 태도가 모든 행동을 결정하는 것은 아니다. 미드는 자아의 두 가지 측면 즉 'I'와 'me'를 구분하였다. 전자는 주관적인 자아로서 자발적이며 독창적인 행동을 시도한다. 후자는 대상으로서의 자아를 말하며 자신에 대한 타인의 태도와 관점을 나타낸다. 전자는 더 자유롭고 더 혁신적인 반면 후자는 더 전통적이다. 전자는 행동하고 후자는 판단하고 평가한다. 전자는 후자에 의해 통제되지만 완전히 그런 것은 아니다. 가령, 어린이가 아무렇게나 낙서하는 것은 'I' 행동을 나타내는 것이고, 바로 그 어린이가 수업 중에 집이나 나무를 열심히 그리는 것은 선생님을 즐겁게 해주는 것이므로 'me' 행동에 더 가까울 것이다. 지나가는 개를 발로 차는 것은 아마 자아의 'I' 측면을 우리에게 보여주는 것이고, 승객이 고속도로 순찰차를 부르기 위하여 가장 가까이 있는 전화기로 걸어가는 것은 'me' 측면을 보여주는 것이다.

사회학적 측면에서의 사회화나 자아형성은 나와 타인과의 관계, 나를 둘러싸고 있는 사회적 환경에 의해 많은 영향을 받는다고 본다. 따라서 사회화나 자아형성에 있어서 생물학적 요인보다는 사회적 맥락을 더 강조하고 있다.

04 교육의 사회적 기능

교육은 사회가 유지, 발전하기 위해서 불가피하게 요구되는 활동이다. 교육은 사회발전의 원동력이며, 사회가 필요로 하는 기능을 수행함으로서 그 존재가치를 획득하게 되며, 이에 따라 사회로부터 다양한 협력과 지원을 제공받게 된다.

교육의 사회적 기능을 열거하자면 수없이 많을 것이다. 그러나 여기서는 크게 문화전달기능, 사회통합기능, 사회구성원선발 및 분류기능 그리고 사회변화 및 혁신기능으로 나누어 설명하고자 한다.

1) 문화전달기능

문화란 인간이 습득한 지식, 신념, 태도 및 규범 등으로 이루어진 복합적 총체이다. 이러한 문화는 학교 바깥에서도 다양한 방법을 통하여 전달되지만, 학교의 경우는 외현적 교육과정(manifest curriculum)을 통하여 전달되기도 하고, 잠재적 교육과정(latent curriculum)을 통하여 전달되기도 한다. 이와 같이 교육은 앞 세대인 교사가 다음 세대인 학생들에게 문화유산을 내면화시킴으로써 문화를 재생산시키는 문화전달 기능은 한 사회를 보존·유지시키는데 중요하다. 그러나 교육이 현대사회의 변화에 적절히 대처하는 새로운 문화를 생산하는 문화창조의 기능을 조화롭게 수행해 나갈 수 있는 노력도 필요하다.

그러나 실제로 학교에서 무엇을 가르치고 있느냐에 대해서는 관점에 따라 서로 입장을 달리 할 수 있다. 기능주의자들은 학교를 성인세계에서 성공적으로 수행하는데 필요한 문화를 전달하는 곳으로 간주한다. 학교는 따뜻하고, 보호적이며, 수용적인 가정의 환경으로부터 작업세계의 경쟁적이고 과업지향적인 환경으로 이동하는데 도움을 준다. 어린이들은 동일한 규칙이 모든 사람들에게 적용된다는 것을 배운다. 이러한 방법으로 학교는 청소년들을 사회에 대비하도록 하는 결정적인 기능을 수행하는 곳으로 간주된다. 그러나 갈등론자들은 이러한 규범과 가치 등의 문화전달을 개인들의 욕구라기보다는 자본주의 사회의 요구로 작용한다고 보고 있다(Ballantine, 2001).

박용헌(1989)은 문화와 교육과의 관계를 다음과 같이 설명하고 있다.

첫째, 교육의 기능은 문화전달이다. 한 사회가 공공적으로 마련한 교육은 제도화된 학교교육이든 학교외 교육이든 간에 그 사회의 새 성원을 길러내는 기능을 갖는다. 이러한 기능은 그 본질에 있어서 그 사회의 성원이 공유하기를 기대하는 문화를 전달하는 일인 것이다. 이렇게 볼 때, 사회나 교육기관의 입장에서는 문화를 전달하는 기능이며 학습자의 입장에서는 문화를 획득하는 기능인 셈이다.

둘째, 문화는 한 사회의 교육목표와 내용을 추출하는 자원이다. 교육의 목표도 그 사회가 지향하는 문화가치관에서 도출된다. 어떤 사회, 어떤 인간을 지향하느냐 하는 것을 그 사회의 문화가 결정한다고 보면, 문화는 교육목표를 추출하는 자원인 것이다. 문화는 역사적으로 축적된 사회의 유산을 축적하고 있는 것도 사실이지만 그 시대에 생성하고 미래의 구성원들에게 공유하기를 기대하는 생활방식도 포함하고 있다고 보아야 할 것이다.

셋째, 교육적 과정은 사회·문화적 과정이다. 교육적 과정은 인간의 사회적 상호작용에 의하여 이루어지는 사회적 학습과정이다. 이 사회적 학습과정을 이끌어 나가는 규칙이나 거기에 부여하는 의미는 그 사회의 문화에 따라 결정된다. 문화인류학적 입장에 따르면 교육적 과정은 문화전계 과정이다. 이렇게 볼 때, 교육현상을 올바르게 이해하고 명확히 규정하며 적절한 해결방안을 구안하여 실천하려면 이러한 교육의 문화의존적인 특성에 대한 이해와 그 사회문화적 맥락에 대한 깊은 고려가 있어야 할 것이다.

2) 사회통합기능

교육의 사회적 기능 중의 또 다른 하나는 사회통합(social integration)기능이다. 학교교육을 통하여 사람은 시간과 규율을 지키고 순종성, 근면성과 같은 생활습관을 기르며 사회가 요구하는 중핵가치, 규범, 태도 등을 습득함으로써 훌륭한 시민으로 그 사회에 참여하게 된다. 이와 같이, 사회는 교육을 통하여 안정과 질서를 이루게 된다. 특히 국가가 의무교육을 통하여 국민들의 지적 수준과 문화수준을 향상시킴으로써 새로운 국가목표를 일반화시키고 나아가 수준 높은 국민형성(nation building)을 꾀하는 것은 그 좋은 예에 해당한다(석태종, 1996).

가령, 미국은 많은 소수 민족들로 구성된 나라이다. 따라서 시민들은 학교가 많은 사회문제들을 해결해 주기를 기대하였고, 또한 이주자들을 동화(assmilation)하여 미국화시키는 소위 용광로(melting pot)로서의 역할을 해 주길 기대하였다. 이렇게 함으로써 새로운 이주자들이 미국사회에서 생산적 역할을 준비하고 공동체의식을 갖게 하여 문화적 다원주의를 극복케 하도록 하는 것이었다(Ballantine, 2001).

이와 같이, 학생들은 학교생활을 통하여 학교생활뿐만 아니라 사회구성원으로서 갖추어야 할 여러 가지 태도나 가치관을 배움으로써 한 사회의 구성원으로 자리 잡게 된다. 다시 말하면 학교는 자라나는 세대를 사회화시킴으로써 사회구성원들을 하나가 되도록 하는 이른바 사회통합기능을 수행하고 있다. 특히, 아동 및 청소년들이 학교에서 보내는 시간이 많기 때문에 교장이나 교사의 말씨나 행동 등을 모방하므로 교사들에 대한 사회의 기대가 더 큰지도 모른다. 물론 학교뿐만 아니라 학교바깥의 일반 성인들도 자라나는 세대의 모방대상(model figures)이라는 의식을 갖고서 매사에 임해야 될 것이다.

3) 사회구성원의 선발 및 분류기능

학교는 일정한 기준에 의하여 학생들을 선발한 다음, 일정한 기간 동안 가르쳐서 사회구성원들이 그 사회에 적응할 수 있도록 준비시키는 역할을 수행한다. 사람이 살아가는데 필요한 기술과 지식 등을 가르침으로써 사회의 구성원으로 자리 잡게 하는 것이다. 즉 선발된 인력을 교육시킴으로써 사회가 필요로 하는 각 위치에 인력을 할당·배분하는 것이다.

이러한 것은 개인적으로 보면 하나의 사회이동(social mobility)이 된다. 인간이면 누구나 사회적 상승이동을 하고 싶어 할 것이다. 우리나라의 경우 특히, 고등교육 정도가 사회계층 이동에 상당한 영향을 미치는 것으로 인식되고 있기 때문에 어느 나라보다도 고등교육에 대한 열망이 강하다. 그 결과 과외문제 등으로 인하여 사교육비의 과다지출은 이제 개인적 걱정거리 차원을 넘어서 사회문제로 대두되기에 이르렀다. 그런데 오늘날 대학을 마쳤다고 해서 모두가 원하는 직업을 갖는 것도 아니다. 따라서 학생의 선발 기준문제, 입시제도, 인력수급문제 등 다각적인 연구가 요청되고 있다.

우리 사회에서 개인의 직업적 지위는 어떻게 획득되고 있는가를 밝히기 위하여 직업적 지위에 대한 학교, 가정 그리고 개인적 특성요인의 영향정도를 살펴보면 다음과 같다.

학교요인과 관련된 하위영역(교육수준, 사회적 평가, 교육의 질, 물리적 환경, 학업성취도)에서 개인의 직업적 성취에 가장 영향을 많이 주는 것은 교육수준과 학교에 대한 사회적 평가이다. 한편, 가정요인과 관련된 하위영역(부모의 사회경제적 지위, 배우자 부모의 사회경제적 지위, 사회적 상승 강조도, 거주지의 크기, 친척의 지위, 형제 수)에서는 부모의 사회경제적 지위와 배우자 부모의 사회경제적 지위가 중요한 것으로 나타났다. 또 개인특성과 관련된 하위영역(지능, 노력, 자아개념, 성격, 인간관계) 중에서는 개인의 지적 능력과 노력이 중요한 요인으로 작용하고 있다. 종합적으로 보면 직업적 지위결정에 있어서 교육수준이 가장 중요한 결정요인이며 다음으로 지적 능력이었다(김병성, 1995).

우리의 경우에는 학력성취의 결과는 첫 직업의 획득단계에서 집중적으로 나타나고 이후의 직업경력의 전개에서는 학력의 결과보다는 첫 직업의 영향이 더욱 강력하게 반영되는 구조를 띠어왔다. 과장해서 표현하면 미국에서 개인의 직업지위 획득은 일생에 걸친 긴 여정이라 할 수 있고, 한국에서는 첫 직업의 획득 단계에서 모든 것이 결정되어 개인의 일생의 직업여정이 첫 단계에서 사실상 정해지는 구조라 할 수 있다. 전반적으로 볼 때, 미국에서는 자녀의 직업지위 획득에 있어서 부친의 직업 지위가 직접적, 간접적으로 상당한 영향을 미치고 있음을 알 수 있다. 상대적으로 우리의 경우 부친의 자녀에 관한 영향은 부친의 직업을 통해서라기보다는 부친의 교육을 통해서 작용하는 것으로 보인다. 즉 미국과 비교해보면 우리나라에서는 자녀의 지위획득이나 지위의 세대 간 전이에 있어서 교육의 중요성이 상대적으로 강하게 작용하였음을 알 수 있다(김영화, 2000).

보울즈와 진티스(Bowles & Gintis, 1976)에 의하면, 중·상류계층의 자녀들은 전문직, 고급관리직, 경상직에 많이 진출하고 있으나, 노동직 부모를 가진 학생들은 기능직 및 단순 노동직에 많이 진출하는데, 이러한 사회적 충원은 교육의 사회충원 기능의 문제로 제기되고 있다.

학교교육의 사회적 선발 및 배분의 기능에 대해서도 관점에 따라 상이한 견해를 보이고 있다. 기능주의의 관점에서는 고학력자가 더 좋은 사회적 지위로 배분되는 것은 당연하다고 본다. 그러나 갈등론적 관점에서는 학교교육은 사회계급의 재생산밖에 아무 것도 하지 않는다고 주장하고 있다. 이러한 입장은 학교교육에 대한 기회가 부모의 사회계층에 의하여 상당한 영향을 받고 있다는 것이다.

학교교육의 선발과정에 대한 기능주의적 관점과 갈등주의적 관점을 정리해 보면 다음과 같다(송병순, 1994).

첫째, 기능주의 이론은 사회체제의 유지 및 안정을 직업적 분화와 관련시켜 학교교육의 선발을 인력분배라는 관점에서 설명하고 있으나, 갈등론에서는 정치·경제·문화와 교육과의 관계에서 선발과정에 내포된 불평등요인을 지적함으로써 기능주의적 선발관을 비판하고 있다.

둘째, 기능주의 이론에서는 교육기회의 확대로써 평등사회 이상실현을 낙관하고 있는 반면에, 갈등이론에서는 이를 허구라고 비판한다. 그 이유는 교육기회의 평준화 이념은 학생선발의 실제에서 무관하게 작용하고 있기 때문이다.

셋째, 기능주의 이론에서는 개인의 능력이나 적성을 고려하여 능력별 반편성 등을 교육적 선발에 고려하고 있으나, 갈등주의 이론가들은 이를 교사의 편의, 학교당국의 학사행정, 학교와 유관한 의사결정체의 압력에 의한 것으로 보며, 나아가 기능주의에서 주장하는 학교의 선발과정에서 고려되는 능력별 분류에 따른 최적 교육기회 확대론은 기능주의의 또 다른 교육적 신화라고 주장한다. 또 갈등론에서는 아동의 능력평가에 사용되는 측정도구의 객관성과 과학성을 의심한다.

4) 사회변화 및 혁신기능

교육이 사회안정과 현상유지기능도 수행하고 있지만 사회변화기능도 수행하고 있다. 특히, 오늘날과 같이 급변하는 사회에서는 교육을 통한 문화전달

기능뿐만 아니라 문화생산 및 창조기능이 강화되어야 할 것이다. 이러한 점에서 학교는 문화생산을 통하여 문화전파 또는 문화확산(cultural diffusion) 기능을 수행하고 있다. 이러한 것은 대학뿐만 아니라 초·중등학교에서도 수행하고 있는데, 새로운 정보뿐만 아니라 사회변화를 촉진시킬 수 있는 세계를 바라볼 수 있는 방식, 태도 그리고 가치 등을 전파하고 있다.

먼저 사회변화(social change)의 의미를 간단히 살펴보기로 하자.

사회변화란 사회관계, 규범, 역할, 위치 혹은 구조 등이 시간에 따라 변화하는 것을 말하기도 하고(Nisbet, 1972), 또 간단히 사회구조와 사회관계의 변화라고 하기도 한다(Moore, 1963). 이렇게 보면 사회변화란 한 상태에서 다른 상태로 바뀌는 것을 말하는데, 물론 변화자체가 곧 발전을 의미하지는 않는다. 플라톤(Platon)과 마르크스(K. Marx)와 같은 학자들도 선과 사회질서를 이룩하기 위한 수단으로서만 사회변화가 바람직하다고 생각해 왔다(Lapiere, 1965).

그러나 여기서는 변화란 일반적으로 발전지향적인 측면을 일컫는다는 입장이다. 발전이란 의미에는 세 가지 차원에 의해 정의될 수 있다.

첫째, 경제적 발전이다. 이것은 사회의 생산체계의 능률성의 증대를 의미한다.

둘째, 사회·문화적 발전은 태도, 가치 그리고 행동의 변화를 포함한다.

셋째, 정치적 발전은 권력의 균등한 분배와 한 집단이 다른 집단에 대하여 지배하지 않는 것을 의미하는 것으로 이해된다. 따라서 정치발전은 정치참여, 정치적 위치에의 접근과 국민통합의 발전, 응집력 그리고 정체성을 포함한다(Saha, 1997).

이러한 사회변화를 가져오기 위해서는 우선 학교부터 변화해야 할 것이다. 사회과학자들은 일반적으로 학교와 같은 체제에서의 변화를 이야기할 때, 네 가지 분석수준을 개념화한다(Ballantine, 2001).

첫째, 개인적 수준은 체제 내에서 역할을 가지고 있는 사람들—교사, 학생 또는 그 외의 사람들—을 직접적으로 또는 주도적으로 변화하게 하는 것이다. 가령, 새로운 프로그램에 대한 교사의 태도를 변화시키려는 시도가 있을 수 있다.

둘째, 조직수준은 학교내의 변화이다. 아마 새로운 교육과정모델은 학교의 물리적 구조와 역할구조에서의 변화를 필요로 할 것이다.

셋째, 제도적 또는 사회적 수준은 대규모 체제변화이다. 이것은 보통 사회의 다른 부분의 변화와 관련된다. 가령, 정치제도와 국가의 구조에서의 변화는 종종 교육정책에서의 변화를 가져올 것이다.

넷째, 문화적 수준은 사회적 태도와 가치의 변화를 말한다. 이러한 것들은 종종 기술혁신 뒤를 따라 천천히 일어나므로 가장 천천히 일어나는 변화이다.

사회변화에 기여하는 학교의 역할을 논의할 때, 특히 주목할 만한 이론은 근대화 이론과 인간자본론이다. 먼저 근대화 이론(modernization theory)에 의하면, 사람들은 근대화된 제도에 참여하지 않고서는 근대적이 될 수 없다고 하며, 그것 중의 하나가 교육(학교)과 산업(공장)이다. 즉, 학교는 효과적으로 근대화하는 중요한 제도라는 것이다. 근대화에 관한 초기 연구는 상당 부분 인켈스와 스미스(Inkeles & Smith, 1974)의 정의와 측정에 기초하고 있다. 이들은 처음으로 근대인(modern man)의 개념을 조작화하려고 시도하였다. 이들에 따르면, 근대화된 사람은 다음과 같은 특징이 있었다(Saha, 1997).

① 새로운 경험에 대한 개방성
② 사회변화를 위한 준비성
③ 다양한 태도와 의견에 대한 인식과 자기 자신의 관점을 유지하려는 성향
④ 의견형성에 있어서 사실지향적임
⑤ 과거보다는 현재와 미래지향적임
⑥ 개인적 효능감의 소유
⑦ 장기계획지향적임
⑧ 사회제도와 개인에 대한 신뢰
⑨ 공학적 기술에 높은 가치부여
⑩ 타인의 인격존중
⑪ 생산과 산업의 기초가 되는 논리에 대한 이해

다음으로 인간자본론(human capital theory)에서는 교육을 인적자원 또는 인적자본을 형성하기 위한 투자로 정의하고, 경제성장을 달성하는데는 교육이 필수불가결한 요소라고 강조한다. 이러한 입장을 취하는 대표적인 학자는 슐츠(T. Schultz, 1963)와 베커(G. S. Becker, 1964)가 있다.

제2차 대전 이후 일본의 발달은 교육이 산업화와 경제·사회적 발전을 가속화시키는데 기여하는 요인으로서 의도적으로 활용된 대표적인 예라고 일반적으로 간주되었다. 일본에 있어서의 학교교육은 최초부터 경제성장에 필수적인 것으로 간주되었다. 교육이 경제발전에 직접적으로 공헌할 수 있다는 신념은 서구사회전체에 아주 광범하게 보급되어서 제2차 세계대전 후에 교육은 이미 개발된 국가들이 탈공업화단계로 도약하는 데는 물론 저개발국가들이 산업화로 도약하기 위하여 가장 중요하고 사실상의 필수적인 원동력으로 간주될 정도였다(Fangerlin & Saha, 1983).

교육이 사회변화 및 개혁의 중요한 기관 중의 하나라는 것은 이론의 여지가 없다. 그러나 이를 위해서는 교육에 대한 사회구성원들의 의식구조도 변화되어야 한다. 다시 말하면, 학교에 대해 기대만 할 것이 아니라 학교에 대한 관심도 보여야 한다. 특히, 교육의 변화를 위해서는 사회구성원의 의식구조뿐만 아니라 사회환경의 변화도 중요하다.

참고문헌

김병성 (1995). 교육과 사회. 서울: 학지사.

김영화 (2000). 한국의 교육과 사회. 서울: 교육과학사.

박용헌 (1989). 학교와 지역사회. 서울: 배영사.

석태종 (1996). 교육사회학. 서울: 교육과학사.

송병순 (1994). 교육사회학. 서울: 문음사.

조용환 (1997). 사회화와 교육. 서울: 교육과학사.

Ballantine, J. H. (2001). *Sociology of Education* (5th ed.). NJ: Prentice Hall. (김경식, 이병환 역, 교육사회학, 서울: 교육과학사, 2005.)

Becker, G. S. (1964). *Human Capital: A Theoretical and Empirical Analysis, with Special Reference to Education*. Chicago: University of Chicago Press.

Becker, G. S. (1976). *The Economic Approach to Human Behavior*. Chicago: University of Chicago Press.

Benedict, R. (1959). *An Anthropologist at Work: Writings of Ruth Benedict*. Ed. by Margaret Mead. Boston: Houghton Mifflin Company.

Berger, P. (1963). *Invitation to Sociology: A Humanistic Perspective*. NY: Doubleday.

Berger, P. L., & Luckmann, T. (1966). *The Social Construction of Reality: A Treatise in the Sociology of Knowledge*. Garden City, NY: Anchor Books.

Borgatta, E. F., & Borgatta, M. L. (1992). *Encyclopedia of Sociology*. NY: McMillan Publishing Company.

Bowles, S., & Gintis, H. (1976). *Schooling in Capitalist America: Educational Reform and the Contradictions of Economic Life*. NY: Basic Books.

Cooley, C. H. (1902). *Human Nature and the Social Order*. NY: Charles Scribner's Sons, Revised edition, 1922.

Cooley, C. H. (1909). *Social Organization: A Study of the Larger Mind*. NY: Charles Scribner's Sons.

Durkheim, E. (1922). *Education and Society*. (S. D. Fox, Trans.). Glencoe, IL: The Free

Press.

Fangerlin, I., & Saha, L. J. (1983). *Education and National Development: A Comparative Perspective*. Oxford: Pergamon. (윤정일 외 역, 교육과 사회발전, 대영문화사, 1986.)

Freud, S. (1923, 2010). *The Interpretation of Dreams: The Illustrated Edition*. Sterling Press.

Horton, P. B., & Hunt, C. L. (1980). *Sociology*. Tokyo: McGraw-Hill Kogakusha, Ltd.

Inkeles, A. (1983). *Exploring Individual Modernity*. NY: Columbia University Press.

Inkeles, A., & Smith, D. H. (1974). *Becoming Modern: Individual Changes in Six Developing Countries*. Cambridge, Mass.: Harvard University.

Landis, J. R. (1995). *Sociology*. Belmont: Wadsworth Publishing Company.

Lapiere, R. T. (1965). *Social Change*. NY: McGraw-Hill, Inc.

Levine, D. U., & Havighurst, R. G. (1992). *Society and Education* (8th ed.). Boston: Allyn and Bacon.

Maccoby, E. E. (1951). Television: Its impact on school children. *Public Opinion Quarterly*, 15, 421-444.

Maccoby, E. E. (1963). The effects of television on children. In W. Schramm (ed.), *The Science of Human Communication*. NY: Basic Books, Inc.

Malinowski, B. (1944). *A Scientific Theory of Culture and Other Essays*. Chapel Hill, N. Carolina: The University of North Carolina Press.

Mead, G. H. (1930). Cooley's contribution to American social thought. *American Journal of Sociology*, 35(5), 693-706.

Mead, G. H. (1934). *Mind, Self, and Society*. Ed. by Charles W. Morris. Chicago: University of Chicago Press.

Mead, G. H. (1982). *The Individual and the Social Self: Unpublished Essays by G. H. Mead*. Ed. by David L. Miller. Chicago: University of Chicago Press.

Mead, M. (1928). *Coming of Age in Samoa*. William Morrow Paperbacks.

Moore, W. E. (1963). *Social Change*. Englewood Cliffs, NJ: Prentice Hall, Inc.

Mussen, P. H., Conger J. J., & Kagan, J. (1979). *Child Development and Personality* (5th ed.). NY: Harper & Row. (김윤식·제석봉 역, 발달심리학, 학문사, 1984).

Nisbet, R. (1972). *Social Change*. Basil Blackwell.

Nyberg, D., & Egan, E. (1981). *Erosion of Education: Socialization and the Schools*. NY: Teachers' College Press. (박의수 외 역, 교육의 잠식, 서울: 양서원, 1996.)

Ornstein, A. C., & Levine, D. U. (1981). *Foundations of Education*. Houghton Mifflin Co.

Parsons, T. (1959). The school class as a social system: Some its functions in American society. *Harvard Educational Review*, 29(4), 297-318.

Parsons, T. (1991). *The Early Essays* (Essays from the late 1920s and the 1930s). Edited by Charles Camic. University of Chicago Press.

Postman, N. (1985). *Amusing Ourselves to Death: Public Discourse in the Age of Show Business*. U.S.: Viking Penguin Inc.

Postman, N. (1993). Technopoly: *The Surrender of Culture to Technology*. NY: Vintage Books.

Saha, L. J. (1997). *International Encyclopedia of the Sociology of Education*. Pergamon.

Schultz, T. W. (1963). *The Economic Value of Education*. NY: Columbia University Press.

Schultz, T. W. (1971). *Investment in Human Capital: The Role of Education and of Research*. NY: Free Press.

Scotter, R. D., Hass, J. H., Kraft, R. K., & Schott, J. D. (1991). *Social Foundations of Education*. NJ: Prentice-Hall.

제05장

사회문제와 교육

사회문제는 어떤 사회에서 발생하는 것이지만 사회가 산업화, 정보화를 경험하는 과정에서 광범하게 발생한다. 우리나라는 특히 세계에서 유래가 없는 급속의 압축 성장을 이루면서 산업과 경제, 의식과 문화가 급격하게 변화하였고 이에 따라 종래의 가치관이나 행동 방식으로는 삶의 문제를 원활하게 해결하기가 쉽지 않게 되었다. 단기간에 생활수준이 향상된 것은 바람직한 일이나, 그러한 수준을 누리기 위해 감당해야 할 대가 또한 커졌다. 우선 경제력이 있어야 하는데 이는 재산과 소득, 직업과 노동력이 있어야 가능하다. 괜찮은 소득, 직업의 기회가 많지 않은 상황에서 개인의 경제력이 향상될 수 있는 여지는 제한되고 있다. 이러한 상황이 사회 내 문제를 확대하고 있다. 1997년 IMF 경제위기 이래 경제침체와 계층 간 소득불균형이 심화되면서 실업과 상대적 빈곤이 주요한 사회 문제로 대두되었다. 또한 가정의 경제적 여건이 악화하면서 파산이나 이혼에 의한 가정해체가 늘었고, 출산 기피와 고령층의 생계 곤란 문제 등이 뒤를 이었다. 가정과 사회에서의 삶의 조건과 환경이 악화됨에 따라, 우울증을 비롯한 여러 정신질환, 인테넷 중독을 포함한 중독, 마약, 자살, 범죄, 성범죄, 폭력, 부정과 비리 등 다양한 문제가 증폭되며 나타나게 되었다.

이 장에서는 먼저 사회문제의 정의와 발생원인에 대해 살펴보고, 사회문제의 분류방식에 대해 알아본다. 이어 주요한 사회문제의 유형으로 가족해체, 성폭력, 자살문제, 저출산과 고령화, 그리고 사이버중독 등에 대해 고찰한다.

01 사회문제의 정의

사회문제를 한마디로 정의한다는 것은 매우 어렵다. 사회문제는 시대와 사회 또는 사람에 따라 다양하게 볼 수 있기 때문이다. 현대 사회는 아주 복잡하고 구조적으로 문제를 산출하고 있으며 이 문제들이 인위적이든 자연적이든 공동체, 즉 한 국가가 정치적, 사회적, 경제적인 문제로 인식한다면 사회문제라고 대중들은 인식하고 있다. 예를 들어 청소년의 비행, 성매매, 성차별 등도 1950~60년대만 해도 사회적인 문제로 인식되지 않고 일부 비인간적인 이들에 의하여 나타나는 일부의 반사회적인 문제로만 인식하고 있었다. 하지만 사회가 발전하고 그 구조가 복잡해짐에 따라 사회문제는 여러 면에서 발생하고 있으며, 또한 이 문제들을 해결하지 않으면 안 되는 매우 큰 영향력까지 발휘하는 것이 사회문제이다. 이러한 복잡성과 구조적인 영향력이 발휘되면서 사회문제를 연구하고 그 해결방안을 찾고자 하는 노력도 증가되었다. 여러 학자들의 견해에 의한 사회문제의 정의는 다음과 같다.

설리번 등(Sullivan et al., 1980)은 사회의 다수인이나 사회의 강력한 집단에 의해 바람직하지 못하거나 주의가 필요하다고 생각되는 사회조건을 사회문제라고 인식한다. 호튼과 레슬리 등(Horton et al., 1997)는 사회문제는 많은 사람에게 영향을 주는 조건으로 사회현상에 영향을 미치는 조건이 바람직하지 못해서 사람들이 이러한 조건에 대해 무엇인가가 행해지기를 요구하게 된다고 말한다. 또한 이렇게 요구하는 행위는 집단적인 사회행동에 의한 사회개입이 존재함을 의미한다고 주장한다.

사회문제에 대한 정의를 머튼과 니스벳(Merton & Nisbet, 1976)은 “사회질서의 상당부분이 일반적으로 받아들여지고 있는 하나 혹은 그 이상의 규범을 위배하고 있다고 간주되는 행동양식"으로 정의하고 있고, 에치오니(A. Etzioni, 1976)는 "사회적으로 형성되며 사람들이 문제로 인식하고 사회가 그 상태의 개선을 바라는 사회적 상태"라고 정의하고 있다. "사회의 다수 사람들의 가치와 양립할 수 없는 상태로서 그 다수의 사람들이 그러한 상태를 변화시키기를 동의하는 상태이다."라고 정의하는 학자들도 있다(Rubbington & Weinberg, 1981). 이를 구체적으로 살펴보면, 사회의 구성원에게 바람직하지 못하다고 받아들여지는 상황 내지 행동양식으로서, 그들은 바람직하지 못한 상황에 대한 자신들의 불만이나 관심을 회합, 서신교환, 시위, 그리고 기타 항의의 형태로 표현하지만, 이러한 사회문제들을 통제하기 위한 자신들의 의도된 혹은 적용된 조치들이 아직 효과를 거두지 못한 상태에 있는 것으로 정의하고 있다.

여기서 주의할 점은 사회문제란 사회구성원 다수에 의해 문제시 되어야 하고 문제시 되는 상황을 집단적 사회행동을 통해 시정하고 해결할 수 있다고 보는 것이다. 이러한 사회문제에 대한 전문가들의 견해는 다음과 같은 오류를 범한다고 한다. 이를 몇 가지 지적하여 보면 다음과 같다.

첫째, 무엇이 사회문제인가에 대하여 의견이 일치한다는 생각. 즉, 빈곤을 긍정적으로 보거나 일부 실업은 필요하다고 생각하는 사람도 있다.

둘째, 사회문제는 자연적이고 불가피한 것이라고 보는 것. 즉, 사회문제는 자연법칙 또는 신체적 불가피성의 산물이 아니고 사회문제의 불가피한 산물이다.

셋째, 사회문제는 비정상적인 것. 즉, 높은 이혼율을 사회적 붕괴의 한 현상으로 보지만 개인주의와 결혼생활의 행복을 중시하는 가치관의 논리적 귀결로도 본다.

넷째, 사회문제는 선천적으로 나쁜 사람 때문에 존재하는 것. 즉, 교외로 이주하는 시민은 시내의 빈민층 형성에 기여한다.

다섯째, 사회문제는 그 문제에 대하여 말함으로써 생긴다는 것. 즉, 사회문제는 논의여부에 관계없이 객관적으로 존재한다.

02 사회문제의 발생원인

사회문제의 발생원인에 대한 견해는 사회이론에 따라 관점이 다르다.

1) 기능주의적 관점

기능주의에서는 사회문제의 발생은 어느 하위체계가 수행해야 하는 기능적 요건을 수행하지 못하도록 하는 요인, 규범체계가 무너지도록 하는 요인, 사회화의 실패요인, 사회통제의 실패 요인 등에서 찾는다(김근홍 등, 2002).

첫째, 하위체계의 기능약화를 가져오는 요인으로 급격한 사회변화 및 하위체계 자체의 부적절성을 들 수 있다. 급격한 사회변화는 과거에 충실한 기능을 수행하던 사회제도로 하여금 더 이상 그 기능을 수행하지 못하도록 만드는 경우이다. 예를 들면 부(富)의 불평등한 재분배를 야기하는 제도, IMF 경제위기 이후 가정해체문제(이혼, 구조조정으로 인한 실직 등).

둘째, 규범체계가 무너지도록 하는 요인들은 기존의 규범이 급격한 사회변화로 인해 무력화되는 경우와 규범 그 자체가 서로 상반된 내용을 포함하고 있는 경우이다. 규범이 무너진 상태를 아노미(anomie) 상태라 하는데, 뒤르켐(E. Durkheim, 1951)은 급격한 사회변동(경제적 호황과 불황)이 자살률을 심화시킨다는 연구를 통해서 아노미적 자살(anomic suicide)이라고 하였으며, 머튼(R. K. Merton, 1968)은 사회규범이 우리에게 제시하는 사회적 목표(성공, 부)와 그것을 달성하는 수단(노력, 공부) 사이의 괴리가 일탈과 범죄를 발생시킨다고 하였다.

셋째, 사회화 과정의 실패는 사회화가 불충분하거나 부적당할 경우 발생한다(Etzioni, 1976). 예를 들면, 부모의 계층적, 인종적, 종교적 배경이 서로 다를 때가 그런 경우이다. 부모가 중산층과 빈곤 노동자 계층일 경우 양육방식이 서로 다를 수 있다.

넷째, 사회통제의 실패는 보상과 처벌을 제대로 하지 못하거나 불공평하게 하는 것을 의미한다(최성재, 1995). 어떤 규범이 위반사항을 처벌하지 않거나 불충분하게 처벌하는 경우가 발생한다든지, 혹은 보상에 있어서 공평성을 잃게 되면 일탈행동을 오히려 조장하는 경우가 생긴다.

기능주의 시각에 의하면 사회문제의 원인은 개인, 가족, 일탈적 하위문화, 사회제도, 기회구조의 일부에 있다고 보고, 사회전체에 근본적인 원인이 있다고 보지는 않고 있으며, 문제의 원인이 개인에게 있든 사회제도에 있든 개입하는 주체 또는 조치를 취하는 주체는 사회측이어야 한다고 본다. 따라서 사회문제의 해결방안은 개인의 사회화 기능과 통제기능을 강화하거나 수정하고 재사회화 또는 재활기능을 강화하거나 사회의 물질적 및 기회의 분배기능을 강화 또는 수정해야 하며, 가장 중요한 것이 사회제도의 강화이다.

2) 갈등주의적 관점

갈등주의에서는 사회문제를 희소자원의 불균등한 소유로 인한 갈등현상 또는 비합법적 사회통제와 착취로 보고 있다. 갈등의 궁극적 원인은 사회적 불평등이고 불평등과 부·권력·지위·명예 등 모든 사회적 가치들은 희소성이 있기 때문에 이들 사회적 가치를 둘러싼 경쟁과 갈등은 지속될 수밖에 없다고 본다. 갈등주의 시각에서 사회문제는 비합법적인 사회통제와 착취, 희소자원의 불균등한 분배, 그리고 이것들을 가능하게 하는 사회의 권위와 권력의 구조 자체라고 할 수 있다. 이에 사회문제의 해결은 사회제도를 적극적으로 개선하는 데서 찾을 수 있다.

사회문제의 해결방안에 대하여 갈등주의는 변증법적 갈등주의(dialectical conflict theory) 입장에 서느냐 기능적 갈등주의(conflict functionalism) 입장에 서느냐에 따라 그 수준과 강도에 있어 상당한 차이가 있다. 전자가 사회문제의 원인이 개인에게 있는 것이 아니라 사회제도에 있다고 보는 반면, 후자는 사회문제의 원인이 기본적으로 사회제도에 있지만 갈등이 적대적 본능 때문에도 유발되기 때문에 개인에게도 원인이 있다고 본다.

변증법적 갈등주의에 의하면 사회문제는 근본적으로 희소 자원을 많이 소유한 사람이 희소자원을 적게 소유한 사람을 착취하고 특권을 행사한 결과로 생기는 생겨나는 현상이기 때문에, 자원의 불평등한 지배를 영속화시키고 있는 기본적인 사회체제 자체를 재조직하지 않는 한 해결하기 어렵다. 그리고 사회제도의 재조직은 자원의 소유와 통제를 평등화시킬 수 있어야 한다. 그런데 이러한 사회제도의 재조직은 현 체제에 대한 전반적인 부정과 도전으로 비춰져 이에 대한 저항이 강화될 것이므로 단기적으로는 이루어지기 어렵다.

기능적 갈등주의에 의하면 사회문제는 자원의 불평등한 분배에 대한 갈등의 결과이며, 사회체계의 통합과 발전에 역기능적으로 나타나는 부분적 현상이다. 따라서 사회문제의 해결은 제도의 전면적 재조직이 아니라 단편적인 개혁, 개선, 보완으로 가능하다. 그 구체적인 방법은 역기능적인 제도에 관련된 자원분배를 평등화하는 것, 사회복지 프로그램을 보편적이고 제도적인 방향으로 강화하는 것, 세제의 개선 등이 될 수 있다(최성재, 1995). 다양한 적극적, 평등화, 균형화 조치(affirmative action)의 필요성이 여기에 있다.

3) 상호작용적 관점

상호작용 이론에서는 인간의 일상생활과 대인관계 및 상호작용에 관심을 두고 사회문제는 객관적 조건에서 일어나는 것이 아니라 주관적 현상에 의해 발생한다고 본다. 사회문제는 사회의 주요 집단이 특정한 조건을 사회문제로 규정할 때와 그런 조건이 문제인 것처럼 행동할 때 존재한다(주관성 강조). 호만스(G. C. Homans, 1974)는 교환이론(exchange theory)을 주장하며, 사회행동은 개인 대 개인, 개인 대 집단, 집단 대 집단활동의 상호교환이며 대인관계는 보상을 반복적으로 교환하는 것이라고 주장한다. 이때 교환관계가 단절되거나 불균형을 이룰 때 사회문제가 발생한다. 한 개인이 어느 한 상황을 문제상황이라고 규정하더라도 대부분의 사람들이 그것을 공유하지 않으면 문제가 될 수 없다. 또한 사회적으로 진단을 내릴 수 있다고 규정된 사람이 어떤 상황이 문제상황이라고 정의하면 문제로 받아들여질 가능성이 충분하다(김근홍 등, 2002). 따라서 범죄자는 경찰이나 검찰이 범죄자로 규정을 해야 범죄자가 된다. 사회범죄의 발생원인은 사람들의 상황정의(definition of situation)의 차이, 현실에 대한 사회적 구성의 차이, 동일한 대상에 부여된 상징의 차이라 할 수 있다. 사회문제의 해결은 주로 개인에게 초점을 맞추기 때문에 개인으로 하여금 사회가 공유하는 의미세계에 동의할 수 있도록 변화시키는 사회화나 재사회화를 통한 개인의 변화이다. 따라서 사회화나 재사회화를 실시하거나 이를 담당할 사회화 제도의 구축이 필요하다.

03 사회문제의 분류

사회문제를 연구하는 연구자들은 나름대로의 기준에 근거해서 사회문제를 분류하고 있다. 그러나 항시 그 분류의 기준이 명확한 것은 아니고, 어떤 경우에는 그 분류의 기준이 자의적으로 판단되는 경우도 있는데 이들 관련 학자들의 분류기준을 보면 다음과 같다. 사회문제를 연구하는 전문학자들은 문제의 성격에 따라서 흔히 네 가지로 나누는 것이 보통이다. 첫째, 일탈문제로서 범죄, 비행, 약물중독 등을 들고, 둘째, 사회의 구조적 불평등의 문제로서 성차별주의, 빈곤, 노인문제 등을 들고 있으며, 셋째, 사회제도의 위기문제로서 경제제도의 문제, 정치제도의 문제, 가족제도의 문제, 교육제도의 문제 등을 들고, 넷째, 변화하는 세계의 문제로서 도시화문제, 환경문제, 인구문제 등을 들고 있다.

또한 어떤 사회현상이나 사건이 사회문제가 되는가 되지 못하는가는 몇 가지 준거에 의해서 판단되는데, 한완상(1990)은 사회문제의 준거들을 다음과 같이 제시하였다.

첫째, 어떤 문제가 사회문제로 되려면 상당히 많은 사람들에게 영향을 직접 끼치는 조건이 갖추어져야 한다. 가령 전쟁이나 전쟁위험 등과 같이 한 나라 국민들 전체의 삶에 영향을 끼치는 문제가 바로 사회문제가 될 수 있다는 것이다.

둘째, 어떤 사회현상이나 행위에 대해 국민들이 바람직하지 않은 사실로 받아들이든지 부정적으로 인식하면서 국민의 공분(公憤)이 생길 때 사회문제가 된다는 것이다.

셋째, 바람직하지 못한 어떤 행위나 사회현상이라도 반드시 극복되어야 하고 극복될 수 있다는 인식이 필요할 때 그것이 사회문제가 된다는 것이다. 예를 들면, 홍수나 태풍처럼 인간이 통제할 수 없는 자연적인 변화는 사회문제가 될 수 없다는 것이다.

넷째, 부정적인 현상을 척결하는 데 있어서 공적 노력 또는 집단적 노력이 필요할 때 사회문제로 간주된다는 것이다.

학자들이 제시한 사회문제 분류체계를 요약하면 <표 5-1>과 같다.

표 5-1 학자들의 사회문제 분류

학 자	분류기준
슈나이드 등 (Schneider et al., 1981)	• 불공정으로서의 사회문제 : 성차별, 인종차별, 빈곤 • 비극으로서의 사회문제 : 자살 • 위협으로서의 사회문제 : 범죄문제, 약물남용문제 • 추정된 사회결함으로서의 사회문제 : 관료제
김영모 (1982)	• 구조적 문제 : 빈곤문제, 소득분배, 노동문제, 교육 불평등 • 해체적 문제 : 가족해체, 빈민지역, 인구문제, 환경문제 • 탈선적 문제 : 범죄, 소년비행, 매춘, 자살, 알코올중독, 정신질환
고영복 (1993)	• 사회구조적 문제 : 도시문제, 노사문제, 빈곤문제, 범죄문제 • 가족과 세대문제 : 가족문제, 여성문제, 청소년문제, 노인문제 • 삶의 질 문제 : 환경문제, 인구문제, 보건의료문제, 여가문제 • 한국적 특수문제 : 부정부패문제, 지역감정과 지역문제, 학력주의와 학력경쟁, 의사종교현상
최일섭, 최성재 (1994)	• 사회변동 또는 사회해체문제 : 가족문제, 환경문제, 노인문제 • 사회적 불평등문제 : 빈곤문제, 성차별문제, 노사문제 • 사회적 일탈문제 : 청소년비행문제, 범죄문제, 성폭력문제, 약물중독문제, 정신건강문제

학 자	분류기준
권태환 등 (1996)	• 산업화와 사회적 불평등문제 : 노동문제, 도시문제, 농촌문제 • 일상생활에서의 긴장과 갈등 : 가족문제, 노인문제, 성차별문제 • 제도적 긴장과 사회운동 : 종교문제, 환경문제, 사회운동, 세대문제
머튼과 니스벳 (Merton & Nisbet, 1976)	• 사회해체문제 : 인구문제, 인종문제, 가족해체, 노동과 자동차문제, 빈곤문제, 지역사회 해체 및 갈등, 폭력 등 • 일탈행위문제 : 정신장애, 범죄 및 청소년비행, 약물중독, 알코올중독, 자살, 성문제 등

1) 가족해체

우리사회는 세계사에서도 유래를 찾아보기 어려울 정도로 급격한 근대화 과정을 겪어왔다. 이로 인해서 여러 측면에서 사회적 변화를 초래하게 되었다. 그러한 사회적 변화 중에서 가족의 모습도 큰 변화를 보이고 있다. 가족이 변화되는 양상은 가족의 구조적, 기능적 변화로부터 가족관계의 변화까지 다양하게 나타나고 있고, 변화 속도도 매우 빠르게 진행되고 있다. 가족의 구조적 측면에서 가구 규모가 축소되었고 가족의 형태적 측면에서는 부부중심가족 이외에 편부모 가족, 독신가구, 노인1인 가구, 소년소녀가장 가족 등 다양한 가족형태가 등장하게 되었다. 그리고 가족의 기능적 측면에서는 가족의 생산기능과 보호기능, 사회화 기능 등이 약화되게 되었다. 가족의 관계적 측면에서는 부부관계, 부모와 자녀관계, 노부모와 자녀관계는 과거의 권위적이고 수직적인 관계에서 수평적인 관계로 변화하고 있으며 또한 부모와 자녀관계 중심의 가족관계에서 부부관계 중심의 가족관계로 변화하고 있다. 그런데, 우리사회의 이러한 급격한 가족관계의 변화는 가치관의 혼란이나 가족 간 갈등을 야기시켜 가족 내의 심각한 문제로까지 확대되고 있다.

(1) 가족해체의 정의

가족해체(family disorganization)란 가족 구성원 간의 가치와 규범이 달라서 각자의 역할이나 가족 전체의 기능이 수행되지 못하는 상태를 가리키는 것으로 별거나 이혼, 가족 분산 등과 같이 가족조직이 해체되는 현상을 말한다. 배우자의 사망, 부부의 이혼, 여러 사유로 인한 별거, 가출 또는 가족유기 등과 관련되어 가족 중 부부관계를 이루는 경우가 없는 상황으로 인하거나 가족구조 면에서는 배우자 및 자녀 또는 친족으로 구성되어 있지만 무능력, 가족 간의 갈등, 또는 불화 등으로 인해 최소한의 가족기능을 수행하지 못하고 있는 형태이다. 여기서 무능력함이란 신체적, 정신적, 정서적 결함 등으로 인한 구조적 무능력과 신체, 정서, 정신적으로는 심각한 문제가 없으나 가족 내에서의 조화부족으로 자신의 역할수행을 하지 못하고 있는 기능적 무능력 모두를 포함한다. 최소한의 가족기능이란 가족성원 간의 협력으로 경제적 자립을 영위하며, 자녀의 양육과 교육, 그리고 부양을 자체적으로 감당하는 것을 말한다.

구드(Goode, 1964)는 가족해체를 "가족 중의 누가 자기의 역할의무를 다하지 못할 때 생기는 가족단위의 파탄 즉, 사회적 역할을 수행하는 하나의 구조체의 붕괴"라고 정의함으로써 역시 가족의 기능 수행여부가 해체가정을 판별하는 데 중요한 역할을 함을 보여주고 있다. 그가 제시한 가족해체의 다섯 가지 특징적 유형에서도 이 점이 잘 나타나 있다. 그 다섯 가지 유형을 살펴보면 다음과 같다.

① **비합법성**(illegitimacy) : 서출, 비적출, 법적인 가족 이외의 관계에서 생성된 가정.

② **혼인무효**(annulment) : 부부의 별거 또는 이혼, 배우자의 가출.

③ **빈껍질 가족**(empty shell family) : 가족원이 함께 살기는 하지만 서로 대화가 잘 안 되고 상호작용이 없으며, 특히 정신적으로 상호협조를 못하는 가정. 무관심, 애정결핍, 방임 등의 심리적 결손상태가 특징.

④ **배우자의 부재**(absence of a spouse) : 남편이나 아내가 사별하거나 감옥에 가거나 전쟁, 경제공황, 기타 어떤 큰 재앙으로 인하여 격리됨으로써 가족의 역기능적 역동관계가 초래된다.

⑤ 역할수행상의 괴리(role discrepancy) : 가족 내의 정신적, 정서적, 신체적 결함에 의해 주요 역할수행을 못하는 경우 등이다.

여기서 비합법성, 혼인무효 및 배우자의 부재는 가정구조의 결손으로 비롯된 가정기능상의 문제로 특징지어지는 해체가정을 보여주고 있고, 빈껍질 가족과 역할수행상의 괴리는 구조상의 문제는 없으나 기능상의 문제로 인해 해체가정이 됨을 나타내고 있다.

한편 가족해체는 구조적 가족해체(한부모가족, 새싹가족, 독신가족, 기러기 가족 등), 기능적 가족해체(가정폭력, 가족 간의 대화단절, 가족결속의 와해, 경제적 부양의 소홀 등), 과정상 가족해체(말 그대로 가족해체 현상을 과정상의 진행으로 보는 관점) 등으로 분류하기도 한다.

(2) 가족해체의 원인

가족해체에 영향을 미치는 요인에는 가족해체 현상을 제어할 만한 사회규범의 약화 또는 부재, 가족을 둘러싼 경제체제의 부실, 가족유지를 지원하기 위한 조정기능과 사회복지제도의 불충분 등이 있다. 이를 구체적으로 보면 다음과 같다.

❶ 가치관의 혼란

산업구조의 급격한 변화에 따른 가치관의 혼란은 가족해체에 큰 영향을 미치고 있다. 하지만 근대화를 통해서 사회의 산업구조가 고도화됨에 따라 개인은 빠르게 변화되는 사회에 적응, 유지하기 위해서 끊임없이 자기 계발에 노력을 해야 하므로 가족 구성원 간의 유대관계가 약화되게 되었다. 이러한 산업화는 생활양식에 있어서 총체적 변화를 가져왔으며, 가족의 규모가 축소되고 기능도 변화됨으로써 가족관계도 변하게 되었다. 가족 내에서 구성원 역할의 다양화에 의하여 역할분화가 주거분화 현상을 가져왔고 사회의 전통적 윤리의식 및 가치관의 파괴 또는 혼란을 초래하게 되었다. 또한 구성원들의 개인주의적 성향으로 역할보완이 원활치 못하게 되면서 가족 간의 정서적 유대의 약화와 가족 구성원 간의 갈등을 초래하게 되어 많은 가족 간의 관계를 악화시키게 되었다. 가치관의 변화에 따른 부모와 자녀 간의 갈등, 고부 간의 갈등, 노인문제 등의 문제로 인해서 가족해체를 불러오게 된다. 따라서 가족을 둘러싼 사회환경적 변화가 가족 구성원들의 역할조정을 요구하게 되고 이 과정에서 가족 구성원 간의 긴장과 갈등이 조장되게 되는데, 이를 조정하지 못할 때 해체가 일어나게 된다. 그런데 가족해체는 한 가족 내의 문제만으로 한정되는 것이 아니라, 가족 구성원으로 하여금 탈선적, 부정적, 반가정적, 반사회적 행위를 하게 함으로써 청소년 가출 및 비행, 부녀자 가출, 노인문제 등의 사회문제로 이어진다는 점에서 심각한 문제가 된다.

❷ 경제적 위기

경제적 위기는 실직과 실업에 의한 빈곤, 빈곤에 의한 가족의 해체로 이어지는 악순환을 가져오게 된다.

대표적으로 1997년 외환경제위기로 인한 가족해체는 심각한 사회문제로 대두되었다. 대량실직으로 인해 거리의 노숙자들이 증가했고, 아버지의 실직으로 인해 경제적 어려움을 견디지 못한 어머니의 가출, 이로 인해 시설로 보내지는 아이들의 증가, 또한 이혼율의 증가 등 가족들은 큰 영향을 받았다. 지난 1992년 1.9%에 불과했던 "경제문제"로 인한 이혼비율은 1996년 3.5%, 2002년 13.6%, 2003년 16.7%로 증가했다가 2013년은 12.6%로 나타났다. 가장의 실직은 실직 후 좌절감과 절망감 등으로 가정폭력이 증가하게 되고 자녀의 교육환경에 많은 영향을 주게 된다. 이와 관련하여 성폭력상담소 관계자는 "학비나 생활비가 많이 드는 시기인 40·50대에 경제문제가 해결되지 않으면 이혼으로 가는 경우가 많다."며 "이때 이혼은 실직 등으로 인한 경제문제와 관련된 불화와 폭력이 잦아지기 때문"으로 해석했다. '2000년 서울여성백서'에 따르면 남편의 실직 등 경제문제로 이혼하는 경우가 서울 7.7%, 전국 7.1%로 나타나 1990년 2.3%에 비해 무려 3배나 증가하였고, 2003년 16.7%, 2007년에는 13.6%로 증감을 반복하다가 2013년에는

12.8%로 나타났다. 그리고 가장의 실직 등으로 인한 노숙인 생활은 노숙인 자신이 사회로의 일탈된 문제뿐만 아니라 가족들, 특히 부녀자와 어린 자녀들이 저임금의 열악한 취업전선으로 내몰리고 있으며, 가정의 파괴, 가족들의 정신적, 경제적 고통, 자녀들의 취학문제, 청소년 문제 등 전반적인 사회문제로 확산되어 가고 있다. 그러나 이러한 실직의 문제가 가장은 곧 남성이라는 사회적 인식 탓에 남성에게만 과도한 초점이 맞추어지고 있는데, 여성가장의 실업문제 역시 매우 심각한 사항이므로 그에 대해 주목할 필요성도 제기되어지고 있다. 이러한 경제위기로 인해 가족동반 자살의 수가 늘어나고 있는 실정이다.

❸ 가족구조의 축소와 분화

산업화 과정에서 한국가족의 구조적 변화의 특징은 세 가지로 요약될 수 있다. 그 세 가지는 소가족화를 의미하는 가족규모의 축소, 확대가족에서 핵가족화로 이행되는 가족세대의 단순화, 편부 및 편모가족, 노인가족, 새싹가정 등의 비정형적인 가족형태의 출현 등이다. 구체적으로 살펴보면, 1960년대 이후의 인구변천과 사회변동으로 인한 가구형태 및 가족구조의 변화는 가구분화 현상과 이에 기인한 높은 가구 수 증가율이라고 볼 수 있으며, 가구분화 현상은 구체적으로 핵가족화 및 소규모 가족화와 1인 가구의 급증현상으로 나타나고 있고, 가족형태는 보다 다양해지고 있다. 부부와 미혼자녀로 구성된 가족은 가장 중요한 가족형태를 보이고 있지만 이외에도 부부만으로 이루어진 가족, 편부모 가족, 그리고 여성가구주 가족 등이 증가하여 전형적인 가족유형을 따르지 않고 있으며 20대 독신가구, 노인 단독가구 및 비혈연 가구의 형태들이 지속적으로 증가하는 비율을 보여주고 있다.

❹ 가족의 사회적 기능약화

원래 가족의 기능으로는 성의 통제기능, 재생산 기능, 사회화 기능, 애정의 기능, 지위규정의 기능, 노약자 보호의 기능, 경제적 기능 등을 들 수 있다.

그러나 사회변동의 결과로 가족은 경제적 기능에 있어서 이제 생산의 단위라기보다는 소비의 단위가 되어버렸고, 혼전 및 혼외 성관계가 늘면서 가족의 성적 규제기능이 약화되었다. 가족의 재생산 기능도 출산율의 저하와 독신자의 증가로 약화되었고, 사회화 기능도 전문적인 교육기관과 대중매체의 영향으로 약화되었다. 핵가족화로 감정표현에 있어서의 자유적인 가치관에 힘입어 가족의 애정적 기능은 강화되고 있으나, 그 대신 애정이 식어버리면 가족을 지속시킬 근거가 크게 흔들리게 된다. 지위기능은 가족 구성원의 역할과 지위가 바뀌면서 약화되고, 가족의 구조와 기능에 있어서의 변화는 가족에 대한 가치관의 변화를 가져왔다. 즉 가족생활에서도 개인주의적 가치관이 형성되었고, 부부관계는 가부장적 권위주의 관계에서 부부중심의 평등한 관계로 변화되었다. 자주적이고 독립적이며 개성적인 가치관이 가족관계에서 강화되고 있다. 오늘날 우리나라를 비롯해 많은 국가가 혼인 기피, 자녀 출산기피, 이혼의 만연으로 인해 앞으로 노동력 부족과 인구감소를 걱정해야 하는 이유도 바로 이러한 기능을 수행하는 가족의 변화 또는 약화에 있다.

❺ 여성의 사회활동에 대한 변화

산업화 초기에는 여성 대상으로 대량의 저임금 노동력이 필요했으나 최근에는 생활수준의 향상, 자녀 교육비의 증가, 여성 자신의 자기 계발과 경력추구 등 여성의 사회활동에 대한 태도에 있어서의 변화가 생겨나게 되었다. 여성의 활발한 경제활동 참가는 부부간의 경제적 의존도를 약화시킨다. 여성의 교육기회의 증가와 여성노동력 수요증가 등으로 인해 경제적 자립능력이 생겨나게 되었고, 이것은 이혼에 대한 억제력을 약화시키게 되었다. 취업여성과 자녀의 감소가 이혼의 증가에 영향을 미치고 있다. 결국 이혼율의 증가는 가족 이데올로기의 변화에 크게 기인하고 있다고 할 수 있다.

(3) 우리사회 가족해체의 실태 및 문제점

❶ 이혼에 의한 가족해체

이혼(divorce)이란 결혼식을 올리고 혼인신고를 한 부부가 살아 있는 동안에 그들의 결합관계를 해소시키는 것을 말한다. 이혼은 법적으로 결혼한 부부가 더 이상 함께 살 수 없음을 결정하고 종래의 가족을 해체하여 남이 되는 것을 말한다. 1980년대 중반 이후 이혼이 급격하게 증가되었다.

최근 우리나라의 이혼율은 급격한 증가를 보이고 있다. 2013년 혼인건수는 32만 2천 8백 건으로 전년(2012년) 대비 4천3백건으로 1.3% 감소한 반면, 이혼건수는 11만 5천 3백 건으로 전년대비 1천 건으로 0.9% 증가하였으며 OECD회원국 중 이혼율이 1위이다.

이혼건수는 2004년 13만 8천 9백 건은 2003년 16만 6천 6백 건으로 전년대비 2만 7,685건이 줄어든 것을 정점으로, 2008년 6월 '이혼숙려제' 도입으로 인한 신고 공백으로 이혼건수가 다소 감소했다(이혼숙려제는 성급한 이혼을 막기 위해 이혼의사 확인 후 부부간 미성년 자녀가 있으면 3개월, 미성년 자녀가 없으면 1개월의 숙려기간을 두는 제도이다). 그러나 혼인지속기간이 20년 이상 된 '황혼이혼' 비중이 1993년 8.6%에서 2006년 19.1%, 2013년 28.1%로 점차 증가하고 있다. 또한 2010년에 황혼이혼이 27.3%로 혼인지속기간이 4년 이하의 신혼이혼 25.0%를 추월하였고, 2013년 황혼이혼 28.1%로 신혼이혼 21.3%보다 비중이 더 높은 것으로 나타나고 있으며, 황혼이혼의 문제가 대두되었다.

표 5-2 총 이혼건수·황혼이혼율

년 도		2006	2007	2008	2009	2010	2011	2012	2013
총 이혼건수(천 건)		124.5	124.1	116.5	124.0	116.9	114.3	114.3	115.3
	증감(천 건)	-3.5	-0.5	-7.5	7.5	-7.1	-2.6	0.0	1.0
	증감률(%)	-2.7	-0.4	-6.1	6.4	-5.8	-2.2	0.0	0.9
황혼이혼율(%)		19.1	20.1	23.1	22.8	23.8	24.8	26.4	28.1

출처: 통계청 (2014. 4. 22). 2013년 혼인·이혼 통계 보도자료

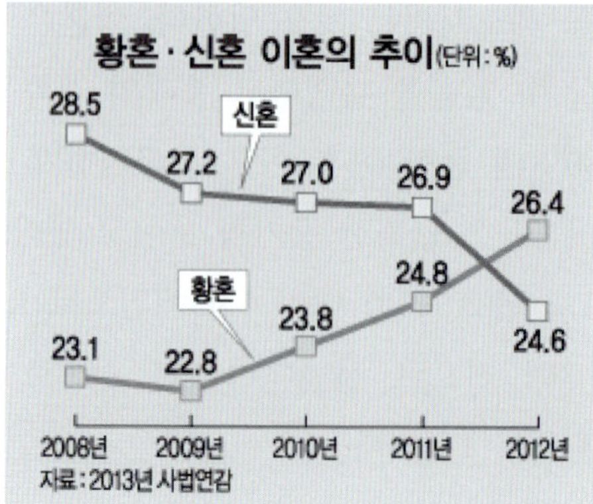

[그림 5-1] 황혼·신혼 이혼의 추이

출처: 정재호 (2013. 10. 20). "늘어나는 황혼이혼이 줄어드는 신혼이혼 앞질렀다," 한국일보 뉴스, 인터넷한국일보(www.hankooki.com)

특히 황혼이혼이 급증하면서 고령화 사회의 큰 문제로 등장했고, 남편의 은퇴와 함께 갈라서는 황혼이혼의 대부분은 부인이 먼저 성격차이와 경제문제 등을 이유로 들며 이혼을 요구하는 형태이다. 55세 이상의 이혼이 남자는 2008년 1만 6,000건에서 1만 6,800건, 여자는 8,500건에서 8,800건으로 각각 증가하였다. 2009년에 이혼한 부부 중 55.2%(6만 8천 5백 쌍)가 20세 미만 미성년 자녀를 두고 있는 것으로 나타났고, 자녀가 없는 부부의 이혼 비중은 2002년 이후 계속 증가하여 2009년 44.4%이다.

이혼이 가장 많은 연령대는 남자는 40대 초반이 많고, 여자는 30대 후반이 많은 것으로 나타났고, 10년 전과 비교하면 남자는 4.5세, 여자는 4.3세 높아졌는데, 그 이유는 결혼 연령이 높아지고, 황혼이혼이 증가하면서 전체적인 이혼연령대가 높아진 것으로 추정된다.

다문화가정의 이혼은 당사자 특히 외국인 여성을 불법체류자로 만들게 되는 등 여러 가지 예기치 못했던 문제와 부담을 야기할 수 있다는 점에서 주목을 요한다. 외국인 여성의 이혼은 2005년 2,444건에서 2008년에는 6,135건으로 크게 증가하였고(통계청, 2009), 결혼이주 외국인여성 중 약 8%에 달하는 8,837명이 불법체류자 처지에 놓이고 있으며, 그 수가 증가하였다(법무부, 2009).

다행스럽게 최근 다문화가정의 이혼이 감소 추세로 전환되고 있다. <표 5-3>과 [그림 5-2]에서 알 수 있는 바와 같이 2013년 '한국인과 외국인' 부부의 이혼은 1만 5백 건으로 전년대비 4백 건 감소하여, 2008년 이후 가장 낮은 수준을 보이고 있다. 한국 남자와 외국 여자의 이혼은 7천 6백 건으로 전년대비 3.7% 감소하였고, 한국 여자와 외국 남자의 이혼은 2천 9백 건으로 전년대비 3.9% 감소하였다. 전체 이혼 중 외국인과의 이혼구성비는 9.1%로 전년(9.5%)보다 0.4%p 감소하였다.

표 5-3 외국인과의 이혼 (단위 : 천 건, %)

	2006	2007	2008	2009	2010	2011	2012	2013	구성비	전년대비 증감률
총 이혼 건수	124.5	124.1	116.5	124.0	116.9	114.3	114.3	**115.3**	**100.0**	**0.9**
외국인과의 이혼	6.1	8.3	11.0	11.5	11.1	11.5	10.9	**10.5**	**9.1**	**-3.7**
한국남자+외국여자	3.9	5.6	7.9	8.2	7.9	8.3	7.9	**7.6**	**6.6**	**-3.7**
한국여자+외국남자	2.2	2.7	3.1	3.2	3.2	3.1	3.0	**2.9**	**2.5**	**-3.9**

출처: 통계청(2014. 4. 22). 2013년 혼인·이혼통계 보도자료

주: 출처에서 2006년 이후 통계를 발췌함

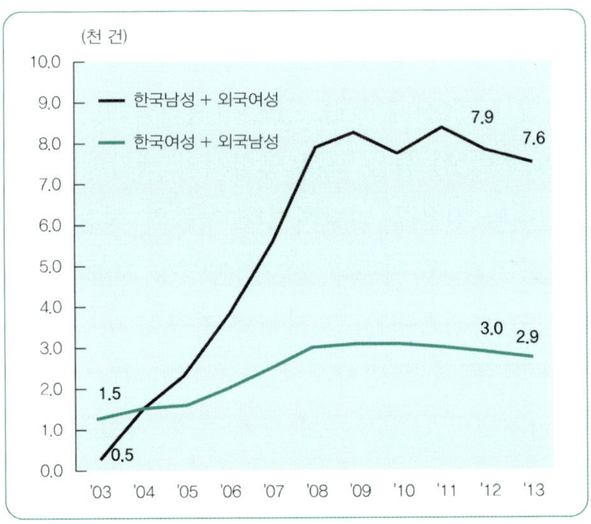

[그림 5-2] 외국인과의 이혼 추이

출처: 통계청(2014. 4. 22). 2013년 혼인·이혼통계 보도자료

이혼은 개인과 가족체계에 심각한 영향을 미치는 위기사건이다. 부모의 이혼을 경험한 아동들은 우울, 갈망, 슬픔, 분노, 소외감, 무력감, 정서적 혼란을 경험하게 된다고 한다(오은순, 1998). 개인적 차원에서 이혼자는 정서적 우울감과 분노감, 가족과 역할의 상실감, 자녀에 대한 죄의식, 그리고 전 배우자에 대한 애착을 경험한다. 이러한 어려움은 신체적·심리적 증후로 나타나기도 한다. 블룸 등(Bloom et al., 1978)에 의하면 이혼자는 기혼자나 미혼보다 조기 사망률이 높고 병원의 이용도가 높으며, 질병으로 인한 입원율과 급성질병의 발병가능성이 높다. 또한 젊은 연령에서는 건강상태가 양호하지만, 50대 이후 노년기에는 건강이 급속히 악화되는 경향이 있다. 정신건강에 있어서도 강한 우울감과 죄의식, 부끄러움, 미래에 대한 두려움 때문에 외래진료를 이용하거거나 입원하는 비율이 다른 인구 집단보다 매우 높은 편이다.

❷ 가정폭력에 의한 가족해체

가정폭력이란 법적으로는 가족 구성원 사이의 신체적, 정신적 또는 재산상 피해를 수반하는 행위를 말하며, 그 전형적인 피해자에 따라 아내, 자녀에 대한 폭력으로 나눌 수 있다. 부부간 가정폭력은 가족문제라기 보다는 이제 사회문제로 인식하는 경향이 있다. 일반적으로 신체폭력에 국한하여 생각하는데, 신체적 폭력(신체학대), 성폭력(성적학대), 정서적 학대 그리고 유기(태만, 의무의 불이행) 등을 모두 포함시켜 생각해야 한다. 아동학대란 아동의 동등한 권리와 자유를 박탈하거나 아동의 성장발달을 저해한 사회 전체의 행위, 태만, 조건 등 아동의 잠재가능성을 저해하는 모든 행위를 말한다. 가장 전형적인 가정폭력은 그 가정의 가장이 자신의 배우자와 자녀를 포함한 가족 구성원들에게 행해지는 것으로 나타난다.

우리나라에서 가정폭력은 부부간의 문제 혹은 가정 내의 문제로 보는 경향이 강해서 사회적으로 표출되지 않는 문제가 있다. 많은 여성들이 가정폭력을 범죄로 보지 않는 것이 문제이며, 사회 또한 가정폭력 문제를 사적인 영역으로 인정하는 것이 문제라고 볼 수 있다. 가정폭력 방지법 시행 이후 여성피해자들이 법적인 지원을 원하고는 있지만 실제로 경찰에 신고하는 경우는 19%에 불과한 것으로 나타났다.

2013년 가정폭력 실태조사에 의하면, 부부폭력 45.5%(신체적 폭력 7.3%, 정서적 폭력 37.2%, 경제적 폭력 5.3%, 성학대 5.4%, 방임 27.3%), 자녀폭력 46.1%(신체적 폭력 18.3%, 정서적 폭력 42.8%, 방임 5.0%), 노인폭력 10.3%(신체적 폭력 1.0%, 정서적 폭력 10.1%, 경제적 폭력 1.2%, 방임 0.8%)으로 나타났다. 노인학대의 가해자는 아들인 경우가 47.1%로 가장 많았고, 그 다음은 며느리 20.5%, 딸 10.6%의 순으로 나타났으며, 아동학대는 부모에 의한 학대가 66.8%로 가장 많았는데 부가 41.9%, 모가 25%, 이웃주민이 3.6% 순으로 나타났다. 학대자가 부(父)인 경우 친부가 89.2%, 계부가 8.6%이었으며, 모(母)인 경우, 친모가 81.2%, 계모가 14.2%인 것으로 나타났다. 결혼상태를 살펴보면 부모가 초혼인 경우 54.5%, 이혼한 편부모가 13.5%, 재혼이 10.1%로 나타났다. 가정해체 경험이 있는 가정은 44.4%이며 이중에서 재혼이나 동거형식으로 배우자와 함께 살고 있는 가정이 13.1%, 한 부모가정이 31.3%이었다.

미국 국무부가 '2009년 인권보고서'를 통해 한국의 인권실태를 소개하면서 "한국인들의 인권은 전반적으로 존중되고 있지만 여성과 장애인, 아동 등 소수약자들은 여전히 사회적 차별을 받고 있고, 강간과 가정폭력, 아동학대는 심각한 사회문제가 되고 있다."고 하였고, 인권보고서에서 한국사회의 여성에 대한 차별 가운데 '강간(성폭력)'이 가장 심각한 문제라고 밝혔다. 또한 가정폭력사범도 지난 한 해 동안 12,132건의 피해사례가 접수돼 이 중 1,262명이 기소된 것으로 나타났다고 덧붙였다. 보고서는 특히 한국 여성가족부의 통계에 따르면 결혼한 여성의 40%가 가정폭력에 시달리고 있다고 밝혔다.

표 5-4 전국 폭력유형별 가정폭력 발생률

구분	가정폭력발생률 (전체)	정서적 폭력	신체적 폭력	성학대	경제적 폭력	방임	분석 대상자수
부부폭력	45.5	37.2	7.3	5.4	5.3	27.3	
자녀폭력	46.1	45.6	18.3	-	-	5.9	1380
노인폭력	10.3	10.1	1.0	-	1.2	0.8	

출처: 여성가족부, 2013년 전국 가정폭력 실태조사

❸ 빈곤에 의한 가족해체

가족의 경제적 상황이 이혼사유 중 주요한 요인으로 나타나고 있다. 가장의 실업은 다양한 문제를 야기시키는데, 최근 우리나라의 대량실업이 가족에 미치는 여러 영향들을 구체적으로 살펴보면 가장을 제외한 배우자 및 성인 가족 구성원의 취업을 증가시키고 있다. 남성 가장의 실직은 본인뿐만 아니라 배우자 및 청소년 이상 자녀들 모두 파트타임, 임시직 등의 저임금 취업 전선으로 내몰고 있다. 특히 어린 자녀를 가진 가정에서 아이들을 돌봐야 할 아내들에게까지 비정규직, 저임금 취업전선으로 내몰고 있다. 지난 10년간 추세를 살펴볼 때, 특징적인 면은 부부불화와 가족 간 불화의 경우 그 비율에 있어서 큰 변화가 없는 반면에 경제적 문제는 3배 이상 증가하였다.

가족해체의 문제점으로 결손 가정은 대개 무능력하거나 빈곤 등으로 열등감에 사로잡힌 부모들에 의해 아동학대가 행하여진다. 어린이들은 공포와 불안에 질려서 자신의 의사표시도 제대로 하지 못하게 되며 정서장애, 학습장애, 틱 장애 등을 일으킨다. 또한 폭력적이고 공격적인 행위를 하기도 하며, 가출을 시도하거나 자살을 생각하기도 한다. 가정에 문제가 발생하기 전에 부모의 가출, 이혼, 정기적으로 불화가 계속되는 가정도 넓은 의미로 결손가정으로 간주한다.

가구유형별 월 평균 소득을 보면 해체가정은 거의 일반가정에 비해 평균 소득이 낮다. 편부가구가 월 평균 93만 9천 원으로 가장 많았고, 다음이 청·장년 1인 가구로 90만 8천 원이었다. 편모가구는 월 평균소득이 78만 3천

원으로 일반가구에 비해 1/2 수준이었다. 소득이 가장 낮은 가구는 노인 1인 가구로 월 평균 27만 3천 원에 불과하고, 소년소녀가장 가구의 경우도 월 44만 7천 원으로 다른 가구유형에 비하면 소득이 아주 낮았다. 이런 가정해체는 경제적 빈곤으로 인하여 새로운 문제점을 발생시킬 수 있다.

통계청이 밝힌 '2012년 6월 고용동향'에 따르면 실업자수 297만 8천 명으로 밝혔으나 실제 실업자수는 더 많으며, 2013년 298만 4천 명에서 2014년 300만 명으로 실업률이 2012년 10.9%, 2013년 10.8%에서 2014년 11%로 증가하고 있다.

IMF 경제위기 이후 실직자 106만 명, 신용불량자 300만 명, 무주민등록자 63만 5,000명, 버려지는 아동 7,760명(2000년 한해), 무보험차량 71만 대, 가출인(2000년) 5만 9,099명, 의료보험 1년 이상 장기체납자 119만 7,000세대, 국민연금 체납액 1조 7,302억 원 등 한 가정의 기둥을 흔드는 실직 가장, 경제적 사형선고인 신용불량, 막가파식의 무보험차량, 최소한의 의료혜택조차 상실하는 의료보험료 체납, 이로 인한 파산가정의 증가는 곧바로 가정불화로 이어지고 버려지는 아이들이 늘어나는 등 사회불안 요인으로 자리매김하고 있다.

닐슨컴퍼니(2009)가 서울 및 4대 광역시(대전, 대구, 광주, 부산)에 거주하는 성인남녀 1,000명을 대상으로 설문조사를 실시한 결과, 우리나라 국민들은 경제위기 이후 스트레스(81.5%)와 불안감(73.4%)이 늘고 사소한 일에도 짜증(64.1%)을 내는 횟수가 늘어나는 등 심리적 위기감을 느끼고 있는 것으로 조사되었다. 또한 12.9%의 응답자들은 자살충동을 느끼는 횟수가 이전보다 늘어났다고 응답했다.

경제위기에 대한 상대적 박탈감을 묻는 질문에 대해서는 10명 중 9명 이상이 '부자들은 경제위기와 상관없이 잘 지낸다'(94.5%), '경제위기로 누군가는 덕을 본다'(92.7%)고 대답했다. 이러한 응답은 소득수준이 상대적으로 높은 응답자들에게서도 많이 나타나서, 고소득 계층 역시 경제위기로 인한 상대적 박탈감에서 자유롭지 않은 것으로 조사되었다. 이에 대해 닐슨컴퍼니 코리아 사회공공조사본부 국장은 "경제적 박탈감이 소득수준의 차이 없이 전 계층에서 유사하게 증폭된 상황에서 국민감정을 적절하게 통제하지 못할 경우, 심각한 사회분열에 이를 수 있다."고 말했다.

경제위기 이후 겪은 어려움에 대해 질문한 결과, 응답자의 절반(53.0%)이 '생활비 부족'을 꼽아 가장 높게 나타났고, '자산 감소'(51.5%), '본인 또는 가족의 임금 삭감/동결'(42.4%) 순으로 나타났다. 연령별로 살펴보면, 20대는 '취업실패'와 '생활비 부족'을 경험하면서 '음주' 횟수가 늘고 미래에 대한 '스트레스'를 심하게 겪고 있었다. 30대의 경우, 응답자의 절반가량이 '임금 삭감이나 동결'을 경험했으며, 사소한 일에도 '짜증'이 난다고 응답했다. 또한 30대에서는 '자살충동'을 느낀다는 응답도 상대적으로 두드러지게 나타났다. 40대는 경제위기로 인해 '생활비 부족'과 '자산 감소'를 함께 겪고 있으며, 응답자 중 9.5%는 경제적 문제로 인한 '가족의 해체'를 경험했다고 응답했다. 한편 50대의 경우, '자산 감소'와 '저축'이 감소한 것으로 나타났다.

(4) 가족해체의 예방대책 방안

가족해체현상을 하나의 과정으로 볼 때 가정회복은 이 해체과정에 있는 가정들이 파탄상태에 이르지 않고 최소한의 가족기능을 자체적으로 수행하는 상태로 유지 또는 회복시키는 것이다. 이것을 위해서는 전체적으로 보아 가족기능의 증진, 가족문제의 예방과 치료, 복지능력 회복, 가정에 대한 사회의 지원 등이 종합적·체계적으로 이루어져야 할 것이다. 하지만 어떤 가정에 어떤 서비스를 어떻게 제공할 것인가를 결정하는 것은 쉬운 일이 아니다. 복잡다양한 가족특성과 복지요구 등을 감안할 때 해체과정에 있는 모든 가족을 만족시킬 수 있는 하나의 대책은 없으리라 본다. 따라서 가정해체에 영향을 미치는 요인들을 중심으로 가족의 특성과 요구에 따른 선별적 서비스가 이루어져야 할 것이다. 여기서 중요한 것은 개인별이 아닌 가족중심 또는 가족과 연계하여 가족단위의 집합적인 문제예방, 요구충족 및 필요대응이 있어야 한다는 것이다.

우선, 완전 파탄된 가족에 대해서는 시설이 사회보호를 제공해야 하겠으나 이것으로 그치는 것이 아니라 해체된 조각들을 모아 해체가정을 위한 가족관계 강화프로그램이 실시되어야 할 것이다. 그리하여 영속적인 시설보호를 예방하고 언젠가는 가정이 회복될 수 있다는 가능성을 열어놓아야 할 것이다. 그 밖의 해체가정(편부모가정, 기타 결손가정, 유배우자 가정이나 기능상 결손가정 등)에 대해 제공할 수 있는 가정회복 대책들을 강구해야 한다.

❶ 가족해체의 전반적 대책

① **가족가치관의 재정립** : 가정 내 성별 고정화 의식의 변화
② **가족기능의 강화를 위한 가족지원서비스 확대** : 해체가구 유형별 가족지원 서비스 확대
③ **가족복지 관련조직 및 제도강화와 가족복지법의 정비**

❷ 이혼의 대책

① **예방적 차원** : 교육프로그램 실시, 갈등상담
② **이혼과 정상의 대책** : 조정과 중재, 법률적 재판, 자녀에 대한 배려
③ **이혼 후의 대책** : 경제·사회·심리적 자녀양육 지원

❸ 가정폭력 대책

현행 가정폭력 대책의 문제점과 개선방안으로는 예방적 대책으로 의식변화 교육, 가정폭력 방지법의 실효성을 위한 노력 등이 있고, 치료적 대책으로는 신고정신, 가족원의 적극적 행동, 상담전화, 직업훈련, 구타자에 대한 처벌강화 등이 있다.

❹ 경제위기로 인한 가족해체 대책

① 기초생활 보장지원 서비스
② 자립자활 서비스
③ 건강지원 서비스
④ 주택지원 서비스
⑤ 가족관계 향상서비스

⑥ 빈곤 아동 제로(zero) 정책
⑦ 빈곤계층의 여성지원 정책

2) 성폭력

(1) 성폭력의 개념

성폭력(sexual violence)은 "강간, 추행, 근친강간, 성적 희롱, 성기노출, 음란 행위 등이 모두 포함되는 모든 신체적·언어적·정신적 폭력을 포괄하는 광범위한 개념이다." 성폭행에서는 원치 않거나 거부하는 행위를 상대방에게 계속하거나 강요한다. 따라서 상대방으로 하여금 성폭력에 대한 막연한 불안감이나 공포감을 조성할 뿐만 아니라 그것으로 인한 행동제약을 유발시키는 것도 간접적인 성폭력이라 할 수 있다. 동성에게 피해를 입었을 경우, 성폭력이라는 사실 자체를 인지하지 못하는 경우가 많다. 동성 간에도 상대방의 의사에 반했을 경우에는 성폭력이다.

첫째, 법적 개념의 성폭력은 강간, 성추행, 인신매매, 음란물 제조 판매, 음란행위, 성적 희롱, 아동 성학대, 성기노출 등, 대부분 여성에 대한 남성의 폭력으로 규정하고, 둘째, 여성학적 개념의 성폭력은 음란전화, 성적 희롱, 욕설, 가벼운 추행 그리고 남성이 여성을 통제하기 위한 그 밖의 행위들과 아내 강간 등이다.

성비행은 성폭력 등 물리적 행위를 동반하는 비행과 포르노물 접촉, 성관계 등 학교나 사회에서 금지하는 성과 관련된 비행을 성비행이라 한다. 성비행은 범위가 넓으나 대체로 성폭력을 들 수 있다. 우리나라에서 성폭력은 강간과 성추행으로 나누는데, 강간은 일반강간, 특수강간, 특수강도강간, 강간치상 등이 포함되며, 성추행은 강간미수, 언어추행, 통신매체를 이용한 음란 등이 포함된다.

(2) 성폭력의 유형

대한가족협회에서 분류한 성비행 유형은 다음과 같다.

① **음란물 탐닉비행** : 음란만화·소설·잡지탐닉, 음란비디오나 영화 시청, 음란물건 사용
② **대체물품 비행** : 성기대체물 비행, 여성물건 접촉, 이성복장 착용
③ **이성희롱 비행** : 부녀자 희롱, 노골적 음담, 음란전화·편지·통신, 성기노출, 훔쳐보기, 남성접대, 유혹
④ **강제추행 비행** : 강제추행, 부녀자 기습추행, 남성성기 구강·항문 삽입, 여성성기 이물질 투입
⑤ **동의성교 비행** : 미혼 성교, 윤락가출 성교, 매춘, 윤락, 혼외성교, 근친상간
⑥ **강제성교 비행** : 강간, 어린이 강간, 집단윤간, 강도강간, 가정파괴강간
⑦ **변태성교 비행** : 가학성교, 피학성교, 성도착증(sexual deviations)은 성행위나 성적 흥분을 위해 비정상적인 대상, 상상, 행위 또는 방법을 사용하는 것으로 여성물건애, 관음증, 노출증, 음란전화, 성적 가학증, 소아기호증 등이 포함된다. 성 중독(sex addiction)이란 성적 행동으로 인해 부정적인 결과가 계속해서 나타남에도 불구하고 성적 행동을 더 많이 보이는 경우이다.

❶ 강간

강간은 남성이 여성의 의사를 무시하고, 강제로 성교를 하는 것이다. 성교라는 것은 가해자의 성기가 꼭 피해자의 질 속에 삽입되지 않은 경우, 예를 들어 구강성교나 항문성교도 포함하며 삽입시간, 사정여부 등에 상관없이 일단 삽입이 일어났으면 성립된 것으로 본다.

강간은 다른 범죄의 결과보다 더 심각할 수 있으나 우리사회에서 실제보다 비중 있게 받아들여지지 않는다. 그 이유는 강간에 대한 사회적 신념이 잘못되어 있기 때문이다. 워드(C. Ward, 1995)는 사회적 잘못된 신념을 첫째, 모든 여자들은 강간당하기 원한다, 둘째, 어떤 여자도 의지와 상관없이 강간당할 수 없다, 셋째, 여자들은 강간을 요구하고 있다, 넷째, 만약 당신이 강간당한다면, 당신은 그것을 즐길 수 있다. 이런 남성의 잘못된 성의식과

잘못된 신념 때문에, 또한 가부장적 사회에서 남성이 사회의 주도권을 차지하고 있기 때문에 강간이 우리사회에서 다른 범죄보다 덜 심각한 것으로 받아들여지고 있다고 지적한다.

또 다른 연구(C. Ward, 1988)에서는 "건강한 여자라면 강간에 저항할 수 있다."라는 질문에 미국 대학생의 20%, 독일 7%, 영국 8%, 이스라엘 22%, 터키 45%, 인도 50%, 말레이시아 56%가 "예"라고 응답하였다. 특히 각 국의 응답 중에서 강간에 책임을 가지는 쪽은 남자라는 응답률이 50% 미만으로 나타난 점은 여자에게도 책임이 있다는 의미이기도 하다.

강간의 원인으로 머피(W. D. Murphy, 1990)는 노동의 성별분화가 두드러진 사회에서는 강간이 사회통제의 수단으로 이용된다고 보고, 갈등이론에서는 자본주의사회에서는 성역할에 대한 차별적 사회화, 여성에 대한 사회적 통제, 성의 층화 등이 보편화되어 있고, 여성이 마치 사유재산인 양 취급되기 때문에 강간이 발생한다고 본다. 또한 하위문화론에서는 특정지역의 강간율은 그 지역의 인구구성과 연령분포, 실업수준, 평균소득, 가족구성 및 강력범죄율 등과 관련이 있다고 본다.

첫째, 강간 미수는 남성이 여성의 의사를 무시하고, 강제로 성교를 시도했으나 실패한 경우이다. 여기서 심한 추행과 강간 미수의 구분이 문제가 되는데 가해자가 꼭 성기를 삽입하려는 행위를 하지 않았다 하더라도 이를 위한 사전 동작, 예를 들어 가해자가 옷을 스스로 벗었다든지, 피해자를 바닥에 쓰러뜨리는 등의 행동들이 있었다면 강간 미수로 볼 수 있고, 판단하기가 애매한 상황에서는 피해자가 자신의 경험을 명명하는 대로 따른다.

둘째, 심한 추행은 남성이 여성에게 비록 성교를 시도하지 않았지만 여성의 뜻을 무시하고 강제로 키스, 애무 등을 하는 경우이다. 예를 들면 강간에 의하거나 여성이 동의하지 않는다는 말이나 행동을 분명히 했음에도 불구하고 성폭력을 행한 것을 말한다.

셋째, 가벼운 추행은 남성이 고의로 여성의 가슴, 엉덩이, 음부 등을 건드리거나 일부러 몸을 밀착시키는 등의 행위를 하는 경우이다. 그러나 신체의 한 부분을 슬쩍 건드리는 정도가 아니라 여러 부분을 만지거나 가해자의 지속적인 쾌감을 위해 신체의 특정부분을 계속 만지거나 했다면 심한 추행이 된다.

넷째, 성기노출은 여러 사람들 특히 여성들 앞에서 성기를 일부러 노출시킨 채 서 있거나 돌아다니는 남자의 행위를 말한다. 그러나 성기를 노출시킨 채 접촉을 하는 경우는 심한 추행에 해당된다.

다섯째, 음란전화는 익명의 남성으로부터 성적 자극을 유발하거나 외설스런 말을 담고 걸려오는 전화를 말한다. 전화로 들려오는 소리가 무엇이든지 간에 피해자의 입장에서 그 소리가 성적인 것과 관련이 있다는 판단이 들었다면 음란전화이다. 단, 피해자의 집착에 의한 오인 등은 예외로 해야 할 것이다.

❷ 어린이 성폭력

어린이 성폭력은 만 13세 미만의 어린이에게 자신의 성적인 쾌락을 위해 가하는 성폭력으로 아동성학대(child sexual abuse)를 말한다.

최근 급속하게 증가하고 있는 아동성폭력에 대한 정의들이 각 문헌마다 다양하게 정의되고 있는데, 쉑터와 로버지(Schechter & Roberge, 1976)는 아동에 대한 성폭력 가해자로 가까운 가족 구성원, 계부모, 낯선 사람, 이웃 등을 들고 있다. 이들에 의하면 '아동성폭력은 종속된 참여로서 발달적으로 미성숙한 아동과 청소년들이 진정으로 이해하지 못하는 성적 행위로 이들은 동의하지 않을 뿐 아니라 가해자는 가족역할의 사회적인 금기사항을 어기는 것'이라고 정의된다. 그리고 여기에 발달적, 사회적 규준과 성적 접촉에 대해 동의할 수 있는 아동의 능력에 대한 개념을 포함시키고 있다.

어린이 성폭력의 약 80%는 아는 사람에 의해 발생하고 있다. 아는 사람은 두 가지 유형으로 나눌 수 있다. 첫째, 친부, 의부, 삼촌, 이모부, 할아버지 등 혈족 또는 인척에 의해 일어나는 것으로 친족 성폭력이라 한다. 둘째, 교사, 유치원 원장, 통학버스 기사, 동네 사람, 경비 등 어린이가 일상생활에서 접촉하기 쉬운 사람에 의해 일어나는 것이다.

❸ 친족 성폭력

친족 성폭력은 가족들 사이에서 일어나는 강제적인 성적 행동을 의미한다. 일반적으로 친부나 의부, 형제자매, 삼촌, 사촌, 이모부, 고모부, 시부모나 할아버지에 의해 발생한다. 친족 성폭력은 피해자나 가해자가 공동으로 거주하거나 일상적으로 대면하는 관계에 있어 피해가 일회적이지 않고 지속적으로 발생하는 특징이 있다. 특히 친족 성폭력은 가해자가 자신의 욕구를 충족시키기 위해 물리적인 힘이나 권력 또는 연령이나 가족 내 지위가 주는 권위 등을 악용한다. 또한 어린 피해자는 가해자가 성폭력을 사랑과 애정의 표현으로 강조하기 때문에 성폭력으로 인식하지 못할 수도 있다.

친족 성폭력은 보통 어린 시절부터 시작되어 청소년기, 성인이 되어서도 지속된다. 피해자를 가장 신뢰하는 사람에게 피해를 입기 때문에 신체적, 심리적, 사회적으로 더욱 심각한 후유증과 어려움을 겪게 된다.

❹ 데이트 성폭력

데이트 성폭력은 현재 두 가지의 의미로 사용하고 있다. 첫째, 보다 넓은 의미로 데이트 성폭력은 아는 사람에 의한 성폭력(acquaintance rape)을 뜻한다. 즉, 데이트 성폭력은 아는 사람에 의한 성폭력과 같은 의미로 사용한다. 둘째, 보다 좁은 의미로 데이트 성폭력은 이성 간의 데이트에서 일어나는 성폭력을 의미한다. 여기서 '이성 간의 데이트'란 이성과 계획된 만남을 갖는 것이다. 일반적으로 "이성 간의 데이트 중에 상대방으로부터 강요나 조종에 의해 일어나는 성폭력으로 외형적으로는 친밀감이 있을 수 있는 사이에서 남성이 폭력이나 협박을 사용해 여성의 동의 없이 성관계를 하는 것"으로 정의된다(백형원, 1998).

데이트 성폭력은 14세 이상의 남녀쌍방이 이성애의 감정이 있거나 그 가능성을 인정하고 만나는 관계에서 일어나는 것으로, 이성간의 데이트 중에 상대방으로부터 강요나 조정에 의해 일어나는 성폭력이다. 데이트 상대에 의해서 일어나는 성폭력은 전체 상담의 9.6%를 차지하고 대부분은 강간이다(한국성폭력상담소, 2003).

주로 10~20대에 집중되어 일어나며, 의사소통에 있어서의 문제나 가해자의 유인이 크게 작용한다. 피해 당사자조차 강간으로 인식하기 어렵고 가해자와의 사적인 관계 때문에 법적 처벌에 있어서 강제성 입증의 어려움이 많다.

❺ 성희롱

성희롱이란 "업무, 고용, 기타 관계에서 공공기관의 종사자, 사용자 또는 근로자가 그 지위를 이용하거나 업무 등과 관련하여 성적 언동 등으로 성적 굴욕감 또는 혐오감을 느끼게 하거나 성적 언동, 기타 요구 등에 대한 불응을 이유로 고용상의 불이익을 주는 것"을 말한다(남녀고용평등과 일·가정 양립 지원에 관한 법률). 성희롱이란 상대방의 의사에 반하여 성적인 언동을 함으로써 상대에게 불쾌감과 굴욕감을 주는 것을 말한다.

직장 내 성희롱은 직장상사, 동료, 계열사 또는 거래처 직원 등이 채용과정이나 근무기간 중에 상대방의 의사에 반하여 행하는 성적인 언어나 행위(신체적, 언어적, 시각적 등)로 피해자들에게 성적 불쾌감과 모욕감을 주는 행위를 말한다. 직장 내 성폭력은 전체 성폭력 중 20.2%를 차지하고 있고, 가해자는 직장상사, 동료, 고객이나 거래처 직원 등이다(한국성폭력상담소, 2003).

성적인 폭언이나 가벼운 신체접촉은 직장 내에서 다소 일상화되어 있기 때문에 가해자나 피해자 모두 성폭력이라고 인식하지 못하는 경우가 많다. 그러나 직장 내 성폭력의 피해자는 모욕감이나 수치심 또는 위협을 느끼는데 그치지 않고, 정상적인 업무수행이 불가능할 정도의 정신장애나 두통, 근육통, 위장장애를 일으키기도 한다. 또한 업무수행에 지장을 줄 뿐만 아니라 피해당사자 외에 함께 일하는 사람, 나아가 직장 전반에까지 부정적인 영향을 미치게 된다.

❻ 사이버 성폭력

사이버 성폭력이란 "사이버 공간상에서 발생하는 폭력행사의 행위로서 성적인 메시지 전달, 성적 대화요청 및 성적인 문제와 관련하여 개인 신상에 관한 정보게시 등의 방식을 통하여 상대방의 의지와 관계없이 상대방을 위협하거나 괴롭히는 행위이다."

사이버 성폭력은 다음의 2가지 사항도 포함한다(한국성폭력상담소, 2003).

첫째, 원치 않는 성적인 언어(외모와 성적 취향, 음담패설 등)나 이미지를 사용함으로써 위협적, 적대적, 공격적인 통신환경을 조성하여 상대방의 통신환경을 저해하거나 현실공간에서의 피해를 유발한 경우. 둘째, 명시적으로 성적인 접근이나 제안이 아니더라도 성적인 은유나 암시로 상대방으로 하여금 불쾌감을 느끼게 한 경우이다.

사이버 성폭력은 정신적 피해뿐만 아니라 통신공간에 대한 여성의 접근 기회를 차단하고 활동영역을 위축시킨다는 점에서 여성의 자유롭고 편안한 환경에서 통신을 이용할 권리를 침해하는 중대한 문제이다.

(3) 성폭력의 발생원인

❶ 남녀불평등한 성 차별적인 사회구조

과거 남성중심의 가부장적 직계가족 형태에서 여성의 지위는 남성에게 종속되는 지위, 남성에 의해 영향을 받는 위치에 머물렀다. 이와 같은 전통적인 가족형태에서 남성과 여성의 관계는 지배와 복종의 관계, 여성은 무력하고, 남성의 보호와 남성에게 의존하지 않으면 안 되는 존재로 인식되어 왔다. 남성의 외도와 성적 자유를 허용하면서 여성의 순결을 강조하는 문화에서 남성의 성폭력은 특별한 죄의식은 느끼지 않고 여성의 순결상실은 문제가 되는 경향을 보인다.

❷ 성폭력에 관한 잘못된 통념

우리사회의 남성 중심적인 성문화로 인하여, 성폭력에 관한 여러 사항들이 잘못 알려져 있다. 성폭력의 가해자인 남성보다도 오히려 피해자인 여성이 비난을 받게 되고, 그렇기 때문에 성폭력을 당한 사실을 숨기고 더욱 고통당하게 된다. 이는 성폭력의 발생을 피해자의 처신에 문제가 있는 것으로 잘못 인식하여 성폭력 피해자를 비난하고, 가해자를 합리화하는 잘못된 통념이 존재하기 때문이다.

❸ 왜곡된 성문화

성관계에 있어 일반적으로 남성이 주도권을 갖는 것이 당연시되는 성문화가 존재한다. 모든 면에서 남성은 능동적, 적극적인 존재로 구체적인 역할과 그에 따른 인격적 특성을 갖는 것으로, 반면에 여성은 수동적, 소극적, 의존적인 존재로 규정짓는 인격적 특성이 성문화에도 그대로 반영되고 있다. 성을 평등한 남녀 간의 만남으로 보지 않고 남성을 성의 주체로, 여성을 성의 대상으로 보고 있다. 또한 남성은 성 본능이 강한 반면, 여성은 성에 대해 관심이 없는 존재로 보는 고정관념이 존재하고 있다.

전경숙 등(2004)의 연구에서 남성의 혼전 성경험에 대해 50.7%가, 여성은 4.6%가 찬성하는 것으로 나타났고, 그 외 연구들(장휘숙, 1995; 위현미, 1998; 김정은, 1999)에서도 남성이 여성보다 혼전성교에 대한 태도가 개방적이며, 성교경험률도 높게 나타난 것으로 보고되었다. 우리나라 성 산업은 성적 쾌락주의를 부추기며, 남성적 성을 확대, 과장하고 성의 도구화, 성 상품화 등의 왜곡시키는 성문화를 조장하고 있다.

❹ 성교육의 부족

왜곡된 성문화 속에서 제대로 된 성지식을 습득할 통로가 없었다. 성교육을 각 학교에서 실시하고 있지만 지속적이지 못했고, 일회적이고 대규모로 진행되고 있어 단편적일 수밖에 없는 지식전달로 진행되었다. 또한 이제까지는 생물학적 교육에 기초한 성교육으로 실제 또래나 인터넷 등을 통해 성에 대해 이미 많은 지식을 갖고 있는 청소년들에게 현실적으로 도움이 되는 교육이 이루어지지 못하고 있다.

이와 같은 시점에서 단지 피상적인 성교육의 접근은 실제에 도움을 줄 수 있는 현실적인 교육이 되지 못한다는 것을 알 수 있다. 우남식과 가영희(2005)의 한국과 미국 대학생들을 대상으로 한 연구에서 성지식 수준은 한국 대학생들이 미국 대학생들보다 유의미하게 높았으나 성교육이 제대로 이루어지지 못하고 있는 것으로 나타났다. 특히 성지식을 인터넷이나 음란물 등을 통하여 습득하기 때문에 비정상적인 성지식을 습득하고 있는 실정이므로 가정이나 학교에서 체계적이고 올바른 성교육이 이루어져야 한다. 한국 대학생들을 대상으로 성지식에 대한 연구에서 일부 학자들(이영휘 등, 1997; 전경숙 등, 2004)은 성지식 수준이 높다고 하였고, 일부 연구자들(이인숙, 1994; 김영희 등, 2000; 김경신, 2001)은 성지식 수준이 낮은 것으로 보고하였다.

전국의 남녀 고교생 9천 125명을 대상으로 한 2003년 연구(대한가족보건복지협회, 내일여성센터)에서 우리나라 고교생들이 성교육 분야에서 제일 알고 싶어하는 것이 피임(13%)으로 나타났다. 그다음으로 성관계 12.9%, 이성교제 방법 12.3%, 성폭력 예방 9.7%, 임신출산 8.2% 등이었다. 따라서 실제적이고 현실적인 성교육이 필요한 시점이다.

❺ 성폭력에 대한 법적, 제도적 장치의 미비

현행 성폭력에 관한 법이나 사회·제도적 장치들은 매우 미비하며 성폭력에 대한 잘못된 통념과 경직된 순결관이 법에 기본적으로 반영되고 있다. 성폭력을 사회적 범죄로 인식하지 않고 문제 있는 남성과 부주의한 여성 또는 행실이 바르지 못한 여성이 당하는 것이라는 인식 하에서 강간을 '정조에 관한 죄'로 규정하고, 피해여성의 권익이 제대로 보장되지 못하고 있다. 또한 성폭력 발생률이 세계 3위인 우리나라에서 성폭력 피해여성을 돕는 상담소, 치료센터, 쉼터 등의 제도적 뒷받침이 부족한 것도 성폭력을 증가시키는 주요인이 되고 있다.

성폭력 피해자를 위한 특별법의 강간죄 구성요건의 수정, 친고죄의 폐지, 법정형의 조절, 성적 괴롭힘과 아내 강간의 적용, 신고의무제, 전담경찰제도 도입, 보호처분의 활용, 배상 명령제도의 도입 등이 시급히 해결되어야 할 과제이며, 이러한 법의 시행 주체들에 대해 인권과 남녀평등의식, 여성폭력 관련법에 대한 지속적이고 체계적인 교육과 법의 홍보가 반드시 필요하다.

(4) 성폭력의 실태

여성가족부가 2013년 전국 만 19세 이상 64세 미만 남녀 3,500명을 대상으로 실시한 '2013년 성폭력 실태조사(황정임 등, 2013. 12)' 결과에 의하면, 성폭력 피해율은 가벼운 성추행 1.4%, 심한 성추행 0.2%, 강간미수 0.03%, 강간 0.1%, 성희롱 0.9%, 음란전화 등 27.8%, 성기노출 1.7%, 스토킹 0.2%로 나타났다.

표 5-5 2010년과 2013년 성폭력 피해율 비교 (단위 : %(명))

구 분			신체접촉을 수반한 성폭력					성희롱	음란전화 등	성기노출	스토킹	(분석대상수)
			가벼운 성추행 (a)	심한 성추행 (b)	강간미수 (c)	강간 (d)	신체적 성폭력 (aUbUcUd)					
지난 1년간	2010년	전체	2.1	1.2	0.2	0.2	2.9	1.4	34.2	2.0	0.6	(2,200)
		여성	3.3	2.1	0.4	0.2	4.7	2.4	27.1	2.7	1.0	(1,583)
		남성	0.8	0.2	-	0.1	0.9	0.2	41.8	1.1	0.2	(617)
	2013년	전체	1.4	0.2	0.03	0.1	1.5	0.9	27.8	1.7	0.2	(3,500)
		여성	2.4	0.4	0.1	0.1	2.7	1.9	26.4	3.0	0.5	(1,715)
		남성	0.3	0.0	0.0	0.0	0.3	0.0	29.2	0.3	0.0	(1,785)
평생	2010년	전체	18.6	4.7	2.2	1.1	19.6	10.3	55.5	23.7	4.7	(2,200)
		여성	29.0	7.3	3.6	1.4	30.5	15.7	52.7	34.7	6.1	(1,583)
		남성	7.2	1.9	0.7	0.7	7.7	4.3	58.6	11.8	3.1	(617)
	2013년	전체	9.9	1.1	0.5	0.4	10.2	5.3	51.0	21.3	1.7	(3,500)
		여성	18.7	2.3	1.0	0.7	19.5	10.1	52.3	36.8	2.9	(1,715)
		남성	1.3	0.0	0.0	0.0	1.3	0.7	49.6	6.4	0.6	(1,785)

출처: 황정임 등(2013. 12). 2013년 성폭력 실태조사. 한국여성정책연구원·여성가족부. pp.124~125.

주: 1) 백분율 및 빈도수는 가중치를 부여하여 추정한 값
2) 신체접촉을 수반한 성폭력은 가벼운 성추행, 심한 성추행, 강간미수, 강간 중 하나라도 경험이 있는 경우

한편 여성가족부가 2007~2012년 기간의 아동·청소년 대상 성범죄의 발생추세와 동향을 분석한 연구(윤덕경 등, 2013. 12)에 따르면 해당 기간 동안 해당 범죄는 7,013건이었고, 연도별 추세는 [그림 5-3]에서와 같이 2007년 1,068건에서 2008년 777건으로 감소했지만 2009년 872건, 2010년 999건, 2011년 1,666건으로 지속적인 증가추세를 보이다가 2012년 1,631건으로 소폭 하락하였다.

해당 범죄의 유형별 분포를 살펴보면, 강제추행이 3,957건으로 전체의 56.4%를 차지하여 가장 높은 비율을 보였고, 그 다음 강간 2,741건(39.1%),

성매매 알선·강요 315건(4.5%)의 순으로 나타났다. 해당 범죄의 대상에 따라 살펴보면, 전체 아동·청소년대상 성폭력범죄 중 41.6%에 해당하는 3,548건이 아동(13세 미만)을 대상으로 발생하였고, 58.4%인 3,548건이 청소년(13세 이상)을 대상으로 발생하였다.

이 연구에서 주목할 것은 전체적으로 아동·청소년 대상 강간범죄피해자와 범죄자의 관계는 모르는 사람의 비율은 2007년에 비해 2011년, 2012년에 들어 감소하는 추세를 보였다는 점이다. 이에 모르는 사람에 의한 범죄를 예방하고 재범을 방지하기 위한 정책으로 신상정보 등록제도를 도입하였는데, 이와 더불어 아는 사람에 의한 범죄피해의 증가를 예방하는 데 도움이 되는 정책의 도입 필요성도 제기되었다.

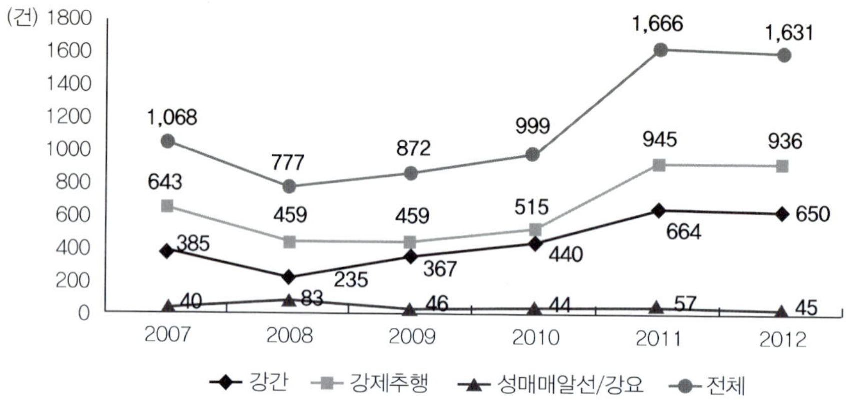

출처: 윤덕경 등(2013. 12). 아동·청소년대상 성범죄의 발생 추세와 동향 분석 2007~2012. 한국여성정책연구원·여성가족부. p. 20

[그림 5-3] 아동·청소년대상 성범죄의 연도별 추세

한편, 2012년 기준으로 총 1,679명 중 아동 성폭력 범죄발생이 전국 평균보다 많은 지역은 경기(364명), 서울(261명), 전남(112명), 경남(111명), 경북(105명)등의 순위로 나타났고 전국 평균보다 적은 지역은 제주도(26명), 울산(32명), 충북(38명), 대전(40명) 등으로 나타났다.

(5) 성폭력 가해자의 심리사회적 문제

성폭력은 남성의 성충동 억제의 실패에서 오는 개인적인 문제가 아니라 우리사회의 가부장적이고 남성중심 사회에서 생기는 필연적인 권력의 불평등문제에서 오는 사회적, 문화적 부산물이다. 즉 성폭력은 권력을 가진 자가 약자인 대상에게 성을 매개로 행사하는 신체적, 언어적, 정서적 지배수단이다.

대부분 성폭력은 가해자는 남성이고 여성이 피해자이다. 통계자료에 의하면 성폭력 피해자의 97.3%가 여성이며 가해자의 98.8%가 남성으로 성폭력은 주로 남성이 여성을 대상으로 하는 범죄로 보고 있다. 몇몇 연구에서도 피해자는 20세 이하의 어린 여성이 가장 많고, 가해자는 30대 남성이 가장 많으며 그다음이 20대로 나타났다. 또 다른 연구는 20대에서 가장 많은 가해자가 나타난다고 하여 대체로 가해자의 분포층이 20~30대에 집중되어 있는 것으로 보인다. 그러나 10대(2.4%)뿐만 아니라 60대 이상 남성도 가해자 명단에 있어 거의 전 연령층 남성들이 여성을 대상으로 성폭력을 행사하고 있다고 보고되고 있다.

성폭력 가해남성의 학력수준은 대체로 고졸 이하의 학력 소지자가 전체의 반수에 달하고, 직업층은 무직이 가장 많다는 연구가 있는 반면 비교적 계층차가 없으며 하위계층의 생산, 운수, 하청업, 건설 노동자뿐만 아니라 상류계층인 전문, 기술, 행정관리직이 같은 빈도를 보이고 있으며 중간계층인 사무직도 비슷한 비율로 나타나 전 계층에 망라되어 있다는 연구도 있다. 가해자의 2/3가 미혼상태이지만 결혼상태의 가해자도 20% 정도를 차지하고 있다.

❶ 성폭력 가해자의 유형

코헨 등(Cohen et al., 1969)은 강간을 전형적인 성범죄로 보았으며, 강간범을 대체로 네 가지 유형으로 나누어 그 특징을 설명하였다.

• **대체적 공격형**(displaced aggression)

이 유형의 강간범은 배우자, 애인 등으로부터 성적 거절을 당했을 때, 그

불만을 자기를 좌절시킨 대상에게 직접 공격하지 않고 임의로 선택된 낯선 상대에게 성적 공격을 하는 경우이다. 강간은 보통 산이나 차 안, 피해자의 집, 유흥지 등에서 발생한다. 강간범은 행위를 하는 순간 성적 공격을 하지만 발기와 성적 흥분은 느끼지 못한다. 그는 개인적, 사회적 활동과 결혼생활을 잘할 수 있다. 이들의 심리치료는 불만의 근원을 찾는 데 중점을 두어야 하며, 사회적으로 허용될 수 있는 불만표현 방법을 가르쳐야 한다.

• 보상적 공격형(compensatory aggression)

이 유형은 대부분 내성적이고 사회에 적응하지 못하는 사람들이다. 그들은 피해자가 항복하여 그에게 순종하도록 요구하는 것으로 성폭행을 가한다. 이들은 애인을 만드는 데 부적당한 유형이다. 이때 피해자는 가해자의 취향에 맞는 상대가 선택되고, 공원이나 왕래가 드문 거리에서 강간이 이루어진다. 강간범은 피해자에게 접근하여 유방이나 생식기를 만지며 빨리 사정해 버린다. 이런 강간범의 대부분은 가정적, 건강수준이 떨어지고 지능이 낮으며 미혼자가 많다. 이들을 위한 치료방법은 사회적, 개인적 적응에 목적을 두고, 사회적 기술을 교육하며 가정적, 정서적 안정을 주는 지지기반을 마련해 주는 것이다.

• 성, 공격 동시수행형(sex-aggression fusion)

이 유형의 강간범은 성을 공격과 관련시키고 만약 피해자가 공격을 한다면 그는 더 많은 흥분을 하게 되고 강간을 닥치는 대로 야만적이게 한다. 그의 감정은 분노가 아니라 성적 감정을 추구한다. 이런 강간범은 데이트 성폭력에서 보이며, 그들은 결혼하지만 폭력과 연관된 성생활을 영위한다. 따라서 그는 폭력범죄기록을 가지며 결혼생활은 불안하고 직장을 영위하는 데 불안정하다. 가해자는 동물에 대한 잔인성, 무단결석, 가출 등의 행동을 보인다. 이들을 위한 치료적 접근은 완전한 성격재구성에 목적을 두어야 한다.

• **충동형**(impulse)

이 유형은 순간적인 충동이 일어날 때 변덕적, 폭발적으로 강간을 하게 된다. 이들은 정신질환성 특징을 가지는 경향이 있고 여러 종류의 범죄기록과 연관되어 있다. 이 유형의 치료는 개인의 역동적 이해와 사회적 동인을 파악하고 그 장애를 제거하는데 초점을 두어야 한다.

❷ 성폭력 가해자의 특성

성에 대한 잘못된 관념과 여성에 대한 왜곡된 시각 등도 가해자들에게서 공통으로 발견되는 특성이다. 이들은 특히 왜곡된 성의식과 공감능력이 부족하며, 성범죄에 대한 대부분의 연구들은 성범죄자의 상습적, 강제적, 공격적 특성을 강조하고 있다. 성범죄자들의 대표적인 심리특성으로는 고립과 정서 공감능력의 결여가 있는데, 성적 살인범들은 살인을 저지르지 않은 강간범에 비해 고립감의 정도와 사회성 및 정서성이 다르게 나타났다고 한다. 즉 성적 살인범의 60% 이상은 그들의 인생에서 여성과 친밀한 관계를 가져본 경험이 매우 적었고, 나눔과 신뢰 상황에서 정서와 신뢰가 제한적으로 작용했다. 또한 성범죄자들은 자신의 행위가 일반인에게는 경멸적인 것임에도 불구하고 인지적 왜곡과정을 통한 일탈행위를 함으로써 자기만족을 추구하고, 이를 통해 자기존중감을 유지하며, 자신의 행위를 정당화하는 방법으로 피해자가 유혹을 했다는 주장을 하기도 한다.

그러나 오늘날 급증하는 강간범에는 사회성도 좋고 고립감이 없는 정상적인 인간이 더 많은 이유가 타인의 고통에 대한 정서적 공감력이 있어도 그런 것을 상쇄할 만한 이익이 있는 경우에는 얼마든지 강간이 가능하다고 본다. 대개 인간은 이기적이고 합리적이므로 철저히 계산을 하기 때문에 자신의 강간으로 여성이 고통당한다는 것을 알면서도 신선한 성적 쾌감, 정복감, 복수심의 해소, 돈 등 여러 자원의 획득과 범행의 용이함 등으로 인하여 범죄를 저지르게 된다.

따라서 성폭행범의 심리는 일반 범죄의 경제이익적 심리, 매력적인 여성과 성관계를 맺고 싶은 남성의 본능, 자신을 무시한 여성에 대한 적개심과 보상심리의 표출, 소아기호증, 지나친 성욕의 해소, 정복감, 강간중독심리, 성적 호기심, 스트레스 해소, 폭력심리, 변태적 성심리 등 다양한 심리가 있다.

아동성폭력의 개인적 요인에 대한 연구는 주로 친족에 의한 성학대가 많이 다루어지고 있다. 그로스와 번바움(Groth & Birnbaum, 1978)은 아동 성학대 가해자를 고착성 가해자(fixated offender)와 퇴행성 가해자(regressed offender)로 구분하였으며, 고착형 가해자란 본래 아동에 대한 성적 경향을 가진 소아기호 증상이 청소년기부터 시작되는 경우이며, 퇴행성 가해자는 아동에 대한 성적 경향을 가진 것이 아니며 성인과의 성적 관계를 발전시켜 왔으나 부부관계가 원만하지 못하는 등 어려운 상황에 직면하여 스트레스가 심해지면 아동에게 성적 매력을 느끼게 되는 유형이다. 폴러(Faller, 1988 & 2003)는 근친강간의 가해자 부모는 어린 시절 박탈적인 경험이 있다고 보고하고 있다. 아동성폭력 가해자 중 근친가해자 본인이 어려서 성학대 경험이 있거나 가정폭력 피해자로 역기능적 가족력 등이 있는 가정에서 잘못된 애정관계 형성을 학습하여 애정표현을 할 때도 성적인 방법을 사용하며, 이들은 외부적으로는 모범적이고 자상한 아버지와 남편으로 보여지고 사회생활을 하는 데는 아무런 지장이 없으며 가족 내에서 친밀한 인간관계를 맺는데 심각한 어려움을 가지고 있다.

성범죄자들은 주로 다음과 같은 특성을 갖고 있는 것으로 나타났다.

첫째, 성범죄자들이 심리적으로 대우받지 못한다고 생각할 때 그들은 상습적으로 비정상적 성적 범행을 한다.

둘째, 성범죄자들의 대부분은 10대 후반이거나 20대 초반이 많으며, 이들 중 50~60%가 미혼이다.

셋째, 정신병 환자로 지칭되는 성범죄자들은 거의 없으나 많은 성범죄자들은 심한 신경증 환자 혹은 뇌손상자 등에서 발견된다.

넷째, 이들의 대부분은 정서적으로 미성숙되어 있다.

다섯째, 낮은 지능은 근친상간, 미성년자 강간, 노출증, 수간 등에서 거의 발견된다.

여섯째, 대부분이 상대적으로 교육수준이 낮고 사회적, 경제적인 배경이 빈약하다.

일곱째, 지능이 낮은 자가 많지만 소수의 경우에는 지능이 뛰어난 자도 있다.

여덟째, 범죄성은 크게 발달되어 있지 않고 가정은 형식적으로 형성되어 있다.

아홉째, 약물을 복용한 경험자가 많다.

수감 중인 연쇄성폭력 범죄자 54명의 특성을 분석한 결과 집 3km 이내서 범행을 저질렀고, 연쇄성폭행범은 은둔형 외톨이에 이성관계도 서투른 '사회부적응자'가 아니라 오히려 사교성이 뛰어나고 미남형 외모에 근육질 체형이며, 성격이 활달해 친구가 많고 자신감에 차 있는 '훈남' 스타일이 많았다.

① 미혼이고 40%는 '미남형'
② 체격도 48.8%가 '근육질'
③ 사회생활 "친구가 많다"가 70%
④ 성격도 "활달한 편" 67%
⑤ 이성교제의 절반은 '1~5회', '6~10회'는 26.5%, 호감도 '높은 편'
⑥ 처음 보는 이성도 '잘하는 편' 44% '밤늦게 귀가하는 여자는 겁이 없다' 겁을 줘서 일찍 들어가게 만들었다.
- 범행 대상 : '전혀 모르는 사이'인 경우가 대부분
- 범행 시기 : 봄과 여름이 각각 31.3%
- 범행 시간 : '자정에서 오전 6시까지'가 절반
- 범행 장소 : 자신의 직장 / 거주지 부근 55%, 특히 3km 미만이 30.2%
- 범행지역 : 거주지와 유흥업소가 혼재된 지역
- 방범이 허술한 개인주택 / 다세대주택
- 여성 혼자 거주하는 집 등 침입하기 좋은 집을 골라 범행

(6) 성폭력 방지 및 피해자보호 등에 관한 법률

성폭력 방지 및 피해자보호 등에 관한 법률은 약칭 성폭력특별법이라고도 하는 것으로, 성폭력을 예방하고 그 피해자를 보호하며, 성폭력 범죄의 처벌 및 그 절차에 관한 특례를 규정함으로써 국민의 인권신장과 건강한 사회질서의 확립에 이바지함을 목적으로 하고 있다.

이 법률은 최초 1994년 1월 5일 법률 제4702호로 제정·시행되었다. 그 후 수차례의 개정을 거쳐 오늘에 이르고 있다. 가장 최근에 개정된 것은 2008년 6월 13일로 개정 이유는 13세 미만의 여자 아동을 납치 또는 유인하여 성폭행한 후 살해하는 사건이 잇달아 발생하고 있으므로, 13세 미만의 미성년자를 상대로 한 성폭력 범죄의 법정령을 상향조정하고, 항문에 손가락 등을 넣는 행위를 유사강간행위로 규정하여 처벌하는 등 아동을 상대로 하는 성폭력 범죄자를 엄단하려는 것이다.

2011년 광주인화학교 사건을 계기로 성범죄 교직원 처벌강화, 장애인 대상 성범죄 형량강화를 하게 되었고 2013년에 형법성폭력특례법, 아동청소년성보호법 등 대폭 개정시행하게 되었으며, 친고죄 폐지, 남성의 강간도 객체에 포함하였다. 그동안은 여성이 남성을 강간한 경우 강간죄에 포함되지 않았다.

이다.

표 5-6 성폭력 관련법 제도변화

년도	계기 사건
2006	• 용산초등학생 성추행살인사건 • 성범죄자 치료감호 및 전자발찌 제도도입
2007	• 안양어린이 성폭력사건 • 아동성추행 살인범 사형제도 도입
2008	• 조두순사건 • 화학적 거세도입·음주감경 배제
2011	• 광주인화학교 사건 • 성범죄 교직원 처벌강화, 장애인 대상 성범죄 형량강화
2013.6	• 성폭력예방 원년 • 형법, 성폭력특례법, 아동청소년성보호법 등 대폭 개정·시행 • 친고죄 폐지, 남성도 강간의 객체에 포함

성폭력 범죄자 처벌 및 관리강화로, 첫째, 성범죄자 신상공개제도이다. 인터넷(성범죄자 알림e) 성범죄자 찾아보기(www.sexoffender.go.kr), 우편고지,

읍면동사무소 게시판에 게시한다. 둘째, 전자발찌 부착이다. 19세 미만 아동청소년과 장애인 대상 성폭력 범죄자는 단 1회만으로도 전자발찌를 부착한다. 셋째, 아동·청소년 관련기관 취업제한이다. 유치원, 학교, 학원, 어린이집, 아동복지시설, 의료기관, PC방, 멀티방, 경비업 등 취업제한 대상시설물의 확대이다. 넷째, 성범죄자 약물치료(화학적 거세)이다. 재범우려가 있는 경우 약물치료의 대상

(7) 성폭력의 대책

❶ 개인적인 예방대책

① 본인이 원하지 않는 성적 행동을 상대방이 하려고 하면 주저 없이 "하지 말라"고 소리친다.

② 호신술을 익히고 훈련을 지속적으로 한다.

③ 성에 대한 올바른 가치관을 갖는다.

④ 주위 사람에게 도움을 요청하며 달아나거나("불이야", "사람살려" 등), 호루라기, 호신용 가스총, 스프레이, 열쇠, 연필 등을 사용하여 가해자로부터 벗어난다.

⑤ 본인이 불안을 느낄 때는 언제든지 그 자리를 피하거나 도망간다.

⑥ 성폭력 발생 시 겁을 먹거나 두려워하기보다는 권위를 가지고 단호하게 대처한다.

❷ 성폭력 발생 시 대처방법

성폭행을 당했을 경우 '순결을 잃었다'는 것이 아니라 강간은 동의하지 않은 행동이므로 성관계가 아닌 폭력을 당했기 때문에 피해자에게 도움을 주기 위해서는 먼저 증거자료를 확보한다.

① 병원을 찾아가 정액채취와 성병 감염 및 임신 여부를 알아본다.

- 몸을 씻지 않은 채로 가능한 한 빨리 산부인과에 간다.
- 몸에 멍이나 상처가 있을 경우 사진을 찍는다.

• 피해 당시 입었던 옷가지나 다른 증거물을 모아 코팅되지 않은 종이봉투에 보관한다.
• 자신을 지지해주고 도와줄 수 있는 사람을 찾는다.
• 혼자 있는 것은 좋지 않으므로 가족이나 친구 집 등 안전한 장소로 피한다.

② 수사기관에 신고 및 고소를 한다.
③ 검사가 끝날 때까지 신체나 의복에 묻은 범인의 분비물 등 일체를 씻지 말 것.
④ 피해자 및 가족들이 심리적으로 많은 상처를 받게 되므로 상담소 등을 찾아 상담을 받는다.

❸ 성폭력 예방을 위한 사회구조적 대책

• **올바른 성문화 정착**

우리사회의 성은 남성은 성의 주체로, 여성을 대상화, 상품화시키는 구조로 왜곡되어 있다. 성매매, 향락퇴폐문화, 음란물, 성폭력을 조장하는 게임, 광고, 영화 등 여성들에 대한 성폭력을 조장시키는 우리의 잘못된 성문화와 일방적으로 요구되는 순결관이 요구되고 있다. 이러한 왜곡된 성문화를 추방하고 인간중심적이고, 성평등한 올바르고 건강한 성문화로 바꾸어야만 근본적인 성폭력을 예방할 수 있다.

• **남녀의 서로 다른 성 심리**

'성'에 대해 지금까지 사회에서 고정관념으로 자리 잡았던 생각은 여성에게만 강요된 순결 이데올로기와 이중적인 성가치관 때문에 여성은 성욕이 없고 순결해야 하지만 남성의 성경험이나 성(性)에 대한 태도는 너그러우며, 성폭력에 대해서도 '그럴 수도 있다'라고 생각하는 경향이 있다. 따라서 우리 사회에 만연된 성에 대한 이중적인 잣대에 대한 가치관이 바뀌어야 한다.

- **체계적이고 효과적인 성교육 실시**

성교육은 가정에서 부모로부터 시작하여 학교에서 체계적이고 통합적인 성교육이 필요하며, 특히 인터넷에서 범람하는 음란물, 성폭력 게임 등에 노출되어 있는 청소년들에게 성교육 전담교사에 의한 실질적이고 체계적인 성교육 프로그램이 필요하다. 이를 통해서 올바른 성의 의미와 가치에 대한 인식을 심어주어야 한다.

- **법제도, 사회복지 시설의 마련**

학교에서 성에 대한 상담은 물론 지역사회에 성폭력 상담소나 쉼터를 설치하여 성폭력을 당했을 때 즉시 개입하여 상담이 이루어져야 한다.

(8) 아동성폭력 엄벌의 필요성

성폭력은 한 마디로 '성적인 자기결정권의 침해' 행위라고 할 수 있다. 즉, 지극히 은밀하고 사적인 행위인 성은 그 당사자 간의 동의와 합의 하에서만 이루어져야 하며, 만일 상대방의 의사에 반한 성적인 접촉행위를 할 경우 이는 곧 극도의 수치심과 모멸감을 포함하는 피해를 유발하여 헌법상의 인격권을 침해하는 성폭력 범죄가 된다는 것이다. 그런데, 13세 미만 아동은 그 발달단계상 성적인 접촉행위를 하겠다는 판단을 하고 그 의사를 표현할 수 있는 '성적인 의사결정능력'이 형성되지 않았기 때문에 이들에 대한 성적인 접촉은 그 의사에 관계없이 무조건 성폭력 범죄에 해당한다. 특히, 아동성폭력의 경우 약 80% 정도가 가족이나 이웃 등 아동이 신뢰하는 사람에 의해 저질러지고 있어 발견하기도 어렵고 반복적이고 지속적으로 자행되는 특성이 있다. 그런 반면에 가정은 '사적인 공간'으로 간주되어 외부의 간섭이 어렵다보니 성폭력피해 어린이들이 구출되기 어려운 특성이 있다. 또한, 아동성폭력의 경우 그 피해가 평생에 걸쳐 지속되고 그 아동의 인생을 바꿀 수도 있기 때문에 다른 어떤 범죄보다도 엄하게 처벌하고 강력하게 단속해야 한다. 그래서 대부분의 선진 외국에서는 아동성폭력의 재발 방지를 위해 형량을 강화하고 가석방을 금지시키며, 만기출소 이후에도 거주지 등록과 감시 및 강제치료 조치 등 헌법 위반 논란을 무릅써가며 가능한 모든 수단과 방법을 동원하고 있는 것이다.

(9) 외국의 아동성폭력 가해자 처벌 강화사례

❶ 미국

미국의 여러 주(州)에서는 미성년자들을 상대로 한 성범죄를 저지른 사람이 석방돼 어느 동네에 거주하게 되면 경찰이 이 사실을 이웃에 알려주는 이른바 성범죄자 석방공고 제도인 도입한 메건법(Megan's Law)이라고 하는 '성범죄자 석방공고법'을 시행하고 있다. 대상은 미성년자에게 돈을 주거나 유혹해 성관계를 맺거나 강간한 사람들이다. 메건법은 지난 1994년 뉴저지주의 메건 캔터라는 7세 여자아이가 이웃에 이사온 전과 2범의 성범죄자에게 강간당한 뒤 살해된 사건을 계기로 만들어졌다.

2000년 7월에는 아동대상 성범죄로 두 차례 유죄판결을 받으면 '가석방 없는 무기징역'에 처해 무조건 사회에서 격리시키는 내용의 '투스트라이크 아웃 제도'도 도입했다. 2005년 미국 플로리다 주 의회는 어린이 성폭행 전과자에게 살해된 9살 소녀의 이름을 딴 '제시카 런스포드 법'(Jessica Lunsford Act)을 통과시켰다. 이 법은 어린이 성폭행범의 최저형량을 25년으로 높이고 출소 후에도 평생동안 전자 팔찌를 채워 집중 감시하도록 규정하고 있다. 상습 성범죄자에게도 같은 규정을 적용하고 성범죄자를 알면서도 신고하지 않은 사람 역시 처벌하도록 하고 있다.

텍사스 주에서는 성범죄자의 집 앞에 '위험, 성범죄자가 여기 살고 있음'이라는 팻말을 세워놓고 자동차에도 유사한 스티커를 붙이고 있다.

❷ 중국

14세 이하 미성년자와 성관계를 가질 경우 합의여부나 기타 상황에 상관없이 무조건 법정 최고형인 사형에 처해진다.

❸ 대만

1999년 아동복지법을 강화해 16세 이하 미성년자와의 성관계로 유죄가 인정될 경우 최고 징역 20년에 처하고, 이름과 사진을 주요 지방신문을 통해 공표하고 있다.

❹ 일본

아동 성범죄자의 재범을 막기 위해 재범방지 조치대상자 등록부를 만들고 재범방지 담당관을 지정하여 특별관리한다. 텔레비전 뉴스와 신문 등에 성범죄자의 인적사항과 얼굴을 공개하고, 이웃집 주민에게 이 사실을 알리며 형기를 마치고 나옴과 동시에 사회와 격리시킨다.

❺ 프랑스

성범죄자에게 성범죄자 유전자 채취 후 명부를 작성하여 중앙에서 집중관리하며, 위치 추적 시스템인 전자팔찌를 평생 또는 일정 기간 부착하도록 한다.

❻ 독일

성범죄자들은 정기적으로 경찰에 거주지를 알려야 하는 의무신고제도를 운영하고, 재범자에 한해 DNA 중앙 데이터베이스 구축, 극히 드문 경우에 외과적 거세 실시. 특히 미국의 일부 주와 독일, 덴마크, 체코 등에서는 화학적 거세를 합법화하고 있다.

❼ 캐나다

성범죄자의 신원을 공개하고 있으며, 필요하다면 화학적 거세도 실시한다. 일주일에 한 번 '데포 프로베라'라는 여성 호르몬 복합물을 주입한다.

❽ 스위스

국민투표를 통해 위험한 성범죄자들을 평생 사회에서 격리하는 종신형을 선고한다. 매우 폭력적인 범죄자나 성범죄자에 대해 2명의 정신과 의사가 진단을 하여 '완치가 불가능한 상태'라고 판단하면 평생 동안 교도소에 수감하여 사회로부터 격리하며, 오직 의학기술의 발전으로 '완치가 가능해졌다'는 명백한 증거가 발견될 때 한해 치료를 전제로 석방할 수 있도록 규정하고 있다.

3) 자해행동과 자살

(1) 자살의 정의

자살(自殺)이란 "자신을 죽이려는 의도에 대한 명시적 또는 암시적 증거가 있으며 자기자신에 의한 상해, 음독, 질식 등으로 인한 사망" 즉, "자발적 또는 의도적으로 스스로 목숨을 끊는 행위" 이다. 사전적으로는 자살이란 스스로 자기의 목숨을 끊음. 자결(自決)·자재(自裁)·자처(自處)·자해(自害)·자진(自盡)의 용어에 해당하며 행위자가 자신의 죽음을 초래할 의도를 가지고 자신의 생명을 끊는 행위이다. 자살(suicide completion)의 어원은 라틴어의 sui(자기 자신을)와 cædo(죽이다) 두 낱말의 합성어이다. 여기서 알 수 있듯이, 자살이란 그 원인이 개인적이든 사회적이든, 당사자가 자유의사에 의하여 자신의 목숨을 끊는 행위를 말한다.

프로이트(S. Freud, 1953 & 1960)는 자살이란 "자기 자신에게 향한 죽음의 본능(thanatos)의 활동적 요소가 극적으로 표현되는 것이며, 자기 자신에게 향한 폭력, 살해이며, 타인에게 향하지 못한 살해욕구가 자신에게 표현되는 것이다."라고 했으며, 뒤르켐(E. Durkheim, 1897)은 "그의 행위가 어떠한 결과를 낳으리라는 것을 알면서 희생자 자신이 행하는 긍정적 또는 부정적 행위로부터 직접적 또는 간접적으로 초래되는 죽음"을 자살이라고 정의하였다. 자살은 죽음을 통해서 현재의 우울, 슬픔, 고통, 불쾌, 절망 등에서 벗어나 안락한 상태에 도달하려는 또 다른 갈망에 불과하다는 것을 알 수 있다.

그리고 자살시도(suicide attempt)는 "자신을 죽이려는 의도에 대해 어느 정도 명시적 또는 암시적 증거가 있으나 치명적이지 않은 결과를 초래한 자기 자신에 의한 상해행동"을 말하며, 자해행동(self-mutilation)이란 "직접적이고 고의적으로 신체조직의 변화를 초래하는 모든 종류의 고의적인 자기손상 행동"으로 스스로 죽이려는 의도도 함의된 행동을 일컫는다(O'Carroll et al., 1996). 예를 들어, 손목을 칼 등으로 긋는 행동이 대표적이다. 손목 이외에도 팔, 허벅지, 다리 등을 긋는데, 대개 면도날, 칼, 유리조각 등이 사용된다. 대체로 거칠게 자해하기보다 신중하게 상처를 내는 데, 그 이유는 대부분 타인에 대한 분노, 긴장의 완화, 그리고 죽고 싶은 마음 등이다. 그들의 대다수는 성격 장애자들이며, 보통 사람들에 비해 내성적이거나 신경증적이고 적대감이 많다. 자살은 인간의 10대 사망원인이고 우리나라의 자살률은 10만 명당 8.5명으로 높은 편이다. 알코올이나 약물남용자들은 대부분 자살을 시도한 적이 있다고 한다. 자해는 정신과에 입원한 환자의 약 4%에서 일어나며, 여자와 남자의 비율은 3 : 1이다. 정신과 환자들에서 자해의 빈도는 일반인의 약 50배나 된다.

(2) 자살의 원인

모든 사회적 집단에는 유기적 및 심리적 개인의 체질이나 물질적인 환경으로서 설명할 수 없는 특이한 자살경향이 있다. 따라서 자살의 원인은 너무 복잡하고 다면적이므로 다양하다. 여기에서 심리적 원인, 생물학적 원인, 정신질환적 원인, 환경적 원인 등에 대해서 살펴보고자 한다.

❶ 심리적 원인

대부분의 자살에는 서로 공통적인 특징이 있다. 자살의 동기는 개인에 따라 다르지만, 문제를 해결하는 목적으로 고통으로부터 도피하려는 의도에서 시도된다. 자살은 심리적 욕구의 좌절로 인해 심리적 어려움과 고통을 견딜 수 없을 때 촉발되며, 자살 당시에 무력감과 절망감을 가지고 있다고 한다. 자살은 자해이며 역으로 생각하면 일종의 살인이다.

자살하려는 사람은 자살시도 당시에 삶과 스트레스로 인해 고통을 받아 욕구좌절을 하는 사이에서 양가감정을 가지고 갈등하며, 그 책임을 자기 탓으로 돌리게 되고 그 결과로 자신을 공격하게 되기 때문이다. 즉 극단적인 자기파괴 행위가 자살이라는 형태로 나타날 수 있다. 자살심리는 보복, 조종, 재결합, 재탄생, 악의 제거, 절망감으로부터 도피이기도 하다.

자살을 실행하는 이들은 사랑하는 대상의 상실, 자기애적 상처, 분노나 죄책감과 같은 감정에 압도당함, 자살 희생자와의 동일시 등으로 고통을 받는 사람들이며, 집단 역동이 집단자살을 유발할 수 있다(예 : 사이비 종교의 집단자살).

신의진(2003)은 자살을 원인론적 모델로 하여 4가지로 분류하였다.

첫째, 자신의 삶에 대한 조정기능을 잃었다는 느낌이다. 이는 절망과 무력감을 느끼게 되면 자살만이 유일한 방법이라고 생각한다는 것이다.

둘째, 다른 사람에 대한 복수이다. 타인들이 자신에게 한 행동에 대해 미안함을 가지게 하는 것이다. 이는 부정적인 방법으로 관심을 받는 것이다.

셋째, 사랑하는 죽은 사람과의 재결합이다. 이는 현재의 고통, 외로움에서 벗어나는 것과 연관되어 강력한 동기를 부여하기도 한다.

넷째, 자신을 가족의 희생양으로 보는 것(내가 없어지면 가족이 더 행복할 거야), 가족 내 문제에서 다른 곳으로 관심을 돌리게 하는 것(이혼하려는 경우) 등이다.

❷ 생물학적 원인

첫째, 유전적 원인 : 자살행위에 유전적인 요인이 있음을 시사하는 가계연구나 쌍생아 연구 보고들이 있다. 일부 쌍생아 연구에서는 자살사고와 자살행동 발생의 약 45%가 유전적 요인에 의하며, 특히 치명적인 자살시도의 경우 유전적 요인을 55%까지 추정하는 보고도 있다. 자살에 취약한 기질이 있고 자살에 흔히 수반되는 양극성 장애, 정신분열병, 그리고 알코올 의존과 같은 정신장애자들의 유전과 관련되는 것으로 보인다.

- 일반적으로 자살자 가족들이 다른 사람들에 비해 자살 기도율이나 자살률이 현저하게 높으며, 자살을 일으킬 수 있는 특질과 유전이 있다고 본다.
- 자살과 관련된 타고난 소질에는 우울증을 일으킬 수 있는 소질, 수줍음,

충동성, 대인관계의 예민성, 공격충동의 조절기능 약화 등의 소질이 작용할 가능성이 있다.

둘째, 뇌신경의 원인 : 자살자의 경우 정신질환의 진단과 관계없이 뇌의 5-HIAA, 즉 세로토닌의 저하가 관찰되는데, 여러 연구에서 중추 세로토닌 체계가 결핍된 것과 충동조절이 미흡한 것이 상호관련된다는 보고가 있었으며, 이로 인한 세로토닌계의 손상이 충동성과 공격성으로 이어져 자살 시도 및 행동에 영향을 주었을 가능성이 있다.

❸ 정신질환적 원인

자살의 63~95%에서 정신과적 질환이 동반되는 것으로 나타났다. 많은 자살시도자들은 견딜 수 없는 우울이나 절망감과 싸우는 방편으로 자살에 집착한다. 자살기도는 우울을 감소시키며, 특히 환자가 처벌받고자 하는 욕구가 있는 경우 더욱 그렇다. 청소년 자살위험도가 보통 사람에 비해 다음과 같은 경우 자살 위험도가 높아진다(Shaffer, 1988). 우울증일 때 남 8.6배, 여 4.9배, 반사회적 성격인 경우에 남 4.4배, 여 3.2배, 자살기도의 경험이 있는 경우에 남 22.5배, 여 8.6배, 약물남용자인 경우에 남 7.1배, 여 0.8배 더 높았다. 자살은 대부분 심한 신경정신과 질환의 경과로 일어난다. 자살 위험도 평가는 질환 진단과정과 유사하여 병력을 청취하고 정신상태를 검사해야 한다.

❹ 환경적 원인

유해한 가정환경(가정폭력, 가정불화, 이혼, 질병, 경제적 어려움, 상실감 등)의 가정문제로 인한 스트레스나 입시위주의 경쟁적 교육풍토, 생명을 경시하는 폭력적이고 선정적인 대중문화 등이 영향을 줄 수 있다. 특히 자살을 충동하는 미디어 환경이 조성되어 모방자살이 이어지고 있다. 베르테르 효과(Werther effect)는 유명인의 자살이 있은 후에 유사한 방식으로 잇따라 자살이 일어나는 현상을 말한다(베르테르 효과는 괴테의 소설 '젊은 베르테

르의 슬픔'의 주인공 이름에서 유래했다). 텔레비전 등의 미디어에 보도된 자살을 모방하기 때문에 벌어진다. 신문이나 방송은 자살사건을 보도할 때 구체적인 자살방법을 소개하고, 드라마나 영화에서는 주인공의 자살장면이 지나치게 많이 나온다. 정치인들이나 연예인들의 자살보도는 일반인의 자살 심리를 부추긴다. 새로운 미디어로 등장한 인터넷은 자살에 대한 두려움과 공포감을 느껴서 혼자 자살하지 못하는 사람들을 연결해줌으로써 개인적 자살 외에 집단자살이라는 새로운 사회문제를 만들어낸다.

이러한 베르테르 증후군을 막기 위해서는 자살 관련 보도 방식이 중요하다. 자살보도가 늘어나거나 기사제목이 자극적일 경우 자살이 증가했다는 미국자살예방협회의 보고가 있듯이, 매스컴은 자살 관련 사고를 보도함에 있어 자극적인 사건 위주의 보도보다는 일반인들이 사건을 이해하고 실제로 자살위험이 높은 사람을 주변에서 어떻게 도와야 할지 등 정보 위주의 보도에 주력할 필요가 있겠다.

(3) 자살에 대한 오해와 자살하기 전 징조

자살하기 전에는 많은 징조들이 있다. 이러한 징조들은 가족이나 주변 사람들이 예민하게 관찰한다면 이런 극단적 비극을 막을 수가 있다. 이런 징조와 자살에 대한 오해들을 살펴보면 다음과 같다.

① 자살하겠다고 말하는 사람은 자살하지 않는다.
　→ 10명 중 8명은 암시를 한다.

② 자살자는 자살을 확고하고 분명하게 결정한다.
　→ 자살자는 죽을 때까지 자살을 결정하지 못하고 다른 사람이 구조할 수 있는 여지를 남긴다.

③ 한번 자살을 시도한 사람은 언제나 자살위험이 있다.
　→ 자살유혹은 시간제한적이다.

④ 한번 자살에 실패한 사람은 자살하지 않는다.
　→ 자살한 사람 중에 자살 기도자가 30% 정도이다.

⑤ 흔히 자살은 상류사회에서 더 많이 발생한다.

→ 자살은 모든 계층에서 비슷하다.

⑥ 자살은 심리적 장애의 표현이다.

→정상적이고 이성적인 상태에서도 자살이 발생한다.

⑦ 자살할지도 모른다고 말하는 사람은 관심을 끌기 위해 그렇게 말할 뿐이므로 무시하는 것이 가장 좋다.

→계속 관심을 가지고 지켜보아야 한다.

이러한 오해는 자살을 예방하는 데 걸림돌이 된다. 자살 신호의 3단계를 살펴보면 다음과 같다.

❶ 1단계 : 일반적인 위험 신호

① 비행처럼 공격적이거나 반항적인 행동을 한다.

② 알코올이나 약물을 남용한다.

③ 갑자기 주위 사람들에게 온순해진다.

④ 과식이나 거식 등 식습관이 변한다.

⑤ 새벽 일찍 일어나거나 불면에 빠지는 식으로 수면습관이 변한다.

⑥ 학교에 가기를 꺼리거나 이성친구와 헤어질지 모른다는 식으로 이별에 대하여 불안감을 갖는다.

❷ 2단계 : 자살 특유의 행동변화

갑자기 성격이 눈에 띄게 변하고 기분이 쉽게 변하며 충동적이게 된다. 학습의욕 감퇴와 성적이 저하된다. 한 가지 일에 집중하는 것이 곤란해지고, 혼자 있는 시간이 많아진다.

❸ 3단계 : 자살에의 최종적인 방아쇠

희망이 없다거나 절망이란 말을 자주 입에 담고, 죽고 싶다는 말을 자주 한다. 자기가 소중하게 여기던 것을 친구에게 주며 자신의 물건들이나 주위를 정리한다.

(4) 자살에 관한 특징(A. Roy, 1986)

① 자살이 주어진 상황에서 최선의 해결방식, 즉 aristos(그리스어로 '최선의, 가장 좋은'의 뜻임)라는 사실이다.

② 자살의 일반적인 목표는 의식의 단절이다.
생의 고통으로부터 완전히 벗어나는 완전한 해결책으로 생각한다.

③ 자살을 유인하는 자극은 견딜 수 없는 심리적 고통이다.
견딜 수 없는 고통으로부터 도피하고자 자살을 하므로 고통을 덜어주면 예방된다.

④ 자살자의 스트레스 원천은 심리적 욕구좌절이다.

⑤ 자살에 수반하는 공통적인 정서는 절망과 무기력감이다.

⑥ 자살자의 내적 태도는 자살 전까지 양가적이다(자살행위와 도움의 요청).

⑦ 자살자의 인지는 위축되어 있다.
정서적, 지적으로 매우 위축되어 흑백논리에 휩싸여 융통성 있는 생각을 못한다.

⑧ 자살자의 공통적인 활동은 도피하는 것이고 현실에서의 탈출이다.

⑨ 자살의 대인행동은 자살의도를 알리는 의사소통이다.
자살자의 80% 정도는 자살의도를 주위에 알리는 단서나 실마리를 남긴다.

⑩ 자살의 또 다른 공통성은 자살이 지속적인 대처양식이라는 것이다.
55세 때 자살한 사람 30명 중 대부분이 30대 이전에 이미 자살의 가능성이 있었다.

(5) 자살이론

❶ 정신역동적 입장

자살은 부모나 주요한 타인을 자기 속에 내재화하고 이렇게 내재화된 대상에 대한 살인적인 적대감을 드러내는 것이 결과적으로 자기를 죽이는 것으로 본다.

- 프로이트(S. Freud, 1953 & 1960)는 자살을 '죽음의 본능' 즉, 공격적 욕구로 보았다.

- 메닝거(K. A. Menninger, 1933)는 자살을 죽이고 싶은 욕구, 살해당하고자 하는 욕구, 죽고 싶은 욕구 등의 복합작용에 의해 일어난다고 보았다.
- 마이스너(W. W. Meissner, 1986)는 자살의 역동을 대상관계의 특성으로 보고, 즉 자기를 괴롭히는 대상과의 관계를 특징으로 보았다. 다시 말해 자살기도자 속에 있는 내재화된 박해자가 끝없이 자기를 괴롭히는 상황에 놓이게 되면 이런 상황에서 풀려나는 유일한 길이 자살이라는 역설적인 결정을 한다는 것이다. 대상의 상실을 중요시하는 데서 자살이 이루어진다.

예) 사별한 사랑의 대상에 대한 지나친 의존적 갈망이 자살을 시도하게 한다.
　　모성적 대상에 대한 재결합의 퇴행적 욕구에 의한 자살–부모기일 전후한 자살

❷ 인간주의적 입장

메이(R. May, 1958)는 죽음에 대한 확실히 아는 두 가지를 '언젠가 내가 죽을 것이다'와 '현재까지는 내가 죽지 않았다.'는 이런 죽음에 대한 불가피성은 인간이 최선을 다해 잠재능력을 실현하도록 성실하게 살게 된다고 했다. 즉, 자기실현성이 죽음에 의해 사라지는 것이므로 자살기도자는 자살기도 이전에 대인관계에서의 철수, 순수한 가치추구 중단, 인생의 삶에 대한 책임을 버리는 등 점차적으로 정신적 자살을 해오다가 급기야 자살하게 된다는 것이다.

❸ 행동주의적 입장

개인이 생활하면서 유지해온 강화의 양상이 변하는 데서 자살에 이른다고 본다. 즉, 개인이 매우 가치를 두는 강화물이 없어졌거나 없어질 것이 예상될 때 자살한다(예 : 건강이 매우 나빠짐, 파국적인 사업실패, 사랑하는 사람과의 이별이나 사별).

❹ 인지주의적 입장

벡(A. T. Beck, 1986; Beck et al., 1975)은 무망감과 무기력감을 자살자의 심리적 특성으로 보았고, 그 외 인지학자들은 자살자의 심리적 특징으로 인지

적 경직성, 흑백논리, 문제해결능력의 결손, 비합리적 사고 및 역기능적 태도 등을 들고 있다.

❺ 사회문화적 입장

뒤르켐(E. Durkheim, 1951)은 자살이란 한 개인의 문제가 아니라 그가 속한 사회의 일원으로서 자살하게 된다고 보았다(아노미적 자살, 이기적 자살, 이타적 자살).

- **아노미적 자살**

사회가 가치관의 혼란을 겪을 때, 즉 사회통합이 약화되고 개인을 규제할 힘을 잃은 무규범상태의 혼란상태에서 개인이 자살하는 경우이다(예 : 사회적 파산).

- **이기적 자살**

한 개인이 그가 소속된 사회에 동화하지 못해서 자살하는 경우이다. 즉, 사회통합이 약해지고 개인주의가 팽배할 때 이런 자살발생률이 높다.

- **이타적 자살**

사회통합이 너무 강하고 집단의 규범이 개인에게 강하게 작용하여 그가 속한 사회에 기여하는 측면에서 자살하는 경우이다(예 : 가미가제 특공대, 자살테러).

(6) 자살실태

전 세계는 심각하고도 중요한 공중 보건 및 정신 보건 상의 문제인 자살의 문제에 직면해 있다. 세계보건기구는 2000년까지 한해 약 백만 명 정도가 자살로 사망하고 그 추세는 2020년까지 증가할 것으로 전망하고 있다(Bertolote & Fleischman, 2002 & Oct 2002; WHO, 1999). 자살로 인한 피해는 자살자뿐만 아니라 최소한 6명 이상의 주위 사람들에게 심리적, 정서적인 영향과 자살위험을 전염시킨다(McIntosh, 2000). 특히 방어기제가 성숙하지 못한 청소년들은 성인보다 심리적 영향이 매우 크며, 모방자살 가능성도 매우 높은 것으로 알려져 있다. 자살뿐만 아니라 자살시도도 많은 국가에서 응급실 이용과 보건비용 지출의 첫 번째 원인이며, 한해 약 천만 명 정도가 자살시도를 할 것으로 추산될 정도로 매우 흔하다(Diekstra, 1993).

2013년 자살실태 조사에 의하면, 보건복지부는 자살의 다차원적 원인을 밝히고, 자살사망자 및 시도자의 특성 및 자살의 위험요인을 규명하기 위해 실시한 2013년 자살실태조사(조사기관: 서울의대 등) 결과를 발표하였다. 이번 실태조사는 자살사망자에 대한 심리적 부검, 사망자 관련 통계자료분석, 자살시도자 면접조사 및 대국민 자살 인식조사 등으로 실시되었다. 심리적 부검은 총 72건의 자살사망 사례에 대해 유가족의 심층면담, 유서 분석 등을 통해 조사가 이루어졌고, 사망자 통계분석은 건강보험 가입자 중 공무원, 교직원 및 건강검진 참여자 등 20세 이상 320만 명의 관련 통계자료를 이용하여 분석이 이루어졌다. 또한 자살시도자 면접조사는 2013년 17개 대형병원 응급실을 방문한 자살시도자 1,359명에 대한 심층면담과 2007년에서 2011년까지 응급실 내원 자살시도자 8,848명의 자료분석을 통해 이루어졌다. 대국민 자살 인식조사는 전국에서 만19세 이상 75세 이하 성인 1,500명을 대상으로 실시한 결과를 보면, '자살은 절대로 정당화될 수 없다.'라는 의견에 동의하는 비율이 73.9%로 나타나는 등 대부분의 국민들이 자살에 대한 부정적 인식을 가지고 있는 것으로 나타났다. 그러나 '자살만이 유일한 합리적 해결책인 상황이 있다' 에 동의하는 비율이 16.9%, '사람들은 자신의 생명을 스스로 끊을 권리가 있다' 에 동의하는 비율이 18.3%로 나타나는 등 일부 국민들은 자살에 수용적 태도를 보이고 있는 것으로 나타났다.

특히 '나는 심한 불치병으로 괴로워하는 사람들이 자살하는 것을 이해할 수 있다.'라는 물음에 56.0%가 동의한다는 의견을 보여, 자살을 문제해결의 수단 가운데 하나로 인식하는 사람들에 대한 적극적인 인식개선 필요성이 제기되고 있다. 한편, '자살한다고 위협하는 사람들이 실제로 자살하는 경우는 드물다'라는 물음에 47.7%가 그렇다고 대답을 했는데, 실제로는 자살을 말하는 사람이 자살위험이 더 높을 가능성이 있어 생명지킴이(게이트키퍼) 교육 등의 강화 필요성이 드러났다.

자살시도자 면접조사 결과에서 자살시도자의 시도 원인 및 특성은 자살시도자의 자살시도 이유로 우울감 등 정신과적 증상이 37.9%, 대인관계로 인한 스트레스 31.2%, 경제적 문제 10.1%, 신체질병 5.7% 등으로 나타났다. 자살시도자는 고령으로 갈수록 신체질환을 갖고 있는 비율이 증가하며, 특히 50대를 기점으로 급격히 증가하는 양상을 보였는데 70세 이상은 73.2%가 신체질환을 동반하고 있었다.

또한 자살시도자의 44%가 음주상태인 것으로 드러났으며, 남성은 50%, 여성은 40%가 음주상태인 것으로 나타나 자살시도와 음주의 높은 관련성이 드러났다.

통계청(2011)이 발표한 사회조사 보고서에 따르면, 20세 이상 성인은 자살충동 이유로 경제적 어려움(42.6%), 질환·장애(14.4%), 외로움·고독(13.2%)의 순으로 나타났고, 청소년(13~19세)은 성적 및 진학문제(39.2%), 가정불화(16.9%), 경제적 어려움(16.7%), 외로움·고독(12.5%) 등의 순으로 나타났다.

자살시도자에 대한 자살률 분석에서, 2007년에서 2011년까지 전국 16개 병원 응급실을 방문한 자살시도자 8,848명을 2012년 12월 31일 기준으로 통계청에서 파악된 가장 최신 사망자료에 근거하여 사망여부를 조사한 결과, 전체 자살시도자 가운데 자살로 사망한 사람은 236명으로 전체의 2.7%에 해당하는 것으로 나타났다(연간 10만 명당 약 700명). 이러한 수치는 일반인구의 자살사망률('12년 10만 명당 28.1명)에 비해 약 25배 높은 것으로 자살시도자의 자살위험이 매우 높다는 사실이 증명되었다.

또한 자살시도자 가운데 자살로 사망한 사람의 특징을 분석한 결과, 60대의 경우 10대 자살시도자에 비해 자살위험도가 3.6배 높았고, 70대는 3.0배로 60대 이후 자살위험도가 급격히 증가하였다. 연령별 자살률(2013년)은 15~29세(남 13.1%, 여 6.1%), 30~39세(남 13.3%, 여 6.6%), 40~49세(남 20%, 여 8.2%), 50~59세(남 31.4%, 여 13.1%), 60~69세(남 52.2%, 여 23.4%), 70세 이상(남 70.9%, 여 30.3%)로 조사되어 연령이 증가할수록 남녀 모두 자살률이 증가하는 추세이다.

남성의 경우 여성에 비해 자살위험도가 1.9배 높았고, 남성 자살사망자의 절반이 자살시도 7개월 이내 사망하는 것으로 나타나 남성이 자살시도 후 조기에 재시도하여 사망하는 비율이 높았다.

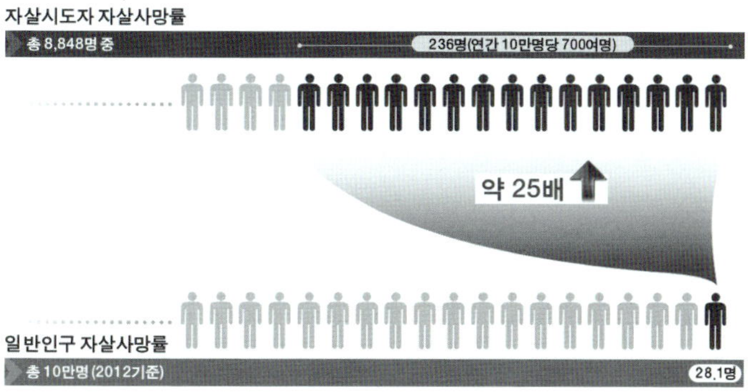

[그림 5-4] 일반인 자살시망율과 자살시도자의 자살사망율

출처: 통계청 (2011). 사회조사 보고서

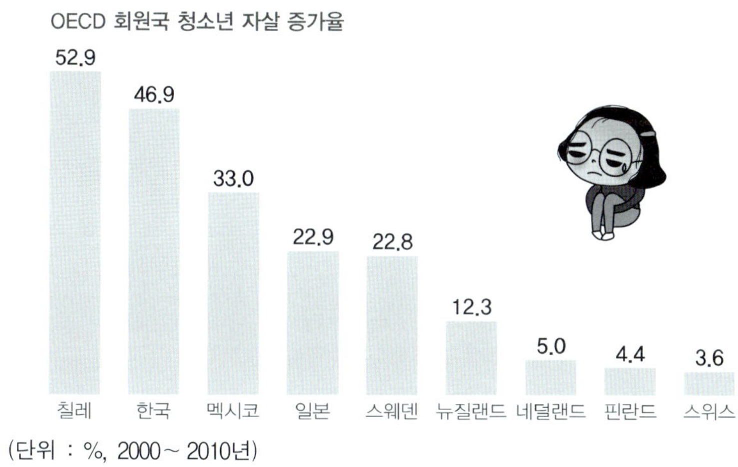

[그림 5-5] OECD 회원국 청소년 자살율

출처: 한국건강증진재단, OECD, 통계청 국가통계포털 홈페이지(http://kosis.kr)

주: 자살율은 인구 10만 명당 자살자 수

한국건강증진재단이 세계자살예방의 날을 맞아 자살사망 통계를 분석한 결과, 10~19세 인구 10만 명당 자살자수는 2001년 319명에서 2011년 558명

으로 57.2% 증가하였고, 같은 기간 20~64세 성인자살률은 인구 10만 명당 16.96명에서 33.58명으로 50.5% 증가하였다.

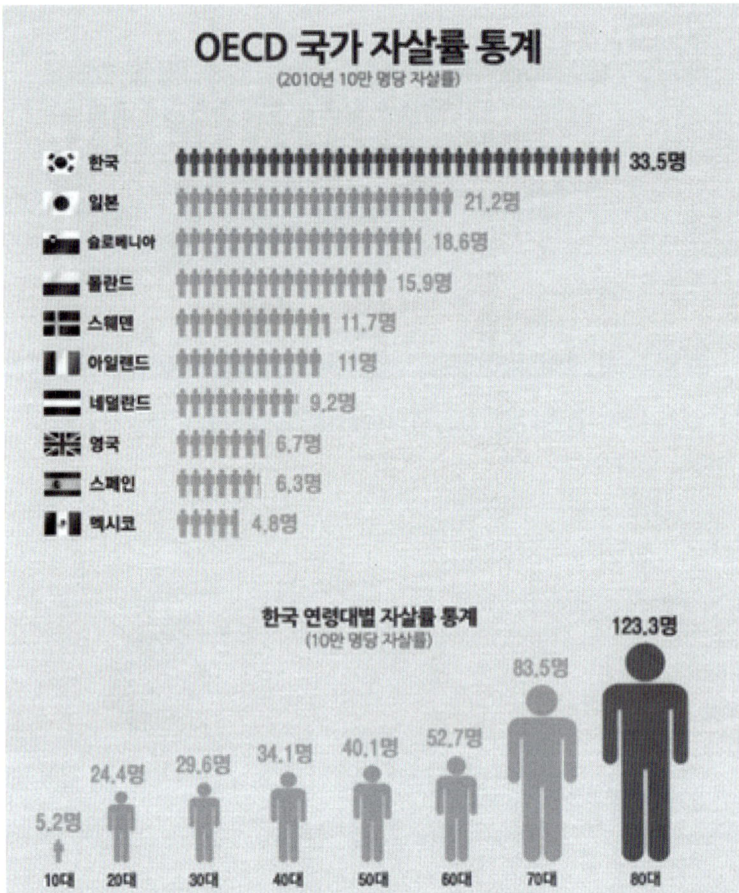

[그림 5-6] 한국 연령대별 자살율 통계·OECD 국가자살률 통계

출처: OECD, 한국건강증진재단, 통계청

OECD 회원국과 비교할 때 우리나라 자살의 증가세가 두드러진다. OECD 회원국(31개국)의 아동청소년(10~24세) 자살률은 2000년 7.7명에서 2010년 6.5명으로 감소했으나 한국은 6.4명에서 9.4명으로 46.9% 증가하여 칠레(52.9%)에 이어 두 번째로 나타났다. OECD국가 평균자살률은 인구 10만 명당 12.8명이지만 한국의 자살률은 인구 10만 명당 33.5명으로 OECD 회원국

평균자살률의 약 2.8배로 매우 높은 수준이다.

(7) 자살예방

❶ 자살위험의 평가

개인의 자살을 평가하려면 치료자는 환자가 생각하는 자살방법, 약물의 치사량에 대한 지식을 잘 파악해야 한다. 그리고 환자가 자살을 시도할 때 막을 수 있는 환경적 여건 및 즉각적이고 적절한 의학적 도움을 구할 수 있어야 한다.

❷ 자살에 대한 단서

은밀하게 유서를 쓰거나, 일기, 언행 등 자살의도의 암시가 나타난다.

－자살기도자 및 자살을 성공한 경우 40%가 자살행위 1주일 전에 병원이나 정신과를 방문한 것으로 보고되었다.

❸ 자살의 위험성 요인(Sainsbury, 1986)

① **개인사회적 요인** : 연령 40대 이상, 이혼, 별거, 사별한 기혼자, 독신이며 직장 없음.

② **과거력** : 가족 중 우울장애, 알콜장애, 자살. 자살 당사자가 과거 우울장애, 알콜장애 및 자살기도, 심리장애로 치료초기, 퇴원 후 6~12개월

③ **생활스트레스** : 애도, 이별, 실직, 음주로 인한 가사문제나 치명적 질병으로 진단된 노인

④ **성격** : 정신병질적 성격(충동성, 폭력, 비행), 음주, 약물의존

⑤ **심리장애** : 우울장애(양극성 우울장애), 알코올 및 약물에 의한 장애, 기질적 뇌손상

⑥ **증상** : 우울증, 일상 흥미의 상실, 사회적 소외, 절망, 비관, 무가치감, 초조, 자살관념

⑦ **자살기도의 여건** : 자살수단 확보, 경고유무, 유서, 자살수단의 치명성

❹ 자살기도의 예방적 개입

자살의 원인이 복합적이듯 자살의 해결책도 다차원적으로 접근해야 한다. 즉, 자살시도의 원인을 파악하여 그에 적합한 대책을 세우거나 상담을 해야 한다. 특히 자아존중감을 높여주고 생명존중이 인권의 최고 가치라는 것을 인식하도록 가치관 교육을 어린 시절부터 철저하게 해야 한다. 그리고 자살자의 충동적인 행동을 저지할 수 있도록 자살도구나 방법에 대한 적극적 통제가 필요하다. 지하철 스크린도어를 설치하고, 인터넷 자살 사이트 및 유해물질 판매게시물 단속에 적극적이어야 한다. 자살의 위험에 즉각적인 개입을 해야 한다. 치명적인 자살기도나 급성적인 자살위험이 있는 사람은 정신과 병원에 입원치료를 권장한다.

첫째, 자살환자의 심리치료의 목표는 내담자를 살도록 하는 것이다.

둘째, 자살환자를 돕는 첫 단계는 환자의 세계로 들어가 환자의 시각으로 세상을 본다.

셋째, 타인에게 영향력을 행사하기 위해 자살을 시도하는 사람인 경우 치료자는 환자의 다양한 조종동기를 파악해서 그에 적합한 치료방법을 선택한다.

- 절망감 다루기

환자의 절망감에 대해 첫 면접에서 평가하고 다음에 환자의 절망감에 이르게 된 비논리적 사고와 잘못된 가정의 정도를 깨닫도록 유도한다.

- 자살환자와의 문제해결

자살환자는 각자 다른 원인 때문에 자살시도를 하므로 그 원인에 따른 문제해결을 도와준다. 조사에 의하면 남성의 자살시도의 가장 큰 스트레스원은 학교나 가정에서의 자존감 상실이고, 여성은 인간관계의 마찰, 결별 후로 나타났다.

- 스트레스 면역기법

자살 경향이 있는 사람은 문제의 크기나 해결 불가능함을 지나치게 크게 확대한다.

–이들에게는 문제해결책을 생각하고 자살소망에서부터 주의를 분산시키도록 훈련시킨다(환상강요기법 : 자신의 절망상황 상상→자살충동 체험→자살충동들에서 주의를 분산시키면서 문제에 대한 가능한 해결들을 산출하는 시도를 한다).

4) 저출산과 고령화 현상

우리나라에서는 1990년대에 들어서면서 노인문제에 대한 사회적 관심이 높아지기 시작하였다. 노인인구가 급격히 증가하며, 고령화가 가속화되는 압축적 고령화로 생산연령 인구의 감소, 노인을 위한 사회복지비용 지출의 증가, 사회적 부양부담의 증가 등 심각한 사회문제가 예상되므로 고령사회에 대비한 법제정과 정책마련이 시급하다고 지적되고 있다.

우리나라 가임 여성의 출산율이 끝없이 하락하여 1.1명대가 깨지고 1.0명 수준까지 떨어져 자칫 1 이하까지 낮아질 가능성도 배제할 수 없다. 세계보건기구(WHO)가 발표한 '세계보건통계 2009'에 따르면 한국 여성 1인당 평균 출산율은 2007년 통계를 기준으로 할 때 전년에 이어 1.2명으로 193개국 중 최하위였다.

여성 1인당 평균 출산율이 1.2명인 국가는 전년과 마찬가지로 한국과 벨라루스, 보스니아–헤르체고비나, 체코, 폴란드, 슬로바키아, 폴란드, 우크라이나 8개국뿐이었다.

우리나라의 출산율은 1990년 1.6명, 2000년 1.4명으로 낮아진 뒤 국가차원의 다양한 저출산 대책이 쏟아져 나온 뒤에도 계속 낮아지고 있는 추세이다.

한국의 출산율이 세계 최저로 급락한 것은 자녀키우기 환경이 세계에서 최악이라는 의미이기도 하다. 세계에서 가장 높은 사교육비와 부동산 거품 등에 따른 빈부 양극화 심화, 한국사회 미래에 대한 비전 상실 등이 복합적으로 작용했기 때문이라는 게 전문가들의 일치된 분석이다.

이에 반해 한국인의 평균 기대수명은 79세로 포르투갈, 코스타리카와 함께 공동 28위를 차지했다. 한국 남성과 여성의 평균 수명은 각각 76세와 82

세로 남성의 기대수명이 1년 더 증가한 것이다. 건강한 삶을 기대할 수 있는 건강기대 수명에서도 우리나라는 평균 71세로 공동 28위를 기록하였다.

최악의 출산율은 한국경제의 성장잠재력을 떨어지게 하는 동시에, 향후 미래세대의 노령인구 부양 의무가 한층 무거워질 것임을 예고하는 최악의 적색 경고이기도 하다.

(1) 저출산과 고령화의 정의

❶ 저출산의 정의

저출산이란 합계출산율이 2.1 이하로 내려가는 것을 의미한다. 장래의 인구추이를 생각 할 때 합계출산율(TFR) = 2.1 이후 인구성장이 정지되는 시기까지 약 60~65년이 걸린다. 합계출산율이 1.5명 미만인 경우를 초저출산이라고 한다. 합계출산율이란 출산가능한 여성의 나이인 15세부터 49세까지를 기준으로, 한 여성이 평생 동안 낳을 수 있는 자녀의 수를 나타낸다. 국가별 출산력 수준을 비교하는 주요 지표로 이용되는데, 2가지 방법으로 산출된다. 일반적으로는 연령별 출산율의 합계, 예를 들어 지난 해 만 30세 여성이 낳은 아이의 수를 전체 만 30세 여성의 수로 나누어 연령별 출산율을 산출한 다음 이렇게 계산한 각 연령별 출산율을 모두 더하면 합계출산율이 된다.

❷ 고령화의 정의

고령화란 UN기준에 의하면 65세 이상을 뜻하는 전체 인구 중 고령인구의 비중이 7% 이상의 연령구조를 갖는 국가를 '고령화 사회'라고 한다. OECD에서는 '인구 고령화는 젊은 근로층이 나이 든 근로층 및 퇴직한 고령인구로 변화하는 것을 의미한다.'라고 정의하고 있다. 65세 이상인 고령인구가 14% 이상이면 '고령사회', 고령인구 비중이 전체 인구의 20% 이상이면 '초고령 사회'라고 부른다.

UN은 연령구조에 따라 한 국가의 인구유형을 세 가지로 분류하고 있다. 65세 이상 노인이 전체 인구에서 차지하는 비중이 4% 미만인 나라는 '유년인구국', 4~7% 미만인 나라는 '성인인구국', 7% 이상인 나라를 '노년인구국'으로 분류한다.

표 5-7 노인인구 비율과 평균수명 변화추이

연 도	65세 이상 노인인구 비율	평균수명
1970	3.1%	62.3세
1980	3.8%	66.2세
1990	5.1%	71.7세
2000	7.2%	75.9세
2005	9.1%	78.6세
2010	11.0%	79.6세
2020	15.6%	81.5세
2030	24.3%	83.1세

우리나라의 합계출산율은 1960년에 6.0명으로 매우 높은 수준이었으나 1980년대 이후 매우 빠르게 하락하였으며 1984년에 이미 인구대체 수준인 2.1명에 도달하였다. 그러나 이러한 추세는 2000년 1.47을 거쳐 2009년 1.2명, 2014년 1.25명까지 낮아져서 세계 최저 수준에 달하였다.

미국 중앙정보국(CIA)의 월드팩트북(The World Factbook)에 따르면 2014년 추정치 기준으로 한국의 합계출산율은 1.25명에 그쳐 분석 대상 224개국 중 219위였다(박상돈, 2014. 6. 16). 상위 50위권 안에 아프리카 국가들이 포진했고 OECD 회원국 중에서는 한국이 꼴찌였다. 이스라엘(2.62명)이 75위로 가장 높은 순위에 있고 멕시코(2.29명) 94위, 프랑스(2.08명) 112위, 뉴질랜드(2.05명) 117위, 미국(2.01명) 122위 등의 순이었다. 그 외 인도(2.51명) 80위, 중국(1.55명) 185위, 북한(1.98명) 129위, 일본(1.40명) 208위를 차지해 한국보다 순위가 약간 높았다.

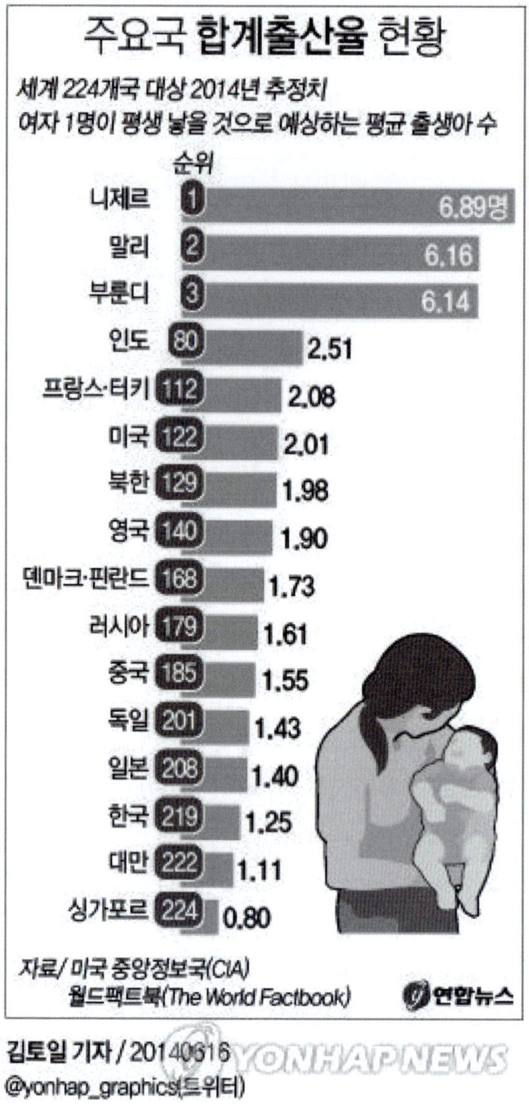

[그림 5-7] 주요국 합계출산율 현황

출처: 인터넷 연합뉴스 기사(박상돈, 2014. 6. 16) "출산율, 세계 224개국 중 219위, OECD 중에선 꼴찌" 내 그래픽.

(2) 저출산과 고령화 사회의 원인

고령화 사회의 근원적 문제는 출산율 하락으로 이어지는 저출산 사회에서 주로 발생한다. 경제수준과 교육수준이 향상되고 의학의 발달은 자연적으로 인간수명을 연장하게 되고, 출산율의 감소는 산업화에 따른 도시화, 핵가족화, 독신, 미혼 여성의 증가와 최근 사회에서의 활발한 여성활동에 따른 것으로 보인다. 또한 기혼 여성의 가치관이 자녀를 출산하지 않으려는 경향이 점점 증가하고 있다.

첫째, 고학력 여성, 일하는 여성이 늘면서 출산 기피현상이 늘고 있다. 경제활동에 나서는 여성은 1970년 368만 명에서 2000년 900만 명으로 증가하였고, 여성의 결혼에 대한 부정적 견해가 남성에 비해 현저하기 때문에 저출산율 추세가 지속될 전망이다.

둘째, 직장과 가정의 이중부담이다. 오늘날 여성의 사회진출이 증가하였으나 '가사와 육아부담'은 여전히 여성의 몫이라는 인식이 팽배하다. 일반적으로 가사노동 시간이 여성이 남성보다 훨씬 많은 것으로 조사되었다. 따라서 직장과 집안일의 이중부담 때문에 출산을 기피하는 현상이 나타난다.

셋째, 육아와 교육에 따른 경제적 부담이다. 맞벌이 세대가 늘어나는 추세에도 불구하고 아이를 맡길 만한 위탁시설이 부족하다는 점과 자녀 1명에게 지출되는 사교육비가 지나치게 많다는 점 등을 들 수 있다.

넷째, 가임여성 수의 감소이다. 베이비 붐 세대(20대 후반~30대)의 여성들이 직장생활의 안정을 위해 결혼을 한 뒤 바로 출산을 하지 않고 늦게 하거나 너무 늦어 40대 이후로 접어들면서 출산이 힘들어지기도 하고 독신 여성도 증가했다.

다섯째, 가족에 대한 가치관의 변화에 있다. 현재의 세대는 당사자들의 삶의 질 향상에 더 많은 시간을 할애하기를 원하고 부부중심 가족생활을 선호한다(딩크족).

여섯째, 고령화 현상은 영양과 보건위생 시설의 개선, 의학발전으로 인한 사망률 감소와 평균 수명연장에 있다.

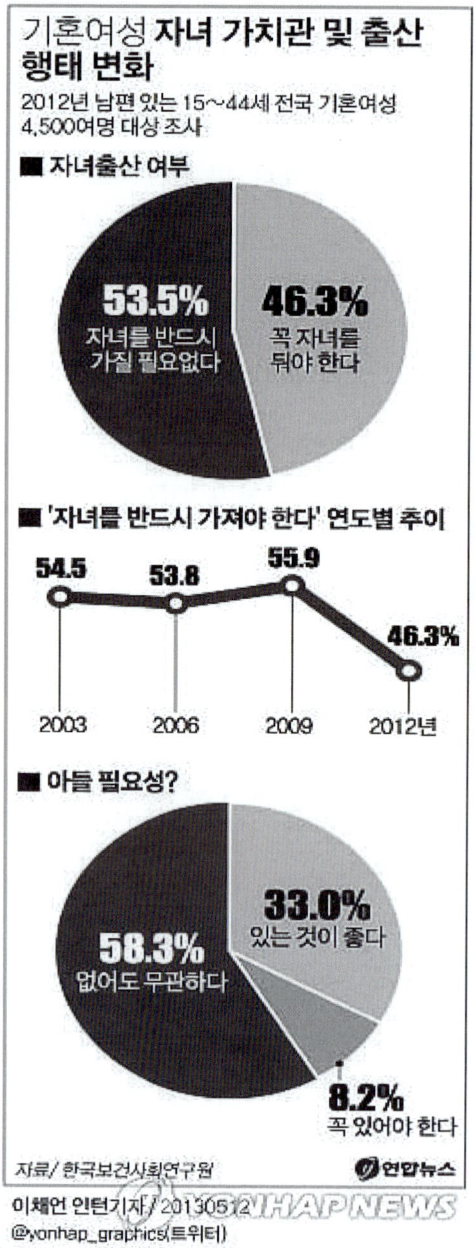

[그림 5-8]
기혼여성의 자녀 가치관 및 출산행태 변화

출처: 인터넷 연합뉴스 기사(서한기, 2013. 5. 12) "자녀 가치관 변화...남아선호 사상도 퇴색" 내 그래픽.

(3) 저출산과 고령화 사회의 문제점

저출산과 고령화 현상은 전 세계적으로 진행되고 있다. 이런 현상은 일상생활, 가족, 연금, 의료, 고용정책, 사회보장제도 등 사회전반에 걸쳐 커다란 파장을 끼칠 것으로 여러 학자들은 전망하고 있다. 저출산 현상은 인구고령화와 맞물리면서 국가적 차원에서도 심각한 문제가 되고 있는 실정이다. 이에 출산을 촉진·지원할 수 있는 정책의 역할이 강조되고 있다. 한국보건사회연구원의 조사(김승권 등, 2012)에 따르면, 출생아 수 감소의 이유는 자녀양육비와 교육비용의 상승이 주된 요인이며, 다음으로 경기불황과 실업률의 증가, 자녀미래에 대한 걱정과 부담의 증가, 독립적인 생활과 개인적 성취의식 확산의 순으로 다양한 요인이 있었다. 출산 문제와 관련하여 기혼여성이 제일 선호하는 정책은 산후도우미 등 지원 정책이었고, 다음으로 보육교육비 지원, 육아휴직, 직장보육시설 확충, 국공립보육시설 확충 등이 있었다. 정책 분야별로는 양육의 인프라 및 프로그램 지원에 대한 요구와 일·가정 양립에 대한 요구가 특히 높게 나타났다.

우리나라는 2019년에 고령사회(전체 인구 중 65세 이상 인구가 14%를 넘는 사회)로 진입하게 되는데, 저출산 문제는 결국 고령화 및 고령사회에서 부양을 둘러싼 노동력 감소, 사회적 갈등의 심화, 가족관계의 해체 등을 가속화할 수 있다는 점에서 정치, 경제, 사회, 문화 전반에 걸쳐 심각한 문제를 파생시킬 수 있기 때문에 국가실천전략 차원에서 대책들을 논의하고 있는 것이다.

저출산과 고령화 현상은 우리사회에 많은 문제를 발생하게 만들었다. 우선 경제적으로는 노동인구의 감소와 그로 인한 생산성 감소, 그리고 청·장년층의 노인부담 증대로 인한 국가경쟁력 약화를 초래한다. 노인인구의 증가로 인해서 나타난 부양문제나 일자리 마련 문제, 사회적응 문제 역시 심각하다. 또한 저출산 문제는 가족 구성원들의 정서적 불안과 이기주의 경향을 심화시키고 있다. 왜냐하면 부부는 자녀를 낳지 않거나 적게 낳음으로 인해 자신의 사랑을 나누어 줄 기회를 잃게 되고, 자녀는 형제·자매의 부재로 인해 정서적 소외감을 느낌과 동시에 그들과 어울리며 사회화될 수 있는 기회를 잃기 때문이다. 더욱 문제가 되는 것은 이러한 출산과 양육 등의 가족의 본질적 기능축소가 가족의 중요성을 약화시키는 결과를 초래할 수 있다는 점이다.

통계청에서 발표한 장래인구 특별추계에서 2005년 말 4,829만 명에서 5,000만 명에 이르지도 못한 채 2050년에는 4,234만 8,000명까지 줄어들 것으로 예측한 바 있으며, 전문가들은 실제 상황은 매우 나빠질 수 있다고 우려한다. 빠르게 진행되고 있는 저출산 추세는 노동인구 절대감소와 복지지출 증대, 경제성장력 저하 등의 요인으로 국가의 미래를 위협하게 된다.

(4) 저출산과 고령화 사회의 대책

저출산은 노동력의 양적·질적 변화뿐 아니라 임금구조, 정년제 등 고용관행 전반에 영향을 미친다. 즉 기존의 인구구조 하에서 형성된 교육, 의료, 복지서비스, 노동 및 사회체계 등의 부조화를 촉발시켜 사회제도 시스템의 혼란을 야기할 수도 있다. 향후 출산장려정책은 사회·직장 개선에 초점을 맞출 필요가 있다. 자녀양육 및 교육비용 등 자녀요인의 개선에 치중할 경우 출산율 제고 노력은 한계에 봉착할 우려가 있고, 자녀양육 및 교육비용

지원정책은 재정지출 대비 효과가 미미할 것이므로 보조적 정책수단으로 활용해야 할 것이다. 개인의 경제적 불안이 경감되어야 출산에 대한 긍정적 시각이 복원될 것이다. 미래에 대한 불안은 개인들로 하여금 출산과 같이 장기적 책임이 뒤따르는 결정을 회피 또는 연기하게 한다. 국가의 양육비 보조 등이 일정한 효과를 낼 수 있겠지만, 근원적으로는 개개인의 경제적 안전도가 향상되어야 출산에 대한 부담감이 경감될 것이다.

이러한 문제를 해결하기 위한 대책을 제시하면 다음과 같다.

첫째, 개인의 가치관 변화이다. 왜냐하면 어떠한 제도적 노력이 이루어지더라도 출산의 주체이자 바람직한 가족을 만들어야 할 개인들이 출산과 양육, 부양에 대한 잘못된 가치관을 갖는다면 장기적인 출산율의 증가와 고령화 문제해결, 더 나아가 행복한 가정의 형성이 어렵기 때문이다. 가족 구성원들이 가족과 자녀, 부모의 중요성을 다시금 인식하고 이를 통해 가족공동체 의식을 함양하는 것이 중요하다.

둘째, 출산장려정책이다. 여성의 육아부담을 줄이기 위한 육아휴직제 도입, 회사 내 보육시설 설치의 의무화, 저소득층을 위한 출산장려금과 양육비 지급, 의무교육기간의 확대 등이 이루어져야 한다.

셋째, 교육비의 절감이다. 특히 우리나라는 사교육에 투자하는 비용이 많이 든다. 우선 사교육비 절감을 위해서는 공교육의 질을 강화하여 공교육 중심으로 대학입시가 해결된다면 사교육비 부담이 매우 적어질 것이며, 보육지원과 학자금 지원에 대한 대책도 필요하다.

넷째, 노인에 대한 복지정책이다. 노인들의 생활안정 기반을 위해서 의료보장과 실질적인 정년제 연장, 연령차별금지법, 노인 일자리 마련, 연금피크제 도입 등의 복지정책이 이루어져야 하고, 탁노서비스, 방문간호서비스, 가족보호자 훈련 등 재가복지서비스가 제공되어야 한다. 그렇게 할 때 노인보호와 관련된 가정불화, 학대, 가출 등의 문제도 많이 줄어들 것이며 요양시설 비용도 의료보험에서 일부를 지불한다면 노인과 부양가족들의 어려움과 부담을 크게 줄일 수 있을 것이다.

 저출산 고령사회의 문제해결을 위해서는 정부와 지방자치단체만의 노력으로는 어려우며, 기업, 민간단체, 시민단체 및 사회, 개개인의 관심과 노력이 필요하며, 이러한 국민적 관심을 이끌어 내기 위해서는 정부가 강력하게 추진하고 있는 여러 가지 정책들에 대한 홍보와 가치관 및 의식의 변화가 뒷받침되어야 할 것이다. 정부와 지방자치단체, 국민은 우리나라의 저출산 및 고령화 문제의 심각성을 재인식하고 이를 해결하기 위한 적극적인 자세를 가져야 하겠다.

(5) 2009년 복지예산 저출산·고령화 대책, 예방적 복지실현에 중점투자

한국 사회는 특히 세계에서 제일 빠른 속도로 저출산과 고령화가 진행되고 있다. 출산률 저하는 자녀를 양육하고 교육시키는 데 따르는 경제적 부담을 꺼리는 때문만이 아니라 고생을 하더라도 자녀를 뒷받침하는 데서 삶의 보람을 찾으려고 했던 전통적인 가치관과 인생관이 크게 변모한 탓이기도 하다. 한편 고령화는 의식주 등 생활여건의 개선과 의료와 보건 서비스 등의 발달로 개인의 수명이 연장되기 때문이지만 저출산과 맞물려 가속화되고 있다. 이러한 상황에서 저출산·고령화에 대비한 사회적 관심이 요구되며 특히 정부의 정책적 의지가 주목된다.

정부는 향후 저출산과 고령화에 대비하기 위한 예방적 복지실현에 정책의 기조를 두고 있다. 이와 같은 경향은 특히 지난 수년간 저출산·고령화의 문제가 가시권 내에 들어오면서 형성되었다. 이러한 맥락에서 보건복지가족부는 저출산과 고령화 문제를 극복하는 데 기여할 수 있는 복지 구현의 접근 방법을 제시하고 있다.

2010년대에 들어서면서 보건복지가족부는 저출산·고령화 등 미래 위험요인에 대해 선제적으로 대응하고, 일자리 창출과 예방적 맞춤형 복지를 강화하며, 서민생활 안정을 위한 사회안전망을 확충하고, 보건의료산업에 대한 투자 확대에 중점을 두어 왔다. 그 예로 2009년에 편성된 보건복지가족부 예산을 살펴보면 이러한 성격이 확인된다.

첫째, 저출산·고령화에 대응하기 위한 보육지원의 대폭 확대이다. 저출산 대책으로는 보육시설을 이용하고 있는 0세에서 4세 아동에 대한 무상보육료 지원수준을 소득 하위 50%에 해당하는 47만 명까지 확대하고, 보육시설 미 이용 아동 만0세~만1세 11만 명에 대해 매월 10만 원의 양육수당을 지원하는 방안이 마련되었다. 이 맥락에서 보육교사의 업무공백을 최소화하고 양질의 보육서비스 제공을 위해 대체교사 인건비 및 농어촌특별근무수당(23천 명, 월 11만 원)이 신설되었고, 부모들이 아이를 근처의 지정된 보육시설에 맡길 수 있게 도와주는 '보육 바우처' 제도를 도입하였다. 바우처(voucher)란 일종의 상품권 또는 증서를 말하는데 부모들은 지방 출장을 가는 경우에도 이 증서를 제시하고 출장지 근처 보육시설에 아이를 맡기고 일할 수 있다. 한편 고령화 대책으로는 기초노령연금 대상을 65세 이상 노인 60%(301만명)에서 70%(364만 명)로 확대하였고, 노인장기요양보험이 안정적으로 시행될 수 있도록 3,284억 원이 지원된다.

5) 인터넷중독

(1) 인터넷중독의 개념

인터넷중독이란 인터넷 사용이 지나쳐 이용자의 일상생활에 심각한 신체적, 정신적, 경제적, 직업적, 사회적응적 기능손상을 초래하는 상태로 사이버중독, 인터넷 과다사용, 병리적 인터넷 사용, 웹중독(webaholism), 가상중독, 컴퓨터 중독 등으로 지칭된다. 정보이용자가 지나치게 컴퓨터에 접속하여 일상생활에 심각한 사회적, 정신적, 육체적 및 금전적 장해를 보이는 상태, '내성'과 '금단' 증상이 나타날 정도의 상태, 인터넷 사용을 위하여 중요한 사회적, 직업적 활동이 포기되는 상태가 12개월 동안에 발생할 때 인터넷중독장애(internet addiction disorder)라고 한다.

인터넷중독은 최근의 정보기술의 발달에 따른 새로운 사회적 문제로 대두되고 있다. 이는 지나치게 많은 시간을 인터넷에 할애하여 채팅(chatting)을 하거나, 대인관계를 현실에서보다는 주로 사이버 공간에서 가지거나, 사이버 공간에서의 도박, 상거래, 정보수집이 과도한 경우 즉, 다양한 행동양상을 가지는 충동조절의 장애이다. 컴퓨터 사용 및 인터넷 이용과 관련된 과도한 집착이나 충동적인 행동을 보이고 이로 인해 사회적 기능에 장애를 일으키며 경우에 따라서는 우울증, 사회적 고립, 충동조절 장애와 약물남용 등의 문제를 일으키는 상태를 일컫는 말이다.

중독이 될 수도 있다는 경고 증상으로는 바로 전에 인터넷상에서 했던 일이나 다음에 할 일에 대해서 평상시에도 몰두해 있거나, 만족감을 얻기 위해 더 많은 시간을 인터넷에 사용하는 현상이다. 또 인터넷 사용을 자제하려고 결심을 했지만 반복적으로 실패하거나, 인터넷을 중단하려고 할 때 불안, 초조, 우울감을 느끼게 되거나, 인터넷 때문에 친구관계가 끊기거나 직업이나 일에서 좋은 기회를 놓치게 될 때 중독증으로 발전할 수 있다. 이러한 증상들이 반복되고 만성화되면서 정도가 심해지며, 건강이나 사회활동, 직업활동에 장애를 가져오게 되면 하나의 질병인 인터넷중독증이 된다. 즉, 제대로 자지도 않고 불규칙적인 생활을 하면서 식사를 거르기도 하여 건강을 해치거나, 인터넷을 하느라 친구와도 멀어지고 가족과도 멀어져서 심지어 애인이 떠나고 가족도 버리는 지경에 빠지거나, 밤에 인터넷 하느라 직장생활에 장애를 가져오고 학업성적이 떨어지는 상황이 되면 하나의 질병이 되는 것이다.

(2) 인터넷중독의 원인

인터넷중독의 원인은 다양하지만 그중에서 대표적인 몇 가지 원인을 제시하면 다음과 같다.

첫째, 인터넷상의 익명성과 편의성, 현실도피 등의 특성이 있기 때문에 사람들에게 중독 증세를 일으킬 수 있다. 인터넷은 자신을 드러내지 않는 익명성을 제공해 준다. 그래서 평상시에는 드러낼 수 없었던 가슴속 깊은 곳에 있는 감정이나 비밀을 드러낼 수 있게 된다.

채팅 같은 것을 통해 새로운 사람과 만나 이야기를 나누면서 즐거움을 느끼게 된다. 이러한 가상세계는 현실로부터 도피할 수 있는 통로를 제공하고 현실에서 충족되지 못한 감정적인 심리적인 욕구를 충족시켜 주기 때문이다. 그러나 실제로 사랑과 보호를 받을 수 있는 사람은 현실 속의 사람이지 인터넷 속의 사람이 아니기 때문에 크게 실망하고 좌절하여 고통을 겪게 된다. 또한 인터넷 속에서는 많은 정보가 있어 우리가 가진 호기심을 충족시켜 주고 모든 것을 알아야겠다는 강박성을 자극하기도 한다. 자신이 원하는 데로 클릭하기만 하면 자신이 원하는 세상이 펼쳐지기 때문에 권력의 한 속성을 느낄 수도 있다. 게다가 인터넷 속에서는 누구도 차별받지 않는 평등성이 있고 누구라도 받아들이는 포용성이 있으며 질문에 즉각적으로 답해주는 친절성이 있다. 또한 인터넷에서는 여러 개의 ID를 가질 수 있으므로 자신의 마음속에 있는 여러 가지 자아상태를 표현할 수 있다.

둘째, 인터넷중독의 위험요인으로는 취약성과 생물학적 요인을 들기도 한다. 스트레스-소인 가설은 특정 취약성을 가진 개인이 특정 환경적인 스트레스를 받을 때 인터넷중독이 발병한다고 설명하고 있다. 개인의 특정 취약성에 관해 아직까지 많이 알려져 있지 않지만, 자기의존감(self-reliance)이 높고, 감정적인 감수성이나 반응정도가 높으며, 자기노출(self-disclosure)이 낮고 비순응적인 특성을 가진 사람들이 위험하다고 한다.

그리고 다른 연구들에서 우울증, 양극성 장애, 불안증, 높은 사회불안, 왜곡된 인지특성, 낮은 자존감을 가진 사람들이 인터넷중독에 빠지기 쉬우며 기존에 음식, 약물 또는 술 등에 중독되었던 사람 또한 이에 취약한 것으로 알려져 있다. 신경생물학적인 면에서는 도파민과 세로토닌과 같은 신경전달물질 시스템이 연관되어 있지 않나 생각되고 있으나 명확한 증거는 아직 없다. SSRI와 같은 항우울제가 사용되고 있으며 강박 장애, 중독 장애 등이 인터넷중독과 유사성이 있으리라 생각되고 있다.

셋째, 사회-환경적 위험요인으로 인한 중독이다. ① 가족기능의 취약성 증가(이혼, 한부모 가정, 생계형 맞벌이 등), ② 경제적 악화로 인한 갈등증가와 대화감소, ③ 전국적 초고속 통신망(초고속통신망 설치비율 세계 1위, PC방 세계 1위, 인터넷 인구증가율 세계 1위), ④ 게임위주의 인터넷 이용(첫 번째 인터넷 이용의 내용: 89%가 게임, 프로게이머에 대한 상업적 과대광고, 교육프로그램 시장의 위축), ⑤ 여가활동의 제한(명문대 대입경쟁, 성적지상주의, 예술, 운동분야 여가활동의 극심한 위축), ⑥ 세대격차(부모님-인터넷 실제 활용에 대한 무지로 인한 오해, 교사-교육적 활용내용 개발정체, 충분하고 효과적 감독의 부족), ⑦ 정서적, 사회적 성숙을 위한 프로그램 부재 등이다.

넷째, 게임중독에 쉽게 빠지게 만드는 요인들이다. ① 전에 경험할 수 없던 사회적 지지, 대인관계, ② 새로운 나(persona)의 생성, ③ 인정과 힘, 권력(MUD, MUG character), ④ 레벨업, 아이템, 돈 벌기 등, ⑤ 성적 욕망과 공격성의 충족(전쟁, 총싸움, 살상).

다섯째, 청소년기의 취약성 가중 요인들이다. ① 사회적인 활동의 기회결여와 위축, ② 실제생활상 사회활동의 결여, ③ 또래관계의 빈약(외톨이), ④ 성취감의 결여, ⑤ 적응문제, ⑥ 자아정체성 지연, 혼란, ⑦ 과거의 중독경향.

청소년 인터넷중독자에 발견되는 가장 흔한 정신병리는 사회공포증, 우울장애, 주의력결핍과잉행동장애(ADHD), 품행장애, 충동성과 강박성, 감각추구와 위험회피, 반복적인 새로운 것 추구, 허무감, 낮은 자존감과 만성적인 적응문제 등으로 나타났다.

(3) 인터넷중독의 유형

인터넷중독의 유형에는 게임중독, 채팅중독, 음란물중독, 검색중독 등이 있으며, 각 중독은 그 사용 정도가 심하여 금단 내성 및 일상생활 장애가 나타나는 경우 중독이라고 지칭한다.

❶ 채팅 중독

타인과 대화를 통한 친밀감 유지 목적으로 인터넷을 과다하게 사용, 채팅을 통한 불건전한 관계 형성, 가상공간의 대인관계와 현실세계에서의 대인관계를 혼동한다(주로 여학생에게 많이 나타남).

❷ 사이버 섹스중독

사이버 음란물(사진, 만화, 야동 등)에 탐닉하거나 온라인 섹스나 폰섹스, 포르노에 몰두하며 잘못된 성의식과 성가치관 형성으로 현실세계에서 성범죄를 유발할 수 있다.

❸ 정보검색 중독

특별한 목적 없이 여러 사이트를 돌아다니거나, 다양한 웹 서핑을 하기 위하여 인터넷에 몰두, 현실도피의 수단으로 사이버 공간에 빠진다.

❹ 네트워크 강박증

강박적으로 사이버 도박이나 온라인 경매, 온라인 거래(주식, 쇼핑) 등에 탐닉하고 충동적으로 한다.

❺ 게임 중독

인터넷상의 게임에 몰두함으로써 자기실현의 욕구충족 및 게임의 오락적 특성을 통한 스트레스 해소, 학교 성적이나 친구관계 등 현실에서의 불만스러움에 대한 대리만족을 한다(여학생 보다 남학생이, 청소년과 아동에게 많이 나타남).

(4) 인터넷 관련 증후군

❶ 길모퉁이 증후군

인터넷에서 특정한 자료나 정보를 찾아다닐 때 꽤 많은 시간을 들여도 원하는 것을 얻지 못했음에도 불구하고 다음 번 사이트를 확인하면 꼭 찾을 수 있을 것만 같은 느낌과 기대감을 갖게 되는 증상이다.

❷ 집중력 저하 증후군

주변에 정보가 지나치게 많을 경우, 해석하고 생각하는 시간보다 그 정보를 읽고 소화하는데 더 큰 노력과 시간을 들이게 됨으로써 당연히 집중력이 떨어지고 해석오류의 가능성이 커질 수밖에 없는 인터넷 이용자의 기질적 특성을 말한다.

❸ 컴퓨터단말기 증후군(VTD syndrome)

컴퓨터의 스크린에서 방사되는 X선·전리방사선 등의 해로운 전자기파가 유발하는 두통·시각장애 등의 증세를 나타내고, 컴퓨터 사용자의 바르지 못한 자세를 오랜 기간 동안 반복적으로 유지할 경우, 좋지 못한 작업환경 등으로 유발된 증상으로써, 신체적 통증(목, 어깨, 안과 질환 및 손목 통증) 및 정신적인 장애(우울증, 수면장애 등)가 대표적인 증상이다.

④ 마우스 증후군

매일 컴퓨터 마우스와 키보드를 사용해야 하는 직업을 가진 현대인들에게 흔히 나타나는 증상으로 손가락과 손목, 어깨 등에 통증을 느끼는 현상이다. 흔히 '마우스 엘보'라고 불리기도 하며 '수근관 증후군' 또는 '손목터널 증후군'의 질환으로 분류된다.

⑤ 1분만 더 증후군

주위에서 컴퓨터나 인터넷을 그만 하라고 소리치면 '1분만 더 하고 나갈게'라고 대답하면서 실제로는 30분, 1시간이 지나도록 계속 컴퓨터 앞에 앉아 있는 모습을 보이는 증상으로써, 실제로 상당한 시간이 지났음에도 불구하고 본인은 1분 정도밖에 지나지 않은 것처럼 느끼게 된다. 알코올 중독자의 '딱 한잔만', 흡연자의 '딱 한 개비만'이라고 말하는 것과 유사하다.

(5) 인터넷중독 증상

인터넷에 중독된 사람들은 마음이 복잡하거나 허전할 때 자기도 모르게 인터넷에 접속하여 시간을 보냄으로써 마음의 위안을 얻는 의존성과, 웹에 매달려 있는 시간이 자꾸 길어지고 컴퓨터를 끄고 나오기가 점점 힘들어지며 오래 있어도 작업효율이 떨어지는 내성현상을 보인다. 또 이들에게는 인터넷을 떠나 있으면 인터넷에 관한 백일몽에 빠지기도 하고, 왠지 초조하고 불안해하며, 인터넷상에 무슨 중요한 일이 일어났을 것 같은 생각이 드는 등 금단현상이 나타나기도 한다.

특징적으로 이들은 컴퓨터 앞에 앉아서 인터넷에 연결되는 순간 긴장이 해소되고 안도감과 심지어 쾌감을 느끼기까지 한다. 일반적으로 금단증상에는 심리적 금단과 신체적 금단 두 가지가 있는데, 중독증상이 심해지면 이 둘이 결합하여 사람의 행동양식을 중독의 극대화로 몰고 가는 행동의 총체적 변화로 나타나게 된다.

인터넷중독의 증상에는 다음과 같은 현상을 나타낸다.

❶ 리셋 증후군

컴퓨터가 느리거나, 오작동 시 리셋 버튼을 이용하면 처음부터 다시 시작할 수 있는 것처럼 현실세계에서도 자신의 맘에 들지 않는 상황이나 관계를 쉽게 다시 시작하려는 현상으로 자기중심적이고 책임감 없는 행동들을 보여 사회적 문제가 되기도 한다.

❷ 시간 왜곡 경험

인터넷 사용시간을 실제 소요된 시간보다 짧게 느낀다. 계속적인 검색과 탐색으로 많은 시간을 보내서 인터넷 사용 외의 다른 활용시간이 현저히 줄어든다.

❸ 금단증상

인터넷에 대한 집착과 의미부여, 밤낮이 바뀌는 일상생활 리듬의 불균형으로 체력저하와 피로, 현실생활에서의 대인관계 기피, 외부활동 저하, 인터넷을 하지 않을 경우 우울, 불안과 같은 모습을 나타낸다.

따라서 일상생활의 부적응으로 일(학업)에 대한 흥미결여, 가족갈등의 심화로 인해 가족과의 대화단절과 은둔생활, 가상세계로의 지나친 탐닉, 건강악화(시력, 허약, 긴장성 두통, 비만, VDT 증후군, 거북목 증후군 등), 반복적인 쾌락추구 행동, 각종 비행(폭력적 언행, 금품갈취 등)을 초래할 수 있다.

컴퓨터 의존을 가진 사람들은 일주일 평균 20~80시간을 인터넷상에서 보내는데, 한번 사용이 15시간 지속되기도 한다. 수면 시간과 운동량이 줄어들게 되고 손목터널 증후군 같은 문제도 발생할 수 있다. 개인적인 목적으로 인한 인터넷 사용으로 인해 업무와 관련된 문제도 빈번하게 발생하며, 상사에게 거짓말을 하기도 한다.

(6) 인터넷중독 진단

뉴욕의 정신과 의사 골드버그(I. Goldberg, 1996)는 최초로 물질남용 장애의 진단기준을 원용하여 인터넷중독질환이라는 용어를 고안하였다. 골드버그가 개발하여 제시한 진단기준에 따르면, 12개월 동안 아래 항목 중 적어도 세 가지 이상의 행동유형을 보여 임상적으로 장애나 고통을 유발하는 경우 인터넷중독증으로 볼 수 있다고 한다.

① 더 많은 시간을 인터넷에서 소모해야 만족을 얻을 수 있는 경우 또는 인터넷상에서 지속적으로 같은 시간을 소모해도 그 효율이 현저하게 떨어지는 경우

② 다음의 금단증상 중 하나에라도 해당하는 경우

　㉠ 장기간 심한 인터넷 사용을 중지하거나 감소시켰을 때 초조, 불안, 인터넷에서 무슨 일이 일어났을 것 같은 강박관념, 무의식적인 손으로의 자판 두드리기 중 한 항목에 해당할 때

　㉡ 금단증상을 해소하기 위해 인터넷 혹은 유사한 통신망을 사용하는 행동

③ 계획했던 것보다 인터넷 사용의 빈도 및 시간이 더 길어지는 경우

④ 인터넷 사용을 중지하거나 줄이고자 하는 지속적인 욕구 또는 실패하는 노력

⑤ 상당량의 시간을 인터넷 관련 행동에 소모(인터넷 서적구입 등)

⑥ 중요한 사회활동, 직업, 여가활동이 인터넷 사용을 위해 포기되거나 감소

⑦ 인터넷 사용으로 유발된 지속적이고 반복적인 신체적, 사회적, 직업적, 심리적 문제를 가지고 있음을 자각하고 있음에도 불구하고 지속되는 인터넷 사용

(7) 인터넷중독의 단계

① 초기단계 : 인터넷에 점점 몰입하기 시작(호기심 단계)

② 중기단계 : 서서히 일상생활 부적응 발생(대리만족 단계)

③ 후기단계 : 금단 내성 및 일상생활 장애 등 증상심각, 충동적, 우울증(현실탈출 단계)

(8) 인터넷중독 현황 및 실태

미래창조과학부와 한국정보화진흥원에서 인터넷중독에 대한 실태조사를 하였다. 모집단은 전국 만 5세 이상 54세 이하 인구 중 최근 1개월 이내 1회 이상 인터넷을 이용한 사람이며, 조사대상은 국내거주자 중 조사기준 시점(2013년 9월 1일)에 조사대상 가구에 상주하고 있는 만 5세 이상 54세 이하의 가구원이면서 최근 1개월 이내 1회 이상 인터넷을 이용한 자로 정의하였다.

2013년 만 5~54세의 인터넷 이용자 중 인터넷중독 위험군은 7.0%로 전년대비 0.2% 하락하였다. 인터넷중독 위험 인구수는 2,286천 명으로 전년대비 83천 명으로 증가하였는데, 이는 조사대상 연령이 전년도 대비 확대되었다.

연령별 중독위험군은 유아동(만 5~9세) 6.4%, 청소년(만 10~19세) 11.7%, 성인(만 20~54세)은 5.9%로 전년 대비 모두 감소했으나, 청소년이 다른 연령대에 비해 2배 이상 높은 수치를 보였으며, 최근 2년 연속 증가했다.

학령별 인터넷중독 위험군은 중학생 12.5%, 대학생 12.4%, 초등학생 11.0%, 고등학생 10.8%, 유치원생(어린이집 포함) 3.4% 순으로 나타났으며, 2012년 결과와 비교할 경우, 대학생 인터넷중독위험군이 전년(10.6%) 대비 1.8% 상승하여 상승폭이 가장 컸으며, 다음으로 초등학생 1.6%, 고등학생 1.2%, 중학생 0.8%의 순으로 상승폭이 컸다(한국정보화진흥원, 2013). 또한 환경적으로는 맞벌이 가정(12.3%)과 한부모가정(12.0%)의 청소년이 다소 취약하였고 전체 이용자의 1일 평균 인터넷 이용시간은 2.3시간, 중독위험군은 3.1시간, 고위험군은 3.4시간으로 조사되었다. 그리고 이용목적은 메신저(34.5%), 뉴스검색(17.7%), 온라인게임(11.3%) 순서였으나, 중독 고위험군은 온라인 게임(28.4%)을 가장 많이 이용하였다. 이런 결과는 인터넷중독의 여러 유형 중 게임중독이 가장 많음을 보여준다.

표 5-8 연도별·대상별 인터넷중독 위험군 수 (단위 : 천 명)

구분		2008	2009	2010	2011	2012	2013
인터넷 중독위험군	전체	1,999	1,913	1,743	2,339	2,203	2,286
	유아동	-	-	-	160	157	123
	청소년	1,035	938	877	677	681	722
	성인	964	975	866	1,501	1,365	1,441
고위험군	전체	366	338	317	516	465	540
	유아동	-	-	-	20	16	15
	청소년	168	187	218	187	181	173
	성인	198	151	99	309	268	352
잠재적 위험군	전체	1,633	1,575	1,426	1,823	1,738	1,746
	유아동	-	-	-	140	141	108
	청소년	867	751	659	490	500	549
	성인	766	824	766	1,192	1,097	1,089

출처: 미래창조과학부, 한국정보화진흥원 (2013). 2013년 인터넷중독 실태조사. p. 3

주: 출처에서 2008년 이후 통계를 발췌함

이동전화 가입자 중 스마트폰 가입자가 증가하면서 인터넷중독을 불러왔다. 2013년 유선전화 가입자수는 전년(5,362만 명) 대비 2.0% 증가한 5,468만 명이었으며, 스마트폰 가입자수는 3,752만 명으로 이동전화 가입자(5,468만 명)의 68.6%를 차지하고 있다. 또한 초고속 인터넷 가입자는 1,874만 명으로 전년(1,825만 명) 대비 2.7% 증가하였다.

표 5-9 유무선 전화 및 초고속인터넷 가입자수 (단위 : 천 명, 명)

	유선전화 가입자수		이동전화 가입자수		스마트폰 가입자수		초고속인터넷 가입자수	
		인구 백명당		인구 백명당		인구 백명당		인구 백명당
1990	13,276	31.0	80	0.2	-	-	-	-
2000	20,985	44.6	26,816	57.0	-	-	3,870	8.2
2010	19,273	39.0	50,767	102.7	-	-	17,224	34.9
2011	18,633	37.4	52,507	105.5	22,578	85.4	17,860	35.9
2012	18,261	36.5	53,624	107.2	32,727	65.4	18,253	36.5
2013	17,620	35.1	54,681	108.9	37,517	74.7	18,738	37.3

출처: 통계청(2014. 3. 27). 한국의 사회지표 보도자료. 원자료: 미래창조과학부「유무선통신 가입자 통계」, 통계청「장래인구추계」 2011. 12

주 : 별정통신사업자 가입자수 포함

(9) 인터넷중독의 예방과 치료

❶ 인터넷중독 예방대책

첫째, 먼저 하루 중 컴퓨터를 켜고 끄는 시간을 일정하게 정하고 꼭 지켜야 한다.

둘째, 인터넷은 업무나 공부의 목적으로만 사용하고, 오락과 휴식의 도구로 사용하지 않는다.

셋째, 인터넷 이외에 자신에게 즐거움을 주는 대안활동을 찾는다(각종 취미 활동, 육체적 운동 등).

넷째, 게임은 하루에 1시간 30분 이내로 한다.

다섯째, 식사는 제 때에 하고 정해진 시간에 잠자리에 들도록 한다.

여섯째, 가족이나 친구와 함께 하는 시간을 갖는다.

❷ 인터넷중독 예방상담을 위한 10가지 지침

첫째, 청소년들에게는 컴퓨터와 인터넷은 공기와 같다. 따라서 청소년들이 인터넷에 접속하고 몰입하려는 경향 자체를 부정적으로 봐서는 상담이 제대로 안 된다.

둘째, 게임이나 채팅을 못하게 하는 것이 인터넷중독 예방 교육의 목표가 아니다. 자기 통제력과 새로운 긍정적인 생활 습관을 증가시켜서 누구의 감시나 도움 없이도 청소년 스스로가 바람직하게 인터넷을 이용하도록 해야 한다.

셋째, 인터넷중독이 의심되는 경우, 인터넷 사용 시간을 조절하는 것 이상으로 다른 심리적인 요인과 가족문제 등을 함께 관찰해야 한다.

넷째, 컴퓨터와 인터넷에 관한 것 중 오히려 상담자들이 청소년들에게 배워야 할 것도 많다.

다섯째, 청소년들의 인터넷 사용을 관찰하고 기록하는 습관을 형성하도록 하는 것이 의미 있는 일이다. 따라서 매 상담회기마다 인터넷 사용 관찰기록지 작성을 권하는 것이 좋다.

여섯째, 인터넷 사용 용도를 오락적인 접근 이외에도 유익한 방법으로 이용할 수 있다는 것에 대해 교사나 상담자가 모범을 보여 주는 것이 매우 바람직한 일이다.

일곱째, 부모에게는 무엇보다도 자녀의 감정을 받아주는 대화훈련이 필요하다. 이러한 공감적 대화 외에도 칭찬과 지적 및 효과적인 자녀 코칭방법도 훈련할 수 있다면 가장 이상적일 것이다.

여덟째, 가족과 함께 하는 여가활동 시간을 자주 만들어 소원해진 가족관계의 회복을 도모해야 한다(예: 등산, 운동, 노래방, 영화관, 찜질방 함께 가기).

아홉째, 자녀와의 약속은 어떤 경우라도 지켜야 한다는 것을 주지시킨다.

자녀와의 대화와 협상을 통해 세운 계획의 성패에 따른 칭찬과 처벌을 함께 정한다.

열 번째, 비지시적인 간접적 통제방식과 사전에 예고하는 대화방식이 청소년들의 분노폭발 횟수와 수위를 조절할 수 있다.

참고문헌

고영복 (1993). 현대사회문제. 사회문화연구소.

국가청소년위원회 (2006). 청소년 인터넷중독 상담.

권태환 등 (1996). 전환기 한국의 사회문제. 서울: 민음사.

김경신 (2001). 대학생의 성의식 실태분석을 통한 성교육 프로그램 개발. 한국가족관계학회지, 6(1), 181-201.

김근홍 등 (2002). 한국의 사회문제. 도서출판 양지.

김승권 (2001). 최근 가족해체의 실태와 정책방안에 관한 연구. 한국보건사회연구원.

김승권 등 (2012). 2012년 전국 출산력 및 가족보건·복지실태조사. 한국보건사회연구원.

김영모 (편) (1982). 현대사회문제론. 한국복지정책연구소 출판부.

김영희, 이인숙, 전미양, 정미숙 (2000). 일부 전문대학생들의 성지식과 성교육 요구. 한국보건간호학회지, 14(2), 382-395.

김은자 (1979). 남녀 대학생의 특성에 따른 성에 대한 지식, 태도, 경험의 실태와 성교육 요구에 관한 연구, 연세대학교 대학원 간호학과 석사학위논문.

김정은 (1999). 대학생들의 성교육 경험에 관한 내용분석. 한국간호교육학회지, 5(2), 232-249.

남상호, 김경희 (1995). 대학생의 성의식 및 태도에 관한 연구. 학생생활연구. 대전대학교 학생생활연구소

노충래 (역) (2003). 아동성학대의 치료 (K. C. Faller 저). 학지사.

닐슨컴퍼니 (2009. 6.30). 우리나라 국민들의 경제위기 이후 심리조사. 보도자료 배포서비스 뉴스와이어 탑재 내용.

미래창조과학부, 한국정보화진흥원 (2013). 인터넷 중독에 대한 실태조사.

박상돈 (2014. 6. 16). 출산율, 세계 224개국 중 219위, OECD 중에선 꼴찌. 인터넷 연합뉴스 기사.

백형원 (1998). 학교내 성폭력 실태 및 대처방안: 피해자를 중심으로. 경찰행정학보, Vol.2, 원광대학교 경찰행정학과.

법무부 (2009). 전국 다문화가족 실태조사.

보건복지부 (2013). 자살실태조사.

서한기 (2013. 5. 12). 자녀 가치관 변화...남아선호 사상도 퇴색. 인터넷 연합뉴스 기사.

신의진 (2003). 고위험 자살청소년에 대한 평가와 대처방안, 어떻게 예방할 것인가. 청소년보호위원회 세미나 발제문.

여성가족부 (2013). 전국 가정폭력 실태조사.

여성부 (2007). 전국 가정폭력 실태조사.

오은순 (1998). 이혼가정 아동의 적응에 영향을 미치는 생태학적 변인들의 구조 분석. 한국심리학회: 발달, 11(2), 62-73.

우남식, 가영희 (2005). 한미 대학생의 성지식과 성태도 및 성행동과의 관계. 한국여성심리학회지.

위현미 (1998). 청소년의 성의식상의 문제와 대책방안. 대구대학교 사회개발대학원 석사학위논문.

윤덕경 등 (2013. 12). 아동·청소년대상 성범죄의 발생추세와 동향분석 2007~2012. 한국여성정책연구원·여성가족부.

이영휘 등 (1997). 대학생의 성지식과 성교육 요구에 관한연구. 간호학회지, 27(1), 26-35.

이인숙 (1994). 일부 대학생들의 성에 대한 지식, 태도, 경험 및 성교육의 요구에 관한 조사연구. 보건학 석사학위논문.

장연집 (1992). 아동성폭력의 이해. 여성연구논총, 제7집. 서울여자대학교 여성연구소.

장혜경, 김영란 (1998). 실업에 따른 가족생활과 여성의 역할변화에 관한 연구. 한국여성개발원.

장휘숙 (1995). 대학생들의 심리사회적 발달과 자기효율성에 관한 비교문화적 연구: 한국과 미국 대학생들을 중심으로. 인간발달연구, 1(2), 223-238.

전경숙, 이효영, 이선자 (2004). 대학생의 성지식, 태도, 행동실태 및 성교육 효과에 관한 연구. 한국보건교육건강증진학회지, 21(1), 45-68.

최선화 등 (2003). 사회문제와 사회복지. 서울: 양서원.

최성재 (1995). 사회문제의 접근이론 및 분석의 틀. 서울: 나남출판.

최일섭, 최성재 (편) (1994). 사회문제와 사회복지. 서울: 나남출판.

통계청 (2009). 한국의사회지표.

통계청 (2011). 사회조사보고서.

통계청 (2012). 2011년 사망원인 통계결과.

통계청 (2013). 가정폭력 실태조사.

통계청 (2013). 인구동향조사.

통계청 (2015). 사망원인 통계. Available from URL: http://www.nso.go.kr/oracms/j_potal.jsp?category_id=112

한국성폭력상담소 (2003). 2003년 상담현황.

한국정보화진흥원 (2013). 인터넷 중독에 대한 실태조사.

한완상 (1990). 인간과 사회구조: 사회학이론과 문제점들. 제3판. 서울: 경문사.

황정임 등 (2013. 12). 2013년 성폭력 실태조사. 한국여성정책연구원·여성가족부.

Beck, A. T. (1986). Hopelessness as a predictor of eventual suicide. In J. J. Mann and M. Stanley (eds.), *Psychology and Suicidal Behavior*, Vol. 487. Annals of the New York Academy of Sciences (pp. 90-96).

Beck, A. T., Kovacs, M., & Weissman, A. (1975). The use of suicidal motives in the psychotherapy of attempted suicides. *American Journal of Psychotherapy*, 19, 363-368.

Bertolete, J. M., & Fleischman, A. (2002). A global perspective on the epidemiology of suicide. *Suicidologi*, 7(2), 6-13.

Bertolete, J. M., & Fleischman, A. (Oct 2002). Suicide and psychiatric diagnosis: A worldwide perspective. *World Psychiatry: Official Journal of the World Psychiatric Association*, (3), 181-185.

Bloom, B. L., Asher, S. J., & White, S. W. (1978). Marital disruption as a stressor: A review and analysis. *Psychological Bulletin*, 85, 867-894.

Bloom, B. L., White, S. W., & Asher, S. J. (1979). Marital disruption as a stressful life event. In G. Levinger and O. C. Moles (eds.), *Divorce and Separation: Context, Causes, and Consequences*. NY: Basic Books.

Cohen, M. L., Seghorn, T., & Calmas, W. (1969). Sociometric study of the sex offender. *Journal of Abnormal Psychology*, 74, 249-255.

Dieksora, R. F. W. (May 1993). The epidemiology of suicide and parasuicide. *Acta Psychiatrica Scaninavica*, 87(S371), 9-20. Published online: 23 Aug 2007.

Durkheim, E. (1951). *Suicide: A Study in Sociology*. NY: Free Press.

Etzioni, A., & Etzioni, E. (1976). *Social Change: Sources, Patterns and Consequences*. NY: Basic Books.

Faller, K. (1988). *Child Sexual Abuse: An Interdisciplinary Manual for Diagnosis, Case Management, and Treatment*. NY: Columbia University Press.

Faller, K. (2003). *Understanding and Assessing Child Sexual Maltreatment* (2nd ed.). Thousand Oaks, CA: Sage Publications.

Freud, S. (1923). *The Ego and the Id*. Hogarth Press and Institute of Psycho-analysis, London, UK.

Freud, S. (1953). Thoughts for the Times on War and Death. In *The Standard Edition of The Complete Psychological Works of Sigmund Freud*, Vol. IV. London: Hogarth Press.

Freud, S. (1960). *Beyond the Pleasure Principle*. New York: Norton.

Goldberg, I. (May 1996). *Internet Addiction Disorder*. NJ: Rider University. Available at http://users.rider.edu/~suler/psycyber/supportgp.html, accessed on 4th May 2012.

Goode, W. J. (1964). *The Family*. Englewood Cliffs, NJ: Prentice-Hall.

Groth, A. N., & Birnbaum, H. J. (1978). Adult sexual orientation and attraction to underage persons. *Archives of Sexual Behavior*, 7(3), 175-181.

Homans, G. C. (1974). *Social Behavior: Its Elementary Forms*. NY: Harcourt, Brace and World.

Horton, P. B., Leslie, G. R., Larson R., & Horton, R. L. (1997). *The Sociology of Social Problems*, 12th ed. Published by Prentice Hall.

Litman, R. E. (1967). Sigmund Freud on suicide. In E. Shneidman (ed.), *Essays in Self-destruction*. NY: Science House.

May, R. (1953). *Man's Search for Himself*. Delta (1973 reprint).

May, R. (1958). Contributions of existential psychotherapy. In R. May, E. Angel and H. F. Ellenberger (eds.), *Existence: A New Dimension in Psychiatry and Psychology*. Simon & Schuster.

McIntosh, J. L. (2000). U.S.A. Suicide: 2000 Official final data. Available from URL: http://www.suicidology.org/associations/1045/files/2000datapg.pdf

Meissner, W. W. (1986). *Psychotherapy and the Paranoid Process*. Northvale, NJ: Jason Aronson.

Menninger, K. A. (1933). Psychoanalytic aspects of suicide. *International Journal of PsychoAnalysis*, 14, 376-390.

Merton, R. K. (1968). *Social Theory and Social Structure*. NY: Free Press.

Merton, R. K., & Nisbet, R. A. (eds.) (1976). *Contemporary Social Problems* (3rd ed.). NY: Harcourt, Brace and World.

Murphy, W. D. (1990). Assessment and modification of cognitive distortions in sex offenders. In W. L. Marshall, D. R. Laws and H. E. Barbaree (eds.), *Handbook of Sexual Assault: Issues, Theories, and Treatment of the Offender*. NY: Plenum Press.

O'Carroll, P. W., Berman, A. L., Maris, R., & Silverman, M. M. (1996). Beyond the tower of Babel: A nomenclature for suicidology. *Suicide & Life-Threatening Behavior*, 26, 237-252.

Roy, A. (1986). Suicide in schizophrenia. In A. Roy (ed.), *Suicide*. Baltimore: Williams & Wilkins.

Rubbington, E., & Weinberg, M. S. (eds.) (1981). *The Study of Social Problems: Five Perspectives* (3rd ed.). NY: Oxford University Press.

Sainsbury, P. (1986). Depression, suicide, and suicide prevention. In A. Roy (ed.), *Suicide*. Baltimore: Williams & Wilkins.

Schechter, M. D., & Roberge, L. (1976). Sexual exploitation, In R. E. Helfer and C. H. Kempe (eds.), *Child Abuse and Neglect: The Family and the Community*. Cambridge, MA: Ballinger.

Schneider, L., Stephan, C., Zurcher, L, Jr., & Ekland-Olson, S. (1981). *Human Responses to Social Problems*. Homewood, IL: Dorsey Press.

Shaffer, D. (1988). The epidemiology of teen suicide: An examination of risk factors. *Journal of Clinical Psychiatry*, 49(9), 36-41.

Sullivan, T. J., Thompson, K., Wright, R., Gross, G., & Spady, D. (1980). *Social problems*. NY: Wiley.

Ward, C. (1988). Attitude toward rape victims scale: Construction, validation and cross-cultural applicability. *Psychology of Women Quarterly*, (12), 127-147.

Ward, C. (1995). *Attitude toward rape: Feminist and social psychological perspectives*. London: Sage.

WHO (1999). *Figures and Facts about Suicide*. Geneva: World Health Organization.

WHO (2003). *WHO mortality database detailed data files*. Geneva: World Health Organization.

제06장

사회계층과 교육

사회계층과 교육은 불가분의 관계에 있다. 현대사회에서 교육기회는 모든 사회계층 사람들에게 균등하게 부여되어야 할 것으로 기대되고 있다. 그러나 사회계층은 인간사회의 제도화된 불평등 지위체계라 할 수 있다. 기능주의에서는 사회불평등을 필연적으로 보며, 사회통합을 유지하기 위해서는 사회체제는 합의와 질서를 기본으로 하는 규범을 갖는다고 본다. 사회적 지위, 권력과 부가 갖는 사회적 기능이 서로 다르고 지위와 역할에 따른 차등적 보상체계와 분배체계가 제도화될 때 사회불평등이 나타난다. 그러나 갈등이론에서는 사회불평등은 자연적 현상이 아니라 사회구조적 산물이며 자본주의 경제체제의 필연적 결과로 일부 계층의 결정여하에 따라 생기는 사회적 현상이라고 본다. 어느 사회에서나 개인 간의 재산, 수입, 학력수준, 직업, 문화수준, 환경 등이 다르기 때문에 사회적 불평등이 생기게 되고 그로 인한 사회계층이 발생하게 된다.

이 장에서는 먼저 사회계층의 의미와 사회계층의 분류에 대해 살펴보고, 다음에 계층갈등의 의미, 한국사회의 계층갈등 문제에 대해 알아보며, 마지막으로 사회계층과 교육, 사회이동과 교육에 대해 살펴보고자 한다.

01 사회계층의 의미

사회계층(social stratum)이란 재화나 사회적 지위, 권력 등 사회적으로 희소평가가 있는 자원이 그 사회의 성원들 사이에 불평등하게 배분되어 자리잡히고 제도화된 체계를 이룰 때를 말한다(김경동, 1978). 사회분화에 의해 형성되어진 사회적 산물인 사회계층은 어느 시대 어느 사회를 막론하고 존재해왔으며, 이를 보는 학자들의 시각과 강조점에 따라, 시대와 사회에 따라 다소의 견해차가 있다.

우선 이를 표현하는 용어의 경우에 있어서도 계층(stratum), 계급(class), 신분(estate), 서열(rank), 위계(hierarchy), 카스트(caste), 지위(status) 등이 사용되고 있는데, 오늘날 대표적인 이론체계를 이루는 것이 계층과 계급의 개념이다(김영모, 1990).

계층과 계급의 이론적 배경은 베버(Max Weber)와 마르크스(Karl Marx)에게서 찾을 수 있다. 즉 계층이론은 베버학파에서 발전된 기능이론의 학문적 배경을 가지고 있고, 베버는 계급을 물질적 소유와 수입의 기회에 관련하여 시장교환 과정의 관점으로 이해한다. 즉, 생산수단을 소유한 계급과 소유하지 않은 계급으로 나눈다. 지배계층과 피지배계층, 부르주아(bourgeois)와 프롤레타리아(proletariat), 자본가와 노동자 등 생산수단을 소유한 계급이 생산수단을 소유하지 못한 노동자 계급을 착취하기 때문에 계급 간에는 갈등적·투쟁적 관계가 나타날 수밖에 없다는 것이다. 계급이론은 마르크스 학파에서 비롯된 갈등이론의 학문적 배경에서 체계화되었다고 할 수 있다.

사회계층에 대한 학자들의 견해는 시대와 사회적 상황에 따라 각기 달리 표현한다. 메이어(K. B. Mayer, 1954 & 1955)는 "동일한 혹은 유사한 지위를 가진 사람의 집단이다."라고 하였고 바버(B. Barber, 1957)는 "사회분화에 대한 사회적 평가의 산물"이라고 하였으며, 렌스키(G. E. Lenski, 1952)는 "어떤 형태의 힘·명성·특권에 대한 비슷한 사회적 지위를 형성하는 사람들의 집합체"라고 하였다.

한편 사회계층이란 전체사회에 있어 인간의 집합이 각각 그가 갖는 사회적 세력(부·권력·위신)의 차에 입각하여 상·하의 관계가 서고, 그 사이에 지배와 종속의 관계로 성립되는 것이다. 보토모아(T. Bottomore, 1992)는 "사회계급은 주로 재산의 상속과 근로소득의 차이를 통해 존속하는 것"이라고 했으며, 마샬(T. H. Marshall, 1992)은 "사회계급제도는 사회적 공적의 순위에 따라 사람들을 배치할 때 어떠한 차이를 주목하고 다른 차이를 무시할 것을 사회성원들에게 가르쳐준다(김흥규, 1967)."고 하였다.

이를 정리하면 "계층이란 사회전체에 의해 평가된 특정분화의 서열조치를 성원들이 의식하고 있는 일종의 집합구조"라고 말할 수 있다(고용복, 1972).

02 사회계층의 분류

사회계층은 계급과 같이 경제적 속성에 의해 분류되는 것이 아니라 사회 속에서 사회지위·경제, 권력적 측면에서 자연스럽게 발생되는 위계로서 직업, 수입, 교육, 문화적 행위나 태도 등이 포함된다.

계층을 결정하는 요인이 학자에 따라 다르고 국가와 지역에 따라 같은 방식으로 적용하여 계층분류를 한다는 것도 무리가 있으며, 시대에 따라 변하기 때문에 엄밀하게 사회계층을 분류하기는 어렵다. 일반적으로 계급이론은 양분법을 이용하고 계층이론은 다분법(주로 3분법과 6분법)을 이용한다.

사회계급과 사회계층을 영미에서는 social class로 혼용하고 있으나 파슨스(T. Parsons, 1940)는 사회계층(social stratification)은 사회의 분화서열이고 사회계급(social class)은 동지위자의 총체라고 말한다. 계층은 특정한 집단의 위계를 나타내는 등급으로 일정하게 분류될 수 있고, 객관적 분류이지만 계급은 주관적·사회심리적 성격이다.

사람은 자신이 가진 능력과 기술에 따라 일정한 사회적 지위와 직업을 가진다. 또 그는 특정한 인종에 속하며, 서로 상이한 가족적 배경을 가지고 있다. 서로 다른 사회적 지위나 능력 및 기술 때문에 주어지는 보수, 위신과 특권, 사회적으로 내려지는 사회구성원에 의한 평가도 다르다. 이러한 차이는 하나의 위계를 이루고 사회적 불평등이 층화된 위계체제로 확립되는 것을 사회계층이라고 한다. 그리고 사회계급은 재산, 교육, 직업, 사회적 지위 등이 비슷하며, 비슷한 배경, 생활습관, 태도, 행동, 가치관을 가지고 있는 사람들의 집단을 말한다. 특히 경제적 요인은 자본주의 사회에서 사회계급 형성에 중요한 의미를 가진다. 사회의 계급제도는 하층에서 상층으로 또는 상층에서 하층으로 상승 또는 하강할 수 있는 개방적인 것이다.

사회계층은 사회계급보다 포괄적인 개념으로써 위신있는 지위의 상·하라는 객관적 서열구조에 의해 결정되며, 사회계급은 생산수단의 소유, 그리고 지배수단 및 권력에 어느 정도 접근하여 있는가에 따라 결정된다.

즉, 계급구분의 기준은 생산수단의 소유·비소유 관계와 착취·피착취, 지배·피지배의 관계이다.

1) 사회계층의 측정

사회계층을 정확히 측정하기는 매우 어렵다. 블룸과 셀즈닉(Bloom & Selznick, 1957)은 현재 사회과학자들이 사회계층 연구에 다음과 같은 3가지 방법을 사용하고 있다고 지적하고 있다.

첫째, 평판적 방법(repuational method)은 홀링세드(A. B. Hollingshead, 1949)가 처음으로 사용하였으며, 사회성원들로 하여금 상호품평하게 하여 계층을 정하는 것이다. 이 방법은 인간관계가 아주 밀접한 작은 지역사회에 적절한 것으로 지역사회 사람들의 주관적 판단에 의해 특정인의 계층을 결정하는 것이다.

둘째, 주관적 방법(subjective method)은 센터즈(R. Centers, 1949)가 처음 사용하였으며, 사회성원이 귀속의식을 가지고 자신의 사회계층 또는 사회계급을 알아내는 것이다. 즉 본인이 생각하기에 자신이 어느 계층에 속하는지를 스스로 알아보게 하는 것이다.

셋째, 객관적 방법(objective method)은 어떤 객관적 기준에 의하여 측정하는 것으로 이 기준은 계급이론과 계층이론에 따라 다르다. 전자는 사회계층의 평가기준이 생산과 분배, 소유와 권위의 사회적 관계의 객관적 존재 및 산물인 이익성을 중심으로 파악하고, 후자는 어떤 평가자에 의한 기준에 의하여 측정되기 때문에 인위적 조작이 강하다. 전자는 마르크스(K. Marx)와 다렌도르프(R. Dahrendorf, 1959)가 생산수단의 소유여하와 직업적 지위의 성질을 기준으로 하고, 후자는 베버(M. Weber)와 워너(L. W. Warner)가 재산, 권력, 위세 그리고 교육, 거주, 수입, 가정배경을 측정기준으로 하였다.

2) 사회계층의 분류기준

김홍규(1967)는 계층변수인 학력, 직업, 수입, 문화시설을 서열로 만든 후 밑(하층)에서부터 순서적으로 배점하여 최고점과 최저점 간에 평균치를 구하고 사분편차를 내어 계층을 구분하였다. 즉 직업은 19순위로, 수입은 10순위로, 교육정도는 8순위로, 문화시설은 17순위로 하여 이상과 같은 절차에 따라 T점수를 내었고 각 학생이 얻은 점수를 사분편차를 내어 Q_3 이상을 상류계층으로, 중간부분을 중류로, Q_1을 하류계층으로 구분하였다.

이상백과 김채윤(1976)은 직업, 학력, 수입, 가문, 명예, 재산, 인격 등을 들고 있으며, 김영모(1963)는 재산, 학력, 직업, 수입, 가문, 가옥 등을 들고 있다.

해비거스트(R. J. Havighurst)는 직업, 가옥형태, 거주지역, 수입량, 수입출처, 교육연한 등을 들고 있으며, 워너와 그의 동료들(Warner et al., 1949)는 지위특성지표(ISC: index of status characteristic)로 미국의 여러 지역사회의 계층분석을 하였는데, 사회계층 구분기준은 직업, 가옥의 종류, 거주지역, 수입액, 수입원, 교육정도 등을 들고 있다.

표 6-1 ISC 득점통계를 계층별로 구분하는 기준

	사회 계층명	ISC 득점총수
1	상류층 upper class	6~10점
2	중류상층 upper-middle class	11~18점
3	중류하층 lower-middle class	19~26점
4	하류상층 upper-lower class	27~34점
5	하류하층 lower-lower class	35~42점

워너와 그의 동료들이 양키시티(Yankee City)와 죤스빌(Jonesvill)을 대상으로 계층분석하여 '양키시티 총서'(Yankee City Series)에 발표한 각 계층별 특징을 보면 다음과 같다(Warner & Srole, 1945).

첫째, 상류상층(upper-upper class)에 속하는 사람은 총인구의 1.1%인데, 오랜 선량의 가문이고, 최고급의 주택지역에 저택을 소유하며 그 재산은 1세대 이상 지속된 것이다.

둘째, 상류하층(lower-upper class)에 속하는 사람은 총 인구의 1.6%이고 금융, 공업, 전문직 종사자로서 상류상층 보다도 거부가 많으나 당대의 갑부이고, 행동양식이 세련되어 있지 않다.

셋째, 중류상층(upper-middle class)에 속하는 사람은 총인구의 10%이고 상당히 성공한 실업가나 전문직 기능자로 상류층처럼 거부는 아니다. 가계는 중요시되지 않고 대체로 금전축적에 큰 관심을 모은다.

넷째, 중류하층(lower-middle class)에 속하는 사람은 총인구의 28%이고 소사업주, 사무직 종사자, 공장의 직공 등이 소속된다. 이 계층은 청교도적인 도덕의식이 강하고 심리적으로 비교적 안정되어 있다.

다섯째, 하류상층(upper-lower class)에 속하는 사람은 총인구의 33%이고 건실한 노동자 서비스업, 소수의 소상점주이며, 저수입이기는 하나 일 잘하고 품행방정하며 훌륭한 가구, 깨끗한 정원, 훌륭한 교육을 항상 소망한다. 성실하고 분쟁을 좋아하지 않으며 단독주택에 살고 있다.

여섯째, 하류하층(lower-lower class)에 속하는 사람은 총인구의 25%이고 미숙련의 빈민층이며, 보통 이하의 생활수준으로 사회적으로 천대시되고 공

공의 구제에 의존하고 있다. 교육에 별로 개의치 않고 매일의 생활에 허덕이며 도덕적으로 퇴폐하고 있다.

한편, 죤스빌의 경우에는 전반적인 계층구조는 양키시티의 계층구조와 유사한 특징을 나타내고 있으며, 계층 및 인구비율 면에서 다소 차이가 있다.

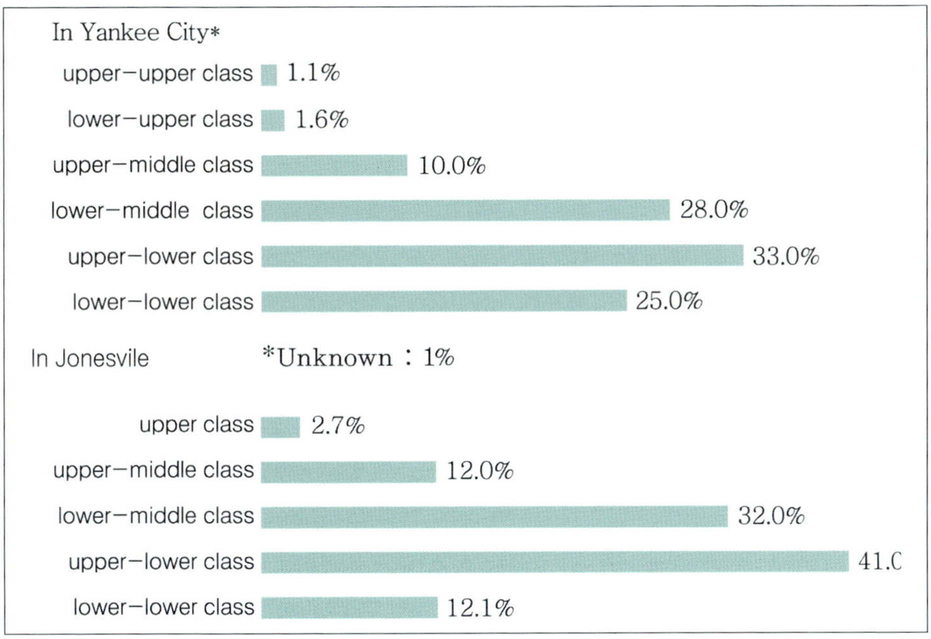

[그림 6–1] Yankee City와 Jonesvill의 사회계층분포

출처: Warner, W. L., & Srole, L. (1945). The Social Systems of American Ethnic Groups. Yankee City Series, Vol. III. New Haven.

미국의 사회학자 길버트(D. Gilbert, 2011)는 사회계급을 6개로 나누고 각 계급의 특징과 구성비율을 제시한 모형(Gilbert-Kahl Model of the Class Structure)을 제시하였다. 이 모형에 따르면, 2000년대 미국사회의 계급구조는 <표 6-2>와 같다.

표 6-2 미국의 사회계급 구조

비율	계급	교육	전형적인 직업	수입
1%	자본가 (capitalist)	보통 아이비 리그 대학 졸업	투자가, 상속인, 경영자(임원)	2백만불
14%	중류상 (upper-middle)	보통 대학원 졸업	상위관리직, 전문직, 중급 규모의 기업 소유자	15만불
30%	중류 (middle)	대부분 약간이라도 대학교육 경험	하위관리직, 반(半)전문직, 수공업자, 현장반장, 비(非)소매상인	7만불
30%	노동 (working)	대부분 고졸	소매상인, 일부 사무직, 대부분 숙련 노동직이나 하급기술직.	4만불
13%	빈곤 (working Poor)	일부는 고졸	소매상, 저임금의 노동자(직공, 사무직), 서비스업	2만5천불
12%	최저 (underclass)	일부는 고졸	실업 · 무직자, 시간제 하급근로자, 정부보조 · 복지 수혜자	1만5천불

출처: Gilbert, D. (2011). *The American Class Structure in an Age of Growing Inequality.* (8th ed.). Thousand Oaks CA: Pine Forge. p. 14

주: 1) 출처에서 그림으로 제시된 Gilbert-Kahl Model의 내용을 표로 작성하였음

2) 노동계급의 소득은 가구 내 구성원의 수에 따라 다르나 보통은 빠듯하게 사는 정도이며, 빈곤계급은 경제적으로 불안정하고 빈곤의 위협이 있는 것으로 여겨짐

우리나라에서는 신광영(2003)이 서울특별시를 대상으로 계급분포를 연구한 사례가 있다. 이 연구에서는 사회계급을 자본가, 쁘띠부르주아지, 중간계급, 노동계급으로 구분하였다. 계급을 구분할 때 적용한 기준은 생산수단 소유 여부, 타인 고용 여부, 전문직·관리직 종사 여부였다.

서울시 25개 자치구에 살고 있는 20세 이상 70세 미만의 성인 인구를 모집단으로 해서 구별 인구 비례에 기초하여 표본을 추출하고, 이들을 대상으로(최종적으로 1,054명) 전화면접을 통하여 자료를 수집하였다. 분석 결과 <표 6-3>에서 보는 바와 같이 자본가 5.7%, 소자본가 42.9%, 중간계급 11.5%, 노동계급 39.9%의 분포를 보였다.

표 6-3 서울특별시의 사회계급 분포

비율	계급	계급 구분 기준	가구당 월평균 소득
5.7%	자본가	생산수단 소유, 3명이상 타인 고용	약 367만원
42.9%	쁘띠부르주아지	생산수단 소유, 0~2명 타인 고용	약 264만원
11.5%	중간계급	생산수단 비소유, 전문직과 관리직	약 330만원
39.9%	노동계급	생산수단 비소유, 비전문직, 비관리직	약 296만원

출처: 신광영 (2003). 계급불평등과 도시 공간: 서울시 사례 연구. 서울시정개발연구원 서울시 사회계층과 정책수요 학술심포지엄(10. 22) 발제문

주: 논문의 〈표 2〉 계급의 지역적 분포(p. 4) 및 관련 내용(pp. 2~9)으로부터 서울특별시 전체에 관한 통계를 발췌하여 구성함

03 계층갈등의 의미

사회적, 경제적 불평등(inequality)은 어느 사회에서든지 존재하였고 이것이 사회의 가장 심각한 문제임에 틀림없다. 이 사회불평등을 표현하는 개념으로써 신분, 계급, 계층 등의 개념을 사용하였고 이것을 올바르게 파악하기 위하여 불평등 이론이 형성되었다(김영모, 1990). 계급이란 용어는 주로 사회불평등이 역기능을 수행한다고 주장하는 갈등이론에서 사용되고 있고, 계층이란 용어는 사회불평등을 기능적 필요성으로 지적하면서 긍정적인 입장을 취하는 기능이론에서 사용되고 있다.

사회의 불평등 체계 또는 계층현상에 관여하는 전통적으로 '기능론적 계층론'을 들 수 있다. '계층갈등'이라는 용어자체가 갈등이론의 '갈등'개념과 기능이론의 '계층'개념을 조화시키려는 시도이기 때문에 두 계층론을 살펴보고자 한다.

1) 기능론적 계층이론

기능론적 계층이론은 뒤르켐(E. Durkheim)과 파슨스(T. Parsons)의 영향을 받은 데이비스(K. Davis), 무어(W. E. Moore), 바버(B. Barber) 등에 의해 연구되었다.

기능주의에서는 사회를 사회자체의 존속을 위해 제각기 고유한 임무를 수행하는 여러 사회구조들의 상호유기적인 결합체로 보고 있다. 그리고 그들은 고유한 기능을 수행하는 하나의 사회구조도 보다 전문화된 업무를 담당하는 여러 개의 상호의존적인 요소들이 체계를 이루고 있다고 주장한다.

뒤르켐은 사회를 살아 있는 하나의 커다란 유기체에 비유한다. 이 비유에서 도출되는 사회관은 사회도 유기체와 마찬가지로 사회의 존속을 위해 필요한 조건들이 충족되어야 하는데, 이러한 조건의 충족은 상호의존적인 여러 사회구조들의 기능수행이 통합되어야 사회자체의 존속이 가능하다는 것이다. 뒤르켐의 사회분석 초점은 사회의 실체를 집합적 신념과 의식의 공동체라는 인식에 있으며, 이러한 인식을 바탕으로 사회이론을 전개하고 있는 것이다. 즉 그의 사회이론은 사회는 안정적이고 질서가 있으며, 이 속에서 개인의 이익추구가 합리적인 경제적 교환관계에 따라 조화롭게 추구되고 있지 않다는 인식에 근거하고 있다. 뒤르켐이 주장하는 것은 공정한 경쟁에 입각한 분업체제가 유지되는 가운데서 개인의 이익추구가 이루어질 때, 상호의존적인 개인들의 유기적 결속관계가 형성되고 사회가 안정적으로 유지·존속될 수 있다는 것이다. 다시 말해, 불평등한 외적 조건을 용인한 상태에서 이루어지는 개인들의 이익추구는 사회해체의 근원이 된다는 것이다.

데이비스와 무어(Davis & Moore, 1945)의 이론에서 사회계층은 사회의 영위와 존속을 위해서 불가결한 기능을 수행한다는 것이다. 무어는 "사회계층이란 사회에서의 중요한 지위를 그 사회에서 가장 자격과 능력이 맞는 사람들로 메우려는 충실한 고안물로서 무의도적으로 만들어진 사회적 현상이다." 라고 한다. 데이비스와 무어는 사회적 지위를 결정짓는 두 개의 사회적 현실을 제시하고 있다. 첫째는 사회에는 기능적으로 중요한 직업이 존재하고 있다는 것이고, 둘째는 재능이 있는 개인들이 중요한 직업에 종사하기 위해 준비를 하도록 동기를 유발하는 적절한 보상체계가 존재하고 있다는 것이다.

물론 사회적 불평등은 개인의 재능에만 전적으로 의존하는 것이 아니라 태생과 재산의 상속도 불평등의 중요한 요인임을 인정하고 있다. 기능주의자들은 기능의 중요성에 따라 직업적 위세와 사회적 평판을 결정하는 방식에 대한 사회적 합의가 있다고 본다. 즉 불평등한 물질적 보상과 사회적 평판이 사회성원들의 합의에 바탕을 두고 있기 때문에 재능 있는 사람들이 사회적으로 높은 지위를 차지하기 위해 동기를 부여받게 된다고 주장하고 있다.

기능론적 계층이론의 시각에서는 특정의 사회적 지위는 다른 그것들에 비하여 그 기능이 한 서열의 표현이고 전체사회의 영위에 대하여 매우 중요하다. 기능적으로 중요한 역할은 올바로 수행되기가 몹시 어렵기 때문에 거기에는 특수한 지식과 기량이 요구된다. 그런 중요한 자리에 들어갈 수 있는 재능을 갖춘 사람은 제한되어 있다. 모든 지위에는 그 기능적인 중요도에 맞추어서 차등적인 희소가치 또는 보수가 주어져야 하는 것이다. 이와 같이 기능적 중요도에 맞추어 주어지는 보수의 불평등체제가 곧 사회계층이다. 기능주의에서는 사회분업에 대한 사회성원들의 일반적 합의에 의한 위계화된 계층체계는 개인의 재능에 따라 사회성원들을 적재적소에 배치시키고, 사회성원의 상호작용을 위한 규범들의 기본 유형을 제공함으로써 사회의 위계화된 질서체계를 정당화시킨다는 것이다.

2) 갈등론적 계층이론

갈등론적 계층이론은 '계급론'이라고도 하며, '계급론'으로 불리우는 갈등이론은 사회주의 통합과 변동에 있어 기본요인으로 작용하여 사회적 갈등을 내포하고 있다고 지적하는 견해이다.

마르크스(Karl Marx)는 그의 계급이론을 자본주의 이론과 연결하여 자본주의적 생산방식 하에서는 생산수단의 소유 및 경제적 잉여의 통제여부와 관계되어 자본가 계급과 노동자 계급이라는 두 개의 커다란 적대적 진영을 형성하게 된다는 것이다.

마르크스는 "지금까지 현존하는 모든 사회의 역사는 계급투쟁의 역사"라고 하면서, 자본주의 사회에 있어서 고유한 것으로 계급이 점차 양극화되어 계급적 상황이 점차 극단화되어 갈등이 심화된다고 한다(김영모, 1990). 마르크스는 사회적, 물질적 조건은 인간의식과 사회구조의 토대이며, 사회는 인간들의 의지의 집합에 기반을 두고 있는 것이 아니라 생산력과 생산관계에 그 기반을 두고 있다고 본다. 그리고 자본주의 사회는 계급사회이며, 사회 내의 모든 갈등은 계급 간에 존재하는 이해관계에 뿌리를 두고 있기 때문에 생산수단을 둘러싼 계급 이익만 존재하며 공공의 이익은 존재하지 않는다고 본다. 이러한 논리에 따라 사회를 구성하는 각 부분들의 상호작용도 궁극적으로는 물질적 조건에 의해 결정된다고 파악하고 있다.

다렌도르프(Dahrendorf, 1959)도 사회를 갈등구조로 보기는 하지만 계급 갈등의 근거는 물질적인 생산수단의 소유 여부라기보다는 권위(authority)의 배분이라고 주장한다. 즉 권위가 박탈된 이들은 권위구조의 변형에 관심을 가지고 그 정당성을 공격하면서 계급갈등이 생겨난다는 것이다.

또 다른 갈등론적 계층이론의 요지를 '데이비스와 무어(Davis & Moore, 1945) 이론'에 대한 튜우민(Tumin, 1967)의 비판을 통해서 간접적으로 알아볼 수 있는데, 그 주요내용은 다음과 같다(이장현, 1982).

첫째, 여러 가지의 지위 또는 역할이 전체사회에 대해서 가지는, 이른바 기능적 중요성에 차이가 있다는 주장을 반박하면서 모든 역할, 즉 모든 직업적 역할은 전체 사회의 원활한 영위를 위해서는 다 같이 중요한 것이다.

둘째, 우수한 자질과 재능을 갖춘 인원의 희소성이란 그리 큰 문제가 될 수 없으며, 오히려 인간능력의 차이는 제도화된 계급구조, 불평등 구조를 중심으로 하는 환경의 차이에서 연유한다고 하면서 모든 사람에게 좋은 환경이 주어진다면 유능한 인재의 희소성 문제는 상당한 정도로 줄어들 수 있다.

셋째, 기능론적 계층이론에서는 인간을 보수지향적인 또는 안락추구적인 그리하여 이기적인 존재라고 단정하는데, 이러한 인간관은 편견에 불과하다.

이상과 같이 살펴본 계층이론은 계층의 기능에 대한 의견의 차이를 중심으로 살펴본 것이며, 이를 요약하여 제시하면 <표 6-4>와 같다. '계층갈등'은 사회통합에 역행하는 긴장의 증후군 혹은 사회병리현상으로 보는 기능론적 관점과 사회가 기능적 체제가 아니라 그 안에 있는 하부 단위들(계급, 정당, 이익집단 등)이 지속적인 갈등과 투쟁가운데 있는 것으로 보는 갈등론적 관점 모두의 의미를 내포하고 있다고 하겠다.

표 6-4 계층에 관한 기능주의와 갈등론적 시각 비교

기능주의적 시각	갈등론적 시각
① 계층은 보편적이며 필요하고 필연적이다.	① 계층은 보편적일지 모르겠지만 필연적인 것은 아니다.
② 사회체제가 계층체제를 만든다.	② 계층체제가 사회조직을 만든다.
③ 계층은 통합·조정·응집을 위한 사회적 욕구에서 생긴다.	③ 계층은 집단정복·경쟁·갈등에서 생긴다.
④ 계층은 사회와 개인의 적절한 기능을 하도록 촉진한다.	④ 계층은 사회와 개인의 적절한 기능을 제약한다.
⑤ 계층은 사회적 공동가치의 표현이다.	⑤ 계층은 권력집단의 가치표현이다.
⑥ 권력은 늘 정당하게 배분된다.	⑥ 권력은 늘 부당하게 배분된다.
⑦ 일자리와 보상은 평등하게 배분된다.	⑦ 일자리와 보상은 불평등하게 배분된다.
⑧ 경제적인 부분을 타 부분의 밑에 둔다.	⑧ 경제적인 부분을 사회의 맨 위에 둔다.
⑨ 계층체제는 항상 진보적인 과정을 통하여 변화한다.	⑨ 계층체계는 항상 혁명적 과정을 통하여 변화된다.

04 한국사회의 계층갈등 문제

한국사회는 1960년대부터 갈등구조 속으로 진입하기 시작하여 1970년대를 접어들어 산업화, 도시화, 가치관의 변화로 급격한 사회변동이 일어나게 되었고, 이에 따라 사회적 갈등은 크게 심화되었다. 한국사회의 계층갈등의 원인으로는 소득분배구조의 악화로 인한 경제적 불평등의 문제가 가장 크다고 하겠다. 즉 소득격차와 토지의 소수 특권층에로의 분배 불균형 등으로 인하여 빈익빈 부익부 현상이 초래되어 사회전반에 걸쳐 계층 간의 격차가 심화되게 되었다. 송복은 이와 같은 한국사회의 계층갈등 문제를 상대적 박탈감의 측면에서 설명되는 것이 타당하며, 상대적 박탈감을 촉진시키는 요인들을 찾아내는 것이 계층갈등 문제를 설명하는 실마리가 될 것 같다고 한다(송복, 1991).

그는 상대적 박탈감의 증대요인을 다음과 같이 지적하고 있다.

첫째, 경쟁력의 치열함과 가중이다. 경쟁력의 치열은 경제활동 인구의 급격하고도 지속적인 증대에서 찾아볼 수 있다. 또 다른 경쟁의 가중은 농어촌 인구의 도시집중에서 비롯된다고 할 수 있다. 이와 같은 농어촌 인구의 급격한 감소는 도시인구의 집중현상을 낳게 되고 일정지역에 일정수준 이상으로 인구가 많이 집중되면 경쟁력이 가중되고 치열해지는 것이다.

둘째, 경쟁과정의 비정상화이다. 이것은 특히 정치권력과 재벌의 특혜에서 볼 수 있고, 또 하나는 놀고먹는 사람의 수가 많이 있다는 데서 찾아볼 수 있다. 재벌의 특혜는 수출경쟁력을 강화시키고 경기를 활성화시키며 고용인력의 확보를 증대시켜 기업에 의한 국가발전에 기여함에도 경쟁과정 자체가 폐쇄성, 기회의 불균등성을 지니게 되어 상대적 박탈감을 증대시키게 된다.

셋째, 잉여가치의 급격한 증대이다. 급격히 증대된 잉여가치의 창출은 그 가치획득에 대한 기대를 누구에게나 모두 높여놓기 때문에 그 기대가 제대로 충족되지 못할 때 상대적 박탈감은 높아지게 된다. 즉 땅값, 집값, 건물값, 증권값이 폭등할 때도 그것이 생겨난다(송복, 1991).

1) 한국사회의 계층구조

한국사회의 산업화 과정에서 형성되어 있는 계층구조를 계급론적 양극화 모델로 보는 시각은 김영모와 서관모에게서 볼 수 있다.

김영모(1990)는 자본주의 사회의 '계급'이란 자본가 계급과 노동자 계급뿐이고, 중산층 범주는 '종속적', '주변적 계층'이라고 보고 있다. 서관모(1990)도 한국사회를 자본주의 사회로 규정하고 세 계급범주(자본가, 노동자, 쁘띠

브르조아)로 설정하고 있으나, 결국 양극 분해될 것이라고 주장하고 있다.

1960년대를 분기점으로 하여 한국사회 계층구조는 급속한 변화를 맞게 된다. 60년대 이전의 비교적 단순한 불평등 구조, 즉 소수의 고소득층과 다수의 빈민층이 서로 이질적 대조를 이루고 중산층의 존재는 뚜렷이 부각되지 않았던 상황에서 상·중·하의 불평등 계층분화가 비교적 두드러지게 나타날 만큼 중간계층이 큰 폭으로 형성되는 복잡한 불평등 구조로 바뀌었다 (배동인, 1987).

그러나 우리나라는 IMF 경제위기 이후 지속적인 경기침체로 인하여 부익부, 빈익빈의 경제적 불평등 구조가 심해지면서 중간계층이 주로 하류층으로 영입되었고, 소수의 고소득층과 다수의 빈민층이 서로 이질적 대조를 이루게 되어서 계층갈등은 더욱 심각한 상황이다.

2013년 가계소득은 1분기 가구당 월평균 419만 3천 원으로 작년(2012년) 1분기 대비 1.7% 증가하였다. 1개월 수입이 100만 원 미만인 임금근로자수는 약 244만 9천 명으로 추산되고 58%가 농림어업 종사자이었다. 100~200만 원 임금근로자 비중은 38.3%(694만 4천 명)로 가장 많았고, 200~300만 원은 24,1%, 300~400만 원은 12.3%, 400만 원 이상은 11.8%로 월수입 400만 원 이상 고소득자들은 금융업이나 전문직 종사자가 많았다.

통계청의 KMDSS(Korea Micro Data Service System)에서 제공하는 '가계동향조사' 중 2005년(87,705가구) 및 2008년(84,908)의 가구 표본을 이용한 결과분석에서 소득계층을 고소득층, 중산층, 저소득층으로 구분하였을 때 중산층은 2005년 57.5%에서 2008년 49.9%로 7.6%가 감소하였고, 중산층 7.6% 중에서 2.7%의 가구만이 고소득계층으로 상향이동하였으나 4.9%의 가구는 저소득계층으로 이동한 것으로 나타나서 대체로 중산층이 하류층으로 이동한 것으로 나타났다.

이런 중산층이 감소하고 저소득층이 증가하게 되면 첫째, 내수 기반이 취약해져서 경제적 안정이 불안해진다. 둘째, 사회불안과 계층 간 갈등이 심화된다. 특히 저소득층의 상대적 박탈감은 정부와 정치권에 대한 불신이 만연하게 되어 정책의 지지기반이 약화되며 이로 인한 사회범죄가 증가될 수 있다. 셋째, 사회조정 비용의 급증을 가져오게 되어 정부정책의 방향이 저소득계층에 대한 소득보조와 조세감면에 치중하게 될 수밖에 없기 때문에 이를 조달하기 위해 다른 계층에서의 조세 추가징수나 재정악화를 통해서만 가능해진다.

2) 한국사회의 계층의식과 성향

일반적으로 계층의식은 어느 특정의 계층에의 귀속의식을 말하는 것이다. 2003년에 조선일보와 한국갤럽이 실시한 여론조사를 보면 지난 수년 동안 국민들 상당수가 자신이 속한 사회계층에서 탈락했다고 느낀 것으로 나타났다. “상, 중상, 중간, 중하, 하의 다섯 단계 중 어디에 속하는가.”라는 질문에 상층은 한 명도 없고 중상층(8.9%), 중간층(34.7%), 중하층(38.7%) 하층(16.1%)으로 나타났다.

부의 직업, 부모의 교육 정도, 가정의 월수입 및 주택 등을 기준으로 사회계층을 분류하여 대학생의 계층갈등에 관한 기초연구(가영희·이진숙, 2004)에서 자신 가정의 계층에 대한 인식은 남학생은 상류층(14.4%), 중류층(63.6%), 하류층(22%)으로 인식하였고, 여학생은 상류층(11.9%), 중류층(70.8%), 하류층(17.3%)으로 인식하여 대부분의 대학생들은 자신의 가정을 중류층으로 인식하고 있었다. 또한 부모의 학력이 고졸 이하이고 월수입이 200만 원 이하는 중류층, 하류층, 상류층의 순으로 인식했고, 부모의 학력이 고졸 이하이고 월수입이 200~350만 원 미만인 경우와 전문대졸 이상이고 350만 원 이상은 중류층, 상류층, 하류층으로 인식하고 있는 것으로 나타났다.

통계청이 발표한 2013년 가구소득은 416만 2천 원이고 소비지출은 248만 1천 원이었으며, 2012년 가계동향조사에서 맞벌이 부부를 세부 분석한 자료를 보면, 소득 5분위(상위 약 20%, 월평균 597만 원) 가구주의 20.9%가 교육서비스에서 일하는 것으로 나타났고, 소득 4분위(상위 20~40%, 월평균 357만 원)도 가구주 배우자의 20.5%가 교육 서비스업에 종사하였으나 소득 1분위(하위 20%, 월평균 89만 원) 가구주가 교육계 종사자와 결혼한 경우는 6.2%이었으며, 소득2분위(하위 20~40%, 월평균 179만 원) 가구주의 교육계 종사자와 결혼한 경우는 6.9%로 나타났다. 즉, 남성의 소득이 높을수록 배우자가 교육계에 종사하는 비중이 높았으며, 소득 5분위(상위 20%) 가구주의 배우자 노동시장 참여율은 54%로 소득 1분위(하위 20%)의 16% 보다 매우 높았다. 노동소득도 소득 5분위(상위 20%) 가구주의 배우자의 월 소득은 평균 218만 원이었으나 소득 1분위(하위 20%) 가구주 배우자의 월 소득은 44만 원이었다. 일반적으로 소득계층은 경상소득의 중위 50%이하를 저소득, 중위 50~150%를 중상, 중위 150% 초과를 고소득으로 분류한다.

근로와 사회정책에 대한 국민의식 분석 보고서(이현주 등, 2013)에서 한국복지패널 8차 조사의 '복지의식 부가조사' 자료를 활용하여 국민의식을 조사(2천 399가구, 가구원 6천 248명에서 만 19세 이상 모든 가구원 5천 50명 대상)한 결과, '오늘날 한국이 어떤 사회에 가장 근접한다고 생각하는지?'에 대해 41.3%가 '부자는 극소수이고 하층으로 갈수록 사람이 많아져서 가난한 사람이 많은 사회'라고 응답하였고, 22.07%는 '부자가 약간 있고 가난한 사람이 대부분이며 중간층이 거의 없는 사회'라고 응답하였으며, 4.21% 만이 '부자가 많고 가난한 사람이 극소수인 사회'라고 응답하였다.

한국사회가 나아가야할 바람직한 사회유형에 대해서는 '중간층'이 대다수이고 부자와 가난한 사람이 극소수인 사회'라는 응답이 73.11%로 매우 높았다.

소득격차의 심각성에 대한 인식조사에서는 평균값이 4.02(5점 척도)로, 소득격차가 매우 크다고 인식하였고, 빈곤원인에 대한 인식조사(4점 척도)에서는 개인노력 부족(3.3점), 개인 책임감과 자기규율 부족(3.3점), 개인절약과 가계관리 부족(3.2점) 등 개인에게 책임을 두는 경향이 강했다. 그리고 사회적 여건을 좀 더 강조하는 응답에서는 낮은 임금(3.2점)과 일자리 부족(3.1점)으로 나타났다. 또한 우리 국민의 소득은 최근 24년간 2배로 오른 반면에 소득불균형 지표는 10%정도 떨어졌다. 통계청이 발표한 우리나라 월 실질소득은 1990년 210만 6,000원에서 2013년 390만 4,000원으로 180여만 원(85%) 증가했다. 소득분배지수인 '지니계수(Gini's coefficient)'는 도시가구 균등화처분가능 소득기준으로 할 때 0.256에서 0.280으로 9.4%나 상승했다(지니계수는 0에서 1사이 값으로 수치가 높을수록 불균형이 높다). '소득 5

분위배율'이나 '10분위 분배율'을 산출해보더라도 소득불균형이 심화되고 있음을 알 수 있다. 상위층의 부의 편중현상도 갈수록 뚜렷해지고 있어서 상위 1% 계층의 소득은 2012년 기준 2억 9,120만 원이다. 같은 해 중간값이 1,660만 원이기 때문에 상위 1%층은 이들에 비해 17.5배를 더 벌었다.

05 사회계층과 교육

사회계층이나 부모의 사회경제적 지위와 자녀의 학업성취 사이에 강한 정적 상관이 있다는 연구는 많은 연구에서 밝혀졌다. 미국에서 콜먼(Coleman et al., 1966)과 젠크스(Jencks, 1972)는 부모의 사회경제적 지위가 자녀의 학업성취에 영향을 미치는 가장 중요한 요인임을 밝혔고, 영국에서 1967년의 플라우든 보고서(Plowden Report)는 사회계층이 높을수록 부모의 자녀교육에 대한 기대수준과 관심이 높으며, 학생의 학업성취에는 이런 부모의 태도, 가정환경, 학교의 특성 순으로 영향을 미친다고 보고하였다(DES, 1967). 국내에서는 김부태(1995)가 가정의 사회경제적 배경 요인은 부모들이 자녀에게 갖는 기대교육수준, 지원 정도, 학생들의 진학계획 등과 밀접하게 연관되어 있다고 밝혔으며, 강희돈(1988)은 가구주의 학력과 자녀에 대한 기대교육수준은 비례관계에 있으며 고소득층일수록 일류대학을 강하게 선호하고, 부의 직업위계가 높을수록 학생들의 대학진학 계획률 또한 높아지는 것을 보여주었다고 밝혔다.

또한 가정의 사회경제적 지위는 학교생활에의 적응에도 체계적으로 영향을 미쳐 학생의 학력획득에 관여한다는 연구결과도 있다. 교사와 학교는 중류계급의 체제수호자들이며 따라서 중류계급 출신 학생 이외의 학생들은 차별화한다고 비난한다. 학교교육에서 관심을 기울이고 있는 것은 상류계층의 문화적 풍토이며, 학교에서 가르치는 것은 지적능력보다는 상류문화를 은밀하게 주입하고 있다고 한다. 학교교육에서 문화자본이 풍부한 아동은 학업성취에서 상대적으로 유리한 입장에 놓이며, 나아가 미래에 차지할 사회적 지위도 높을 가능성이 많아진다. 즉 학교는 지배계층이 선호하는 문화를 전수하고 있으며, 어렸을 때부터 이런 문화에 익숙한 아동은 쉽게 학교교육에 적응할 수 있다는 것이다. 결국 학교교육의 선발과정은 지배계층에게 유리할 수밖에 없으며, 불평등한 구조를 유지하는데 도움을 주는 도구적 수단이라는 것이다. 학교의 교육과정이 중상류층의 문화를 반영하고 있어 하류층 자녀들에게는 불리하게 작용하며, 그 결과 하류층 자녀의 학업성취는 낮아질 수밖에 없으며, 하류계급 아동은 가정 내 언어적 상호작용이나 문화실조, 부모의 자녀교육에 대한 기대 수준 및 지원 정도와 같은 문화자본 내지 사회자본과 관련된 것들이다. 즉 사회경제적 지위가 낮은 가정의 자녀는 경제자본 외에도 문화자본이나 사회자본의 결핍으로 인해 다각도로 열악한 여건에 처하게 되고, 그 결과 학업성취가 낮아지게 되는 것이다.

해비거스트는 하위계층 학생들의 성취도가 낮은 이유를 다음과 같이 설명하고 있다(Levine & Havighurst, 1992).

① 부적절한 교육과정과 수업
② 학교규범과 학습경험에 부모와 또래의 강화부족
③ 학교의 기대와 학생들의 행동 및 학습방법의 불일치
④ 학교에서의 이전의 성공경험 부족
⑤ 하위계층 학생에 대한 학교의 충분한 준비부족과 교수학습 지도 조건의 어려움
⑥ 학생의 부적절성에 대한 교사의 지각
⑦ 학교와 학급 내의 동질적 집단화, 반편성 및 차별처치
⑧ 학급에서 지위가 낮은 많은 학생들과의 비효과적인 서비스 전달
⑨ 지나치게 큰 학급
⑩ 성취기준이 낮음
⑪ 자녀의 학교생활에 영향을 미치기 위한 부모의 지식과 권력의 부족

⑫ 혼잡한 가정환경

1) 사회계층의 문화와 교육

사회계층은 그에 속한 사람들의 의식과 문화 전반에 걸쳐서 지대한 영향을 미치며, 교육관 및 교육에 대한 기대에도 영향을 미치게 된다(Entwistle, 1978). 따라서 각 사회계층은 고유한 문화와 교육의 특성을 나타낸다. 사회계층에 따른 문화와 교육의 특성을 일반적으로 정리하여 보면 다음과 같다.

(1) 상류계층

❶ 계층상의 특징 : 보수적 성향이 짙으며 권위적이다. 인간성 및 생활태도에 있어서 조상 숭배의식이 강하다. 정서적으로는 안정되어 있고 생활태도도 긍적적이고 관용적이다. 이상지향적이며 전통과 명예를 존중한다.

❷ 교육적 특징 : 학교에 대한 관심이 비교적 높으며 교사에 대한 태도도 긍정적이다. 가정교육에 있어서도 체벌교육을 부정하고 대화에 의한 교육을 중요시한다. 양육태도도 민주적이며 아동 스스로의 자기통제적 특성이 강하다. 현재의 지위나 위세를 유지하기 위한 교양교육에 치중하는 경향이 있다.

(2) 중류계층

❶ 계층상의 특징 : 주로 전문직에 종사하는 집단으로 성취동기가 높고 상류층으로의 상승이동 욕구가 높다. 폭넓은 사회활동을 하며 매사에 적극적인 행동을 한다.

❷ 교육적 특징 : 학교교육 내용은 주로 중류계층의 문화를 반영하고 있기 때문에 중류계층의 자녀들은 교육상황에서 이점이 많다. 미래지향적 가치관을 가지고 있으며 학교교육을 매우 중요시한다. 독립심이 강하고 사회성을 중요시하며 교육열이 높다. 경쟁적인 중류문화인 사회에서는 교육문화가 지나치게 경쟁적이고 도구화할 우려가 있다.

(3) 하류계층

❶ 계층상의 특징 : 영세농가, 영세상인, 막노동 등의 사회집단으로 현실지향적인 특성을 지니고 있다. 미래에 대한 기대수준이 낮고 경제적으로 안정되어 있지 못하다. 저속한 대중문화를 즐기며, 노력하기보다는 숙명적인 가치관에 좌우되는 행동특성을 가지고 있다.

❷ 교육적 특징 : 학교에 대한 관심이 낮고 교육에 대한 태도가 무관심하여 자녀들이 일탈행위나 비행에 빠지기 쉽다. 그리고 문화 결핍으로 학업성취도가 낮다.

표 6-5 사회계층과 문화의 차이

상류계층	중류계층	하류계층
① 미래지향적 가치관	① 미래지향적 가치관	① 현재 지향적 가치관
② 교육을 사회계층의 유지 수단으로 생각함.	② 교육을 계층상승의 수단으로 생각함.	② 교육에 무관심한 태도를 갖고 있음.
③ 교육에 대한 관심이 비교적 높고, 교사에 대한 태도도 긍정적임.	③ 계층상승을 위해 성취지향적 특성을 갖음.	③ 저속한 대중문화를 즐기고, 노력하기보다는 숙명적인 가치관에 좌우되는 행동특성을 가짐.
④ 가정교육에서 체벌보다 대화에 의한 방법 중요시하며, 자녀의 양육태도도 민주적이고, 자녀들의 자기통제적 특성이 강함.	④ 경쟁적인 중류문화의 사회에서는 교육문화가 지나치게 경쟁적이고 도구화할 우려가 있음.	④ 자녀들이 학교에서 일탈행위나 비행을 저지르는 경우도 있고, 문화적인 결핍으로 학습부진의 현상이 생겨날 수 있음.

2) 우리나라의 사회계층과 교육

우리나라의 경우 지역별, 계층별에 따른 교육격차가 적지 않다. 이러한 사실을 단적으로 말해주는 것이 사교육비 지출과 관련된 지표라고 할 수 있다.

사교육비 지출에 관한 조사는 매년 통계청이 실시하고 있다. 2013년에 실시한 조사의 결과를 보면(통계청, 2014. 12. 27) 2013년 초·중·고등학교 사교육비 총액은 약 18조 6천억 원로 엄청난 규모를 보이고 있다. 이를 학교 급별로 구분해 보면 초등학교 7조 7천억 원, 중학교 5조 8천억 원, 고등학교 5조 1천억 원이다.

사교육비 지출을 주요 항목에 따라 살펴보면, 초·중·고교 학생 1인당 월평균 사교육비는 23만9천원, 초·중·고교 학생 사교육 참여율은 68.8%에 이른다. 그리고, 국어·영어·수학 등 일반교과 학생 1인당 월평균 사교육비는 19만1천 원 정도이다. 한편 방과후학교 참여율은 60.2%, EBS교재 구입비율 20.6%, 어학연수 참여율 0.6%로 방과후학교에 참여하는 비중이 압도적으로 높다.

일반교과 사교육비를 참여유형별로 살펴보면 1인당 월평균 사교육비를 기준으로 할 때 학원수강, 개인과외, 그룹과외, 방문학습지 순으로 낮아지고 있는데, 유형별로 비용이 현격하게 차이가 있다.

지역별로는 서울 강남 지역이 타 지역에 비해 훨씬 많은 사교육비를 지출하고 있으며, 읍면지역은 평균을 훨씬 밑도는 지출수준을 나타내고 있다.

지역에 따른 격차는 다음 지표로도 확인된다. 서울을 포함하여 전국을 4대 권역으로 나눌 때, 서울의 사교육비와 참여율이 가장 높았다. 권역별 학생 1인당 월평균 사교육비 면에서도 서울(32만8천원)이 가장 높았으며 중소도시(23만8천원), 광역시(23만3천원), 읍면지역(14만7천원) 순으로 낮아졌다. 권역별로 사교육 참여율을 봤을 때 서울(75.0%)의 사교육 참여율이 가장 높았으며 중소도시(70.2%), 광역시(68.9%), 읍면지역(57.5%) 순으로 낮아졌다.

시도별 1인당 월평균 사교육비는 서울이 가장 높았고, 전남이 가장 낮았다. 시도별 학생 1인당 월평균 사교육비는 서울(32만8천원)이 가장 높았고 전남(16만8천원)이 가장 낮았다.

시도별 사교육 참여율은 서울이 가장 높았고, 전남이 가장 낮았다. 시도별 사교육 참여율은 서울(75.0%), 대전(72.7%), 경기(72.0%) 순으로 높았고, 전남(59.0%)이 가장 낮았다.

월평균 사교육비 지출금액별 분포를 살펴보면, 사교육비로 월평균 20~30만원을 지출한 학생이 가장 많았다. 사교육을 받은 학생 중 1인당 월평균 사교육비로 20~30만원 지출한 학생이 13.9%로 가장 많았고, 50만원 이상 지출한 학생은 13.3%였으며, 10만원 미만 지출한 학생은 8.1%였다. 월평균 지출금액별 사교육비는 서울은 50만원 이상, 광역시·중소도시는 20~30만, 읍면지역은 10~20만원 수준에서 사교육비 지출 학생이 가장 많았다. 50만원 이상 지출한 학생은 서울이 24.9%인 반면, 읍면지역은 3.6%였다.

가구의 소득수준별 사교육비는 계층에 따른 격차를 더욱 잘 보여주고 있다. 가구의 월평균 소득수준이 높을수록 사교육비 지출과 참여율이 높았다. 월평균 소득 700만원 이상 가구의 학생 1인당 월평균 사교육비는 41만5천원이고, 100만원 미만인 가구는 6만8천원이었다. 학생 1인당 사교육비는 월평균 200만원 미만 가구를 제외한 모든 소득계층에서 전년대비 감소하였다. 월평균 소득 700만원 이상인 가구의 사교육 참여율은 83.5%이고 소득 100만원 미만 가구의 사교육 참여율은 31.3%였다.

주목할 점은 학생의 성적이 우수할수록 사교육비 참여와 사교육비 지출이 높다는 것이다. 학생성적 구간별로 사교육비를 살펴보면, 성적이 상위일수록 1인당 월평균 사교육비 및 참여율이 높았다. 상위 10%이내 학생의 1인당 월평균 사교육비는 31만6천원인 반면 하위 20%이내 학생은 16만2천원으로 상위 10%가 하위 20%의 약 2배 지출하였다. 사교육 참여율은 상위 10%이내 학생이 80.0%이고, 하위 20%이내 학생은 55.0%였다.

위 사교육비 조사 결과가 보여주듯이 지역, 소득, 성적에 따라 사교육비 참여율과 지출규모가 현격한 차이를 보이는 것을 알 수 있다. 특히 타 지역보다는 서울이 사교육비 참여와 지출이 높고, 가계소득이 높고 학생의 성적이 좋을수록 사교육비 참여와 지출이 높다는 것은 교육기회의 불균등, 불평등이 사교육에서도 착종되어 있고, 이러한 구조가 결국 공교육의 불균등, 불평등을 강화하고 있을 수 있다는 점을 시사하고 있다.

표 6-6 가구 소득수준별 학생 1인당 월평균 사교육비 및 참여율

구 분	학생 1인당 월평균 사교육비 (만 원, %)				사교육 참여율 (%, %p)			
	2012년	전년비	2013년	전년비	2012년	전년차	2013년	전년차
전 체	23.6	-1.7	23.9	1.3	69.4	-2.3	68.8	-0.6
100만 원 미만	6.8	0.0	6.8	0.0	33.5	-1.8	31.3	-2.2
100~200만 원 미만	11.0	0.9	11.1	0.9	46.3	-3.4	45.3	-1.0
200~300만 원 미만	16.8	-3.4	16.0	-4.8	64.0	-4.2	60.1	-3.9
300~400만 원 미만	23.0	-1.7	22.1	-3.9	74.5	-2.3	71.5	-3.0
400~500만 원 미만	28.8	-0.7	28.0	-2.8	80.1	-1.7	79.2	-0.9
500~600만 원 미만	33.2	-2.4	33.0	-0.6	83.1	-0.6	82.5	-0.6
600~700만 원 미만	36.7	-6.9	35.9	-2.2	84.2	-2.3	84.8	0.6
700만 원 이상	42.6	-3.2	41.5	-2.6	83.8	-1.5	83.5	-0.3

출처: 통계청(2014. 2. 27). 2013년 사교육비 조사 결과 보도자료. p.13.

주: 교육부(2014. 2. 28)의 2013년 사교육비·의식조사 결과발표 보도자료 p.13의 '가구 소득수준별 학생 1인당 월평균 사교육비' 통계와 같은 것임. 단, 이 통계에서는 참여율 부분이 함께 제시되고 있지 않음.

<표 6-6>를 통해 2013년 사교육비 조사 결과 중 가구 소득수준별 학생 1인당 월평균 사교육비 및 참여율 구체적으로 알아볼 수 있다. 소득수준별로는 월 소득 100만 원 이상~200만 원 미만 구간에서 1천 원 증가하였고 100만 원 미만을 제외한 그 외 모든 소득수준에서 1인당 사교육비가 줄어들었다.

소득계층 간 사교육비 지출격차도 2010년 대비 감소하여 고소득계층(월 소득 700만 원 이상)과 저소득계층(월 소득 100만 원 미만) 간 격차가 최근 3년간 42.1만 원에서 34.7만 원으로 지속적으로 줄어들고 있다.

지역규모별 1인당 사교육비는 서울(5.1%), 광역시(1.3%), 중소도시(1.7%)는 전년 대비 증가한 반면, 읍면지역(△2.0%)은 감소하였다.

시·도별로는 강원(△5.5%), 경북(△4.1%), 제주(△3.4%), 대구(△2.4%) 등 9개 시·도가 전년보다 감소한 반면, 대전(6.6%), 충북(6.2%), 서울(5.1%), 광주(3.5%) 등 6개 시·도는 전년 대비 증가하였다. 시·도별 사교육비 규모는 서울(32.8천 원), 대전(25.9천 원), 경기(25.3천 원), 대구(24.2천 원) 등 4개 시·

도가 전국 평균(23.9천 원)을 상회한 반면, 전남(16.8천 원), 강원(17.2천 원), 충남(17.4천 원), 전북(17.5천 원) 등 11개 시·도는 평균보다 낮게 나타났다.

김경근(2005)의 연구에서, 계층별 학업성취 격차의 정도를 파악하기 위하여, 학생의 사회경제적 배경을 나타내는 주요 지표(아버지의 학력, 월평균 가구소득, 남성보호자의 직업 등)에 따라 집단을 구분하고 하위집단 간에 어떤 차이가 있는지를 알아본 결과 아버지의 학력과 학생의 수학능력점수 사이에는 대체로 뚜렷한 정적 상관관계가 존재하였다. 박사학위 소지자의 자녀(336.29), 석사학위(327.13), 학사학위(310.68), 전문대졸(299.02), 고졸(294.96), 중졸(279.38), 초졸(280.21)로 박사학위 소지자 자녀와 초졸자 및 중졸자 자녀 사이에는 약 56~57점 가량의 점수 차이가 나타나 그 격차가 상당히 심각한 것을 알 수 있었다.

그리고 가구의 월 평균 소득수준에 따른 학생의 수능점수 분포를 보면, 가구의 소득수준이 월 소득 300만 원 미만 가구 학생의 수능점수 평균은 291.12이며, 300만 원~500만 원 미만인 가구 학생은 305.82, 500만 원 이상인 고소득층 가구 학생은 316.86으로 나타나, 소득수준이 증가할수록 수능점수도 높아짐을 알 수 있다.

06 사회이동과 교육

사회이동(social mobility)이란 사회계층의 이동을 말하는 것으로, 개인이나 집단이 하나의 사회적 지위(social status)에서 다른 사회적 지위로 옮겨가는 상태를 의미한다. 사회이동은 지위, 수입, 소득의 변화뿐만 아니라, 의식의 변화 등을 종합한 개념이며, 사회이동의 기준은 주로 부모가 소속했던 계층이 된다. 사회이동은 단순히 소득, 수입에 의하여 결정되는 것이 아니라 계층에 따른 행동특성의 변화도 병행되어야 한다.

1) 사회이동의 형태

사회이동의 형태는 이동방향에 따라 수직적 이동과 수평적 이동으로 구분한다. 수직적 이동은 계층적 지위의 변화로 인하여 발생하는 상승이동과 하강이동을 말하고, 사회이동에 있어서 중요한 의미를 지니는 이동은 수직적 이동이고, 그중 상승이동은 바람직한 것으로 받아들여진다. 그리고 수평적 이동은 동일하게 평가되는 지위 간의 이동, 즉 횡적 이동으로 일종의 자리바꿈이라고 할 수 있다. 수평적 이동은 사회이동의 원인에 따라 구조적 이동과 순환이동 그리고 완전이동으로 구분한다.

첫째, 구조적 이동은 사회적인 기회의 변화로 인하여 생겨나는 이동, 우리나라와 같이 급격히 산업화가 진행되는 사회에서 흔히 볼 수 있다.

둘째, 순환이동은 하나의 사회에서 실제로 일어나는 사회이동 중에서 구조적 이동을 빼고 난 나머지의 이동, 구조적인 변화 없이도 일어나는 사회이동으로, 한 사회에 있어서 사회이동의 기회를 판별할 수 있게 해주는 지수가 된다.

셋째, 완전이동은 어떤 사회가 완전히 평등하다고 가정하는 경우에 일어날 수 있는 이동이다. 그리고 사회이동의 용이성을 기준으로 개방모형과 폐쇄모형으로 구분한다. 개방모형은 사회적인 지위가 개인의 획득된 요인에 의해 결정되는 사회이고, 폐쇄모형은 사회적인 지위가 인종, 성별, 연령, 가족 등 귀속적인 요인에 의해 결정되는 사회이다.

소로킨(P. A. Sorokin, 1959)은 사회이동의 형태를 동일한 수준의 집단사회에서 개인적·사회적 위치의 이동을 수평적 이동(horizontal mobility)이라 하고, 사회계층 간의 개인적·사회적 상·하 이동을 수직적 이동(vertical mobility)이라고 하였다. 이 두 가지 형태 중 수직적 이동이 더 중요하고, 수평적 이동과 수직적 이동은 [그림 6-2]와 같이 예시할 수 있다(Morris, 1956).

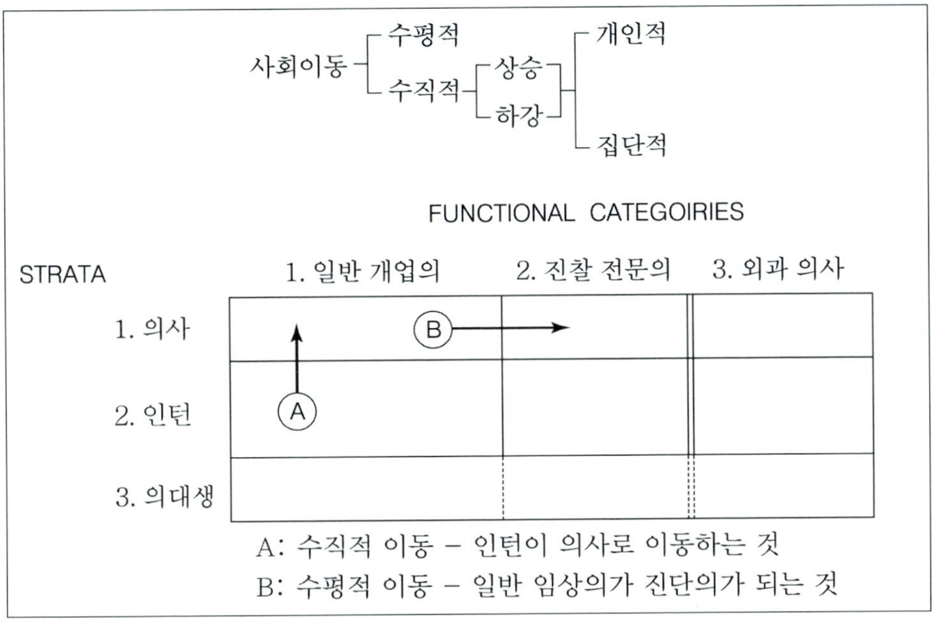

[그림 6-2] 사회이동 유형

2) 사회이동에 대한 교육의 효과

(1) 교육에 대한 사회적 관점

사회이동에 관한 학교교육의 효과에 대하여 크게 두 가지의 입장이 있다. 하나는 균형을 패러다임으로 하는 기능주의 이론에서 보는 학교교육에 대한 낙관주의적인 관점이며, 다른 하나는 갈등을 패러다임으로 하는 갈등론자들이 보는 학교교육에 관한 비관론적인 관점이다.

❶ 낙관주의적 관점

기능주의적 견해로써 학교교육은 재능이 있는 사람을 선발·분류하는 합리적 기제로써, 개인의 사회적 지위이동을 도모하고 사회적 평등과 사회정의 실현에 기여한다. 즉 학교교육이 모든 사람에게 균등하게 배분됨으로써 경제적인 양극화 현상을 막을 수 있고 빈곤을 퇴치시킬 수 있다고 보는 입장이다.

교육은 직접적으로 국가의 생산성을 높일 뿐만 아니라 사회계층이동을 도모하고 있다고 보았다. 현대사회는 능력주의 사회인 동시에 전문가가 지배하는 사회이므로 개인의 계층상승 능력에 기초한 자유경쟁에 의해 결정된다고 볼 수 있다. 이 자유경쟁의 대표적인 기관이 학교라고 할 수 있다. 그러므로 학교교육은 직업선발의 보편적 준거가 되었고, 학교의 졸업장이 장래의 직업적 지위는 물론 사회적 지위를 결정하는 가장 중요한 조건으로 간주되고 있는 것이다. 학교교육 낙관론자들은 가정배경이 어느 정도 학교교육에 영향을 줄 수 있지만 사회적 성취에 가정배경이 큰 영향을 주지는 못하기 때문에 학교교육은 출세에 결정적인 역할을 하고 있다고 본다.

❷ 비관주의적 관점

갈등주의적 견해로써 학교교육은 현존하는 사회 지배계층의 이해관계를 유지하기 위한 사회적 조정장치로 본다. 즉 학교교육은 계층재생산의 매개변수에 불과하다는 것이다. 이는 낙관론자들이 교육기회의 불평등이 감소되면 사회적 불평등 역시 감소된다고 주장하고 있으나 실제적으로는 교육과 사회적 이동과의 상관이 낮으므로 교육기회의 불평등 감소가 사회적 불평등 감소를 이루지 못한다는 교육효과 회의론에서 대두되었다. 학교가 지배계층의 이익에 공헌하고 현존하는 사회·경제적 불평등을 강화해줌으로써 그러한 불평등 현상은 불가피하게 유지되고 있다는 것이다.

(2) 학교교육과 사회계층과의 관계

❶ 사회계층과 학업성적

부모의 사회적 배경이 관련이 있다. 보편적으로 보다 높은 지능을 가진 부모가 상류계층에 소속되며 자녀는 유전적 지능소질을 어느 정도 물려받는다. 그리고 학교교육을 많이 받은 사람일수록 신문, 잡지, 책 등을 많이 읽고 국내문제, 외국 사정에 관심을 갖는다. 실제로 그들은 공부하는 방법을 배웠기 때문에 학업성적과 성취도가 비교적 높다.

❷ 사회계층과 언어발달

상류층 자녀들은 학습에 유리한 세련된 기법을 사용하여 학업과정에 더 빠른 학업성취를 가져온다. 반면에 하류계층 자녀는 불리한 계층적 배경 때문에 언어발달이 늦어지고 이들은 언어표현에 있어 제한적인 어법에 의존한다. 즉 하류층 자녀는 언어의 근본능력이 부족한 것보다 보다 고급언어를 통해 사회화된 경험이 부족하다.

❸ 사회계층과 교육의 기회

높은 사회계층은 보편적으로 낮은 계층보다 교육을 더 많이 시킨다. 그리고 보다 높은 교육의 수준은 다시 사회계층을 상승시키는 기초가 된다. 일반적으로 많이 교육을 받을수록 계층의 상승기회가 많아진다.

❹ 사회계층과 교육에 대한 태도

사회계층의 차이는 교육에 대한 태도의 차이로 나타난다. 일반적으로 상류계층은 학교교육을 매우 중요한 사회화 수단으로 생각하지만 낮은 사회계층은 학교교육에 대한 욕구가 비교적 낮다. 교육을 통해 얻으려는 목표도 인격수련이나 보다 높은 가치창조보다는 생활에 필요한 기술습득과 같은 생존능력을 기르는데 관심을 가진다.

워너와 마틴(Warner et al., 1949; Warner & Martin, 1959)**은 학교교육과 사회계층의 관계에 대해 네 가지 문제를 다음과 같이 제시하였다.**

첫째, 사회 각 계층은 특유의 문화를 발전시키며 교육에 대한 태도도 다르고, 자녀의 진학, 커리큘럼 선택 등에 반영한다.

둘째, 학생의 인간성, 학교 내외의 사회적 행동의 배후에는 사회계층적 배경이 존재한다.

셋째, 학교의 교육정책, 교사의 학생에 대한 태도에 있어 계층적 차별적이다.

넷째, 학교는 사회계층에 있어 사회이동과 관련이 있다.

3) 사회이동에 관련된 요인들

(1) 상향적 사회이동 요인

해비거스트와 뉴가튼(Havighurst & Neugarten, 1957)은 상향적 사회이동의 조건으로 문화적 습득, 지적인 능력, 결혼, 체육특기 등을 들었다.

❶ 문화의 습득

상위 계층의 직업에서 성공하기 위해 필요한 기술과 기술의 학습, 적절한 어휘와 억양, 음성의 조절, 적절한 의복선택을 위한 학습, 대화하는 방법, 동의하거나 불찬성하는 방법의 습득, 적절한 사교술 학습 등의 습득을 말한다.

❷ 지적인 능력

사회적으로 가치 있는 재능을 습득하는 것이다.

❸ 결혼

여자의 경우 결혼은 상향이동의 중요한 요인이 된다. 여자의 사회적 지위를 높이는 데 미와 성적인 매력이 가끔 도움을 받는다.

❹ 체육특기

체육과 결부된 운동특기는 가끔 하류층 청소년의 이동에 아주 좋은 바탕을 제공한다.

일반적으로 상향적 사회이동의 요인은 개인적, 가정적, 사회적인 것으로 나누어 볼 수 있다.

❶ 개인적 요소

지능과 성적 그리고 사회성을 들 수 있다. 좋은 직장을 얻기 위해서 좋은 학교를 졸업하고, 좋은 학교를 졸업하기 위해서는 지능과 성적이 좋아야 한다. 사교성은 교사나 동료들에게 인기가 높고 친절하며 지도력이 있는 것이다. 즉 언제나 희망에 차 있고, 남을 기꺼이 도우려하고 공정한 판단력으로 단체를 지도할 수 있는 사람이다.

❷ 가정적 요소

① 부모의 사회·경제적 지위, 재산 정도
② 형제, 자매의 숫자 : 외동일 경우 상승이동을 하기 쉽다.
③ 어머니가 지배적인 가정 : 어머니가 자녀들과 보다 많은 시간을 보내기 때문에 야심이 있는 자녀를 만드는 데 어머니의 역할이 크다.
④ 지배적인 아버지보다 자녀들에게 자유로운 의사표현과 분위기를 허용하는 아버지가 자녀의 상승이동을 돕는다.
⑤ 어머니 학력이 아버지보다 높을 경우
⑥ 가정, 이웃, 동료들 사이에 상승이동한 사람이 있는 경우

❸ 사회적 요소

① 지역사회의 크기 : 청소년 시절을 시골에서보다 대도시에서 성장했을 경우 상승이동의 기회가 많다.
② 그 사회의 산업화 및 도시화의 정도에 따라서 다르다.
③ 교육의 기회 : 교육수준은 사회이동과 관계가 깊다.
④ 정치적 안정성 : 정치적으로 불안하면 장래예측이 어렵고 능력이 있는 사람이 능력을 발휘하기 어렵다. 이런 사회는 관권, 금권 등의 비합리적인 수단에 의존하고 정당한 사회이동을 방해한다. 반대로 정치적으로 안정된 사회는 다음 단계로 승진이 가능하다는 예측이 분명하고 능력이 있는 사람이 능력을 발휘할 기회가 많아져 사회이동이 증가한다.
⑤ 사회구성원의 성취동기 : 부모의 사회적 배경과 같은 귀속적인 요인보다 자기의 능력에 의해서 업적을 이루고자 한다.

(2) 하강적 사회이동의 요인

중류가정에 태어났으나 학교에 취미가 없어 중도에 학교를 퇴학하여 일정한 직업이 없이 육체노동으로 일생을 마치는 경우에 하강이동이 된다. 때로는 정서적 불안정, 도덕적 결함 때문에 사회경쟁에서 낙오가 되는 경우, 실직으로 인한 경제적 공황상태, 결혼에 의하여 사회적 신분이나 지위가 하강하는 경우, 지적 능력의 부족과 야심이 부족하며 낮은 성취동기 때문에 스스로 낮은 사회적 지위를 택하는 경우 등을 들 수 있다.

(3) 경쟁적 이동과 후원적 이동

영국의 교육사회학자 터너(R. H. Turner, 1960)는 사회이동에 경쟁적 이동(contest mobility)와 후원적 이동(sponsored mobility)이 있다고 보고, 사회의 특성에 따라 어떤 이동 방식에 보다 많이 의존하고 있는 지에 차이가 있을 수 있다고 주장하였다. 그는 미국의 경우에는 경쟁적 이동이 주를 이루고 있으며, 영국의 경우에는 미국에 비해 후원적 이동에 대한 비중이 크다고 보았다. 경쟁적 이동은 공평한 지위배분을 위해 학교에서의 선발을 늦추어 나중에 하는 방식이고, 후원적 이동은 선발과 후원을 위해 학교가 최대한 조기에 선발을 하는 방식을 뜻한다. 영국의 경우에는 '만 11세 시험(eleven plus exam)'이 대학 진학자 선별을 위한 경로가 되어 왔다. 경쟁적 이동이 단선제와 연결되어 있다면, 후원적 이동은 복선제와 관련되어 있다. 영국의 학교는 전형적으로 복선제 방식으로 운영되어 왔다.

유의할 점은, 어떤 국가에서는 학교가 특정의 사회이동 방식으로 운영되지는 않는다는 것이다. 즉, 어떤 사회에서든지 경쟁적 이동과 후원적 이동은 공존하는 것이다. 다만 그 사회의 역사적, 사회적 특성에 따라 상대적으로 특정의 이동 방식을 보다 더 활용하게 되는 차이를 보이게 된다는 것이다.

(4) 교육과 사회이동에 관한 실증적 연구

교육과 사회이동에 관한 주요한 실증적 연구를 요약하여 제시하면 다음과 같다.

❶ 블라우와 던컨(Blau & Duncan, 1967)은 「미국의 직업구조」(The American

Occupational Structure) 라는 책을 통하여 직업지위 획득을 결정하는 요인들을 추적 분석함으로써 사회이동의 과정을 밝혔다. 이를 지위획득모형(status attainment model)이라 한다.

그들은 지위획득의 변수를 아버지의 교육, 아버지의 직업, 본인의 교육, 본인의 첫 번째 직업 등 4가지로 보고, 이들 4가지의 변인이 개인의 사회적 지위에 미치는 영향을 분석(중다회귀 분석)한 결과 가정의 배경(아버지의 교육, 직업)은 개인의 사회적 지위와는 커다란 관계는 없고, 다만 가정의 배경이 학교교육에 영향을 주어 개인의 사회적 지위 결정에 영향을 끼친다는 사실을 밝혀내었다.

❷ 미국의 River City를 연구한 결과에 따르면 상승이동을 한 청년의 약 20%(전체의 6%)가 우수한 지능과 그로 인한 학교가 약 50%(전체의 15%)의 사교성, 장래의 야망 등이 그리고 상승이동을 한 50%의 여자들(전체의 9%)은 결혼이 원인이 되었다고 보도했다.

❸ 해비거스트 등(Havighurst et al., 1968)은 하강이동을 한 사람들 중에서 약 40%는 결혼 때문에, 25%는 낮은 지능 때문에, 15%는 야심부족 때문에, 19%는 도덕적 결함 때문에 하강이동을 하였다고 했다.

우리나라에서 이루어진 여러 연구결과들에서 부모의 학력이 높을수록 자녀의 교육비 지출이 높다는 것을 나타내주고 있는 것이 밝혀졌고, 학교에서 가장 중요한 것 중 하나인 성적이 학생 개인의 능력보다 학부모의 경제적인 능력과 깊은 관계가 있는 것으로 밝혀졌다. 중·상류층의 자녀들은 여러 가지로 학교에서 학업을 성취하는데 유리한 조건들을 갖추고 있다. 사회는 출신학교와 학업성적에 의해 능력을 평가하지만 출신학교와 성적은 부모의 경제적 능력에 영향을 받기 때문에 빈곤한 아동들에게 학교는 상승이동을 하는데 큰 도움을 주지 못한다. 또한 교육수준이 낮을수록 실업율도 높거나 하위계층에 속하는 직업에 종사하게 되고, 학력이 높을수록 상위계층에 속하는 직업을 갖게 되는 것으로 나타났다.

참고문헌

가영희, 이진숙 (2004). 대학생의 계층갈등에 관한 기초연구. 인문과학연구, 12(1), 111-144. 안양대학교 인문과학연구소.

강희돈 (1988). 한국의 사회이동과 학교교육의 효과. 고려대학교 사회학과 박사학위 논문.

고용복 (1972). 현대사회학. 서울: 법문사.

교육부 (2013). 사교육비 의식조사에 대한 분석.

교육부 (2014. 2. 28). 2013년 사교육비·의식조사 결과발표 보도자료.

김경근 (2005). 한국사회 교육격차의 실태 및 결정요인. 교육사회학연구, 15(3), 1-27. 한국교육사회학회.

김경동 (1978). 현대의 사회학. 서울: 박영사.

김부태 (1995). 한국학력사회론. 서울: 내일을 여는 책.

김선호 (1964). 사회와 교육. 서울: 교육도서주식회사.

김선호 (1992). 사회계층과 교육. 서울: 배영사.

김영모 (1963). 서울시의 사회계층과 계급구조에 관한 연구. 김제원 박사 회갑기념논총. 회당 김제원박사 회갑기념사업위원회.

김영모 (1990). 현대사회계층론. 서울: 한국복지정책연구소.

김흥규 (1967). 사회계층과 학업성적과의 상관에 관한 연구. 중앙대학교대학원 석사학위논문.

배동인 (1987). 사회변혁의 주체가 될 수 있는가. 민족지성.

서관모 (1990). 한국사회의 계급구조. 김진균, 조희현 (편), 한국사회론. 한울.

송복 (1991). 한국사회의 갈등구조. 서울: 현대문학.

신광영 (2003). 계급불평등과 도시 공간: 서울시 사례 연구. 서울시정개발연구원 서울시 사회계층과 정책수요 학술심포지엄(10. 22.) 발제문.

이상백, 김채윤 (1976). 한국사회계층연구. 서울: 법조사.

이장현 (편) (1982). 사회학의 이해. 법문사.

이현주 등 (2013). 근로 및 사회정책에 대한 국민의식 분석.

통계청 (2013). 한국의 사회조사.

통계청 (2014. 2. 27). 2013년 사교육비 조사 결과 보도자료.

Barber, B. (1957). *Social Stratification*. New York.

Blau, P. M., and Duncan, O. D. (1967). *The American Occupational Structure*. NY: Wiley.

Bloom, L., & Selznick, P. (1957). *Sociology*. NY: Row Peterson & Co.

Bottomore, T. (1992). Citizenship and social class, forty years on. In T. H. Marshall and T. Bottomore (eds.), *Citizenship and Social Class*. London: Pluto Press.

Centers, R. (1949). *The Psychology of Social Classes: A Study of Class Consciousness*. Princeton, NJ: Princeton University Press.

Coleman, J. S. (1967). Toward open schools. *Public Interest*, 9, 20-27.

Coleman, J. S. (1987). Families and schools. *Educational Researcher*, 16, 32-38.

Coleman, J. S. (1991). *Parental Involvement in Education*. Washington, DC: U.S. Government Printing Office.

Coleman, J., Campbell, E., Hobson, C., McPartland, J., Mood, A., Weinfeld, F., & York, R. (1966). *Equality of Educational Opportunity Report*. Washington, DC: Washington, DC: U.S. Government Printing Office.

Dahrendorf, R. (1959) *Class and Class Conflict in Industrial Society*. Stanford: Stanford University Press.

Davis, K., & Moore, W. E. (April 1945). Some principles of stratification. *American Sociological Review*, 10, 242-249.

DES (1967). *Children and Their Primary Schools (Plowden Report)*. London, HMSO.

Entwistle, H. (1978). *Class, Culture and Education*. London: Methuen.

Gilbert, D. (2011). *The American Class Structure in an Age of Growing Inequality*. (8th ed.). Thousand Oaks CA: Pine Forge.

Gilbert, D., & Kahl, J. (1982). *The American Class Structure: A New Synthesis*. Homewood, IL: Dorsey.

Havighurst, R. J., & Neugarten, B. L. (1957). *Society and Education*. Ally & Bacon, Boston, MA.

Havighurst, R. J., Neugarten, B. L., & Tobin, S. S. (1968). Disengagement and patterns of aging. In B. L. Neugarten (ed.), *Middle Age and Aging*. Chicago: University of Chicago Press.

Hollingshead, A. B. (1949). *Elmtown's Youth: The Impact of Social Class on Adolescents*. NY: Wiley.

Jencks, C. (1972). *Inequality: A Reassessment of the Effect of Family and Schooling in America*. NY: Harper & Row.

Jencks, C., & Phillips, M. (eds.) (1998). *The Black-White Test Score Gap*. Washington, DC: Brookings Institution.

Jencks, C., Bartlett, S., & Corcoran, M. et al. (1979). *Who Gets Ahead? The Determinants of Economic Success in America*. NY: Basic Books.

Lenski, G. E. (1952). American social classes: Statistical strata or social groups? *American Journal of Sociology*.

Levine, D. U., & Havighurst, R. J.(1992). *Society and Education* (8th ed.). Boston: Allyn and Bacon.

Marshall, T. H. (1992). Citizenship and social class, forty years on. In T. H. Marshall and T. Bottomore (eds.), *Citizenship and Social Class*. London: Pluto Press.

Mayer, K. B. (1954). The theory of social classes. *Transactions of the Second World Congress of Sociology*, Vol.2. London.

Mayer, K. B. (1955). *Class and Society*. New York.

Morris, R. T. (1956). A typology of norms. *American Sociological Review*, 21, 284-96.

Morris, R. T., & Murphy, R. J. (1959). The situs dimension in the occupational structure. *American Sociological Review*, 24, 231-9.

Parsons, T. (1940). An analytical approach to the theory of social stratification. *American Journal of Sociology*, 45, 841-62.

Parsons, T. (1954). Social classes and class conflict in the light of recent sociological theory. In *Essays in Sociological Theory*. Rev. ed. Glencoe.

Sorokin, P. A. (1959). *Social and Cultural Mobility*. NY: Free Press.

Tumin, M. M. (1967). *Social Stratification*. London: Prentice-Hall, Inc.

Turner, R. H. (1960). Sponsored and contest mobility and the school system. *American Sociological Review*, 25(6), 855-867.

Warner, W. L., & Martin, N. H. (eds.) (1959). *Industrial Man*. NY: Harper.

Warner, W. L., & Srole, L. (1945). The Social Systems of American Ethnic Groups. *Yankee City Series*, Vol. III. New Haven.

Warner, W. L., Meeker, M., & Eells, K. (1949). *Social Class in America: A Manual of Procedure for the Measurement of Social Status*. Chicago Science Research Associates.

제07장

다문화 사회와 교육

오늘날 국제화, 개방화되면서 인적 교류가 빈번하게 이루어지고 있다. 이제 이러한 현상은 단순 왕래차원을 넘어서서 국가 간 경계를 뛰어넘어 다른 나라에 일시적으로나 장기적으로 머무는 빈도가 급격히 증가하게 되었다. 우리나라도 빠른 속도로 다민족, 다인종, 다문화 사회로 진입하면서, 일시적인 여행이나 자녀교육, 직장생활 등의 일뿐만 아니라 국제결혼과 이주 등으로 정착하는 경향이 증대하고 있다. 이러한 상황은 교육현상과 교육문제를 다문화 사회적 관점에서 고찰해야 할 필요성을 제기하고 있다.

본 장에서는 먼저 문화의 의미와 다문화주의에 대해 살펴보고, 다음에는 다문화사회와 교육, 다문화 교육방법에 대해 알아보며, 마지막으로 우리나라 다문화가정 현황과 다문화가정의 문제점 및 해결방안에 대해 알아보고자 한다.

01 문화의 의미

문화(culture)란 어원은 라틴어의 'cultura'에서 유래된 cultivation으로 경작, 재배, 배양의 의미를 지닌다. 문화는 인간의 가치실현을 위해서 자연에 대한 가공뿐 아니라 인간의 행위를 가꾸는 것이다. 문화의 정의에 대해 린턴(R. Linton, 1936)은 "문화란 생활양식이고 사회성원이 참여하는 습관, 관념, 태도가 조직된 것의 집적이다."라고 하였고, 타일러(E. B. Tylor, 1871)는 "문화란 지식, 신앙, 예술, 도덕, 법률, 습관 및 사회성원으로서 인간에 의해 획득된 모든 능력과 습성을 포함하는 복합적 총체이다."라고 하였으며, 서덜랜드와 우드워드(Sutherland & Woodward, 1937)는 "문화는 한 세대로부터 다른 세대에 전달될 수 있는 모든 것을 포함한다. 한 국민의 문화는 그들의 사회적 유산이며, 지식, 신념, 예술, 도덕, 법률, 의·식·주의 기능 및 의사소통 방법 등을 포함하는 복합적 총체를 말한다."고 하였다. 따라서 문화란 사회구성원이 공유하고 사회를 유지하는 데 기여하는 규범, 습관, 태도, 가치, 지식, 도덕, 예술 등을 포함하는 의미이다.

문화의 개념에 나타난 문화의 특성을 살펴보면, 첫째, 문화는 학습이 된다. 즉 문화는 학습되고 후천적으로 획득된다. 둘째, 문화는 모든 구성원이 공유하는 행동양식이나 생활양식이다. 문화는 어느 개인만의 행동양식이나 생활양식이 아닌 집단구성원이 공유한다. 셋째, 문화는 축적된 역사적 산물이다. 문화는 집단의 성원에 의해 오랜 과거로부터 시행착오의 경험과 선택, 적응의 결과로 누적된 산물이다. 넷째, 문화는 인간의 욕구를 만족시킨다. 인간이 문화를 창조하는 것은 스스로의 욕구를 충족시키기 위한 것이라고 할 수 있다.

다문화(multicultural)란 다양한 삶의 가치들이 존중되고 모든 사회구성원이 각자의 문화적, 사회적 배경에 의해 차별받지 않는 사회에 대한 지향이 강하게 담겨 있다고 볼 수 있을 것이다.

02 다문화주의

다문화주의(multiculturalism)는 한 나라 안에서 상호순환하고 통합하며 발전하는 주류사회의 문화와 수입문화의 다원적이고 역동적인 혼합(salad bowl)이다(조정남, 2001). 다문화주의의 등장은 다문화주의가 주장되기 이전, 동화주의와 문화상대주의의 두 가지의 중심적 이론이 있었다. 첫째, 동화주의는 인종정책과 관련된 이론으로 각 문화를 존중하고 고유한 가치를 인정하여 문화적 우열관계를 부정하는 것이 아니라 강한 문화가 약한 문화를 흡수하는 이론이다. 이 이론은 근대화로 인한 문화적 동화압력이 소수민족 및 이민, 난민, 외국인 노동자 집단 등에게 가해졌고, 언어 및 생활습관의 차이에 따른 억압을 정당화함으로써 사회적·경제적·정치적 불평등을 지속시키는 힘으로 작용하였다. 둘째, 문화상대주의는 각 사회가 갖고 있는 문화는 고유한 가치를 가지고 있다는 점을 강조하는 이론이다. 이는 선진국의 문화와 개발도상국의 문화, 미개국 문화 간의 상하관계는 존재하지 않는다는 이론적 특징을 가지고 있다.

다문화주의가 본격적으로 등장한 것은 2차 세계대전 이후이다. 서구 열강의 식민지로 있던 제3세계의 국가들이 독립하면서 지식인들이 민주주의와 인권존엄이 국가나 인종이나 종교 간의 차별 없이 존중되어야 한다고 주장한 것이 효시라 할 수 있다. 이런 사상이나 운동은 다민족 국가 특히 원주민들이 거주하고 있던 지역을 점거하고 있던 백인들이 건설한 나라에서 일어났다. 캐나다, 호주, 미국이 대표적인 나라이다.

다민족주의를 국가정책으로 처음 채택한 나라는 캐나다였다. 1971년 캐나다가 처음 채택한 후, 1973년 호주가 뒤를 이었고 그리고 유럽공동체에 속한 대부분의 나라가 이를 정부정책으로 채택하였다. 다문화주의는 1970년대를 전후해 본격적으로 사용되기 시작하였으며 정부가 시행하는 새로운 정책이나 국민통합의 이데올로기, 또는 사회운동의 목표를 지칭하는 것으로 존재해 왔다. 다문화주의라는 용어는 특정사회의 지배적인 문화의 억압으로 인하여 실현되지 못한 다양한 문화적 차이에 대한 인식, 혹은 그 차이를 열린 마음으로 인정하고 포용할 수 있는 감수성 배양 및 이 이론을 달성하기 위한 일련의 전략과 행위를 가리킨다고 할 수 있다(정상준, 1995).

다문화주의는 몇 개의 인접한 소수집단의 단위문화가 주류사회의 단위문화를 배경으로 점점이 박혀 있는 '모자이크(mosaic)'가 아니라 다양한 구성요소들이 상호공존하며 각자의 색깔과 냄새 그리고 고유의 개별성을 그대로 유지하면서도 서로 조화되어 또 다른 통합성을 이루어 내는 이른바 '샐러드 그릇(salad bowl)'을 의미한다(Vertovec, 1996). 이는 다양한 문화상호 간의 이해와 존중, 대화와 신뢰를 바탕으로 전체를 관통하는 다문화적 정체성을 수립하는 것이다.

다문화주의는 여러 유형이 있고 각 유형의 성격과 특징에 따라 목적과 정책도 달리한다.

첫째, 자유주의적 다원주의는 사회통합 측면에서 문화적 다양성을 허용하고 에스닉(소수 인종) 집단과 민족의 존재도 인정한다. 하지만 공적 생활에서는 주류 사회의 문화, 언어, 사회습관 등에 따를 것을 요구한다. 즉 사적 영역에서는 문화적 다양성을 인정하지만, 공적 생활에서는 인정하지 않는다. 예를 들면 학교, 직장, 공공시설에서 이중언어 사용에 소극적인 입장이다. 하지만 이에 반하여 공적 생활에서의 인종차별 등은 적극적으로 금지되고 처벌의 대상이 된다. 이러한 자유주의적 다원주의는 차별을 금지하고 사회참여를 위해 기회평등을 보장하여 다수민족과 소수민족 간의 차별구조와 불평등구조를 적극적으로 해결하려 한다.

둘째, 코포리트(corporate) 다원주의는 피차별자가 현실적으로 경쟁하는데 불리한 입장에 있다는 것을 전제로 하며, 소수 민족의 사회참가를 촉진하기 위해서 적극적인 재정적·법적 원조를 지원한다. 그렇기에 공적 생활 영역에서 다언어 방송, 다언어 의사소통, 다문화 교육 등을 추진하고 사적 영역에서는 소수민족 학교나 공공단체에 지원을 한다. 또한 취업이나 교육 등의 영역에서 소수자에게 기회를 주기 위해 할당제도를 실시하여 민족적 소수자에게 교육이나 취업정책을 배려한다. 그리고 소수민족 정당도 인정하며 인종차별 금지법의 제정을 강조한다.

셋째, 급진적 다원주의는 다민족·다문화 사회에서 살면서 주류사회의 문화, 언어, 규범, 가치 등을 부정하고 독자적인 생활방식이나 생활을 추구하는 움직임을 급진적 다원주의라고 부른다. 이러한 특징 때문에 주류 사회로부터 반발을 하는 경우가 있다. 예를 들면 일본의 아이누 원주민의 문화 독립운동 등이 있다. 이러한 독자적인 문화독립은 국가형태의 독립을 추구하는 국가 독립운동으로 전환될 가능성이 높다는 특징이 있다.

넷째, 연방제 다원주의는 다민족으로 구성된 경우, 소수민족 집단을 지역적으로 구분하여 자치성을 인정하는 입장이다. 연방제는 다문화 언어집단의 자치, 자립성 등을 높일 수 있고, 때에 따라서는 분리 및 격리도 가능한 정책이다. 다문화주의는 기본적으로 다언어와 소수민족을 존중하는 것이지만 다문화 집단의 민족자결을 인정하는 특징이 있다. 이에 대한 예는 캐나다, 미국, 스위스 등이 있다. 연방 다원주의는 정치적 법적 권리가 동등하며 연방의회 대표도 인구비례에 따른다. 그러나 다수결이라는 점에서 소수 민족 집단에게 불리한 측면이 있다.

다섯째, 분리·독립 다원주의는 주변적인 마이너리티(minority)가 민족의 분리와 독립을 요구하는 경우이다. 이는 지역적으로 분리하기 쉬운 문화 다원주의나 구조 다원주의가 설정한 자치보다 큰 자치를 중앙정부로부터 얻지 못할 경우 분쟁이나 대립을 일으키는 경우이다. 이에 대한 예로는 러시아와 체첸과의 전쟁, 이스라엘과 팔레스타인의 전쟁, 인도와 파키스탄의 전쟁 등은 이런 맥락에서 진행되었다고 할 수 있다.

한국사회의 다문화주의는 "다르게 평등하게 살기"라는 실천적 목표를 상징하고 있는 일종의 이데올로기로 보는 견해도 있다. 오늘날 다문화주의는 다음과 같이 영역의 담론들을 포함한다(강휘원, 2007).

첫째, 인구통계학적 문제 : 하나의 사회 안에 기본적인 인구통계학적 기술로서 각각의 소수 집단으로 대표되는 문화에 대표성을 부여하는 문제

둘째, 전통문화 보존의 문제 : 주류사회에서의 동화의 문제보다는 소수 집단들의 언어, 축제, 춤, 의식과 의상 등 전통문화의 다양성과 상이성 수용문제

셋째, 정치철학과 가치의 문제 : 소수인종을 가진 사회가 '관용(tolerance)'과 '존중(respect)'이라는 핵심사상을 바탕으로 다원성 증대에 따른 사회적 분절성을 극복하기 위한 국민통합의 비전과 이데올로기 문제

넷째, 공공정책의 문제 : 소수인종의 평등기회 제공과 주류사회에의 참여를 확대시키기 위한 구체적 정책의 문제

다섯째, 조직 및 재정적 문제 : 중앙 및 지방정부의 소수집단 담당기관과 특별권고(자문)기관 설치, 소수인종 대표자 및 연락체계 형성, 소수집단을 위한 정책 및 지원기금을 위한 재정의 마련, 소수인종에 의하여 요구된 또는 이들을 위해 고안된 특별한 제도적 협의 등을 포함하여 이들 모두를 연계하는 네트워크 구축의 문제 등

여섯째, 법 및 지위부여의 문제 : 소수집단 담당기관 및 재정운영을 위한 법적 근거의 마련, 주류사회와 소수집단의 법률, 전통적 관습, 신념, 종교법 등에서 충돌과 조화의 문제, 소수민족의 시민권 및 시민의식의 문제 등

일곱째, 저항의 정치문제 : 소수인종의 문화적 차이에 뿌리를 두고 있는 집단 정체성에 대한 다양한 유형의 대중적 인식을 요구하면서 다수인종의 문화적 주도권의 인식된 형태에 대한 저항의 정치(politics of resistance)를 옹호하는 담론의 문제 등

다문화주의의 목적은 첫째, 이주자, 원주민, 소수민족 등의 문화를 공식적으로 인정하는 것이다. 둘째, 소수민족이 주류사회의 문화를 이해하고 획득할 수 있도록 교육기회를 확대하고, 그들의 사회참가와 기회균등을 달성하는 것이다. 셋째, 소수민족 집단과 주류 집단 사이의 사람 관계 뿐 아니라 소수민족 집단 간 상호교류를 적극적으로 추진하는 것이다. 넷째, 주류 사회의 구성원이 이(異) 문화, 이(異) 언어에 대한 수용성을 높이며, 편견이나 선입견 차별의식을 타파하는 것이다. 다섯째, 구조적 불평등과 차별을 제거하는 것이다. 여섯째, 사회통합을 추구하는 것이다.

03 다문화 사회와 교육

다문화사회(multicultural society)란 다양한 삶의 가치들이 존중되고 모든 사회구성원이 각자의 문화적, 사회적 배경에 의해 차별받지 않는 사회에 대한 지향이 강하게 담겨 있다고 볼 수 있을 것이다. 이러한 관점에서 보면 다문화교육(multicultural education)이란 이러한 사회를 구현하기 위한 교육적 노력이란 정의가 도출될 수 있을 것이다. 따라서 다문화교육은 민족이나 인종의 개념을 넘어 평등을 향한 교육철학이며, 이를 실현하기 위한 교육방법이라고 넓게 해석할 수 있지만 서구에서 사용되는 다문화교육의 개념과 용어 등은 조금씩 다르다(이민경, 2008).

오늘날 국제화, 개방화되면서 인적 교류가 빈번하게 이루어지고 있다. 이제 이러한 현상은 단순 왕래차원을 넘어서서 국가 간 경계를 뛰어넘어 다른 나라에 일시적으로나 장기적으로 머무는 빈도가 급격히 증가하게 되었다. 즉 일시적인 여행, 자녀교육이나 직장생활 등의 일뿐만 아니라 국제결혼과 이주 등으로 정착하는 경향이 증대하고 있는 것이다.

한 국가 안에서 다양한 사람들이 생활하게 되면 다양한 생활방식에 접하게 된다. 이 과정에서 사람들은 반드시 다른 나라의 생활, 행동양식, 가치 및 규범 등과 접하지 않을 수 없었다. 따라서 그 사회에 적응하기 위해서는 그 사회의 행동양식이나 삶의 유형을 배우지 않으면 안 될 것이다. 다시 말하면, 그 사회의 문화를 학습해야 하는 것이다. 이것은 개인입장에서 보면 문화학습의 필요성을 제기하는 것이고, 국가차원에서는 다양한 문화적 배경을 지닌 많은 사람들에게 자기 문화를 가르쳐야 할 필요성도 제기된다. 즉 많은 다른 나라 사람들이 행복하고 자신의 삶의 질을 향상할 수 있도록 하기 위해서 체계화된 다문화교육이 필요하다.

다문화사회에서 청소년이 직면하게 될 문화적 공동체로써의 삶을 위해 니토(Nieto, 1992)는 교육의 7가지 원칙을 제시하였다. ① 반인종교육편견 교육, ② 기초교육, ③ 모든 학생에게 중요한 교육, ④ 영향력이 있는 교육, ⑤

사회적 공평과 평등의 발달을 촉진시키는 사회정의적 교육, ⑥ 태도와 가치를 경험하고 명료화하는 하나의 과정, ⑦ 비판적인 교육 등이다.

다문화교육은 1960년대의 시민권운동으로부터 생겨났다. 1960년대의 시민권운동의 주요 목표는 공공시설, 주택, 고용, 그리고 교육에서의 차별을 배제하려는 것이었다. 시민권운동의 결과는 교육제도의 변화에 상당한 영향을 미쳤으며, 그들의 경험, 역사, 문화 및 관점을 반영할 수 있도록 학교와 여타 교육제도, 교육과정이 개혁되도록 요구하였다. 또한 인종집단들은 그들의 이웃에 있는 학교에 대한 공동체의 통제에 대해 압박을 가하였으며, 미국에서 국민의 다양성을 반영하도록 하기 위하여 교과서를 수정하도록 압박하였다(Banks & Banks, 1993).

다문화 교육 연구 분야에서 세계적으로 유명한 미국의 워싱턴 대학교의 제임스 뱅크스(James A. Banks) 교수에 따르면(Banks, 2008; 모경환 등, 2008) 미국의 경우, 다문화교육의 다양한 정의에서 나타나는 공통점은 유색인종 학생들을 위해 학교교육을 변화시키는 개혁이라는 것이다. 다문화교육이란 다양한 사회계층, 인종, 민족, 성 배경을 지닌 모든 학생이 평등한 교육기회를 앞으로 경험하도록 교육과정과 교육제도를 개선할 것을 목표로 하는 교육개혁운동으로서 다문화교육은 다음의 세 가지 주요 요소로 구성되어 있다.

첫째, 모든 학생에게 동등한 교육기회를 창출할 것을 목적으로 하는 교육개혁운동이다.

둘째, 미국 민주주의의 이상인 평등, 정의, 인권을 실현할 것을 목적으로 하는 이데올로기이다.

셋째, 민주적 이상과 학교 및 사회의 실제간의 불일치가 언제나 존재할 것이므로 부단히 이루어지는 개혁의 과정이다.

다문화교육의 목표는 다양한 인종적·민족적·문화적 배경을 지닌 우리 사회구성원들이 다원화된 민주사회에서 효율적으로 기능하게 하고 다양한 집단의 사람들과 상호작용·협상·의사소통에 필요한 지식과 태도 및 기능을 습득하게 함으로써 공동선을 추구하는 시민공동체의 건설을 돕는데 초점을 두고 교육적 기회를 균등하게 보장하는 것이다.

다문화교육의 목적을 보면 다음과 같다.

첫째, 개인들로 하여금 다른 문화의 관점을 통해 자신의 문화를 바라보게 함으로써 자기이해를 증진시킨다.

둘째, 학생들에게 문화적·민족적·언어적 대안들을 가르치는 것이다.

셋째, 모든 학생이 자문화, 주류문화, 타문화가 공존하는 다문화사회에서 요구되는 지식과 기능, 태도를 습득하도록 하는 데 있다.

넷째, 소수민족집단이 그들의 인종적, 신체적, 문화적 특성 때문에 겪는 고통과 차별을 감소시키는 데 있다.

다섯째, 학생들이 전 지구적(global)이고 테크놀로지 사회에서 필요한 읽기, 쓰기, 수리적 능력을 습득하도록 돕는 것이다.

여섯째, 다양한 문화적 배경의 학생들이 자신의 문화공동체와 국가, 지역, 세계공동체의 시민으로 살아갈 수 있는 지식과 기술, 가치를 가르치는 것이다.

우리나라에서는 1992년 김영삼 정부의 세계화 추진이 선언되며 자본시장과 노동시장을 개방하게 되었고, 저출산 및 고령화로 인한 인구감소와 경제의 세계화는 외국인 노동자의 수를 증가시키고 있으며, 국제결혼으로 외국인 배우자의 증가 및 북한탈주자의 증가로 인해 이질문화가 유입되며 다문화사회로 급속히 전환되고 있다. 따라서 우리사회 속의 다양성을 인정하고 존중하며 수용하지 않을 경우 우리사회에 심각한 문제들이 촉발될 수 있으므로 다문화교육이 필요하다. 다문화교육은 민족이나 인종의 개념을 넘어 평등을 향한 교육철학이며, 이를 실현하기 위한 교육방법이라고 넓게 해석할 수 있다.

04 다문화교육의 방법

다문화교육은 문화에 대한 이해와 다양성과 평등의 수용, 편견이나 고정관념의 극복, 정체성 형성 및 협동의 능력에 관한 수용이 주된 과제가 되어야 한다. 다문화교육 방법으로서는 대상을 배척하기보다는 가까워지려는 친밀감을 느낄 수 있도록 해야 한다. 또한 민족과 인종을 넘어선 학생 간의 상호작용을 할 수 있도록 협동적 학습방법 등을 사용한다. 상호학습훈련은 1983년에 발표한 구디컨스트와 해머(Gudykunst & Hammer, 1983)의 「Intercultural training」에서 시작되었는데, 이와 같은 상호문화학습 원리에 기초를 두고 있는 것이 상호학습훈련이다. 상호학습훈련은 문화보편적인 것과 특별성에 따른 훈련과정으로 분류되는데 이를 보면 다음과 같다(정하성 등, 2007).

- 문화에 대한 보편적인 정보훈련
  - 문화보편적인 동화
  - 상호문화 의사소통이론에 대한 세미나, 문화인류학, 비교문화심리학(비디오)

- 특수문화정보훈련
  - 특수문화 동화
  - 외국어수업
  - 문화특수적 역사, 일상사, 가치변동에 대한 세미나
  - 사례연구(case study)

- 문화보편적인 상호훈련
  - 다문화워크숍
  - 시뮬레이션, 상호문화에 대한 민감성 증가를 위한 역할극
  - 자신이 평가하는 설문지

- 문화구체적인 훈련
  - 두 개 문화 의사소통워크숍
  - 한 개 문화에 제한된 시뮬레이션
  - 민감성훈련

씨펠트(Seefeldt, 2005)는 다문화교육에 있어 무엇보다도 교사의 태도가 핵심적인 역할을 한다고 언급하면서, 다양성의 가치에 대한 추상적인 시도보다 훨씬 중요한 것은 교사가 자신과 타인에 대한 감정, 지식, 그리고 태도에 대해 점검하는 것이라고 하였다. 다문화교육에서 교사의 역할을 탐구자이며, 학습자로 본 켄달(Kendall, 1996)은 교사는 사회의 중요성에 대한 활동을 전개할 때 새로운 관점으로 아동에게서 발생하도록 해야 한다고 하였다.

이를 위한 교사의 역할을 다음과 같이 제시하였다(최일선 등, 2008).

첫째, 교사는 아동을 위한 모델이므로 모델로서 교사는 모든 사람들을 존중하고 배려해야 하는 것을 보여주어야 한다.

둘째, 교사는 아동들이 자신의 가치를 발달시켜 나갈 수 있도록 경험을 제공해야 한다.

셋째, 교사는 아동들이 탐색을 하고 소극적인 학습보다는 적극적인 학습자가 될 수 있도록 교사는 격려해야 한다.

넷째, 아동의 학습에 적극적으로 참여해야 한다.

다섯째, 교사는 의식적이던 무의식적이던 아동에게 자신의 가치와 태도를 전달해야 한다.

결과적으로 교사들에게 정확하고 편견이 없는 정보를 제공하는 것은 성공적인 다문화교육의 핵심적인 요소가 됨을 주지해야 한다. 이러한 접근은 다문화교육을 함에 있어 일선 학교의 교사에게만 적용되는 것은 아닐 것이다. 즉 그 대상이 누구이든지, 교육장소가 어디이든지 간에 모두 적용될 수 있을 것이지만 특히 감수성이 예민한 아동과 청소년들에게 시사하는 바가 크다. 뿐만 아니라 정규교육활동 외 평생교육에서도 앞에서 가르치는 지도자라면 깊이 새겨야 할 부분으로 생각된다.

05 우리나라 다문화가정

1) 우리나라 다문화가정 현황

다문화가정(multicultural home)이란 국제결혼이나 입양 등에 의해서 가족 구성원 간에 여러 문화가 존재하는 것을 말한다. 즉 우리와 다른 민족 또는 문화적 배경을 가진 사람들로 구성된 가정(국제결혼 가정, 외국인 근로자 가정)을 통칭하는 말이다.

그동안 혼혈아동을 부르는 명칭으로는 '혼혈아', '코메리칸', '아메리시안', '아이꼬노', '코시안' 등이 사용되어져 왔다. 혼혈아동이라는 단어는 '우리와는 혈통이 다른'이라는 부정적인 의미를 내포하고 있고, 한국인(Korean)과 아시아인(Asian)의 합성어인 '코시안(Kosian)' 또는 '온누리안'이라는 말도 애초에 만들어진 의도와는 다르게 부정적인 내용을 언론에서 다룸으로써 또 다른 차별적 의미를 담게 되었다. 이러한 용어의 부정적 이미지를 해소하고자 '다문화가정(족)'으로 고쳐 부르는 것이 합당하다고 생각하여 2003년에 30여 개의 시민단체로 구성된 건강가정시민연대의 제안으로 '다문화가정(족)' 또는 '다문화가정(족) 2세'로 단어가 사용되기 시작했다.

통계청 자료에 따르면 2007년 외국인과의 혼인은 3만 8천 4백 91건으로 전체 혼인 비율의 약 10%, 농림어업종사자 남자의 40%가 외국인 여성과 혼인한 것으로 나타났다. 이처럼 다문화가정은 더 이상 우리에게 낯설게 다가오지 않는다. 하지만 여전히 우리나라는 다문화가정에 대한 편견으로 그들을 바라보고 있다.

다문화가정의 개념을 범주화하면 다음과 같이 크게 세 집단을 나눌 수 있다(서혁, 2007).

- 국제결혼 가정 및 그 자녀
  - 한국인 남성과 외국인 여성의 결혼으로 이루어진 가정 및 자녀
  - 한국인 여성과 외국인 남성의 결혼으로 이루어진 가정 및 자녀

- 외국인 근로자 가정 및 자녀
  - 외국인 근로자인 남성과 여성이 한국에서 결혼하여 이루어진 가정 및 그 자녀
  - 외국인 남성과 여성이 그들의 자국에서 결혼 후 한국에 이주한 가정 및 자녀
  - 외국인 근로자로서 결혼하지 않고 단독으로 또는 동료와 함께 생활하는 가정

- 새터민 가정 및 그 자녀
  - 탈북자출신의 남성과 여성의 결합으로 이루어진 가정 및 그 자녀가 한국에 입국한 경우
  - 탈북자출신의 남성 및 여성이 한국에 입국 후 한국의 여성 또는 남성과 결합하여 이룬 가정 및 그 자녀
  - 탈북자출신으로서 결혼하지 않고 단독으로 또는 동료와 함께 생활하는 가정

교육부가 2006년에 제시한 국제결혼가정 자녀란 한국인과 결혼한 외국인 배우자(이하 결혼이민자) 사이에서 출생한 아동으로, 국적법 제2조 제1항에 따라 출생과 동시에 한국 국민이 되므로 헌법 제31조에 의한 교육권을 보장받는다는 것이다. 최근 언론 및 시민단체에서 동남아지역의 여성 결혼이민자 자녀를 코시안(Kosian = Korea + asian)으로 부르고 있으나, 이들에게 별도 명칭을 부여하는 것은 낙인(stigma)효과를 가져 올 수 있으므로 가치중립적 용어인 '국제결혼가정 자녀' 또는 '결혼이민자 자녀'로 부르는 것이 타당하다고 한다.

2013년 기준으로 국제결혼 건수는 2만 6천 건으로 우리나라에서 이루어진 32만 2천 8백 혼인 건수의 8%를 차지하고 있다. 이 중 한국 남자와 외국 여자의 혼인은 1만 8천 3백 건이고, 한국 남자와 외국 여자의 혼인은 1만 8천 3백 건으로, 외국인과의 혼인 중 외국 여자와의 혼인은 70.5%, 외국 남자와의 혼인은 29.5%를 차지하고 있다.

표 7-1 외국인과의 혼인 (단위 : 천 건, %)

	2003	2004	2005	2006	2007	2008	2009	2010	2011	2012	2013	구성비	전년 대비 증감률
총 혼인건수	302.5	308.6	314.3	330.6	343.6	327.7	309.8	326.1	329.1	327.1	322.8	100.0	-1.3
외국인과의 혼인	24.8	34.6	42.4	38.8	37.6	36.2	33.3	34.2	29.8	28.3	26.0	8.0	-8.3
한국남자+ 외국여자	18.8	25.1	30.7	29.7	28.6	28.2	25.1	26.3	22.3	20.6	18.3	5.7	-11.3
한국여자+ 외국남자	6.0	9.5	11.6	9.1	9.0	8.0	8.2	8.0	7.5	7.7	7.7	2.4	-0.4

출처: 통계청 (2014. 4. 22). 2013년 혼인·이혼 통계 보도자료. p.11.

<표 7-2>에서 국제결혼을 국적별로 살펴보면, 외국여자의 국적은 중국 33.1%, 베트남 31.5%, 필리핀 9.2%의 순으로 3개국 비중이 73.9%를 차지하고, 외국남자의 국적은 미국 22.9%, 중국 22.6%, 일본 17.8%의 순으로 많아 3개국 비중이 63.3%를 차지하고 있다.

표 7-2 국적별 외국인과의 혼인

	2003	2004	2005	2006	2007	2008	2009	2010	2011	2012	2013	구성비	전년 대비 증감률
한국 男+ 외국 女*	18,751	25,105	30,719	29,665	28,580	28,163	25,142	26,274	22,265	20,637	18,307	100	-11.3
중국	13,347	18,489	20,582	14,566	14,484	13,203	11,364	9,623	7,549	7,036	6,058	33.1	-13.9
베트남	1,402	2,461	5,822	10,128	6,610	8,282	7,249	9,623	7,636	6,586	5,770	31.5	-12.4
필리핀	928	947	980	1,117	1,497	1,857	1,643	1,906	2,072	2,216	1,692	9.2	-23.6
일본	844	809	883	1,045	1,206	1,162	1,140	1,193	1,124	1,309	1,218	6.7	-7.0
캄보디아	19	72	157	394	1,804	659	851	1,205	961	525	735	4.0	40.0
미국	322	341	285	331	376	344	416	428	507	526	637	3.5	21.1
태국	345	324	266	271	524	633	496	438	354	323	291	1.6	-9.9
기타	1,544	1,662	1,744	1,813	2,079	2,023	1,983	1,858	2,062	2,116	1,906	10.4	-9.9

	2003	2004	2005	2006	2007	2008	2009	2010	2011	2012	2013	구성비	전년 대비 증감률
한국 男+ 외국 女*	6,025	9,535	11,637	9,094	8,980	8,041	8,158	7,961	7,497	7,688	7,656	100.0	-0.4
미국	1,222	1,332	1,392	1,443	1,334	1,347	1,312	1,516	1,632	1,593	1,755	22.9	10.2
중국	1,190	3,618	5,037	2,589	2,486	2,101	2,617	2,293	1,869	1,997	1,727	22.6	-13.5
일본	2,250	3,118	3,423	3,412	3,349	2,743	2,422	2,090	1,709	1,582	1,366	17.8	-13.7
캐나다	219	227	283	307	374	371	332	403	448	505	475	6.2	-5.9
호주	109	132	101	137	158	164	159	194	216	220	308	4.0	40.0
베트남	12	10	28	47	61	61	49	67	93	180	279	3.6	55.0
기타	1,023	1,098	1,373	1,159	1,218	1,254	1,267	1,398	1,530	1,611	1,746	22.8	8.4

* 국외 포함.

출처: 통계청(2014. 4. 22). 2013년 혼인·이혼 통계 보도자료. p.12.

한편 안전행정부 (2014. 7. 3)가 발표한 "2014년 지방자치단체 외국인주민 현황 조사결과발표 보도자료"에 따르면 2014년 1월 1일 기준으로 우리나라에 거주하는 외국인주민(장기체류 외국인·귀화자·외국인주민 자녀를 모두 포함)은 모두 156만 9,470명으로 우리나라 전체 인구(주민등록인구, 51,141,463명)의 3.1%에 해당하는 것으로 조사되었다. 이는 외국인주민 규모가 광주광역시나 대전광역시 인구보다 큰 것으로 나타났다. 이는 한국사회에서 다문화가 빠르게 진행 중임을 여실히 보여주고 있다.

같은 자료에서 외국인주민을 유형별로 살펴보면, 전체 외국인주민의 9.3%만이 한국국적을 갖고 있었으며, 외국인주민 자녀는 204,204명(13%)으로 나타났다. 한국국적을 갖지 않은 사람 중 외국인근로자는 538,587명으로 전체 외국인주민의 34.3%를 차지하였으며, 결혼이민자는 149,764명(9.5%)으로 조사됐다. 국적별로는 한국계 중국인을 포함한 중국 국적자가 843,655명(53.7%)으로 가장 큰 비중을 차지하고 있으며, 이어서 베트남 185,470명(11.8%), 파키스탄·스리랑카 등 남부아시아 75,645명(4.8%), 미국 71,053명(4.5%), 필리핀 64,785명(4.1%) 순이었다. 거주 지역별로 보면 경기도 492,790명(31.4%), 서울특별시 415,059명(26.4%), 경상남도 97,148명(6.2%) 순으로, 기업체와 대학 등이 많이 소재하고 있는 수도권(서울·경기·인천)에 63.1%가 집중 거주하고 있는 것으로 드러났다. 시군구별로는 경기도 안산시(75,137명)에 가장 많은 외국인주민이 거주하며, 서울특별시 영등포구(58,927명), 경기도 수원시(47,237명), 서울특별시 구로구(45,232명) 순으로 집계되었다.

표 7-3 외국인 산업별 취업자 (단위 : 천명, %)

구분		외국인 취업자	농림 어업	광업·제조업		건설업	도소매 및 숙박·음식점업	전기·운수·통신·금융	사업·개인·공공 서비스
					제조업				
외국인 합계		760	32	377	377	64	137	12	138
(산업별 구성비)		(100.0)	(4.2)	(49.6)	(49.6)	(8.5)	(18.0)	(1.6)	(18.1)
	남자	505	23	299	299	62	48	10	64
	(산업별 구성비)	(100.0)	(4.6)	(59.2)	(59.2)	(12.2)	(9.4)	(1.9)	(12.6)
	(성별 구성비)	(66.4)	(73.0)	(79.3)	(79.3)	(95.6)	(34.8)	(80.5)	(46.3)
	여자	255	9	78	78	3	89	2	74
	(산업별 구성비)	(100.0)	(3.4)	(30.6)	(30.6)	(1.1)	(35.0)	(0.9)	(29.0)
	(성별 구성비)	(33.6)	(27.0)	(20.7)	(20.7)	(4.4)	(65.2)	(19.5)	(53.7)

출처: 통계청 (2013. 11. 7). 2013년 외국인고용조사 결과 보도자료. p.10.

<표 7-3>은 국내 외국인의 산업별 취업 현황을 보여주고 있다. 외국인 취업자는 제조업(37만 7천명, 49.6%), 사업·개인·공공서비스업(13만 8천명, 18.1%) 도소매 및 숙박·음식점업(13만 7천명, 18.0%), 건설업(6만 4천명, 8.5%) 순으로 많다. 남자는 주로 제조업(299만명, 59.2%), 사업·개인·공공서비스업(6만 4천명, 12.6%), 건설업(6만 2천명, 12.2%)에 취업하고 있으며, 여자는 도소매 및 숙박·음식점업(8만 9천명, 35.0%), 제조업(7만 8천명, 30.6%), 사업·개인·공공서비스업(7만 4천명, 29.0%) 순으로 취업하고 있다.

<표 7-3>에서 보는 바와 같이 국내 외국인 노동자의 과반수가 제조업에서 일하고 있으며, 그 다음 순으로 건설업, 숙박·음식업, 가사·서비스업 등에 종사하고 있다(표 7-3). 2013년 국내상주 15세 이상 외국인은 112만 6천 명이고, 취업자수는 76만 명, 실업자수 3만 3천 명, 비경제활동인구 33만 3천 명으로 나타났다.

우리나라 근로자들이 기피하는 제조업이나 건설업 등의 3D 업종에 외국인 근로자들이 주로 근무하고 있는 실정이었으나 통계청과 한국고용정보원

에 따르면 2013년 5월 현재 건설업에 종사한 외국인 근로자수가 1년 전보다 2만여 명 줄었고, 숙박 및 음식점업에서도 1만 9000여 명 가량 감소한 것으로 나타났다. 반면에 같은 기간 제조업에서 9000여 명이 증가하였고, 도매 및 소매업에서는 7000여 명, 사업시설관리 및 사업서비스업 6000여 명이 각각 증가하였다.

그리고 국내에서 외국인 노동자들이 저임금에 고용을 증대시켜 우리경제에 큰 기여를 하고 있는 실정이다.

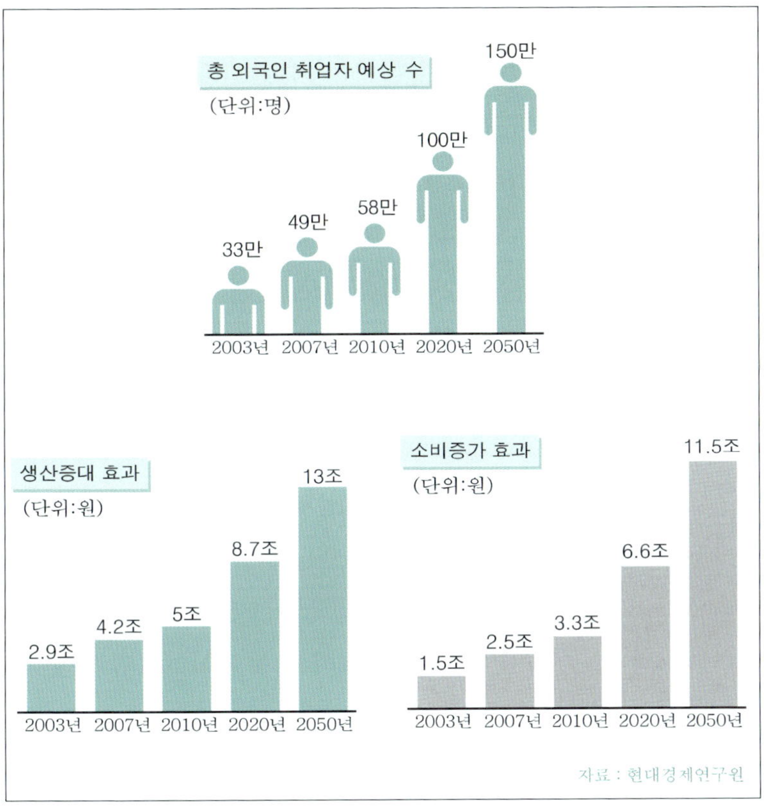

[그림 7-1] 외국 인력 증가에 따른 경제적 효과

출처: 인터넷 MK뉴스 기사 (매일경제 기획취재팀, 2009. 1. 8)의 인터넷 MK뉴스 기사 "외국인 근로자의 경제가치 한해 생산효과 4조2000억원…임금에 비해 생산성도 높아" 내 그래픽.

주: 원 출처인 현대경제연구원(2009. 1. 5)의 보고서 「다문화 시대의 경제적 영향」 p.12의 표 〈외국 인력의 경제적 효과의 시뮬레이션〉상의 통계에 그림을 추가한 것임.

매일경제신문이 의뢰하여 현대 경제연구원이 '다문화 시대의 경제적 영향'을 연구한 결과를 살펴보면(현대경제연구원 2009. 1. 5; 인터넷 MK뉴스 2009. 1. 8), 총 외국인 국내 취업자의 생산증대 효과는 GDP의 0.47%에 이르는 4조 2,000억 원, 외국인 소비에 의한 생산 유발액은 GDP의 0.43%에 달하는 3조 9,000억 원으로 집계됐다. 우리나라에서 외국인 노동인력 1명이 늘어날 때 생산증대 효과는 연간 1,030만 원, 소비증가는 510만 원에 달하는 것으로 조사됐다. 현대경제연구원은 외국인 취업자 수가 2010년 58만 명, 2020년 100만 명, 2050년 150만 명에 이를 것으로 추정했다.

이를 토대로 인구 증가에 따른 생산증대 효과와 소비증가 효과를 시뮬레이션 해본 결과 오는 2020년께 외국인 취업자에 의한 생산증대 효과는 현재의(2007년 분석 결과 기준) 3배인 연간 8조 7,000억 원에 달하고 소비증가 효과는 지금의 4배인 연간 6조 6,000억 원에 달할 것으로 조사됐다. "외국인 고용에 따른 다문화 사회로의 진입은 단순히 고용효과에 따른 생산·소비측면에서 뿐만 아니라 관광유치 효과 증대에도 크게 기여하고 있다."며 "한국의 2005년 외국인 관광객 유치수가 602만 명에 그쳤지만 향후 외국 인력증가에 따라 지속적으로 증가할 것으로 보인다."고 했다.

북한이탈주민의 국내 입국은 1990년대 이후 본격화되어 2014년 6월말까지 누적 입국자 수가 26,854명이었다(김동성 등, 2014). 2002년부터 연 입국자 수가 1,000명을 넘었고, 2006년부터는 2,000명을 넘었다.

북한이탈주민의 수가 늘어남에 따라 그들이 한국사회에서 잘 살아가고 있는지에 대한 관심도 높아가고 있다. 그리고 북한이탈주민이 한국에서 생활할 때 겪는 어려움은 어떤 것인지를 파악하여 그들에게 어떤 도움을 줄 수 있는지를 알아야할 필요성도 커지도 있다. 이러한 배경에서 조사된 '북한이탈주민 문화생활 실태조사(라임글로브, 2013. 12. 20)는 시사하는 바가 많다. 지역 하나센터의 협조를 받아 300여 명의 북한이탈주민을 대상으로 실시한 이 조사는 남한생활에서 겪는 어려움을 구체적으로 기술해 달라는 질문을 제시하고 응답자가 주관식으로 답하도록 하였다. 응답자들은 의사소통 및 언어와 관련하여 큰 애로를 느끼고 있었다. <표 7-4>에서 보는 바와 같이 '외래어로 인한 의사소통 문제'를 가장 크게 느끼고 있고, '북한 사투리에 대한 남한 사회의 편견'에도 많은 어려움을 주고 있다. '과다한 자녀 교육비 지출', '자녀의 학교 부적응', '경제활동 및 생계유지'에도 어려움을 느끼고 있으며, '직장 내 동료 간 갈등', '복잡한 행정 절차'에도 애로를 느끼고 있었다. 그런데 이 조사에서 '외래어로 인한 의사소통 문제'는 거주기간이 길어질수록 줄어들지만, 반대로 거주기간이 길수록 '북한 사투리에 대한 남한사회 편견', '경제활동 및 생계유지', '자녀의 학교 부적응'과 같은 애로는 증가하는 것으로 나타났다.

표 7-4 남한생활에서 가장 적응하기 어려운 부분 (N = 응답자 전체 278명)

		복잡한 행정 절차	북한 사투리에 대한 남한사회 편견	과다한 자녀 교육비 지출	외래어로 인한 의사소통 문제	직장 내 동료 간 갈등	경제활동 및 생계 유지	자녀의 학교 부적응	합계
전체		8 2.9%	64 23.0%	36 12.9%	115 41.4%	8 2.9%	23 8.3%	24 8.6%	278 100%
성별	남자	2 4.7%	8 18.6%	6 14.0%	16 37.2%	2 4.7%	4 9.3%	5 11.6%	43 100%
	여자	6 2.6%	55 23.9%	28 12.2%	97 42.2%	6 2.6%	19 8.3%	19 8.3%	230 100%
연령별	20대	0 0.0%	5 14.7%	5 14.7%	20 58.8%	0 0.0%	2 5.9%	2 5.9%	34 100%
	30대	2 3.9%	14 27.5%	8 15.7%	14 27.5%	2 3.9%	4 7.8%	7 13.7%	51 100%
	40대	4 4.1%	18 18.4%	11 11.2%	38 38.8%	6 6.1%	11 11.2%	10 10.2%	98 100%
	50대	2 2.3%	25 28.4%	11 12.5%	39 44.3%	0 0.0%	6 6.8%	5 5.7%	88 100%
거주기간	3년 이하	2 2.0%	22 21.6%	15 14.7%	47 46.1%	5 4.9%	7 6.9%	4 3.9%	102 100%
	4~6년	4 4.0%	23 23.2%	9 9.1%	39 39.4%	2 2.0%	10 10.1%	12 12.1%	99 100%
	7년 이상	1 1.6%	17 27.4%	11 17.7%	20 32.3%	1 1.6%	6 9.7%	6 9.7%	62 100%

자료: 라임글로브 (2013. 12. 20). 북한이탈주민의 문화생활 향상을 위한 실태조사 및 기본계획 수립 연구용역. 미간행원고. p.13.

남북하나재단(2013)의 2013 북한이탈주민 경제활동 실태조사에 따르면 2013년 8월 시점에서 북한 이탈주민(새터민)은 2만 5천 명 정도이고, 이 중에서 취업자 수는 소수에 불과하며, 이들이 직장을 얻더라도 남한사회의 문화에 적응하기 곤란하여 갈등을 경험하는 것으로 나타났다. 이들의 80%가 취업경험이 있었으나 안정한 일터에서 저임금과 장시간 노동을 하며, 이로 인한 경제문제와 자녀의 교육문제가 발생하고 있다.

북한 이탈주민의 입국양상도 다양하게 변화하고 있다. 북한이탈주민 이주 특징은 여성비율이 70%가 초과하고 있다. 탈북여성의 경우 입국 3~5년차에 가장 높은 취업률(92.0%)를 보였고, 이들의 고용형태는 상용직 51.5%, 일용직 20.7%, 임시직 16.4%의 순으로 나타났다. 취업자의 직업유형은 단순노무 종사자 28.2%, 서비스 종사자 21.4%가 주를 이루고 있고, 근로자의 월평균 소득은 2012년 137.7만 원에서 2013년 141.4만 원으로 3.7만 원 증가한 것으로 나타났는데, 이 임금수준은 남한 전체의 절반수준이다.

2) 다문화가정의 문제점

우리나라는 해마다 국제결혼이 증가하고 있는데, 이는 성비불균형으로 인해 배우자를 구하지 못하는 남성의 수가 급증하자 국제결혼중매업체가 우후죽순처럼 생겨나면서 국제결혼이 더욱 성행하게 되었다. 그리고 1990년대까지 중국여성 또는 조선족 동포들과의 국제결혼이 주를 이루었는데 2000년대 들어서면서 동남아시아 출신의 여성들과의 결혼이 크게 증가하였다.

이런 과정에서 중매업체의 장삿속으로 인해 경제적 여건이 어려운 동남아출신의 여성을 돈을 미끼로 사온다는 비난이 일기도 했다. 실제 우리나라의 다문화가정의 대부분은 한국인 남성과 경제적 여건이 어려운 동남아 출신의 여성이 가정을 꾸린 경우가 대부분이다. 이러한 요인으로 국제결혼중매업체의 과다한 소개료와 횡포, 사기결혼 등으로 인해 국제결혼이 사회문제화되기도 하고, 국제결혼의 여성화 현상은 결과적으로 심각한 사회문제를 야기하고 있다. 특히 가난한 제3세계 배우자는 한국인의 인종차별과 계급차

별, 성차별이 복합되어 다중적인 인권침해를 받고 있으며, 결혼생활의 위기

여성가족부의 2012년도 전국 다문화가족 실태조사 자료에 따르면, 결혼이주민들의 전반적인 생활만족도는 보통(41%), 만족(28.5%), 매우 만족(22.6%)으로 92% 이상이 대체로 만족하는 것으로 나타났다. 배우자와의 관계 만족도에서는 보통(23.8%), 만족(25.3%), 매우 만족(47.6%)으로 약 97%가 대체로 만족하는 것으로 나타났다. 그러나 결혼이주 여성이 부부싸움을 하는 이유는 남편과 생활방식의 차이(18.5%), 성격차이(17.2%), 시댁문제(8.9%), 경제문제(8.3%), 음주(6.4%) 순으로 나타났고, 전혀 싸움을 하지 않는다고 응답한 사람도 20.2%였다.

남편이 보이는 행동유형 중 생활비를 주지 않는 경우(8.9%), 외출을 못하게 하는 경우(7.4%), 의처증 증세(3.6%), 본국에 송금 못하게 함(4.7%), 신분증 빼앗음(4%), 방임과 내쫓음(3.6%), 모욕하거나 비하하는 말(8.3%), 신체폭력(6.6%), 기타(19.8%), 그런 경험이 없다(26.2%)로 나타났다. 다문화가정의 문제점으로 특히 결혼 과정상의 문제, 언어 및 문화적 갈등, 가정폭력, 경제적 문제 및 자녀양육문제, 다문화 자녀들의 왕따문제, 사회적 편견 등에 대해 정리해 보면 다음과 같다.

❶ 결혼 과정상의 문제점

제3세계 여성들과 한국남성들과의 국제결혼은 대체로 아는 사람의 소개, 직접만남, 종교 단체, 결혼중개업체를 통한 4가지 방식이다. 최근에는 중개업체를 통한 상업화된 결혼이 증가하는 추세이다. 이렇게 노골적으로 상업화된 형태의 국제결혼은 결혼이 성사되고 실제 이주가 이루어지는 과정에서도 많은 문제와 위험을 내포하고 있다.

첫째, 인권 침해적인 광고행위이다. 중개업체들은 남성을 모집하기 위해 모집광고에 송출국 여성의 인권을 침해하는 내용을 게재하여 모집과정에서 국제결혼 송출국과의 외교적 마찰 가능성이 있다.

둘째, 인권 침해적인 중개절차이다. 한국 결혼중개업자와 각 나라의 브로커들의 위계화된 하청구조에 의해 여성을 한국으로 이주시키는 국제결혼

시스템을 구축하고 있고, 중개업자들은 송출국의 단속회피와 높은 이윤을 추구하기 위해 대량으로 결혼중개를 진행한다. 한 예로, 남성이 한 시간 안에 적게는 20~30명, 많게는 200~300명의 베트남 여성 중의 한 명을 선택하는 방식으로 맞선 절차를 진행한다.

셋째, 일방적이고 부정확한 정보제공을 한다. 중개과정이 비용지급자인 남성의 관점에서 이루어지고 있으며, 결혼당사자에게 제공되는 정보(나이, 직업, 초혼·재혼여부, 학력, 경제력, 가족상황 등)도 빈약하고 부정확하다. 또한 남성의 한두 차례 방문으로 성혼이 이루어지고 대부분 그 방문에서 중개업체들이 성관계를 갖도록 유도하기 때문에 여성은 원치않는 성관계, 임신 같은 성적인 위험에 노출되어 있다. 게다가 여성이 결혼을 거부할 때는 소요된 모든 비용을 여성에게 물어내라고 요구하는 경우가 허다하다. 이러한 상황에서 여성들은 결혼여부에 대한 의사결정권과 배우자를 결정할 수 있는 최소한의 기회마저도 거부당하고 있다.

넷째, 중개업체의 과도한 수수료 수취이다. 남성이 지불하는 결혼비용에 비해 부실한 중개서비스를 제공한다. 결혼과정에서 제공되는 통역, 결혼식, 여성에 대한 교육 등은 매우 부실하며, 배우자 선택이 완료된 이후에는 간단한 사전 또는 회화 책자만을 제공한다.

여성가족부의 2012년 실태조사 결과 남편을 만나게 된 경로는 결혼중개업소를 통해서가 37%로 가장 높게 나타나고, 부모·형제 또는 아는 사람의 소개가 34.3%, 타인의 소개없이 직접 10%, 종교단체를 통해 7% 등의 순으로 나타났다. 그리고 결혼소개 비용을 묻는 질문에는 결혼하기 위해 남편만 돈을 낸 경우가 40.2%로 가장 높게 나타났으며, 이주여성과 남편이 동시에 돈을 낸 경우는 13%, 둘 모두 돈을 내지 않았다는 비율도 24.6%를 차지한 것으로 나타났다.

남편이 돈을 낸 경우는 출신국가별로 러시아 출신(87.5%), 태국(53.%), 베트남(50.6%), 캄보디아(50%), 필리핀(43.6%) 순으로 나타났다.

❷ 언어 및 문화적 갈등

외국인 신부들의 언어문제로 인해서 의사소통이 원활하지 못한 경우, 갈등의 골이 깊어지기도 한다. 원활한 의사소통이 불가능하면 서로에 대한 이해가 부족하게 되고, 외국인 신부들이 적응하는데 여러모로 큰 어려움을 겪게 된다. 이주여성들은 한국생활에서 가장 힘든 부분이 언어문제라고 한다. 또한 이주여성들이 직장에서 무시, 조롱, 폭언으로 피해를 입은 경우에 그 원인을 자신의 한국어 실력의 부족으로 인한 주위사람들의 오해로 인해 차별을 당한다고 여기고 있다. 특히 가정에서 남편과 시부모와의 의사소통 문제로 갈등이 생기고, 자녀들의 과제를 도와주지 못하는 것으로 인해 자녀들의 교육문제도 발생하게 된다.

또한 문화갈등은 대부분 한국인 남편은 신부에게 일방적으로 한국문화를 강요하면서 정작 그들의 문화를 이해하려는 노력은 부족한 경우가 많다. 특히 한국 남성과 결혼한 이주여성들은 문화적 이질감 속에서 단시일 내에 거의 일방적으로 한국문화에 동화되길 기대하는 주변의 기대와 압력으로 인해 극심한 스트레스를 느끼기도 한다. 많은 이주여성들이 결혼과 동시에 뼛속까지 한국인이기를 요구당하는 것이다(주경미 등, 2006).

특히 매매혼적 성격을 띤 결혼을 한 외국인 여성들은 종종 한국과 문화가 다르고, 가난한 나라의 여성이라는 이유로 한국남성보다 열등한 존재로 취급받으며 나아가 남성의 성적, 문화적 대상화가 되는 인권유린을 경험한다. 또한 이들 여성은 언어소통의 문제와 한국의 가부장적 가족문화에 적응을 잘 하지 못해 오랜 시간 고립되어 주체적이지 못한 삶을 살아가기도 한다.

부부 간의 문화차이 경험에 대해, 성별에 따라서는 외국인 아내들은 56%가 문화차이를 느낀 적이 있다고 답했지만, 외국인 남편들은 30%만이 그런 적이 있다고 대답했다. 여기서 외국인 아내와 남편이 공통적으로 문화적인 차이를 가장 많이 느낀다고 응답한 부분은 식습관, 가족의례, 자녀양육 방식 등이었다. 생활습관 차이로 인한 부부싸움은 필리핀(32.1%), 몽골(28.6%), 캄보디아(25%)인 반면 성격차이는 한국계 중국인 출신이 40.9%로 높게 나타났다. 이들은 어려움을 겪을 때 주로 모국 친구(34.9%)나 친정 친척이나 가족(18.2%), 남편의 가족이나 친척(10%), 한국어학교 선생님(7.7%), 이웃(6.6%), 상담소(5.7%)에서 상담을 받거나 도움을 받을 사람이 없다는 경우도 7.9%이다.

❸ 가정폭력

언어와 문화적 차이, 의사소통의 어려움, 성격과 기대의 차이, 혹은 남편의 성격장애나 알코올 중독 등으로 인하여 가정폭력 사례가 늘고 있다. 매매혼에 의하여 남자들의 '본전 빼기' 심리에 의한 폭력도 나타나고 있다. 남편의 성적, 신체적, 언어적, 정서적 폭력, 경제적 학대의 문제 등이 이루어지고 있는 것으로 나타났다. 이주여성의 폭력경험을 다룬 2012년 여성가족부의 조사에서 22.2%는 어떤 형태로든 가정폭력을 당한 경험이 있어 결혼이주여성의 가정폭력 경험을 묻는 질문에 53.6%는 응답하지 않았다. 응답자 중 가정폭력 경험이 없다고 명확하게 답한 경우는 24.2%에 불과해 22.2%는 어떤 형태로든 가정폭력을 당한 것으로 볼 수 있다. 가정폭력의 경험으로는 '물건을 던지거나 부쉈다'가 가장 높은 비율인 10.1%를 차지하고, 다음으로는 '모욕적이거나 비하하는 말로 괴롭혔다'가 9.8%, '손으로 때리거나 발로 찼다'가 5.8%, '신원보증 해지하여 본국에 돌려보내겠다고 위협했다'가 5.8%, '때리겠다고 위협했다'가 5.2% 등으로 나타났다.

한편 이번 조사결과 연령이 45세 이상인 경우가 그 보다 낮은 연령대에 비해 폭력빈도가 높은 것으로 나타났다. 이들의 폭력빈도는 거의 매일, 일주일에 한 두 차례, 한 달에 한 두 차례의 비율을 합하여 무려 24.4%에 달하는 것으로 나타난다. 남편의 폭력에 대한 대응으로 33.3%의 응답자 중 14%는 '그냥 참는 편'이라고 응답했으며 '다른 사람에게 도움을 요청한다'가 11%, '남편에게 빈다' 4.5%, '같이 싸운다'가 4.5%로 조사되었다.

❹ 경제적 문제

대다수 다문화가정들은 경제적인 어려움을 호소하고 있다. 결혼이주여성 가구를 포함한 다문화가구의 빈곤은 이전에 비하여 개선된 측면이 있으나 아직도 월평균 가구소득 200만 원 미만인 가구비율이 2012년 41.9%에 이르고 여성 결혼이민자의 고용률은 크게 증가했으나, 단순노무직 비율이 2009년 21.6%에서 2012년 29.9%로 악화되고 여성결혼이민자 일용직 비율이 18.9%로 오히려 증가하였다. 월평균 임금 역시 결혼 이주여성들은 47.4%는 100~200만 원 미만, 30.0%는 50~100만 원 미만 이라고 응답하였다. 열악한 가정환경과 사회적 편견으로 인해 학교와 사회로부터 소외받고 있는 다문화가정의 아동들이 현재의 빈곤을 세습받을 우려가 크다. 다문화가정 자녀들이 '빈곤의 세습'에서 벗어나지 못한다면 그들이 우리사회에서 융화되지 못하고, 새로운 사회문제와 갈등을 야기하게 될 것이다. 여성가족부의 2012년 다문화가족 실태조사에서 경제문제(8.3%),로 나타났고, 남편이 보이는 행동유형 중 생활비를 주지 않는 경우(8.9%), 본국에 송금 못하게 함(4.7%) 등이 나타났으며, 남편의 직업이 농·임·어업인 경우(15.2%)와 소득이 80만 원 이하인 경우 시댁의 결정권이 높은 것으로 나타났다. 즉 남편의 결제력 여하에 따라 시부모의 결정권이 높다는 것이다.

또한 북한 이탈주민의 60%가 실업상태인 것으로 응답했고, 직업이 있어도 월평균 소득이 100만 원 미만인 경우가 대부분이어서 가정의 재정형편이 매우 열악한 것으로 나타났다(장덕종, 2007). 2013년의 실업률은 9.7%, 고용률은 51.4%로 나타났고, 취업자의 고용형태는 상용직 51.5%, 일용직 20.7%, 임시직 16.4% 순으로 일용직 비율은 북한이탈주민이, 자영업 비율은 남한 전체가 매우 높게 나타났으며, 월평균 소득은 2012년 137.7만 원에서 2013년 141.4만 원으로 3.7만 원 증가한 것으로 나타났으나, 남한 전체의 절반 수준으로 경제활동 상태가 아직은 취약한 것으로 나타났다.

❺ 자녀들의 양육과 교육문제

다문화가정의 80% 이상이 농어촌 지역에 거주하기 때문에 도시의 일반가정에 비해 교육수준이 떨어진다. 교육문제 중 가장 큰 문제는 언어교육이다. 다문화가정의 자녀들은 말을 배우는 가장 중요한 시기인 유아기에 한국말이 서투른 외국인 어머니의 교육하에 성장하기 때문에 언어발달이 늦어지고 의사소통에 제한을 받는다. 따라서 언어능력의 부족은 학습부족으로 이어지는 경우가 대부분이다.

상당수는 부모의 낮은 경제적·사회적 지위, 언어·문화·교육방식의 차이 등으로 가정·학교교육에서 문제를 드러낸다. 언어발달 지체 및 문화부적응으로 인해 학교수업에 대한 이해도가 낮으며, 지나치게 소극적이거나 반대로 폭력성 또는 과잉행동장애를 보이는 등 정서장애도 나타난다.

또한 북한이탈주민 자녀들의 적응문제도 심각한 것으로 나타났다. 남한의 언어와 수업방식 등에 적응하지 못해서 중도에 탈락하는 중·고교생의 비율이 15%에 달하는 것으로 나타났다. 초·중학교에 재학 중인 북한출신의 청소년 65명을 대상으로 가장 큰 고민이 무엇인지를 물어본 결과, 초등학생들의 고민은 성적(60%), 북한 사투리(21%), 외모(9%), 친구들로부터의 소외(3%) 순으로 나타났다(조영달 등, 2006).

❻ 다문화가정 자녀들의 따돌림 문제

교육과학기술부에 따르면 국제결혼 가정의 초등학생 자녀는 10명 중 2명 정도가 집단 따돌림을 경험한 것으로 조사되었다. 일반 초등학생이 집단 따돌림을 경험하는 비율(13.4%)의 2배에 가까운 수치다.

교과서를 비롯한 교재와 교사들의 다문화주의를 포용하지 못하는 데서 오는 '차별'과 '배제' 때문에 아동들이 조기에 사회적 소외를 경험할 가능성이 높다. 그리고 우리나라 학생의 경우 집단따돌림을 당하는 주된 이유가 '잘난 척을 해서'인 반면, 다문화가정의 자녀는 단순히 피부색이 다르다거나 다문화가정의 자녀라는 이유 때문이다. 다문화가정의 자녀가 따돌림당하는 이유는 엄마가 외국인이기 때문에(34.1%), 의사소통이 잘 안 되어서(20.7%), 특별히 이유 없이(15.9%), 태도와 행동이 달라서(13.4%), 외모가 달라서(4.9%), 기타(22%) 등으로 나타났다.

이럴 경우에는 본인의 의사와는 무관하게 결정된 요인 또는 본인의 노력에 의해 해결될 수 없는 이유로 집단따돌림을 경험하기 때문에 매우 큰 정서적 충격을 경험하게 된다. 이들이 적절히 사회에 통합되지 못하고 계속해서 소외된다면 궁극적으로는 소외집단의 크기가 커지면서 다인종 사회에서와 같은 인종적 갈등 내지 사회혼란이 발생할 우려가 높다.

❼ 사회적 편견과 차별

우리나라는 순혈주의 중시풍토로 다문화가정에 대한 편견 및 차별이 존재한다. 단일민족·순형이념에 뿌리박은 자민족중심주의와 인종차별주의, 문화우월주의가 이들로 하여금 '서러운 타국 땅'에서 소수자로 무시당하고 배척당하는 느낌을 갖게 하고 있다(최충옥, 2007). 또한 우리사회에서는 경제적 제국주의에 입각한 우리보다 어려운 형편에 있는 나라와 그 나라의 문화와 국민을 '미개 문화', '후진 국민'으로 폄하하는 성향이 강하게 드러나고 있다. 이는 곧 저개발국 출신의 이주자들에 대한 편견과 차별로 이어지고 있으며 다문화 성원의 주류사회 진입을 가로막는 걸림돌로 작용하고 있다(김재우, 2006). 가난한 나라에서 온 여성이라는 이유로 또는 피부색깔이 다르거나, 한국음식을 잘 못 먹는다는 이유로 '가난=야만과 무지'라는 식의 차별을 하는 경우가 있다고 한다. 이런 과정은 이들 여성들을 경제적, 성적, 문화적 측면에서 그들이 한국사회에서 느끼는 열등감과 왜곡된 자기정체성을 갖게 하는 주요한 요인이 된다. 결혼이주자의 41.4%가 사회적 차별을 경험하였다고 답하였으며, 지난 3년간 사회적 차별경험자 비율은 감소하기보다 오히려 2009년 36.4%에서 2012년 41.3%로 4.9% 증가하였다.

외국인 근로자들은 저임금, 임금체불 등의 차별대우를 받는 경우가 많은데, 외국인 노동자의 17%가 한국인의 부정적인 태도로 인해 직장생활에 어려움을 겪은 바 있다고 응답했다(노동부, 2005). 특히 이주여성들은 한국생활에서 사회적 차별을 경험하고 있는 것으로 나타나고 있다. 결혼이주자의 41.4%가 사회적 차별을 경험하고 있으며, 2009년 36.4%에서 2012년 41.4%로 5.0% 증가하고 있는 것으로 나타났다(이승림, 2013). 인종차별(42%), 법적지위 차별(42%), 브로커에 의한 착취(38%), 근로고용착취(30%) 등을 당한 적이 있다고 응답하였으며, 직장에서의 무시, 조롱, 폭언의 피해를 입은 경우도 42%에 달했다(양정화, 2005). 또한 이들 여성을 가난 때문에 한국으로 시집온 사람, 무턱대고 불행한 삶을 살고 있다고 예단하는 시각, 위장결혼한 사람이 대다수라고 보는 시각이 대부분이다. 더 나아가 비정상적인 가족 등 사회문제의 원천으로 보는 시각이 잔존한다. 이러한 편견과 차별이 지속될 경우 이로 인한 사회적 갈등이 표출될 우려가 있다.

⑧ 법적 문제점

다문화가정의 문제점 중에서 법적 보호를 받지 못하고 있는 것이 이들을 더욱 힘들게 하고 있다. 몇 가지 예를 들면 다음과 같다.

첫째, 결혼중개업체에 대한 관리 및 이용자 보호대책의 미비이다. 중개업체가 제공하는 중개서비스 내용이나 중개과정과 이윤추구를 위해 탈법적으로 이루어지는 중개에 대한 행정·사법당국의 관리·감독대책이 제대로 이루어지지 않고 있다.

둘째, 관련업무가 여러 부처에 분산되어 비효율적으로 추진되고 있다. 각 부처가 단편적으로 문제해결중심의 현상대응에 치중함으로써 정책의 효율성이 저하된다. 중앙·시도군·구·읍면동의 공공전달체계와 지역사회 내 공공·민간 간 네트워크 구축이 미흡하다.

셋째, 사회복지서비스 문제이다. 대부분의 여성 결혼이민자들은 사회복지서비스 제공기관이 있다는 것을 잘 모르고 있는 실정이기 때문에 읍·면·동 사무소와 같은 공적 기관은 물론이고 사회복지관, 이주여성 상담소 등 민간 기관을 이용하는 경우도 매우 적은 것으로 나타났다.

넷째, 국민기초생활보장제도이다. 국민기초생활보장법은 2005년 12월에 법률을 개정하여 외국인에 대한 특례조항을 마련하였다. 국민기초생활법의 개정으로 국제결혼 여성이주민이 최저생활을 보장받을 수 있는 권리가 발생하였지만 이는 어디까지나 한국인 자녀를 양육하고 있는 여성이주민만으로 제한되는 것이어서 생활이 어려운 내국민여성들의 자녀양육과는 상관이 없다. 이는 국제결혼 이주여성은 외국인이지만 한국 국적 자녀의 어머니로서의 역할에 근거하여 외국인 노동자를 포함한 여타의 외국인 지위와 다소 다르게 법적보호를 제공하고 있는 것이다. 그리고 국민기초생활보장제도에 대한 홍보가 미흡해 제도자체에 대해 알고 있지 못하고, 신청을 하더라도 대부분은 국민기초생활보장제도의 엄격한 기준에 의해 탈락되고 있다.

다섯째, 의료보장체계이다. 현재 여성 결혼이주민들의 22.5%는 자신의 질환치료와 관련된 비용을 전액 본인이 부담하고 있으며, 다른 사람들의 도움을 받거나 무료 진료소를 이용하는 경우 등도 전체의 10%에 이르는 등, 전체 여성 결혼이주민의 1/3이 실질적인 의료보장체계 안에 들어가 있지 못하다. 실제로 자신이 가지고 있는 의료보장의 형태에 대한 질문 결과에서도, 23.6%는 어떠한 의료보장도 받고 있지 못한 것으로 대답하기도 하였다.

여섯째, 모·부자 복지법이다. 모·부자복지법은 2006년 12월에 법률을 일부 개정하여 외국인에 대한 특례조항을 신설하고, 2007년 3월에 시행령 제10조에도 외국인에 대한 특례조항을 마련하였다. 그런데 대한민국 국적의 자녀를 양육하고 있는 내국민여성과 동등하게 사회적 보호를 받을 수 있도록 하고 있다.

일곱째, 생활관련 국내법 문제이다. 결혼이주민이 우리나라에서 체류하고 취업하며 생활하는데 관련되는 국내법으로는 '출입국관리법령'과 '재외동포의 출입국과 체류에 관한 법률' 및 법무부의 '국민의 외국인 배우자에 관한 체류관리지침' 등이 있다. 이 법안은 한국인과 결혼하면 '국민배우자' 비자를 발급받아 1년의 체류기간이 부여되며, 이 기간이 만료되면 결혼이주민은 주소지 관할 출입국관리소에 배우자와 동행하여 체류기간 연장신청을 해야 한다. 이와 관련된 모든 행정절차가 한국인 배우자 동행과 배우자 신원보증, 경제적 요건 등이 필수적이기 때문에 국제결혼으로 이주해온 결혼이주민의 합법적 국내 체류여부가 한국인 배우자에 의존하게 되어 있어서 배우자에 대한 종속을 심화시키고 이로 인해 불평등한 부부관계가 형성되기도 한다.

3) 다문화가정 문제의 해결방안

❶ 이주여성에 대한 언어·문화교육 확대실시

저개발국 출신의 여성 결혼이민자 자녀의 경우 어머니의 모국어 사용이

금기시되는 분위기에서 자라나는 경우가 많아서 한국어와 어머니의 모국어 모두 미숙한 경우가 많다. 이주여성들의 국적과 언어 등을 조사하여 이를 바탕으로 언어교육 프로그램을 실시하여 외국인 아내들이 한국어를 빨리 습득할 수 있도록 도와야 하며, 가정 내에서 자연스럽게 이중 언어에 노출되는 장점을 살려 다중언어 구사자원으로 육성할 필요성을 강조하여 어머니의 모국어 사용을 장려하는 분위기를 조성하고 간단한 인사말 등을 교우들에게 가르치도록 하는 등 수업지도에 활용하는 것이 필요하다.

현재 한국어 방문교사 프로그램은 5개월 과정과 여성가족부에서 시행하는 1년 과정이 있는데 이것으로는 부족하며, 각종의 지원책은 많이 제시되고 있지만 좀 더 체계적인 방안이 필요하다. 그리고 한국보다 경제적으로 가난한 나라에서 왔다는 이유로 무조건 한국문화를 강요할 것이 아니라 그들의 문화적 장점을 인정하고 한국문화에 적응할 수 있도록 교육과 한국문화체험 프로그램들이 제공되어야 한다. 또한 한국인 배우자가 외국인 배우자 문화를 이해할 수 있는 다양한 기회들이 제공되어야 한다.

❷ 여성결혼이민자 가족에 대한 경제적 지원

대다수 다문화가정들은 경제적인 어려움을 겪고 있다. 외국인 배우자들은 한국 국적이 없으므로 경제활동에서도 차별받고 있다. 현재 노동에서 일자리 알선 및 훈련지원 방안으로 전국 64개 '외국인 고용허가제 전담창구'를 활용해 상담 또는 취업알선사업을 실시, 취업 희망 외국인 배우자에 대해 취업지원서비스 제공 및 고용보험 가입 이전이라도 실업자 직업훈련이 가능하게 하고, 여성결혼이민자에 특화된 프로그램 개발·보급하고 있으며, 보건복지부에서 사회복지 차원에서 빈곤층 다문화가정 지원으로 기초생활보장을 위해 최저생계비 이하의 빈곤층 혼혈인에 대해 생계, 의료, 주거급여 등을 지원하고 결혼이민자에게 건강보험 가입 안내책자(외국어)를 제작·배포하고 있으나 고용시장에서 차별대우를 받고 있는 실정이다. 정부차원에서 외국인 배우자들의 능력개발프로그램을 개발하여 제공해야 하고 직업상담 및 고용서비스 지원을 통해 취업을 희망하는 외국인 아내의 사회진출을 적극 장려해야 한다. 외국인 아내들이 모국어와 한국어에 능통하다는 장점을 살려 외국어 교육 또는 가이드로서 능력을 활용할 필요가 있다. 또한 다문화가정에 대한 기초생활 수급확대로 경제적 지원이 필요하다.

❸ 자녀양육 및 교육지원

결혼이주민 여성들은 한국어 구사능력이 떨어지므로 임신, 출산, 양육에 대한 책을 언어별로 제작하여 외국인 아내들에게 배포하고, 다문화가정을 위한 보육시설 마련을 통해 문제를 해결해야 한다. 다문화가정을 위한 보육시설은 자녀의 언어습득에 도움을 줄 뿐만 아니라 외국인 아내들의 경제적 활동을 장려할 수 있다.

현재 여성가족부에서 여성 결혼이민자에 대한 한국어·한국문화 이해교육 및 자녀양육법 지도 등을 통해 자녀들의 학교생활 적응을 유도하고 있고, 교육부에서 다문화가정 자녀를 위한 '방과 후 학교' 프로그램 개설을 하여 다문화가정 자녀의 학습결손 방지를 위해 방과 후 학교 프로그램으로 한국어(KSL) 지도와 교과 지도, 문화체험 교육을 실시하고 있으나 영유아 예방접종과 저소득계층에 대한 미숙아 및 선천성 이상아 의료비와 영유아, 임산부 건강검진 지원 등을 적극 검토해야 한다. 그리고 한국어가 서툰 외국인 아내로 인해 자녀가 한국어 습득에 장애를 겪을 수 있으므로 이주민 여성들에게 한국어 교육프로그램을 실시하여야 한다. 부모의 국적이 다르고 문화적 차이로 인해 자칫 정체성의 혼란을 겪을 수 있는 자녀들에 대한 다문화 교육이 필요하며, 이들 다문화가정 자녀들이 다름에서 오는 차이를 차별로 받아들이지 않고 다문화를 공유한 시민으로 성장할 수 있도록 적극적으로 배려되어야 할 것이다.

❹ 다문화가정에 대한 사회적 인식 개선

외국인 배우자들은 한국보다 가난한 나라에서 왔다는 이유로 가정과 사회에서 무시와 차별을 경험하며 심지어 정신적·육체적 피해에 쉽게 노출되고 파괴당하고 있다. 지금 세계는 인종과 민족의 경계를 허물어가고 있다.

우리나라도 이러한 추세에 맞추어 나와 다른 피부색, 다른 문화를 가진 사람들을 바라보는 인식을 개선해야 한다. 결혼이민자 등에 대한 제도적 차별 철폐와 아울러 우리나라 국민의 다문화가족에 대한 이해를 증진하여야 생활상의 멸시와 차별이 철폐될 수 있다. 이러한 편견을 해소하기 위해서 다문화 관련 공익광고 및 다문화교육 등을 실시하고, 지역민들이 함께할 수 있는 행사를 마련하여 그들과 일반국민의 벽을 허물 수 있도록 노력해야 한다. 또한 국가 및 지방자치단체가 우리나라 국민과 결혼이민자가 다문화를 상호이해할 수 있도록 일반인들에게도 다문화교육 프로그램을 실시하는 것은 물론 학교교육에 다문화교육 강좌를 개설하여 학생들에게도 다문화교육을 실시해야 한다. 또한 고용시장에서도 결혼이민자에 대한 편견을 없애고 정당하게 취업을 할 수 있도록 국가에서 법적 조치도 규정해야 한다.

❺ 법제도 개선

결혼이민자들은 결혼을 하는 과정에서부터 가정, 사회에서 법적인 보호를 제대로 받지 못하고 있는 실정이다. 우선 국제결혼중개업 관리를 위한 법률 제정 및 불법행위 단속을 강화하고, 결혼사증 발급심사를 강화해야 한다. 국제결혼 알선업체를 통해 입국하는 이주여성들의 인생은 그들이 제공하는 거짓정보와 횡포에 노출되어 있다. 또한 1,000만 원에서 1,500만 원의 비용을 지불하는 한국인 남성 배우자도 피해자이기는 마찬가지다. 현재 신고업인 결혼알선업체에 대한 다양한 규제와 감시감독이 필요하다. 다음으로, 체류자격부여(영주권)의 문제이다. 국민의 배우자에게 영주권을 부여하는 것에 대해 적극적으로 검토할 필요가 있다. 또한 미등록 외국인 배우자라도 한국인과 실질적인 결혼생활을 하고 있다면 한국 내에서 체류자격을 변경할 수 있도록 배려해야 한다. 이를 통해서 외국인 배우자의 체류자격을 미끼로 외국인 배우자에 대한 가정폭력 등 부당한 대우를 근절할 수 있고 한국인 배우자는 잠재적인 가해자라는 오명을 씻을 수 있을 것이다.

참고문헌

강휘원 (2007). 다문화사회의 통합과 지역 거버넌스. 다문화가족연구, 1, 1-29. 평택대학교 다문화가족센터.

김동성 등 (2014). 경기도 북한이탈주민 지원 종합구상. 경기개발연구원.

김재우 (2006). 다문화사회로의 전환: 국제결혼가정자녀의 교육지원방안. 오늘의 청소년, 22(6), 10-15.

남북하나재단 (2013). 2013 북한이탈주민 경제활동 실태조사.

라임글로브 (2013. 12. 20). 북한이탈주민의 문화생활 향상을 위한 실태조사 및 기본계획 수립 연구용역. 미간행원고.

매일경제 기획취재팀 (2009. 1. 8). 외국인 근로자의 경제가치 한해 생산효과 4조2000억원, 임금에 비해 생산성도 높아. 인터넷 MK뉴스 기사.

모경환 (2009). 한국교원교육연구, 26(2), 75-99.

모경환, 최충옥, 김명정, 임정수 (역) (2008). 다문화교육 입문, 서울: 아카데미프레스. (원저: James A. Banks, An Introduction to Multicultural Education, 4th ed., Boston: Pearson, 2008).

서혁 (2007). 다문화가정 현황 및 한국어교육 지원방안. 인간연구, No.12. 가톨릭대학교 인간학연구소.

송종호 (2005). 한국에서의 다문화주의 모색: 난민보호의식의 재검토. 민족연구, 23, 81-103.

안전행정부 (2014. 7. 3). 2014년 지방자치단체 외국인주민현황 조사결과 발표 보도자료.

양정화 (2005). 이주여성의 차별과 폭력경험에 관한 실태 조사 연구: 경남지역을 중심으로. 경남대학교 석사학위논문.

이민경 (2008). 한국사회의 다문화 교육 방향성 고찰: 서구 사례를 통한 시사점을 중심으로. 교육사회학연구, 18권 2호.

이승림 (2013). 국제결혼 이주 여성지원정책 개선방안 연구. 중부대학교 석사학위논문.

장덕종 (2007). 새터민 지역사회 적응 정말 어렵네요. 연합뉴스 10월 18일자.

정상준 (1995). 문화적 다양성과 다문화주의. 외국문학, 여름호, 79-95.

정하성 등 (2007). 다문화 청소년이해론. 서울: 양서원.

조영달, 윤희원, 박상철, 최영인, 민병곤, 서혁 (2006). 다문화 가정의 교육 실태조사. 교육인적자원부.

조정남 (2001). 현대국가와 다문화주의. 민족연구, 6, 8-10.

주경미 등 (2006). 여성결혼이민자 현황 및 부산시의 정책방향. 부산발전포럼, 1(99), 28-46. 부산발전연구원.

최일선 등 (2008). 국제결혼 가정 자녀를 위한 교육멘토링. 경기: 교육과학사.

최충옥 (2007). 다문화시대의 교육정책 장행과 과제, 제4회 경기 다문화교육포럼, 11-24. 경기다문화교육센터.

통계청 (2013. 11. 7). 2013년 외국인고용조사 결과 보도자료.

통계청 (2014. 2. 27). 2013년 사교육비 조사 결과 보도자료.

통계청 (2014. 4. 22). 2013년 혼인·이혼 통계 보도자료.

현대경제연구원 (2009. 1. 5). 다문화 시대의 경제적 영향. 참고자료.

Banks, J. A. (2008). *An Introduction to Multicultural Education* (4th ed.), Boston: Pearson.

Banks, J. A., & Banks, C. A. M. (1993). *Multicultural Education: Issues and Perspectives* (2nd ed.). Boston: Allyn & Bacon.

Gudykunst, W. B., and Hammer, M. R. (1983). Basic training design: Approaches to intercultural training. In D. Landis and R. W. Brislin (eds.), *Handbook of Intercultural Training*, 1, (pp. 118-154). NY: Pergamon.

Kendall, F. E. (1996). *Diversity in the classroom: New approaches to the education of young children*. NY: Teacher College Press.

Linton, R. (1936). *The Study of Man: An Introduction*. NY: Appleton.

Nieto, S. (1992). *Affirming Diversity: the Sociopolitical Context of Multicultural Education*. NY: Longman.

Seefeldt, C. (2005). *Social Studies for the Preschool/Primary Child* (7th ed.). Upper Saddle River, NJ: Pearson.

Sutherland, R. L., & Woodward, J. L. (1937). *Introductory Sociology*. Philadelphia.

Tylor, E. B. (1871). Primitive Culture. London: J Murray.

Vertovec, S. (1996). Multiculturalism, culturalism and public incorporation. *Ethnic and Racial Studies*, 19(1), 222-242.

제08장

학교조직과 교육

학교는 한 사회가 교육적 목적을 달성하기 위해서 운영하는 기본적인 제도이며 조직이다. 조직으로서의 학교는 구성원들이 다양한 사회적 욕구를 충족하면서 서로 영향을 미치게 되는 사회·문화적 복합성을 가지고 있다.

학교조직은 큰 테두리의 사회 속에 있으면서 자체적으로 하나의 독자적인 독특한 사회체제와 문화체계를 이루고 있다. 즉, 다른 사회조직과 공통성을 갖고도 있지만 다른 사회조직과는 구분되는 특수성을 가지고 있다. 따라서 학교를 원활하게 운영하기 위해서는, 학교와 관련된 이해관계자들 및 학교조직의 구성원들이 학교조직의 특성을 잘 이해하여야만 한다.

이 장에서는 먼저 학교의 조직적 특성을 살펴본다. 이어 학교조직의 문화적 성격을 살펴본다. 마지막으로 학교 발전에 기여할 수 있는 조직개발 방안에 대하여 알아본다.

01 학교의 조직적 특성

학교는 하나의 사회체계이다. 사회체계는 역할구조와 규범 그리고 가치로 나타낼 수 있다. 학교에서의 역할구조(role structure)는 교장, 교감, 상담요원, 교사 그리고 학생 등으로 구성된다. 이러한 역할은 조직의 기능으로서 학생들을 가르치고 조직을 유지하기 위하여 학교의 과업달성을 효율적으로 이룰 수 있도록 구성원들에게 지위에 따르는 행동을 열거해 놓은 것이다. 학교의 규범과 가치는 조직구성원들의 행동을 정당화하고 관장하기 위한 이념적 틀을 제공함으로써 여러 가지 다른 역할들을 통합하게 된다.

1) 사회체계로서의 학교

사회체계(social system)는 사람들 간에 이루어지는 사회적 과정－즉 상호작용관계의 지속적 체계－를 뜻한다. 사회체계가 구성되기 위해서는 여러 요인(행위자, 활동, 지위와 역할, 가치와 규범, 상호작용, 감상, 조직 등)이 필요하다. 행위자는 사회체계구성의 필수적 요소이며 결국 사람을 의미한다. 지위와 역할은 그 행위자가 담당하고 수행하는 행위와 활동을 지칭하는 것이다. 가치와 규범은 행위자들이 서로 접촉하고 교섭하는 과정에 지켜야 할 규칙 또는 행위의 기준을 의미한다. 상호작용은 행위자들이 서로 접촉하고 교섭하는 과정을 의미하며, 감상은 행위자들이 표현하는 마음 곧 감정을 의미한다. 그리고 조직은 사회체계 내에서 구성원들이 상호작용하는 관계와 지위와 역할을 제도화하는 것을 뜻한다(최정숙·박용헌, 2005).

사회체계가 존속하고 활성화하기 위해서는 이상의 요인들의 유기적 관계를 유지하는 동시에 네 가지 기능적 필요(유형유지, 목적달성, 적응, 통합)를 적절하게 충족해 가야 한다. 즉, 모든 사회체계는 지금까지 지속되어 온 형태의 체계를 유지해 가지 않을 수 없으며, 존재해야 할 이유와 지향해야 할 목적을 가지고 있다. 또한 모든 사회체계는 자연과 물리적 환경 및 다른 사회환경과 접촉하면서 서로 교섭하고 그 환경에 일차적으로 적응해야 하며, 사회체계를 유지하기 위해서는 그 내부의 여러 요소들 간의 관계를 조정하여 조화와 균형을 이루어야 한다.

2) 조직으로서의 학교

사회체계로서의 학교를 원활하게 운영하기란 결코 쉬운 일이 아니다. 즉, 학교란 많은 구성원들 간에 바람직한 관계가 유지되고, 이를 토대로 공동의 노력에 의해 운영되어야 하기 때문에 효과성을 증대시키기란 쉽지가 않다. 이와 같이 집단적인 노력을 통하여 학교목표를 달성하기 위해서는 어떤 효율적인 운영방법이 필요할 것이다. 이것이 곧 조직이다.

조직에 대한 정의는 학문적 관점에 따라 강조점의 차이가 있다. 경영이론가인 바나드(C. I. Barnard, 1938)는 조직을 '두 사람 이상의 협동체'로 보고 이러한 협동체가 어떤 조건을 갖출 때 효과적이고 효율적으로 유지될 수 있는가를 제안하였으며, 행정학자 사이먼(H. A. Simon, 1947)은 조직의 핵심을 '의사결정의 구조'로 파악하고 그에 속한 기능으로 '업무분담, 업무수행의 표준 설정, 권한과 영향력의 구사, 의사소통, 교화와 훈련'을 제시하였다. 한편, 사회학자인 파슨스(T. Parsons, 1959)는 조직을 '그것이 속해 있는 더 큰 사회의 기능에 공헌하는 특정한 목적을 달성하기 위한 사회단위'로 간주하고 있다.

조직에 대한 정의가 다양하지만 이것들을 종합해보면 조직은 '어떤 공동의 목적을 달성하기 위하여 두 사람 이상이 과업을 분담하여 공동으로 노력하는 하나의 사회체제'라고 할 수 있다. 그리고 이러한 조직 개념에는 다음과 같은 관점이 내포되어 있다고 할 수 있다(남정걸, 2001).

첫째, 조직은 어떤 공동의 목적을 위해 존재하는 것이다. 따라서 조직은 기본적으로 수단적인 것이며 그 자체가 목적인 것은 아니다.

둘째, 조직에는 목표를 합리적으로 달성하기 위한 여러 사람들의 협력적 관계가 필요하다.

셋째, 조직의 구조는 기능적인 분업화의 원리에 따라 횡적 부화와 종적 계층화의 모습을 띠게 된다.

넷째, 조직은 각자의 욕구를 가지고 있는 구성원들의 행동을 조직의 요구에 따라 행동하도록 조정·통제하기 위한 행동규정이나 규칙 등의 규범을 가지고 있다.

조직 개념에서 염두에 두어야 할 것은, 조직의 본질은 사물이 아니라 사람이라는 점일 것이다. 즉, 조직은 단순히 사물이 아니며, 공동의 노력이 요구되는 목표를 달성하기 위하여 개인들이 만들어 낸 전략이다. 사람들은 자신들이 공존·공유할 수 있다고 여기는 이익과 목적에 근거하여 하나로 일치될 수 있다(성병창, 1995).

3) 조직원리와 조직형태

조직의 구성·운영에는 조직원리와 조직형태에 대한 이해와 활용이 요구된다. 먼저, 조직의 원리는 조직의 능률을 향상하기 위하여 조직활동을 유형화하는 방식을 말한다. 조직이론에서는 일반적으로 6개의 조직원리(분업, 계층제, 통솔범위, 명령통일, 조정, 적도집권)를 제시하고 있다. 분업의 원리란 업무를 성질별로 나누어 가능한 한 한 사람에게 한 가지의 주된 업무를 분담시키는 것으로 전문화를 의미한다. 계층제의 원리란 권한과 책임의 정도에 따라 직무를 등급화 함으로써 상·하 조직단위 사이에 직무상 상하관계를 설정하는 것을 뜻하는 것으로, 명령계통과 지휘감독 체계를 확립하는 것을 의미한다. 통솔범위의 원리란 한 사람의 상관이 직접 효과적으로 다스릴 수 있는 부하의 수를 의미한다. 명령통일의 원리란, 계층의 질서를 확립하고 책임소재를 분명히 하기 위하여, 한 사람의 상관에게만 명령을 받고 그에게만 보고해야 한다는 것을 의미한다. 조정의 원리란 조직체의 각 부분이 공통된 목적을 달성하기 위하여 행동의 통일을 이룩하도록 집단적 노력을 질서 있게 결합하고 배정하고 조화를 이루게 하는 것을 말한다. 적도집권의 원리란, 적도분권과 동일한 개념으로, 집권과 분권 사이에 적절한 정도의 권한의 균형을 유지하고자 하는 것으로, 집권의 장·단점과 분권의 장·단점을 모두 고려하여 두 극단을 모두 피하면서 적절한 종합을 도모하는 것이다.

한편, 조직의 기본 형태는 '공식조직인가, 비공식조직인가?', '계선조직인가, 막료조직인가?'와 같은 기준으로 구분할 수 있다.

(1) 공식조직과 비공식조직

이것은 조직의 활동을 얼마나 명확하고 구체적으로 규정하느냐에 따라 구분하는 방식이다. 공식조직(formal organization)은 어떤 목적을 달성하기 위하여 명백한 체계로 설정된 조직을 말한다(Hoy & Miskel, 1996). 공식조직은 형식조직이라고도 하며, 과학적 합리성의 근거에 따라 인위적으로 제도화된 조직으로, 행정기능을 분화하고 수직적·수평적으로 전문화된 조직이다. 비공식조직(informal organization)은, 비형식조직이라고도 하며, 현실의 인간관계 및 행태를 중심으로 한 비합리적·감정적·대면적 측면에서 이루어진 자연발생적 조직이다.

공식조직과 비공식조직은 대조적인 속성을 지닌다. 첫째, 공식조직은 조직의 목적달성을 위하여 인위적 또는 의식적으로 편성된 제도적 조직이고, 비공식조직은 혈연·지연 또는 동창 관계 등으로 인하여 자연발생적인 현실적 인간관계로 이루어진 조직이다. 둘째, 공식조직은 외면적 혹은 외재적인 조직으로서 가시적인 조직이지만, 비공식조직은 내면적 혹은 내재적인 조직으로 비가시적인 조직이다. 셋째, 공식조직은 조직기구와 직제에 의하여 서면화된 조직이지만, 비공식조직은 성문화되어 있지 않으며 조직원들의 생생한 행동이나 태도 속에서 자라나온 조직이다. 넷째, 공식조직은 통상 비인간적 관계와 능률을 중요시하는 조직이지만, 비공식조직은 인간적 관계와 정서를 중요시하며 능률을 그렇게 중요시하지는 않는다. 다섯째, 공식조직은 전체적 질서를 부여하지만, 비공식조직은 부분적 질서를 담당할 뿐이다. 여섯째, 공식조직은 지도자의 권위가 상부에 의해서 주어짐에 따라 존재하는 하향적인 것이지만, 비공식조직은 부하들의 동의에 의해서 존재하는 상향적인 것이다. 일곱째, 공식조직은 방대한 규모로 확대되는 현상이 있지만, 비공식조직은 현실적인 친밀한 인간관계를 필수요건으로 하기 때문에 항상 소집단 상태를 유지하게 된다.

조직을 원활하게 운영하기 위해서는 공식조직에 대해서뿐만 아니라 비공식조직에 대해서도 잘 이해하고 있어야만 한다. 비공식조직에는 다음과 같은 순기능이 있다. 첫째, 공식조직에 융통성을 부여하고 대인관계로부터 나오는 개방적 풍토를 조성한다. 둘째, 조직구성원들 간의 원활한 협동관계와 지식·경험의 공유, 집단적 결정에의 참여, 그리고 유기적인 상호의존관계 등을 가능하게 하여 업무의 능률적 수행을 돕는다. 셋째, 조직구성원들의 누적된 심리적 욕구불만의 해소처가 되므로 귀속감과 안정감을 부여한다. 넷째, 공식적 구조만으로는 불충분한 의사전달을 비공식적 의사전달의 통로를 통하여 보충해 줌으로써, 의사전달의 원활화에 기여한다. 다섯째, 공식조직의 책임자에 대한 자문기관이나 협조자의 역할을 한다. 여섯째, 구성원 간에 서로 권고하고 조언함으로써 상호 통제기능을 갖고 있으므로 어떤 행동기준을 제공한다. 그러나 비공식조직에는 다음과 같은 역기능이 있다. 첫째, 자칫하면 파벌을 조성할 위험이 있다. 둘째, 공식조직의 목표에 배치되는 결과를 가져올 수 있다. 셋째, 비공식적 접촉을 통하여 개인적인 이익을 도모하기 쉬우며, 따라서 정실이 조장될 우려가 있다. 넷째, 비공식적 의사전달에 따른 부작용의 우려가 있으며, 이에 왜곡된 정보 및 구설수 등에 의해 사기가 저하될 우려가 있다.

(2) 계선조직과 막료조직

조직은 집행을 담당하는 계선조직과 기획 및 기타 보조적인 서비스를 제공하는 막료조직으로 구분되기도 한다. 계선(line) 조직이란 행정의 목적수행에 직접적으로 기여하는 일차적 조직을 말하며, 막료(staff) 조직이란 계선조직이 원활하게 기능을 수행하여 조직의 존립목적을 달성할 수 있도록 자문, 권고, 협의, 정보의 수집과 판단, 기획, 통제, 인사, 회계, 조달, 조사, 연구 등의 기능을 수행하는 조직을 말한다.

계선조직은 명령계통의 확립을 원리로 한 계층적 구조를 가지고 있으며, 자기 책임 하에 스스로 결정하고 명령하는 집행실시기관이다. 계선조직은 다음과 같은 장점을 가지고 있다. 첫째, 구성된 상호간의 권한과 책임의 한계가 명백하며, 업무수행이 능률적이다. 둘째, 단일기관으로 구성되어 의사결정이 신속하게 이루어지고, 강력한 통솔력을 발휘할 수 있다. 셋째, 업무가 단순하고 비용이 적게 드는 조직, 업무의 분화가 다양하지 않은 소규모 조직에 유리하다. 넷째, 경비의 절약을 기할 수 있다. 그러나 계선조직에는 다음과 같은 단점이 있다. 첫째, 대규모 조직에는 계선만으로는 부족하고 업무량도 과다해지며, 최고관리자의 업무량을 과중케 한다. 둘째, 조직의 장이 주관적·독단적인 조치를 취할 가능성이 있으며, 기관장의 독선적 경향을 방지하기 어렵다. 셋째, 특수 분야에서 전문가의 지식과 경험을 이용할 수 없으며, 고도로 전문성이 요구되는 의사결정에 전문가들을 활용할 수 없다. 넷째, 조직이 지나치게 경직되게 되어, 의사전달이 불충분하고 융통성이 없고, 통솔범위가 한정된다. 다섯째, 부처 간의 효과적 조정이 곤란하며, 한두 사람의 유능한 인재를 잃으면 전체 조직이 마비된다.

막료조직은 참모조직이라고도 하며 조직의 목적을 직접적으로 수행하는 계선의 기능을 원활히 수행하도록 지원 보조하는 부차적 조직이다. 막료조직에는 다음과 같은 장점이 있다. 첫째, 최고관리자의 대내적 업무인 조정·통제업무를 감소시켜 줌으로써, 기관장의 통솔범위를 확대시킨다. 둘째, 전문적 지식 및 기술, 경험을 활용함으로써 보다 합리적인 지시와 명령을 내릴 수 있어, 다양한 정보를 제공하며 주관적 독선을 배제하며 집단적 사고를 활용할 수 있다. 셋째, 수평적인 업무의 조정과 협조를 가능하게 한다. 넷째, 조직의 경직성을 완화하고 신축성을 부여한다. 그러나 막료조직에는 다음과 같은 단점이 있다. 첫째, 조직의 복잡성으로 조직 내의 알력과 불화가 생길 수 있다. 둘째, 명령계통, 의사전달의 경로를 혼란에 빠뜨릴 가능성이 있다. 셋째, 막료는 책임을 지지 않으므로 계선의 권한을 침범할 우려가 있고, 양자가 서로 책임을 전가할 우려가 있다. 넷째, 의사결정의 합리화에 힘입어 중앙집권화를 가져온다. 다섯째, 통솔범위의 비대화를 초래하고 경비의 증가를 가져온다.

3) 학교조직의 속성

조직 유형의 관점에서 볼 때 학교는 몇 가지 주목할 만한 속성을 가지고 있다. 먼저, 학교조직은 기본적으로 관료제이며, 또한 전문관료 조직이다. 이는 학교조직이 기본적으로 관료제에 기초해 있으면서도, 동시에 학교관료제의 독특한 속성도 함께 가지고 있는 것을 뜻한다. 이 외에도 학교는 고유한 교육조직적 속성을 가지고 있다. 이를테면, 학교는 규범적 조직이다. 학교는 또한 순치적 봉사조직으로 이해되기도 한다. 학교는 또한 이완 조직이며, 의도된 무질서 조직으로 간주되기도 한다.

(1) 관료제 조직

관료제 조직에 관한 최초의 이론은 독일의 사회학자 막스 베버(Max Weber)에서 시작되었다. 베버는 관료제(bureaucracy)를 계층제의 형태를 지닌 대규모 조직의 집단관리 현상으로 파악하여 관료제 이론을 발전시켰다. 관료제는 원래 정부조직을 의미하는 것이었으나 오늘날 보다 넓은 의미로 사용되고 있으며, 고도로 계층화된 공식적 조직의 전형을 뜻하는 것으로 이해되고 있다.

관료제는 조직체의 업무가 복잡해지고 규모가 커짐에 따라 많은 일을 효율적으로 처리하는 데 적합한 조직의 유형으로 제안된 것이다. 왜냐하면 조직의 관료화—즉 조직을 관료제적 형태로 전환하는 것—은 대체로 높은 생산성과 효율성의 목표달성을 위한 가장 합리적 형태로 보였기 때문이다.

베버의 관료제 이론은 몇 가지 특색을 가지고 있다. 먼저, 관료제는 현존하는 관료제의 속성을 평균화해서 정립된 것이 아니라, 관료제의 가장 특징적인 것만 추출해서 추상한 하나의 개념 모형, 즉 이념형(ideal type)이다. 다음, 관료제는 보편성을 강조하는데, 이는 현대사회에서는 비단 국가에서뿐만 아니라, 사회·정당·학교 등 그것이 다수인을 포함하는 지속적인 조직체인 한, 관료제구조가 존재한다는 것이다. 마지막으로, 관료제는 합리적인 것인데, 이는 관료제 구조를 가지는 조직은 마치 기계와 같이 움직이며 소기의 목적을 위하여 가지고 있는 인적·물적 자원을 집중적이고 최고도로 활용하도록 편재되어 있다는 것이다.

베버에 따르면, 관료제는 이른바 '합리적-합법적 권위'에 근거한 조직 유형이다. 합리적-합법적 권위(rational-legal authority)란 규범과 법칙의 우월성에 기초를 둔 권위인데, 전통적 권위나 카리스마적 권위와 구분되는 것이다. 전통적 권위(traditional authority)는 신분·전통·관습 등 전통의 신성성에 근거한 권위로서 이를테면 예전의 왕권(王權)과 같은 권위이며, 카리스마적 권위(charismatic authority)는 어떤 특정의 인물이 지니는 초인적 인격성의 신앙에 근거를 두는 권위이다.

이상적 관료제는 몇 가지 특징을 갖는다(Hoy & Miskel, 1996).

첫째, 분업과 전문화이다. 조직의 목표달성에 필요한 정규활동은 공식적인 직무로서 적절하게 배분된다. 이러한 분업은 그 분야에 적합한 전문인을 고용하게 된다.

둘째, 계층제이다. 직무의 조직은 계층제의 원리에 따른다. 하위자는 상위자의 지시와 감독을 받는다. 하위자는 지시와 명령에 복종해야 하고 상위자는 하위자의 행동에 책임을 져야 하고 그의 권한은 직무에 한정된다.

셋째, 법규이다. 조직 내에서의 구성원의 모든 활동은 법규에 의해 규제된다. 법규 체제는 행동의 획일성을 보장하며 법규에 내재하는 권위구조가 다양한 활동을 가능하게 한다. 이러한 법규체제는 조직운영에서의 계속성과 안정성을 유지시켜 준다.

넷째, 몰인정적 합리성이다. 구성원은 개인적인 감정을 떠나서 형식적인 비인성적 관계에서 자신의 직무를 처리해야 한다. 즉, 직무활동에서 인간적인 고려가 개입되지 않고 합리적인 기준에 의해 냉정하고 초연한 정신자세가 선행되어야 한다.

다섯째, 전문적 자격기준과 보수제 임용조건은 시험이나 자격 등에 의한 전문적 자격기준을 준수한다.

여섯째, 행정관리와 지휘계통이다. 조직 내에는 조직을 유지하고 지휘계통을 총괄하는 행정계층이 있으며 문서화된 기록을 보관하는 등의 일을 하는 서기계층이 있다. 이 밖에 생산관리직도 있을 수 있다.

일곱째, 문서주의이다. 업무처리는 주로 문서에 근거한다. 조직의 행위가 모두 문서로써 표현되고 보전됨으로써 합리적 조직관리를 할 수 있다.

그런데 관료제는 다음과 같은 병리현상을 가져올 수도 있다.

첫째, 서면주의·번문욕례(繁文縟禮, red-tape)·형식주의이다. 이는 공무에 제출하는 서류도 많고 불친절하며 도장 찍는 것도 많아 형식적 요식을 갖추는 데 급급하게 되는 것을 말한다.

둘째, 목표의 전환·수단의 목표화(goal displacement)이다. 이는 목표를 추구하기 위한 수단에 전념하다 보면 수단을 제일 중요한 것으로 목적시하게 되는 것을 말한다.

셋째, 무사안일주의(mannerism)이다. 이는 적극적이고 창조적인 일을 하려하지 않고 상관으로부터 지시받은 일만을 처리하려는 영합(迎合)적이고 소극적인 행동을 하게 되는 것을 말한다.

넷째, 귀속주의(ascription)이다. 이는 출신학교, 출신지역과 같은 귀속적 기준에 입각한 대인관계가 정실인사로 이어질 우려가 있음을 의미한다.

다섯째, 할거주의(sectionalism)이다. 이는 자신이 속해 있는 부서의 종적 관계만 생각하고 다른 부처와의 관계는 배려하지 않음으로써, '제국 만들기(empire building)' 경쟁—즉, 자신에게 유리한 조직을 만들려고 하는 다툼—에 몰입하게 되는 것을 의미한다.

여섯째, 상관의 권위에 의존하는 태도이다. 이는 자신의 권위만으로는 부족하다고 생각하는 경우에 상관의 권위를 이용함으로써 다른 사람의 부탁을 거절하거나 또는 시민이 원하지 않는 결정을 적용하거나 심지어 책임을 회피하거나 비난받는 것을 피하려는 것을 의미한다.

일곱째, 전문화로 인한 무능(trained incapacity)이다. 이는 관료제가 고도의 전문가를 요청하게 되지만, 이러한 전문가는 극히 한 정된 분야의 전문성을 지니고 있어 타 분야에 대한 이해가 적을 뿐 아니라 생각이나 이해의 신축성이 적어 관리자로서 부적합하게 된다는 것을 의미한다.

여덟째, 변화에 대한 저항이다. 이는 관료제가 기본적으로 보수성을 갖게 되어 늘 현상유지에 집착하게 되며, 관료제 외부의 변동에 대해서 민감하게 대처하지 못하게 된다는 것을 의미한다.

학교는 고도로 발전된 관료제 조직이다. 학교조직은 '분업과 전문화, 몰인정성, 권위의 계층, 규칙과 규정, 직업지향성' 등과 같은 관료제의 주요 요소를 가지고 있다. 다시 말하면, 학교조직에서는 법적으로 규정된 권위의 위계구조가 존재한다. 즉, 교사, 교장, 교육장, 교육감 등의 상하 위계구조가 명백하다. 또한, 교육조직 내에는 일정한 규칙이 존재하고 행정가와 구성원 간의 업무추진은 대부분 공식적인 방법으로 이루어진다. 이 때문에 많은 학교 행정가들이 학교 운영을 위한 기초로 관료제 모형을 채택하고 있다(Hoy & Miskel, 1996).

(2) 전문관료 조직

앞에서 살펴본 바와 같이 학교조직은 기본적으로 관료제에 기초해 있다. 그런데 학교조직은, 일반 관료제에 공통된 속성을 가지고 있음과 동시에, 학교관료제 고유의 독특한 속성도 가지고 있다. 이러한 관점에서 학교조직을 '전문관료 조직'이라고 부를 수 있다.

학교조직에서의 관료제는 여타의 관료제 조직에서와는 구별되는 독자적 성격을 지니고 있다. 그 대표적인 것이 조직의 위계구조에서 하위계 층에 위치하고 있는 교사들이 전문성을 지닌다는 점이다. 이에 따라, 학교조직은 단순한 관료제가 아닌 '관료제와 전문성을 함께 고려할 수 있는 전문관료 조직'으로서의 성격을 요구하고 있다. 즉, 교사에 요구되는 엄격한 자격기준, 교육자로서의 사회적 책임감, 다양한 학생들에 대한 교육 능력, 교직의 자율성 등은 학교조직이 왜 전문관료 조직의 성격을 지녀야 하는가를 잘 말해주고 있다.

오늘날 학교를 둘러싸고 있는 행정체제와 학교의 경영체제는 관료화를 더욱 촉진시키면서 동시에, 교육의 전문성과 자율성을 신장시키기 위한 교원의 전문화를 더욱 심화시키고 있다. 특히 교육 내용의 질적 고도화, 교수－학습체제의 복잡화, 교원의 지위 향상과 교권 옹호 및 교육의 자주성 확보를 위한 교원들의 현실 참여 등은 학교 조직의 전문성을 신장시키는 계기들이다. 그리하여 학교는 관료조직이라는 구조 속에 교직원의 전문성이라는 의식구조가 동시에 존재하는 2중 구조적 속성을 지니고 있다.

학교에서 나타나는 관료제와 전문직이라는 교원의 가치갈등을 대비해 보면, 다음과 같다. 관료적 조직의 기대는, ① 학생의 문제와 욕구에 대한 일치(투입의 표준화), ② 규칙과 규정(정형화된 의사결정), ③ 규칙의 보편적 적용(공정성), ④ 과업의 능률적 수행, ⑤ 실천 중심의 기술(직급 내 경험의 차등), ⑥ 일상적 문제 중심으로 규칙을 적용하려는 의사결정, ⑦ 위계질서에 의한 법적 권위 ⑧ 학교와 교육행정 및 재단에 대한 충성심 등을 강조한다.

이에 대조적으로, 전문직으로서의 기대는, ① 학생의 욕구와 문제에 대한 독자성 (투입의 다양화), ② 연구와 변화(문제중심의 의사 결정), ③ 규칙의 특수적 적용(공정성), ④ 목표달성, ⑤ 지식중심의 기술(직급 내 실적의 차등), ⑥ 독자적 문제중심으로 정책과 지식을 적용하려는 의사결정 ⑦ 능력 및 전문성에 의한 권위 ⑧ 전문직과 학생에 대한 충성심 등을 강조한다.

(3) 규범적 조직

에치오니(A. Etzioni, 1961)에 따르면 조직이란 일정한 환경 하에서 특정한 목적을 달성하기 위하여 신중하게 구성된 일정한 구조를 지닌 사회단위 또는 인간의 집합체이다.

그런데 에치오니는 조직을 '조직이 구성원들에 대하여 행사할 수 있는 통제수단(권위·권력)의 속성'을 유형화하는 한편 '구성원들이 조직에 대하여 관여·참여하는 방식의 특성'도 유형화하여, 양자가 교차하면서 만들어 내는 일련의 특성을 반영하여 조직을 유형화하였다. 즉, 그는 '조직이 행사할 수 있는 권력'은 강제적(coercive) 권력, 보수적(remunerative) 권력, 규범적(normative) 권력과 같이 세 가지로 구분하였다. '조직 구성원들의 조직에 대한 관여'는 소외적(alienative)인 동기·관여, 타산적(calculative) 동기·관여, 도덕적(moral) 동기·관여와 같이 세 가지로 구분하였다. 이어서 '통제 권력'과 '관여 동기'를 결합시켜 모두 9가지의 조직 유형을 도출하였다. 에치오니는 이 9가지의 조직 유형 중에서 전형적인 조직 유형으로서 제시할 수 있는 것은 세 가지라고 판단하였고, 이를 각각 강제적 조직, 공리적 조직, 규범적 조직이라고 지칭하였다.

강제적 조직(coercive organization)에서는, 조직이 개인을 위협, 공격 등의 강제적 권력으로 통제하면 개인은 조직에 대하여 심리적으로 관여치 않으며 구성원으로서 그 지위를 감수하기 위하여 소외적으로 관여한다. 이러한 조직을 강제적 조직이라 하며 형무소, 포로수용소 등이 여기에 속한다.

공리적 조직(utilitarian organization)에서는, 조직이 개인에게 임금 등의 보수적 권력으로 통제하면 개인은 조직에 깊이 관여하지 않으면서도 주어지는 보수에 따라 타산적으로 관여한다. 이러한 조직을 공리적 조직이라 하며 사기업체, 경제단체 등이 여기에 속한다.

규범적 조직(normative organization)에서는, 조직이 개인에게 위신과 의례적(儀禮的) 상징을 조작하여 배분함으로써 규범적 권력으로 통제하면 개인은 조직에 헌신적·도덕적으로 관여한다. 개인에게 규범적인 권력을 사용하여 통제를 유지하며 성원들은 조직에 대한 사명감이 일반적으로 높은 조직이다. 이러한 조직을 규범적 조직이라 하며 종교단체, 학교, 법원 등이 여기에 속한다.

에치오니의 조직유형론에 따르면, 학교조직은 전형적인 규범적 조직이다. 규범적 조직은 학교나 교회처럼 조직구성원들이 그 조직의 이념이나 규범에 동의하고 스스로 내면화하려고 하지 않으면 유지될 수 없는 조직을 일컫는다. 이러한 조직은 학생이 교육에 관심을 갖고 스스로 참여하지 않으면 교육이 어렵다는 것을 의미한다. 특히 교육이 인간을 인간답게 길러주는 것이므로 교사와 학생이 상호 인격적인 만남이 이루어지지 않고서는 참다운 인간됨이 나타나기 어렵기 때문에 공동체의식이 더욱 강조된다.

(4) 순치적 봉사조직

칼슨(R. O. Carlson, 1975)은 "참여에 대한 통제의 주체가 누구인가?"라는 관점에서, 고객선발 방법에 따라 봉사조직에 대한 새로운 유형을 만들었다. 그는 고객선발 방법이 봉사조직의 내적 기능에 대하여 중요한 함축적인 의미를 가지고 있다고 믿었다. 경우에 따라서는 고객이 참여할 곳을 선택할 수도 있고, 반면에 고객이 선택할 여지가 없는 경우도 있다. 이와 같은 관계는 조직에도 마찬가지로 적용이 된다. 즉, 어떤 경우에는 조직에 의해서 고객이 선발되어질 수도 있으나, 반면에 조직이 적격자인 모든 고객을 받아들여야 하는 경우도 있다. 칼슨은 이러한 두 가지의 선택방법에 주목하여, 고객이 조직에의 참여 여부를 선택하는 과정(즉, 고객이 참여를 통제하는가?)에서 '예'와 '아니오'를 결정하는 동시에, 역으로 조직이 고객을 선발하는 과정(조직이 참여를 통제하는가?)에서도 '예'와 '아니오'로 결정하게 함으로써, 결과적으로 4개의 유형을 도출하였다.

첫 번째 유형은 조직이 고객을 선발하고 고객이 조직을 선택하는 데 있어서 독자적으로 긍정적인 결정을 한 형태이다. 이 유형에는 대부분의 봉사조직을 포함해서 사립대학, 사립의료 시설, 일반 복지후생 기관들이 속할 수 있다. 칼슨은 이 유형을 야생조직(野生組織, wild organization)이라 했다. 그 이유는 조직이 생존하기 위하여 많은 동일유형의 조직들과 생존경쟁을 해야 하기 때문이다. 이 유형은 충분한 고객을 확보해야 생존할 수가 있는데 지속적으로 고객을 확보할 수 있다는 보장은 없다. 그러므로 업적의 질은 생존을 위하여 절대적인 것이다.

두 번째 유형은 조직이 고객을 선발하지 않고, 고객이 조직을 선택한다. 이 유형에는 미국의 경우 모든 고졸 지원생을 받도록 되어 있는 대부분의 주립대학과 지역사회 대학이 속할 수 있다.

세 번째 유형은 이론적으로는 존재할 수 있으나 실제적으로는 거의 찾아

볼 수 없다. 조직이 고객을 선발할 수 있으나 고객이 조직을 선택할 수 없는 봉사조직은 존재할 수 없기 때문이다. 이러한 유형은 개병제의 군대조직을 들 수 있으나, 군대조직은 봉사조직이라고 하기에는 적합하지 않다.

네 번째 유형은 조직이 고객을 선발하지도 않고 고객도 조직을 선택하지 않는 조직이다. 이 유형은 법에 의하여 조직이 고객을 받아들여야 하고 고객도 참여해야 한다. 이 유형에는 의무교육 기관인 공립 초등학교, 교도소, 국립정신병원 등이 속한다. 칼슨은 이러한 조직을 순치조직(馴致組織, domesticated organization)이라고 했는데, 순치조직의 생존은 법에 의해서 보장되기 때문이다. 순치조직은 야생조직에 비해 고객확보를 위한 경쟁이 없으며 재정지원의 수준도 고객의 질과는 관계가 없고 양에만 관계된다. 순치조직에 있어서 가장 어려운 문제는 어떻게 하면 고객들의 동기를 유발시켜서 그 조직에 적응토록 하느냐의 것이다.

칼슨의 조직론에 따르면, 학교는 순치적 봉사조직이다. 학교는 고객인 학생들에게 교육적 서비스를 제공하는 것을 기본으로 하는 봉사조직이다. 동시에, 학교는 법적으로 보호를 받는 조직으로 폐쇄성이 강한 조직이다. 또한, 고객인 학생의 지위가 특수하기 때문에 학생들이 학교조직의 서비스에 대해 가지는 발언권이 거의 없다. 학교가 가지는 순치조직적 특성은 학교조직의 변화 속도를 더디게 하는 요인이 되어 왔다. 그러나 개방화와 정보화를 특징으로 하는 오늘날의 사회에서는 학교가 더 이상 온실 속의 조직으로 머물러 있기 어려운 분위기가 된 것이 사실이다. 이에 따라 학교조직을 개방 체제화하기 위한 사회적 관심이 커지고 있다. 동시에 학교조직을 개방체제화함에 따르는 문제점을 해결할 수 있는 방안의 모색이 요청되고 있다.

(5) 이완조직

일부 학자들은 학교조직을 이완결합체제 즉 이완조직으로 보고 있기도 하다. 즉, 학교조직은 여러 구성 요소들이 느슨하게 연결되어 있다는 것이다. 학교가 이완조직이라는 것은, 학교가 엄격한 관료제의 원칙에 따라 조직된 것은 아니라는 것을 뜻한다. 즉, 관료제의 관점에서 본다면, 학교는 전형적인 관료조직에서 볼 수 있는 바와 같은 '엄밀한 수준의 분업화와 권한의 계층관계에 의해서 횡적으로 잘 조정되고, 종적으로 지시·명령 계통에 의해서 일사불란하게 움직일 수 있도록 결합된 조직'은 아니라는 것이다.

사실상, 학교는 합리적으로 계획된 목표와 과업, 기술 및 사람 등 구성 요소 간의 관계가 밀접하게 결합되어 있다기보다는 해체(decoupling)되고 또는 느슨하게 연결된 이완체제(loosely coupled system)라는 특징이 있다(K. Weick, 1976). 이들 요소들이 서로 책임은 있지만 자체의 정체성을 유지하고 어느 정도의 독립성을 지닌다.

이완조직의 장점은 조직의 하위체제와 그 체제들이 수행할 활동들이 상호 관련되어 있다 하여도 그것들이 자신의 자주성과 개별성을 유지하고 있다는 것이다. 즉, 조직의 하위체제와 활동들이 느슨하게 결합되어 있는 상태를 의미한다. 이러한 특성 또한 학교조직의 독특한 측면을 이해하는 데 도움이 된다. 이완이란 연결된 각 사건이 서로 반응적인 동시에 각각 자체의 정체성을 보존하고 물리적, 논리적 독립성을 갖는 경우에 쓰는 말이다.

교장과 상담교사와의 관계는 느슨하게 연결 결합된 좋은 예이다. 양자 간에는 어느 정도 연결은 되어 있지만 이들의 연결은 제한적이며, 상호 영향력이 약하고 덜 중요하다. 각자는 나름대로의 정체성과 독립성을 가지고 있으며 상호 간에 영향력이 약하고, 빈번하지도 않으며, 논리적으로뿐만 아니라 교장실과 상담실이 따로 있듯이 물리적으로도 분리되어 있다. 그런데 이와 같은 특성은 부정적인 것이 아니라 긍정적인 것이다. 이러한 느슨한 관계의 속성으로 인해, 역할수행의 안정성을 보장하고, 각자의 자율성과 전문성을 존중할 수 있게 되기 때문이다.

(6) 조직화된 무질서

어떤 학자들은 학교조직을 '조직화된 무질서(organized anarchy)'로 표현하기도 한다. 교육조직이 목표의 모호성, 불명확한 기법과 기술, 유동적인 참여, 명백하지 않은 의사결정 등의 특성을 지니고 있다는 것이다.

사실상 학교조직에서는, 구성원들이 그들의 강한 개성과 전문성으로 인하여 자율적 견제와 조정이 이루어지므로 의도적 통제가 작용되지 않는다. 코헨과 마치(Cohen & March, 1972)는 특히 이러한 조직적 특성을 무질서 속의 질서 혹은 조직화된 무질서라고 묘사하였다. 교육조직에서 명세화하거나 이들 목표를 실천하도록 하는 기술이 무엇인가를 찾아내기는 매우 어렵다는 점에서 이러한 특징을 보인다. 이러한 관점에서 학교행정은 쓰레기통 모형(garbage can model)으로 간주된다.

교육조직의 불분명한 목표의 예는 다음과 같다. 즉, 흔히 교육의 목표는 표면적으로는 '올바른 인간을 만드는 것'이라고 제시된다. 그러나 실제적으로는 '좋은 대학, 좋은 학교에 진학하는 것'이 강조되고 있다. 이러한 상황에서, 학교행정이 지향해야 하는 교육의 목표는 과연 어떤 것이 되어야 하는가? 또한 교육의 목표는 위에서 제시된 것 중 어느 하나만을 택해야 하는 것인가, 아니면 그 외의 어떤 것을 택해야 하는 것인가? 교사와 교육행정가, 학생과 학부모가 모두 동의할 수 있는 '분명한 교육목표'는 제시될 수 있는가? 이렇게 질문해 볼 때, 학교조직의 목표를 구체적으로 뚜렷하게 전제하기는 어렵다. 한편, 불명확한 교육 기술의 예는 다음과 같다. 수업은 같은 과목이라도 교사의 능력이나 판단, 또한 학생의 능력에 따라 수업방법이 다양하게 나타난다. 수업시간에 책을 읽어나가면서 줄을 그으라고 하는 교사가 있는가 하면 멀티미디어를 이용한 학습을 통해 학생의 이해를 돕는 교사도 있다. 또한 주입식 수업을 하는 교사가 있는가 하면 토론식 수업을 하는 교사도 있다. 이 경우, 어떤 수업 방법이나 기술이 타당한 것이냐에 대한 궁극적인 해답과 판단을 구하는 것은 불가능할 뿐만 아니라 적절하지 않다. 이런 점에서 볼 때 학교에서의 수업방식은 명확한 것만은 아니다. 아울러, 교육행정의 성패 여부도 애매할 때가 많다.

4) 학교조직의 여타 특성

학교조직은, 위에서 살펴본 바와 같은 조직 유형 상의 속성 외에도, 몇 가지 특유의 성격을 지니고 있는 것으로 이해되고 있다. 여러 학자들의 견해를 종합하면, 이는 다음과 같이 요약될 수 있다.

첫째, 목적의 모호성이다. 교육조직의 목적이 애매모호하기 때문에 대부분은 측정하기가 어렵다. 학교는 목표를 달성하기 위해 필요한 교사의 역할 행동을 매일매일 관찰하면서 하나하나 분석할 수 없기 때문에 교사가 수행한 역할이 잘된 것인지 아닌지를 측정하기가 어렵다.

둘째, 교사와 학생을 교수장면에 투입하는 데 있어서의 다양성이다. 대부분의 학교는 능력이나 동기 등에 있어서 다양한 어린이들을 수용해야 한다. 더욱이 교사의 지적 능력, 인간관계 그리고 교과목 지식의 범위는 학생들의 범위만큼이나 다양할 것이다.

셋째, 대부분의 다른 조직과는 달리 교사의 역할수행은 다른 교사들이나 상급자에게 상대적으로 보이지 않는다는 점이다. 학생들은 교사가 역할을 잘 수행하는지 아닌지를 관찰할 수 있다. 그러나 학생들은 대체로 논평하도록 허용되지도 않으며, 가할 수 있는 제재도 거의 가지고 있지 않다. 역할수행이 평가될 수 없기 때문에 학생에 대한 교사의 관심과 같은 교수효율성에 대한 기준으로 대치시켜 사용된다.

넷째, 학교는 특히 경제조직과 비교하여 볼 때 각 부분 간의 상호의존성이 낮다. 임무를 제대로 수행하지 못한 교사는 다른 교사들의 직무와 관련된 행동에 직접적으로 영향을 미치지는 않는다. 낮은 의존성에서 나타나는 결과 중의 하나는 어떤 교사의 행동이 비생산적인 방법으로 아주 일상화(routinized)될 수 있다는 것이다.

다섯째, 공립학교는 주위환경으로부터 통제와 비평을 받기 쉽다. 지역사회 주민들이나 학부모들은 학교직원들에게 많은 압력을 가한다. 그러나 지나친 지역사회의 통제와 비평이 학교의 자율성을 감소시킬 수도 있다.

02 학교관료제의 기능

학교조직이 관료제에 기초해 있다는 사실은, 학교조직을 이해·운영하는 데 기본이 된다. 이 절에서는 학교관료제의 근거와 기능에 초점을 맞추어 살펴본다.

1) 학교 관료제의 근거

앞에서 살펴본 베버의 관료제 이론의 관점을 적용하여 본다면, 학교조직은 합리적·합법적 권위에 기초하여 이루어진 관료제 조직이다. 즉, 학교가 복잡한 전문조직으로 변모해감에 따라 새로운 형태의 권위가 전통적인 권위에 도전하게 되었다. 또한, 한 개인이 차지하고 있는 지위에서 파생되는 위계적 권위, 관료주의적 규칙 등은 전문적 권위와 능력으로부터 나오는 권위 등에 의해 크게 도전을 받게 되었다. 이에 복잡한 현대사회에서는 학교의 운영이 고도로 전문화되어 가고 있다. 이러한 맥락 속에서 능력 위주의 교사 및 행정가 채용 및 운영의 체제가 강화되어 조직이 발전하고 있다. 이 같은 변화는 결국 합법적 권위에 근거한 관료제의 장점을 활용하려는 동기에서 연유하는 것이다.

학교조직이 관료제 성격을 갖는 근거를 살펴보면 다음과 같다. 첫째, 학교는 전문화와 과업의 세분화의 필요에 의해 영향을 받고 있다. 둘째, 학교조직은 명확하고 엄격하게 규정되어 있는 권위의 계층을 가지고 있다. 셋째, 학교조직은 조직구성원들의 행동을 통제하고 과업수행의 통일성을 기하기 위하여 규칙 사용에 크게 의존한다. 넷째, 학교조직은 인화단결을 자주 내세우지만 조직관계에서 보면 몰인정성의 원리가 폭넓게 적용되고 있다. 다섯째, 교사들의 채용은 전문적 능력에 기초해서 이루어지며, 대부분의 경우 전문적 경력으로 이어진다.

학교관료제는 학교가 제한된 자원을 가지고 사회적으로 기대되는 교육기관으로서의 역할을 수행하기 위한 최적의 조직 방식으로 여겨지고 있다. 학교는 아동 및 학생의 교육을 위하여 계획적으로 만들어진 조직으로, 목표를 효율적으로 실현하고자 하는 사회체제이다. 이에 따라 학교는 목표와 수단의 결합과 조직의 합리성을 추구하지 않으면 안 된다. 이를 위해서는 목표의 타당성(실질적 합리성)과 수단의 유효성(기능적 합리성)이 상반되지 않도록 하는 것이 중요하다. 그런데 이 두 가지 측면의 합리성을 조정하기 위한, 조직문제의 해결행동 시스템이 관료제이다. 학교와 같은 공식적 조직에 있어서 관료제는 필연적인 것이다.

2) 학교관료제의 기능

학교관료제는 순기능과 역기능을 함께 포함하고 있다. <표 8-1>에서 보는 바와 같이, '분업'은 전문적 기술과 지식을 생산하는 반면 업무의 단순화에 의한 피로감을 야기하고 일에 흥미를 상실케 하여 권태감을 초래할 수도 있다. '몰인정성'은 의사결정에 있어서 합리성을 확보할 수도 있으나, 반면에 메마른 분위기를 조성하여 사기를 저하시키는 조건이 될 수도 있다. '권위의 계층'은 훈련된 명령체계와 조정을 가능케 하나 반면에 의사소통을 왜곡하고 봉쇄할 우려가 있다. '규칙과 규정'은 계속성과 조정과 안정성 및 획일성을 제공하나, 반면에 경직성과 목표 전치를 낳게 할 수도 있다. '경력 지향성'은 구성원들에게 충성심을 불러일으켜 구성원들이 최대의 노력을 하도록 동기화하는 데 기여하나 반면에 업적과 연공제 간의 갈등을 가져 올 수도 있다(Hoy & Miskel, 1996).

학교관료제는 교육조직인 학교에는 부적합하다는 견해가 있어 왔는데, 그 이유는 다음과 같다.

첫째, 하나의 교육지도의 실천을 둘러싸고 '관리'의 논리와 교직 '전문성'의 논리가 충돌할 수 있다는 점이다. 전문·관료제가 부모, 주민, 국민을 조직화과정에 소외시켜 민주이념의 원리와 상충할 수 있다. 지나치게 능률성 및 효율성에만 치우쳐 의사소통이 상의하달식으로 이루어진다면 학생의 입장에서는 창의력과 사고력이 저하될 우려가 있으며, 교사의 자율성과 전문성은 발휘되지 못한다.

표 8-1 학교관료제의 순기능과 역기능

역기능		관료제의 특성		순기능
권태감	←	분업	→	숙련된 기능
사기저하	←	몰감정(몰인정) 지향	→	합리성
의사소통 봉쇄	←	권위의 계층화	→	훈련된 준수(순응)와 조정
경직성과 목표전환 (전치[轉置])	←	규칙과 규정	→	계속성과 동일성(통일성)
업적과 연공제 간의 갈등 (충돌)	←	경력지향성	→	유인

*출처: Hoy, W. K., & Miskel, C. G. (1978). *Educational Administration: Theory, Research, and Practic* (1st ed.), New York: McGraw-Hill, p. 55. 김창걸(1992), p. 296에서 재인용.

*주: 괄호안의 용어는 이해를 돕기 위해 추가함.

둘째, 관료제적 규칙은 모든 상황에 적합한 것은 아니다. 관료주의적 규칙은 위계상 최하위에 있는 단위와 개인들의 자율성과 판단력을 감소시킨다. 이러한 관료적 경향을 극복한다는 것은 쉽지 않은 일이며, 학교도 이 점에서 예외는 아니다. 교사들이 그들이 가르치고 있는 특정 연령집단이나 교과에 규정된 것들과는 다른 교재를 조직하는 것은 어려운 일이기 때문이다.

셋째, 관료제는 특히 현대 조직의 복잡성을 지나치게 단순화시킬 수 있다는 점이다. 예를 들어, 관료제는 모든 추종자들은 그들의 상관보다 기술적 전문성(technical expertise)이 부족하다는 것을 기본 가정으로 하고 있다. 이러한 점들은 자칫하면 상급자 자신이 아니면 안 된다는 식의 사고를 고착시켜 업무수행에서의 지시, 명령 그리고 철저한 감독과 같은 방법으로 조직을 운영하게 할 우려가 있다.

3) 학교관료제에 대한 평가

학교관료제가 학교가 본연의 교육적 목표와 역할을 수행하는 과정에서 어떠한 영향과 효과를 발휘하는 것이냐에 대해서는, 평가자가 어떠한 사회학적 입장에 서 있느냐에 따라 상이하게 해석되고 있다. 즉, 합의론이냐 갈등론이냐의 관점에 따라 학교관료제의 본질적 역할에 대한 평가는 대조적이다. 이 두 사회학적 관점은 특히 '학교관료제가 여러 서로 다른 사회집단에 교육의 기회를 얼마나 잘 제공하는가?'의 질문에 대해 상반된 응답을 보이고 있다. 두 사회학적 관점의 차이를 살펴보면 다음과 같다(Parelius & Parelius, 1978).

먼저, 합의론자들에 따르면, 학교의 관료화는 다음과 같은 효과·근거에서 긍정적으로 평가된다.

첫째, 관료화는 많은 사람들에게 기회를 확대시킨다. 관료화는 평가, 승진, 그리고 선발에 대한 보편적인 기준을 제시하며, 이에 따라 사회계급, 정치적 신념 또는 인종특성에 근거해서 교사직이나 행정직을 부여한다는 것은 점점 어려워지고 있다.

둘째, 관료화는 표준화검사와 자격증을 활용한다. 교육적 결정은 표준화된 지능검사와 학업성취검사와 같은 기록에 근거해서 이루어져야 한다.

셋째, 관료화는 어느 한 집단의 아동들이 다니는 학교와 다른 집단의 아동들이 다니는 학교를 유사하게 한다. 예를 들어 학생들이 어떤 공립학교에서 다른 공립학교로 옮기는 것이 가능하다. 비록 이러한 학교가 자기가 살고 있는 곳과 정반대 편에 있는 학교일지라도 그들은 쉽게 적용할 수 있게 된다.

넷째, 관료화는 보편적인 공립학교 의무교육이 궁극적으로 성취될 수 있도록 한다. 중앙집권적 관료제 규정은 어린이들이 아무리 가난하고 도심지에서 거리상 멀리 떨어져 있더라도 적어도 최소수준의 교육을 받을 수 있도록 보장한다.

다섯째, 관료화는 민주사회의 가치와 일치한다. 모든 어린이들은 인종, 사회경제적 지위, 성별에 관계없이 학교에 다니며 보편적인 기준에 의해 판단된다. 그들이 우수하고 열심히 공부하면 높은 점수를 받아 고등교육의 기회를 가질 수도 있으며, 좋은 직업을 가질 수 있게 된다. 동시에 산업화도 일치하여, 사업가는 물론 노동자들에게도 지지를 받는다.

이처럼, 합의론자들에 따르면, 학교의 관료화는 바람직한 것이다. 관료화는 국민의 재능이 더욱 발달하도록 도와주고, 사람들이 가장 만족할 수 있는 직업을 갖게 이끌어 주며, 경제발전에 필요한 전문적인 기술자와 노동자의 양성을 순조롭게 해 주며, 아이들이 산업화된 경제구조에 적합한 가치와 행동유형을 배울 수 있도록 유도한다. 이를 테면 아이들은 보편적인 기준에 의한 평가 방식을 배우며, 활용하게 된다.

다음, 갈등론자들에 따르면, 학교의 관료화는 다음과 같은 효과·근거에서 부정적으로 평가된다.

첫째, 관료화는 빈민층과 노동자계층의 기회균등을 확대시키기보다는 제한하며, 따라서 민주적 목표를 실현하는 데 부적합하다. 학교의 관료화는 오히려 인종, 계급, 그리고 성별에 근거한 불균등의 영속화를 촉진시키는 과정이다.

둘째, 관료화는 합의론자들이 주장하는 것처럼 교육의 역사에서 보편적으로 지지를 받은 것이 아니다. 관료화는 교육의 과정에 대하여 상당한 정도의 권력을 해당 지역사회와 가족들로부터 빼앗아 버렸다. 사실, 교회지도자들과 실업가들은 중앙집권적인 권력에 대해 투쟁했으며, 노동자계급과 빈민가족들까지도 의무교육의 확대에 반대했으며, 교육시설도 이용하지 않았다.

셋째, 관료화의 실질적인 동기는 지배적인 중류층의 가치를 많은 사람들에게 더욱더 부과하기 위한 것이었다. 관료화는 노동자들에게 생산에 필요한 기술과 미래의 경제적 위치에 적합한 가치를 가르치기 때문에 사업상의 이익을 제공하기는 하였다. 그러나 관료화를 통하여 학교를 개혁하겠다는 명분의 배후에는 대부분 노동자들이 유순하고 복종적이 되도록 학습하게 하고 시간과 근면성의 중요성을 체득하게 하기 위한 의도가 숨어 있다. 넷째, 관료화는 겉으로는 균등성을 제공하여 사회적 보수가 분배되는 방법을 정당화하는 것 같지만 실제로는 빈민층과 노동자계층에 대한 편견에서 자유롭지 못한 것이었다. 중류층과 상류층은 다른 계층보다 관료화로 더 많은 것을 얻었다. 왜냐하면 그들은 학교에 대한 통치권을 가지고 있으며, 평가기준을 알고 있었기 때문이다. 예를 들어, 지능검사는 물론 빈민층과 소수집단의 능력을 정확하게 측정할 수 없는 것임에도 불구하고 어린이들을 다른 교육프로그램에 배치시키는 데 객관적인 기준으로 활용되어 왔다.

요컨대, 학교는 공식적 조직으로서 불가피하게 권한의 위계성, 규칙체계에 의한 지배, 직무의 전문분야 등을 통해서 알 수 있는 것처럼, 관료제의 특징을 갖추고 있다. 학교관료제는 현대 사회에서 학교에 요구하는 교육기관으로서의 역할로 인해 강화되어 왔다. 학교관료제에 대해서는 그 순기능과 긍정적 역할에 대한 기대가 증대되어 왔지만, 반면에 학교관료제의 역기능과 부정적 역할에 대한 비판과 우려 또한 지속되어 왔다. 따라서 학교관료제의 단점이 보완, 극복될 수 있도록 하는 연구와 실천이 요구된다.

03 학교조직의 문화

학교조직의 특성은 구조적인 면에서 뿐만 아니라 문화적인 면에서도 살펴볼 수 있다. 학교는 넓은 테두리의 사회 속에 있으면서 작은 단위의 독자적인 사회체계를 형성하고 있으며, 이에 따라 학교는 넓은 의미의 문화 속에 있으면서 학교 나름의 고유한 문화를 형성하게 된다.

예를 들어 각 학교에서는 특수한 관습, 전통, 교가, 교칙, 교훈 그리고 풍습이 있다. 어떤 학교는 교사—학생 간의 관계가 친숙한가 하면, 어떤 학교는 매우 엄격하며 형식적이다. 또한 학교분위기도 민주적인 곳도 있고, 매우 통제적인 곳도 있다. 이와 같이 학교 내의 풍토가 어떠하냐는 학생들의 인성, 사회적 태도 그리고 학업성취에 상당한 영향을 미치므로 중요하다.

학교는 학생들이 학교 내의 사회생활을 통하여 그들의 인성, 동기 그리고 태도 등의 행동양식을 발달시키는 사회적 학습장이며, 아동은 사회적 존재로서 학교라는 제도 속에서 사회화되어야만 효율적으로 사회에 참여할 수 있다(Schwartz, 1975)고 하여 학교를 중요하게 여겼다. 콜먼(Coleman, 1961)에 의하면, 또래집단(peer group)은 학생의 학업태도를 형성하는 데 중요한 영향을 미치는데, 특정학생의 학업성취도를 설명하기 위해서는 그 학생 친구의 가치관과 규범을 파악해야 한다고 주장한다.

학업성취 면에 있어서도 교사의 말 한마디나 학생에 대한 사소한 기대가 어떠하냐가 큰 영향을 미칠 수 있다. 즉, 무의식중에 나오는 바보 등과 같은 말은 학생들이 자신을 아주 무능하게 보는 원인이 되며, 정말 자신을 바보라고 생각한다는 것이다(Goffman, 1963). 또한 교사가 학생을 능력 있고 잘할 수 있는 학생으로서 긍정적으로 생각해 주면, 그러한 기대를 받고 있는 학생이 보다 더 높은 학업성취를 한다는 것이다. 로젠탈과 제이콥슨(Rosenthal & Jacobson, 1968)은 이를 피그말리온 효과(Pygmalion effect)라고 불렀다.

이와 같이 학교 내에서의 학생들의 행동변화에는 동료집단과 교사의 태도 그리고 학생관 등이 많은 영향을 미치는데 주로 어린 시절을 학교에서 보내기 때문에 다른 조직과는 특이한 점이 많다고 볼 수 있다. 반두라(Bandura, 1962)도 밝히고 있듯이 우리는 사회적 상황 속에서 모방을 통하여 많은 것을 학습하므로 학생의 행동변화에는 사회환경도 중요하며, 특히 학교 내에서의 교사의 언어, 행동이 대단히 중요함을 알 수 있다.

따라서, 학교조직의 성과를 증대시키기 위해서는 학교조직의 문화적 특성을 이해하고 이를 활용·발전시켜야 한다.

1) 조직문화의 개념

조직문화(organizational culture)란 조직 고유의 모든 신념, 감정, 행동 및 상징을 의미하는 것이다. 좀 더 구체적으로, 조직이 공유한 철학, 이념, 신념, 감정, 전제, 기대, 태도, 규범 및 가치로서 정의된다. 관찰된 행동규칙, 규범, 지배적 가치, 철학, 규칙, 감정과 같은 특징을 지니고 있다. 인간에게 개성(personality)이 있듯이 조직에도 그 나름의 성격이 있다. 개인이 고유의 인성 특징을 가지고 있는 것처럼 하나의 조직도 고유한 특성, 풍토를 가지고 있다. 맥스웰과 토마스(Maxwell & Thomas, 1991)는 조직문화를 형성하는 요소와 수준을 심층부에서 점차 외부로 표출되는 것으로 보아 '문화의 양파껍질 모형'을 제안하였다. 이 모형에 따르면, 양파껍질의 가장 안쪽에는 조직원들이 공유하는 신념체계가 있고, 그를 둘러싸고 있는 가치체계, 그 바깥에는 규범과 표준, 그리고 가장 바깥쪽에는 행동양식으로 둘러싸여 있다.

외국에서 이루어진 학교조직의 문화에 대한 체계적인 연구는 조직풍토에 대한 연구, 조직건강에 대한 연구, 조직효과성에 대한 연구의 순서로 발전되어 왔다.

학교의 조직풍토(organizational climate)에 관한 연구는 핼핀과 크로프트(Halpin & Croft, 1963)가 선도하였다. 학교의 조직풍토란 학교의 성격적 특성으로 학교조직 요인과 인간요인 그리고 주변 환경 요인의 상호작용에 의하여 조성되는 사회심리적 분위기라 할 수 있다. 이 연구자들은 교사집단의 특징과 교장의 행동에 대해서 교사들이 지각한 바를 통해서 학교의 조직풍토를 기술하고 유형화하였다.

학교의 조직건강(organizational health)에 관한 연구는 마일즈(M. B. Miles, 1969)가 체계화하였다. 그는 조직건강을 '조직체제의 기능을 효과적으로 발휘하고, 나아가 그 기능을 충분히 발휘할 수 있는 조직체제로 성장·발전할 수 있는 능력'으로 정의하고, 건강한 학교란 ① 구성원들에 의해 합리적으로 명확하게 목표가 수용되어 목표집중을 하고 있고, ② 상·하 그리고 횡적 의사소통이 자유로워 의사소통의 적절성을 유지하고 있으며, ③ 조직의 모든 계층에 권력배분이 균등화되어 있고, ④ 인적·물적 제반자원을 잘 활용하는 학교로 정의하였다. 마일즈는 조직건강을 측정하기 위한 기준으로 10개 요인(목표집중성, 의사소통의 적정성, 적정한 권한의 균배, 자원활용, 응집성, 사기, 혁신성, 자율성, 적응성, 문제해결의 적정성)을 제시하였다.

조직건강에 대한 연구는 조직효과성에 대한 연구로 이어졌다. 아지리스(C. Argyris, 1960)는 조직효과성(organizational effectiveness)을 '목적달성과 조직 자체의 유지와 외부환경에의 적응'으로 보았으며, 스티어즈(R. M. Steers,

1977)는 조직효과성을 '조직이 실행목표를 달성하기 위해서 필요한 가치로운 자원을 신속하게 획득하고 활용하는 조직의 능력'으로 정의하였다. 학교의 조직효과성에 관한 연구는 캐머런(K. S. Cameron, 1978 & 1986)에 의하여 실시되었다. 그는 종합적인 입장에서 고등교육기관의 조직효과성의 평가기준으로 9개의 변수(학생의 교육적 만족도, 학생의 학문적 발달정도, 학생의 직업적 발달정도, 학생의 인성적 발달정도, 교직원의 직무만족도, 교수의 자질과 전문적 성장, 체제개방성과 지역사회 관련성, 환경에서의 자원획득력, 조직건강)를 제시하였다.

2) 학교문화의 개념, 요소와 유형

학교문화(school culture)는 학교의 사회적 풍토를 형성하고 있는 중요한 요소 및 그 총체라고 할 수 있다. 즉, 학교문화는 학교의 조직구조적 특성과 교사·학생 등의 심리적 특성 그리고 이들과의 관계양상을 총칭하는 의미로 규정되고 있다. 즉, 학교문화란 "학교구성원 상호간의 상호작용과정에 의하여 조성되는 의식적·무의식적인 심리적 유대관계로서 비교적 장기간 지속되면서 구성원의 사고, 감정, 행위에 영향을 미치는 현상"이라고 할 수 있다. 심리적 유대관계에 영향을 미치는 요소들은 학교의 조직구조적 특성, 학교의 자연적 환경, 시설, 형식적·비형식적 규범, 행사와 활동, 그리고 구성원 개인들이 갖는 능력, 동기, 태도 등의 인성적 특성 등이 포함된다.

학교문화는 학교분위기(school atmosphere), 학교풍토(school climate), 학교의 사회적 풍토(the social climate of school), 학교의 조직풍토(the organizational climate), 학교의 사회·심리적 풍토 등 여러 용어와 뜻으로 표현하고 있다. 따라서 학교문화는 학교가 지닌 분위기, 풍토, 성격 등을 두루 포함하는 말이며, 이는 우리가 흔히 사용하는 '교풍(校風)'이라는 용어의 의미와 유사하다고 할 수 있다.

학교문화라는 개념은 애초 월러(W. Waller, 1961)에 의해서 소개된 것으로, 인간관계양식, 관습, 도덕, 규범, 경기, 의식(儀式) 등 학교의 독자적 활동 및 생활양식을 뜻하는 것이었다. 월러는 특히 학생문화와 교사문화 간의 갈등관계와 학교의 여러 행사에 주목하여 그 교육적 의미를 파악하려 하였다. 그의 연구는 학교문화에 대한 관심과 연구를 자극하는 계기가 되었다(최정숙·박용헌, 2005).

월러 이후에 많은 학자들이 학교뿐만 아니라 다른 조직체들이 갖는 문화에 관심을 가지기 시작하였다. 그들은 조직의 문화적 특성이 구성원의 과업수행과 인화관계에 큰 영향을 미친다는 사실을 인식하게 됨에 따라 문화를 분석하는 방법을 발전시키면서 본격적인 연구를 시도하였다. 이 과정에서 그들은 문화라는 포괄적이고 추상적인 개념 대신에 사회적 풍토, 조직풍토, 사회심리적 풍토, 학습풍토 등과 같이 보다 구체적이고 좁은 의미의 개념들을 사용하게 되었다.

3) 학교문화의 영향

학교문화가 구성원의 사고, 감정, 행동, 학업성취, 성격형성 등에 상당한 영향을 미칠 것으로 생각했다.

학교·학급의 사회적 풍토가 학생의 태도와 행동에 미치는 영향에 대한 대표적인 연구는 레빈(K. Lewin, 1948)이 시도하였다. 이들은 민주적, 전제적, 자유방임적 풍토 등 세 유형의 사회적 풍토를 실험적으로 조작하여 그 각각의 유형이 10세의 초등학교 아동에 미친 영향을 검토하였다. 그 결과 전제적 학급의 아동은 공격적이고 경쟁적이며 이기적인 성향을 갖게 되고, 민주적 학급의 아동은 각자가 높은 자율성과 자주성을 보이면서 서로 협동하는 경향을 갖게 된다는 사실을 밝혔다. 이러한 연구결과는 흔히 아동은 이기적이고 학습을 싫어하고 게으르며 자율적으로 학습할 수 있는 능력이 없기 때문에 교사의 강력한 지도와 감독이 필요하다는 종래의 잘못된 인식을 가진 교사와 부모에게 충격을 주었다.

레빈의 연구 이후 지시적, 통제적 풍토와 비지시적, 민주적 풍토가 학생의 학업성취와 성격특성에 미치는 영향을 엄격히 규명하고자 하는 연구가 많이 이루어졌다. 그러나 이 연구들은 어느 유형의 풍토가 가장 효과적인 성과를 낼 수 있을 것인지에 대해 명확한 결론을 내지 못하였다. 그리고 이 과정에서 다음과 같은 점이 지적되었다(Stern 1963, 최정숙·박용헌 2005에서 재인용). 첫째, 선행 연구들이 주로 교사의 지도유형에 따라 학급풍토를 분류하고 그것이 학생에 미치는 영향을 검토한 것은 잘못이라는 점이다. 둘째, 학습내용에 따른 학생의 능력과 과거경험, 성격 등 많은 요인의 특수성에 따라 그 효과가 달라질 수 있다는 점이다.

4) 학교규범 유형의 영향

공동생활을 장기간 수행하는 학교 내지 학급에는 규범이 존재한다. 이러한 규범은 가정의 것보다 훨씬 복잡하고 다양하다. <표 8-2>에서와 같이, 슈머크와 슈머크(Schmuck & Schmuck, 1973; 최정숙·박용헌, 2005에서 재인용)는, 한 쪽에서는 '공식적 규범이냐, 비공식적 규범이냐'로 구분하고, 다른 쪽에서는 '정태적 규범이냐, 동태적 규범이냐'로 구분하여 놓은 후에, 두 쪽을 교차시켜서 '4개의 규범유형'을 도출하였다.

표 8-2 학교사회의 규범유형

유 형	공식적	비공식적
정태적	(A) 수업연한, 시간, 상벌규정 등 교칙	(B) 교사에 대한 학생의 예절, 바른 자세
동태적	(C) 자습시간에 잡담 않기, 과제물 제출기일 지키기	(D) 환경미화, 타학생을 멸시하지 않기

출처: 최정숙, 박용헌 (2005). p. 162

학교사회의 규범유형 중에서, 공식적이면서 오래 지속하는 정태적인 규범(A)으로는 '입학자격 규정, 수업연한과 시간, 교육과정과 수업시간, 등교시간, 출·결석, 성적평가, 상벌 규정' 등의 교칙이 있으며, 공식적 규범이면서 상황과 사람에 따라 달라질 수 있는 동태적인 규범(C)으로는 '자습시간에 조용해야 하고 복도에서는 뛰지 말아야 하며 과제물 제출기일 지키기' 등이 있다. 비공식적인 규범이면서도 일관되게 준수되어야 하는 정태적인 규범(B)에는 '교사에 대한 인사 등 학생이 지켜야 할 예절, 자세를 바르게 할 것, 남에게 불쾌감을 주는 언행을 삼갈 것' 등이 있고, 비공식적인 규범이면서 상황에 따라 자주 달라질 수 있는 동태적인 의미의 규범(D)에는 '거친 언행이나 남을 멸시하는 언행, 학교환경의 미화' 등이 있다.

각 규범유형은 나름대로의 속성을 가지고 있다. 즉, 공식규범은 주로 학교사회의 질서유지와 교육이라는 과업의 효율성 제고를 위해 설정된 것인데 비해, 비공식적 규범은 문화적 관습과 구성원 상호 간의 요구, 기대, 약속 등에 의해서 형성된 것이라 할 수 있다. 특히 비공식적 규범이면서 오래 지속되는 정태적인 성격의 규범(B)은 주로 문화적 관습과 사회의 일반적 규범과 같은 의미의 것이 대부분이라 할 수 있다.

어떤 유형의 규범이든 규범은 모두가 구성원의 사고와 행동에 영향을 미치는 구속력을 갖는다. 다만, 그 영향력 내지 구속력은 학교급별과 학생의 발달과정에 따라 달리 작용하게 된다. 예를 들어, 초등학교 아동은 교사에의 의존도가 높아 교사가 갖는 규범의식, 언행, 태도 등으로부터 더 큰 영향을 받게 된다. 그러나 중·고교로 올라갈수록 동료지향적 성향이 높아지게 되고 그들 동료 간에 형성되는 비공식규범이 학교의 공식규범보다 더 중요시되기 때문에 그 규범으로부터 더 큰 영향을 받게 된다.

비공식규범은 공식규범과 함께 학교문화의 중요한 요소이다. 교사와 학생 간, 학생 상호 간에 성립되는 비공식규범에 대해서도 그 성격과 기능을 수시로 검토하여 부정적인 것은 통제하여야 한다.

학교규범은 공정하게 수립·적용되어야만 한다. 건전한 학교문화를 조성하기 위해서 학교구성원이 지켜야 할 규범을 설정하는 일도 중요하지만 설정된 규범과 규칙을 어떻게 운영하느냐도 그 내용 못지 않게 중요하다. 특히 공식규범인 학칙이 일관되고 공정하게 적용되지 않으면 그 공신력은 상실하게 될 뿐만 아니라 오히려 구성원의 불만을 유발하고 구성원 간의 갈등, 혼란, 마찰, 대립 등을 야기시킬 위험마저 있게 된다.

04 학교조직의 개발

일반적으로 학교의 목표는 ① 학생들을 사회의 가치와 습관으로 사회화시키고 ② 성인역할을 수행하는 데 필요한 기술을 가르치며, ③ 변동하는 세계에서 학생들이 적응하도록 준비시키며, ④ 개인들의 자아실현을 발달시켜주는 데 있는 것으로 이해되고 있다. 그리고 이러한 목표를 달성하는 데 도움이 될 수 있는 바람직한 교육조직은 다음과 같은 조건을 갖추어야 할 것으로 여겨지고 있다. 첫째, 교육조직은 융통성이 있어야 하고 교수, 학습의 질에 이바지하여야 한다. 둘째, 교육조직은 교육목적과 목표에 구현된 철학을 반영할 수 있는 프로그램과 물리적 시설 및 조건을 갖추어야 한다. 셋째, 교육조직은 논리적 일관성과 연속성을 제시해야 한다. 넷째, 교육조직은 경제성 능률성 및 민주적 과정을 장려해야 한다.

그러나 현실적으로는, 학교조직이 이와 같은 여건을 구비하기가 쉽지 않다. 우선, 학교가 달성할 수 있는 목표에 대해서도 서로 다른 입장이 있을 수 있다. 아울러, 이상적인 교육조직에 대한 견해가 다양할 수 있다. 따라서 학교조직의 목표를 확인하고, 학교조직을 발전시키기 위한 노력은 지속되어야만 한다.

1) 학교조직의 목표

학교교육의 결과는 직업을 갖는데 많은 영향을 미친다. 사람들은 교육을 충분히 받지 못한 경우에는, 그들의 능력이나 잠재력이 어떠하든 간에 제한된 기회 속에서 살아가는 경우가 많다. 젠크스(Jencks, 1972)의 연구에 의하면, 학교 내의 부모의 소득 분포상 상위 20%를 차지하고 있는 아동들이 하위 20%를 차지하고 있는 아동에 비해 2배 이상의 교육재정을 지원받고 있다.

학교가 그 본질적 기능을 충실히 수행하기 위해서는 가치 있는 인생경험으로부터 교육목표를 도출하여야 한다. 교육은 개인에게 그 자신이 경험한 것의 의미를 이해하도록 도와주기 위하여 과학과 철학, 예술, 문학 등이 제공하는 가장 좋은 자료를 활용하려고 하는 이러한 경험을 계발시켜야 할 것이다. 이와 같은 방법을 학생들이 보편적인 문화유산으로부터 어떤 지위를 받아들이도록 요구하기보다는 개인으로서의 학생 스스로가 깨닫게 하는 것이다. 즉, 학교는 순응과 모방에 익숙한 학습을 조장하기보다는 어떤 것을 배워서 이해할 수 있는 창조적인 학생들의 능력을 발달시키는 데 주력해야 한다는 것이다.

따라서 오늘날 교육의 실제에서 중요한 것은 학생들에게 어떻게 배울 것인가를 가르치는 데 주안점을 두어야 한다는 것이다. 교사들은 학생들에게 이미 내려진 결론을 전달해 주는 대신에 학생 스스로 생각하여 다양한 지식의 영역에서 개념을 알아내기 위해 탐구학습을 활용하고 그들 주위의 세계를 연구하도록 가르칠 수 있어야 한다. 또한, 학습 내용도 중요하지만 변화하는 세계에 대처하기 위해서는 방법을 가르치는 데 역점을 두어야 한다. 이러한 관점에서, 입시제도를 비롯한 교육에서의 여러 평가방법이 개선될 필요가 있다. 왜냐하면 오늘 유용한 지식이 조만간 무용한 것이 될 수도 있을 뿐 아니라, 급증하는 지식을 모두 기억할 수도 없기 때문이다.

2) 조직개발

학교의 교육적 효과를 증대시키기 위해서는 조직개발—즉 학교조직을 발전시킬 수 있는 전략과 방안—의 관점이 요구된다. 조직개발을 위한 노력은 지속적으로 이루어져야 한다.

조직개발은 여러 가지 방법으로 정의될 수 있다. 왜냐하면, 조직활동은 개선하는데 있어서 필요한 복잡한 요소들의 핵심을 적확하게 찾아내기가 쉽지 않기 때문이다.

조직개발(organization development: O.D.)이란 조직의 제반 상태나 조건 등

을 개선함으로써 조직 효과성을 극대화할 수 있도록 하는 노력이다. 보다 구체적으로 조직개발이란 "행동과학적 개념을 활용하여 공식적·비공식적인 절차·과정·규범 또는 구조의 변화에 초점을 두어 체제 자체의 개선을 위해 일관성 있고 체계적으로 계획·추진되는 지속적인 노력"이다(Owens, 1991). 삶의 질은 물론이요 조직의 기능 및 수행을 모두 개선하려는 것이다. 따라서 조직개발에는 최소한 다음과 같은 개념들이 고려되어야 한다(Owens, 1991).

조직개발은 조직자체의 능력을 개발하고 개선하려는 것이다. 이에 조직구성원들의 참여를 극대화하려는 것이다.

조직개발은 지속적인 체제갱신이다. 스스로 갱신하는 특성을 개발하고, 조직의 능력을 증대시키고, 변화에 적응하며, 목표달성을 향상하는 능력을 개발할 수 있다.

조직개발은 사람에 초점을 맞춘다. 조직개발을 위한 주요 관심은 과업, 테크놀로지 또는 구조차원이라기보다는 조직의 인적 사회체제 특히, 조직문화이다.

조직개발은 교육적 전략을 활용한다. 조직개발은 교육을 통하여 바람직한 방향으로 사람의 행동을 변화시킴으로써 조직의 자기갱신을 자극하도록 추구한다. 조직개발의 교육전략과 과정은 주로 조직풍토와 조직문화를 형성하는 데 초점을 두고 있다.

참고문헌

김창걸 (1992). *교육행정학신론*. 서울: 형설출판사.

남정걸 (2001). *교육행정 및 교육경영*. 서울: 교육과학사.

성병창 (역) (1995). *학교조직과 경영*. 서울: 양서원. (원저: Alan Paisey, A. (1981). *Organization and Management in Schools : Perspectives for Practising Teachers*. London: Longman).

최정숙, 박용헌 (2005). *교육사회학*. 한국방송통신대학교출판부.

Argyris, C. (1960). *Understanding Organizational Behaviour*. Tavistock Publications, London

Bandura, A. (1962). Social learning through imitation. In M. R. Jones (ed.), *Nebraska Symposium on Motivation*. Lincoln: University of Nebraska Press.

Bandura, A. (1977). *Social Learning Theory*. Prentice-Hall.

Barnard, C. I. (1938). *The Functions of the Executive*. Cambridge, MA: Harvard University Press.

Cameron, K. S. (1978). Measuring organizational effectiveness in institutions of higher education. *Administrative Science Quarterly*, 23, 604-632.

Cameron, K. S. (1986). A study of organizational effectiveness and its predictors. *Management Science*, 32, 87-112.

Carlson, R. O. (1975). Environmental constraints and organizational consequences: the public school and its clients. In J. V. Baldridge and T. V. Deal (eds.), *Managing Change in Education*. Berkeley: McCutchan.

Cohen, M. D., March, J. G., & Olsen, J. P. (1972). A garbage can model of organizational choice. In *Administrative Science Quarterly*, 17, 1-25.

Coleman, J. S. (1961). *Social Climates in High Schools*. U.S. Dept of HEW, Office of Education.

Etzioni, A. (1961). *A Comparative Analysis of Complex Organization*. NY: Free Press.

Goffman, E. (1963). *Stigma*. NJ: Prentice Hall.

Halpin, A. W., & Croft, D. B. (1963). *The Organizational Climate of Schools*. Chicago: Midwest Administration Center, the University of Chicago.

Hoy, W. K., & Miskel, C. G. (1978). *Educational Administration: Theory, Research, and Practice* (1st ed.). New York, NY: McGraw-Hill.

Hoy, W. K., & Miskel, C. G. (1996). *Educational Administration: Theory, Research, and Practice*. NY: McGraw-Hill.

Jencks, C. (1972). *Inequality: A Reassessment of the Effect of Family and Schooling in America*. NY: Harper & Row.

Lewin, K. (1948). *Resolving Social Conflicts*. NY: Harper & Row.

Maxwell, T. M., & Thomas, R. A. (1991). School climate and school culture. *Journal of Educational Administration*, 29(2), 72-82.

Miles, M. B. (1969), Planned change and organizational health: figure and ground. In F. D. Carver and T. J. Sergiovanni (eds.), *Organizations and Human Behavior: Focus on Schools*. NY: McGraw Hill.

Owens, R. G. (1991). *Organizational Behavior in Education*. NJ: Prentice-Hall.

Parelius, A. P., & Parelius, R. J. (1978). *The Sociology of Education*. Englewood Cliffs, NJ: Prentice-Hall Inc.

Parsons, T. (1959). The school class as a social system: some its functions in American society. *Harvard Educational Review*, 29(4), 297-318

Rosenthal, R., & Jacobson, L. (1968). *Pygmalion in the Classroom: Teacher Expectations and Pupils' Intellectual Development*. NY: Holt, Rinehart and Winston.

Schmuck, R. A., & Schmuck, P. A. (1971). *Group Processes in the Classroom. Dubuque*. IA: W. C. Brown Co.

Schwartz, A. J. (1975). *The Schools and Socialization*. NY: Harper & Row.

Simon, H. A. (1947). *Administrative Behavior: A Study of Decision-Making Processes in Administrative Organization*. The Free Press

Steers, R. M. (1977). Organizational Effectiveness: A Behavioral View. Santa Monica: Good Year Publishing.

Stern, G. S. (1963). *Methods in Personality Assessment: Human Behavior in Complex Social Situations*. Free Press.

Waller, W. (1932, 1961). *The Sociology of Teaching*. NY: John Wiley.

Weber, M. (1947). *The Theory of Social and Economic Organization*, Trans. by A. M. Henderson and Talcott Parsons, Edited with an introduction by Talcott Parsons. NY: Free Press.

Weick, K. (1976). Educational organizations as loosely coupled systems. *Administrative Science Quarterly*, 21, 1-9.

제09장

청소년 비행과 교육

01 청소년비행의 개념

부적응(maladjustment)이란 인간이 환경에 적응하지 못하는 것을 말하는 것으로서 욕구불만이나 갈등상태에 놓여 있는 것을 말한다. 부적응은 어떤 행동이나 적응과정에서 목표에 도달하기 전에 갈등, 욕구좌절, 불안, 압박감 등 문제사태에 부딪칠 때 인간은 스트레스 상태에 놓이게 되는데 이것을 부적응이라 한다.

비행(delinquency)이란 실정법을 위반한 행위뿐만 아니라 여러 가지 사회규범을 위반하여 장차 실정법인 형법을 위반할 우려가 있는 모든 행위를 말한다. 우리나라에서는 청소년비행을 12세 이상 20세 미만의 소년에 의한 범죄행위, 촉법행위, 우범행위의 세 범주로 구분한다.

첫째, 범죄행위는 14세 이상 20세 미만인 소년이 형벌법령에 저촉되는 행위를 하는 경우를 말하는데, 이 경우에는 형사책임이 있다.

둘째, 촉법행위란 형벌법령을 위반하였으나 형사미성년자(12세 이상 14세 미만의 소년)이기 때문에 형사책임을 묻지 아니하는 행위를 말한다.

셋째, 우범행위는 12세 이상 20세 미만의 소년이 그 자체는 범죄가 아니지만 장차 형벌법령에 저촉될 우려가 있는 경우를 말한다.

넓은 의미에서 청소년비행은 음주와 흡연, 자기 또는 타인의 덕성을 해치는 행위 등을 불량행위(일명 풍기사범)라고 규정하며, 이러한 행위를 범하는 청소년은 불량행위소년으로 규정할 수 있다.

02 청소년기 비행의 발생원인

청소년의 문제발생을 그 비행 및 범죄 사항별로 고찰할 수 있겠는데 주로 가정, 학교, 사회의 영역에서 기본적인 정서불안을 비롯한 욕구충족 및 불안요소의 적정한 수용이 비행청소년의 지도의 기저(基底)를 이루고 있다고 볼 수 있다. 그리고 사회에서 그들의 욕구가 충족되지 않는 경우에 부적응 상태가 발전되어 악순환을 반복되면서 나타나 청소년비행 및 범죄의 원인이 되는 것이다.

부적응의 원인으로는 생물학적 원인, 욕구좌절이나 갈등, 불건전한 정서의 경험, 가정조건 등을 들 수가 있다.

(1) 생물학적 원인

질병, 체질, 기질, 신경, 지능, 염색체 등 유전적으로 전달되는 생물학적 요인의 영향에 의해 유발되는 경우로 신체적 장애나 지체불구자 등이 이에 해당된다.

(2) 욕구의 좌절이나 갈등

인간의 욕구와 충동이 만족스럽게 이루어지면 건전한 적응상태를 유지할 수 있지만 이것이 방해를 받아 좌절될 경우 긴장이 유발되며 부적응상태로 빠지기 쉽다. 그래서 인간의 욕구를 인간행동의 동인으로 간주하고 있다. 이러한 욕구는 때때로 만족스럽거나 약간 불만족스럽더라도 얼마간은 충족되는 경우가 있는가 하면 여러 가지 조건에 따라서 장기간 긴장이 해소되지 않고 불만족으로 끝나게 되는 경우 정신과정의 파괴로까지 이어질 수가 있어 부적응을 낳는다. 때문에 부적응의 원인으로 충동이나 욕구의 좌절, 혹은 두 개 이상의 욕구의 공존으로 빚어지는 좌절들의 부적응을 원인으로 간주하지만 이러한 좌절이 모두 부적응의 원인이 되지는 않는다. 그것은 그 개인의 욕구좌절 내성(frustration tolerance)이나 적응능력에 따라 달라지는 것이다.

(3) 가정조건

가정의 조건이 만족한 상황이 못 되어 부적응이 야기되는 경우가 많다. 부모의 양육태도, 편모, 편부와 같은 가정결손, 부모의 이혼, 고부간의 갈등 등으로 인한 가정조건들이 만족한 상태가 되지 못해 부적응이 야기되는 경우가 허다하다. 핵가족화와 해체가정의 증가와 가정의 빈곤과 불화, 일관성 없는 훈육의 부재, 부모의 교육적 무관심, 자녀와의 대화부족 및 도덕과 가치관이나 윤리의식과의 상호이해와 결핍, 가정의 교육적 기능약화라고 볼 수 있다.

(4) 학교조건

학교교육은 소수의 우수학생들을 대상으로 운영되고 있는 실정이어서 다수의 학생 청소년들은 선별적인 사회화 과정을 통해 소외됨으로써 심한 열등의식을 갖게 된다. 또한 학교교육이 갖고 있는 입시위주의 교육제도, 획일화된 교육과정 및 성적평가, 열악한 교육환경, 비인간적인 교육풍토 등은 청소년들을 공부에 대한 압박과 스트레스로 병들게 할 뿐 아니라 청소년들에게 개인주의, 요령주의, 출세주의 등 바람직하지 못한 가치관을 심어주어 결국 이러한 복합적인 요소들이 어우러져 청소년 폭력의 원인을 제공하게 된다.

(5) 사회적 원인

비행의 원인을 사회구조적 요인에 의해 발생한다고 본다. 따라서 개인이 처해 있는 사회구조, 상황, 통제 등에 의해 문제행동을 한다는 것이다. 불건전한 학생서클(단체)의 증가로 인한 교우관계와 사회의 비교육적 환경요인으로 인한 출세지향적인 맹목성의 만연, 유흥 숙박업소의 무책임과 무분별하고 파렴치한 영업행각, 부모의 사회지위적 조건에 의한 박탈감 등을 들 수 있다.

청소년비행은 심각한 수준에서 일어나고 있으며, 결손가정의 문제, 자기 통제력의 부족, 교우관계, 매스컴, 유해환경 등과 관련이 있는 것으로 나타나고 있다. 일부 학자들(Levine & Havighurst, 1992; Santrock, 1993)은 청소년비행에서 보여지는 특징을 다음과 같이 요약하고 있다.

① **학교에서의 실패** : 학교에서의 실패와 비행 사이에는 정적 상관관계가 있다. 다만 어느 것이 원인이며 또 어느 것이 결과인지는 불분명하다. 청소년들의 학습문제가 비행과 관련이 있다고 보는 견해도 있다. 관련 연구에 의하면, 비행은 10대 소년들 사이에서 학습장애와 관련이 있다고 보고되고 있다.

② **비행 또래들과 어울리게 됨** : 사회화 과정의 문제, 가정과 이웃 문제 그리고 학교는 비행또래들과 어울리는 장소라고 할 수도 있다. 특히, 비행또래들과 어울리게 되면 비행과 약물남용의 가장 큰 원인이 된다.

③ **사춘기의 환경적 상황** : 초기 사춘기적 변화와 사춘기가 일어나는, 초등학교 후반에서 중학교 시기의 환경적 상황은 중요한 요인이다. 가족, 또래, 학교 등에서 심한 갈등을 겪고 있을 때 주위 환경이 어떠한가가 대단히 중요하다.

④ **두려움과 불안** : 청소년의 특성인 두려움, 미지의 세계에 대한 불안.

⑤ **시기별 주요인** : 아동 초기에는 두려움, 아동 중·후기에는 학교관련 문제, 청소년기에는 약물, 청소년 후기에는 우울·약물남용·싸움 등이 주요 요인이 된다.

⑥ **사회경제적 지위** : 사회경제적 지위가 낮은 아동들과 청소년들이 더 높은 이들보다 문제가 더 많았고, 가정에서 어른들과 관계가 더 적을수록 더 많은 문제를 가지고 있다.

⑦ **교육에 대한 기대** : 교육에 대한 기대가 낮으며, 저학년에서의 성취도가 낮다.

⑧ **부모의 영향** : 부모의 감독이 거의 없고, 지원도 거의 하지 않으며 비효과적인 방법으로 훈육한다.

⑨ **또래의 영향** : 비행 또래들과의 접촉이 있고, 또래 압력에 대한 저항이 낮다.

⑩ **사회경제적 지위** : 계층이 낮은 남자들에 의해 더 빈번하게 일어난다.

⑪ **이웃** : 지역사회가 범죄를 키우는 경우가 있다. 높은 범죄지역에 사는 사람들은 비행가능성이 높을 것이다.

⑫ **긴장** : 지나친 기대에 의한 긴장이 크다.

⑬ **소년들의 비행 빈도** : 소년들이 소녀들보다 더 빈번하게 비행을 저지른다. 소년들은 비행통계에서 소녀들을 크게 앞지르고 있다.

레빈과 해비거스트(Levine & Havighurst, 1992)는 청소년비행과 관련하여 다음과 같은 특성도 보고하고 있다.

① 폭력적 비행은 중류계급보다 노동계급의 청소년들 사이에서 보통 더 많이 일어난다. 더욱이 지위가 낮은 이웃 속에서 생활하는 경우, 지위가 낮은 청소년들이 다른 이웃 속에서 생활하는 경우, 낮은 지위의 청소년들보다 비행이 더 많이 발생할 수 있다.

② 범죄의 많은 비율은 25세 이하 청소년들에 의해 일어난다. 그러나, 대부분의 청소년기의 범죄자는 안정적인 성인생활로 들어간다.

③ 폭력적 비행은 폭력적인 하위문화에 참여함으로써 일어날 수 있다.

④ 청소년 범죄와 비고용 간에는 관계가 있다. 빈곤과 돈을 위한 욕구는 금전을 추구하려는 형태의 범죄와 결합하게 된다.

⑤ 비행의 심각성을 예측할 수 있는 가장 중요한 요인은 비행 또래집단과 관련되어 있느냐 하는 것이다. 비행은 청소년 또래집단이 감독받지 못하는 지역사회에서 특히 빈번하게 일어난다.

⑥ 높은 경제적 목표와 낮은 교육성취도 간의 차이가 있는 청소년들이 비행에 많이 빠지는 경향이 있다.

⑦ 비행의 효율은 소년들보다 소녀들에게 있어서 더 빠르게 증가하고 있다. 특히, 여성에 의해서 폭력이 동반된 비행은 1980년대에 급속히 증가하였다.

⑧ 비행집단에의 참여는 긍정적 태도와 관계를 형성하기 위한 가족의 노력이 부족한 가정환경에서 성장하는 것과 관련되어 있다.

⑨ 초등학교의 첫 해에 공격적이며 반사회적인 소년들은 10대 비행과 약물사용자가 될 가능성이 많다.

⑩ 대중매체에서 표현된 폭력과 범죄는 아마 청소년 비행을 자극하고 증대시킬 것이다.

⑪ 많은 비행은 가족문제와 관련되어 있다. 가족에서의 폭력이 비행집단에 참여하게 하는 가장 중요한 요인이 된다.

⑫ 급속한 사회변화, 가정붕괴, 폭력 등으로 인하여, 청소년들은 과거 부모들이 청소년기에 겪었던 것보다 더 많은 스트레스를 경험하고 있다. 15~24세의 청소년들은 질병보다는 살인, 교통사고, 자살 등으로 인하여 죽는다.

한편, 샌트록(Santrock, 1993)은 청소년비행관련 요인과 특징을 <표 9-1>과 같이 요약한 바 있다. 이 표에서 보는 바와 같이 정체성, 자기통제, 교육에 대한 기대, 부모의 영향, 또래 및 사회경제적 지위 등이 중요한 요인임을 알 수 있다.

표 9-1 청소년비행관련 요인 및 특징

요 인	특 징
정체성	• 부정적 정체성 • 비행은 청소년이 역할정체성을 해결하지 못할 때 발생(에릭슨의 견해)
자기통제	• 낮은 정도 • 어떤 아동·청소년은 성장하는 과정에서 기본적인 통제를 획득하지 못함
연령	• 초기에 시작됨 • 초기 반사회적 행동의 출현은 청소년에 있어서 나중에 중대한 비행과 관련됨 • 그러나 모든 아동이 그런 것은 아님
성별	• 남성 • 소년들은 여성보다 반사회적 행동을 더 많이 함 • 여자 아이들도 가출 등을 하지만 남자 아이들이 폭력행위에 더 많이 참여함
교육에 대한 기대	• 낮은 기대 • 비행청소년들은 낮은 교육적 기대를 가지고 있음 • 언어능력 또한 약함
부모의 영향	• 감독 소홀 • 낮은 지원 • 비효과적 훈육
또래의 영향	• 강한 영향 • 낮은 저항 • 비행 또래가 있을 경우 비행의 위험성은 크게 증가함
사회경제적 지위	• 낮음 • 심각한 비행은 보다 잦은 계층의 남성에 의해 더 빈번하게 일어남
이웃의 질	• 도시 • 높은 범죄 • 높은 이동 • 지역사회가 종종 범죄를 양산함

출처: Santrock, J. W. (1993). *Adolescence: An Introduction*. Madison: Brown & Benchmark. 안병환 (2003), p.200에서 재인용.

학교의 심층면담자료를 분석한 연구(최영신, 2001)에 따르면, 청소년의 학교중퇴에 영향을 미치는 요인으로는 특히 '교육과정과 학습부진, 교사에 대한 불만, 교칙에 대한 무지와 불공정한 교칙의 적용, 비행 친구와의 접촉' 등이 있다. 또 다른 연구(김경식, 1997)는 학업중단의 주요 요인을 다음과 같이 분석한 바 있다.

첫째, 가정의 요인으로서 결손가정, 낮은 사회계층, 학교성적에 관한 부모들의 무관심, 격려와 지원의 부족, 낮은 교육기대 수준, 의사결정에 대한 부모의 통제부족, 가족과의 대화부족 등은 직·간접적으로 자녀들의 중퇴행동을 낳게 한다.

둘째, 학교관련 요인으로서 공부에 대한 중압감은 학교공부에 대한 스트레스와 싫증을 낳게 하며, 뒤이어 학교 공부로부터 벗어나고자 하는 행동이 비행적 가치를 쉽게 접할 수 있는 그들만의 공간을 찾도록 만들며, 비행교육과의 접촉과 활동에의 참여로 이어져 급기야는 장기무단결석이나 교칙위반과 같은 이유로 학교를 그만두게 된다.

셋째, 교우요인으로서 미진학 학생이나 중퇴생과 같이 학교생활에 불만을 갖고 있거나 소외된 학생들을 친구로 사귐은 비행적 가치를 용이하게 습득하게 하여 문제행동을 낳게 함으로써 중퇴로 연결되게 한다.

넷째, 청소년들을 위한 건전한 놀이공간과 문화의 부재는 청소년들을 길거리로 내몰게 하거나, 비행적 가치를 쉽게 접할 수 있는 공간의 출입으로 이어지게 하며, 또한 그러한 공간에서의 아르바이트 경험은 노동가치의 소중함보다는 퇴폐 향락 문화에 젖게 만들어 문제행동과 함께 중퇴 행동으로 연결된다.

03 비행에 대한 이론

비행에 관한 이론은 크게 생물학적 이론, 사회학적 이론, 심리학적 이론,

생태학적 이론 등으로 분류할 수 있는데, 이들에 대해 논의하면 다음과 같다(김진화 등, 2002).

1) 생물학적 이론

청소년 문제행동이 지능, 기질, 체질, 염색체 등 유전적으로 결정되는 생물학적 변인의 영향을 받는다고 보는 관점이다. 유전적 요인으로 인한 유전적 이상이 뇌구조적 결함과 신경생화학적 이상을 초래하고, 뇌구조적 손상, 뇌의 생화학적 이상으로 인해 심리장애와 관련된 주요 신경전달물질(노아에피네린, 세로토닌, 도파민 등)의 과다, 결핍이 심리적 이상을 일으킨다. 도파민은 정서적 각성, 주의집중, 쾌 감각, 수의적 운동과 같은 심리적 기능에 영향을 미치고, 노아에피네린은 정서적 각성, 공포, 불안과 관련된 신경물질로 우울증에 영향을 미치며, 세로토닌은 기분조절, 수면, 음식섭취, 공격성, 통증에 영향을 미친다. 즉 세로토닌의 수준저하는 충동억제력 감소, 상황에 대한 지나친 반응, 불안정성, 충동적 성행동, 공격적 행동과 관련이 있다.

2) 사회학적 이론

사회학적 접근에서는 사회구조적 접근으로 비행이 사회구조나 조직특성에 의해 유발된다고 보는 문화전달 이론과 아노미 이론, 하위문화이론으로 구분하고, 사회과정적 접근으로 비행이 이루어지는 과정이나 상황에 중점을 두는 차별적 접촉이론, 낙인이론, 차별적 동일화 이론, 사회통제이론 등을 들 수 있다.

(1) 아노미 이론

아노미 이론(theory of anomie)은 문제행동의 원인을 사회구조적 측면에서 찾는다. 성공과 행복이라는 삶의 목표를 합법적으로 달성할 수 있는 제도화된 수단과 개인이 서로 모순되거나 불일치될 때 이와 같은 모순과 괴리감이 개인으로 하여금 사회적 비행을 저지르게 하는 압력으로 작용한다. 사회적으로 중요시되는 가치를 누구나 획득하고 싶어하는데, 사회구조상 사회경제적 지위가 상위에 속하는 사람들은 이러한 목표를 추구할 기회가 더 많고 하위집단의 경우 이를 획득할 수 있는 기회가 제한되어 하위집단의 사람들은 아노미를 체험하게 되어 비행을 저지르게 된다. 아노미 이론은 머튼(R. K. Merton, 1968)의 사회구조이론에 근거를 둔 것으로 비행소년과 정상소년 간에 근본적으로 차이가 있다고 가정하고 그 차이를 설명하고자 한다. "가난=범죄"라는 전통적인 편견에서 출발하여 왜 가난한 사람들이 범죄의 유혹에 쉽게 빠져드는 지를 사회구조적인 맥락에서 밝히고자 했다.

아노미(anomie)란 용어는 프랑스의 사회학자인 뒤르켐(E. Durkheim, 1951)이 처음으로 사용한 용어이다. 사회구조가 급격하게 변화함에 따라 집단규범이 모호해져 초래된 '무규범상태'를 일컫는 말이다. 아노미에 빠지면 어떤 안정된 제도에도 소속감을 느끼지 못하고 정신적으로 불안한 상태에 놓여 수동적인 행동을 하거나 극단적인 행동을 하게 된다. 아노미 상태에서는 도덕적인 판단을 할 수 없기 때문에 사회의 이상행동자가 되기도 한다.

(2) 하위문화이론

하위문화이론(subculture theory)에서 하위문화란 전체 문화의 하위부분으로서 소속되어 있는 성원들은 학습을 통하여 그 내용을 배워 그것을 자기들의 행동의 기준으로 삼는다는 것이다. 하위문화이론에서는 하류층에는 중산층과는 다른 문화(하위문화)가 존재하며, 그중 어느 특수한 부분이 하층 청소년들로 하여금 비행을 저지르기 쉽게 한다는 것이다. 이러한 하위문화의 성격과 내용 그리고 하위문화의 형성과정에 대해서는 서로 다른 입장을 취하고 있는데 크게 구별하면 3가지 유형이 있다. 비행하위문화이론, 기회구조이론, 하층계급문화이론이다.

❶ 비행하위문화이론

비행하위문화이론(delinquent subculture theory)은 코헨(Cohen, 1955)에 의해서 주장되었으며, 비행을 일반문화의 반대문화로서의 하위문화로 이해하려는 입장이다. 하류계층의 청소년들이 지위 욕구불만에 기인하여 중산층의 지배문화에 대항적인 성격을 갖는 하위문화로 보고 있다. 비행의 발생은 가난한 지역의 청소년들은 중산층의 문화가 지배적인 미국사회에서 자신들의 지위를 획득하기가 힘들어 자기들에게 유리한 비행하위문화를 형성하게 되었다고 본다. 이러한 중산층의 가치와는 대립적인 부정성, 비공리성, 악의성, 단기쾌락주의, 다면성 등과 같은 특징을 띠게 된다.

❷ 기회구조이론

기회구조이론(opportunity structure theory)은 클로워드와 올린(Cloward & Ohlin, 1960)이 머튼(Merton, 1938)의 아노미 이론과 서더랜드(Sutherland, 1949)의 차별접촉이론을 통합하여 제시한 이론이다. 기회구조이론은 합법적인 기회와 비합법적 기회가 모두 차등적으로 배분된다고 보기 때문에 비행청소년의 경우는 두 가지 기회 중 하나를 선택하는 것이 아니라 처음에는 합법적인 기회에 접근하려고 하지만 그의 사회적 배경으로 인해 접근이 힘들어지면 비합법적인 기회를 선택한다는 것이다.

사회학자들에 따르면, 특히 취업이나 금전과 같은 성공목표를 달성하기 위한 기회가 제한되었을 때 일어나는 비행에 대해 이와 같은 이론적 관점에 의한 견해를 말한다.

❸ 하층계급문화이론

하층계급문화이론(lower class cultural theory)은 밀러(Miller, 1975)에 의해 주장되었는데, 하류계층 청소년에게 영향을 주는 문화가 중산층 문화와의 갈등에서 발생하고 있다고 보며, 하류계층 사회자체의 고유한 문화체계로서 오랫동안 존속하고 그 자체 통합력을 가지며 유형화된 전통을 갖고 있는 것을 하층계급문화라고 한다. 하층문화는 중산층문화와 다른 특성이 있으며, 이런 특성이 하류계층 청소년으로 하여금 비행을 저지를 가능성을 높여준다는 것이다.

(3) 차등적 접근이론

차등적 접촉이론(differential association theory)은 서덜랜드(E. Sutherland, 1949)에 의해 성립된 것으로 "가난=범죄"의 관계를 문화적인 맥락에서 접근한다. 그는 인간의 행동은 그것이 정상적인 행동이든 일탈적인 것이든 간에 모두 학습되며, 가난한 지역에는 범죄를 조장하는 문화가 있다는 가정에서 출발한다. 범죄는 일반적인 행위와 마찬가지로 학습을 통해서 배우게 되고, 학습은 주로 친밀한 사람들과의 상호작용을 통해 일어난다는 것이다. 범죄자가 범죄행위를 저지르는 것은 범죄행위, 즉 법을 위반하는 것은 나쁘지 않다고 배웠고 따라서 범죄기법을 배워 소집단에서 개인끼리 상호작용을 통해 배우는데, 법에 대한 우호적인 태도와 비우호적인 태도를 '차등적'으로 개인과의 '접촉'을 통해 배운다는 것이다. 즉 범죄자는 비우호적인 태도를 우호적인 태도보다 더 많이 배웠고, 역으로 비범죄자는 우호적인 태도를 더 많이 배웠다는 것이다. 가난한 지역의 아동들이 범죄에 대해 우호적인 가난한 지역의 문화와 접촉하게 됨으로써 일탈행동을 학습하게 되고, 이로 인해 비행을 저지르게 된다.

그는 구체적으로 개인이 범죄행위로 사회화하는 과정을 다음과 같이 설명하였다. 서덜랜드는 그의 이론에서 아홉 가지 명제를 제시하고 있다.

① 범죄행위는 학습되는 것이다.

② 범죄행위의 학습은 사람들 간의 의사소통과정을 통해 일어난다.

③ 범죄행위의 학습은 주로 친밀한 집단 속에서 잘 일어난다.

④ 범죄행위가 학습될 때, 그 학습내용에는 범죄행위의 기술뿐 아니라 동기, 충동, 합리화 방법, 태도 등을 모두 포함한다.

⑤ 범죄동기나 충동은 현행 법률을 긍정적으로 정의하느냐, 아니면 부정적으로 정의하느냐에 따라 학습된다. 즉 어떤 사람은 법률을 반드시 지켜져야 할 규칙으로 정의하는 사람들 속에 있을 수 있으며, 반면 다른 사람은 법률을 위반하는 것이 바람직하다고 정의하는 사람들 속에 있을 수 있기 때문이다.

⑥ 법 위반에 대해 비우호적인 인식보다 우호적인 인식이 앞서도록 학습된 사람은 비행으로 나아간다.
⑦ 차별적 교제는 만남의 빈도·기간·선호·강도 등에 따라 다양하게 나타난다.
⑧ 범죄적 또는 비범죄적 유형과 접촉하면서 범죄행위를 학습하는 과정은 일상생활 중 다른 행위의 학습과정에서 작용하는 기제들과 동일하다.
⑨ 범죄행위는 일반적인 욕구나 가치에 의해 일어나지만, 그러한 욕구와 가치가 범죄행위의 본질적 성격을 특징짓지는 않는다. 왜냐하면 비범죄적 행위도 그와 동일한 욕구 및 가치에 의해 이루어지기 때문이다.

(4) 낙인이론

낙인이론(labelling theory)은 베커(H. Becker, 1963)에 의해 주장되었으며, 그의 관심은 왜 사람이 범죄를 저지르는가에 대해서는 크게 문제시하지 않는다. 사회집단들은 개인 또는 집단이 어떤 것을 위반하면 일탈자가 되게 하는 규칙을 만들고, 이 규칙을 특정한 사람에게 적용하여 일탈자로 낙인을 찍는다는 것이다. 따라서 낙인이론가들의 관심은 비행행위에 관심을 두기보다는 비행을 지속적으로 하는 사람(career deviant)에게 관심을 둔다. 즉 사람이 비행이라고 낙인지워진 행위, 사회적으로 거부된 행위이며 그 결과로 불이익이 수반되는 행위를 지속적으로 하는가에 관심을 갖는다. 이들은 낙인은 하나의 사회적 지위 같은 역할을 하게 되고, 이것은 2차적 범죄의 가장 중요한 원인이 된다고 한다. 범죄자는 대표 지위를 갖게 되면 처음에는 인정을 하지 않지만 계속적인 사회적 반응은 그로 하여금 스스로 범죄자라는 자아개념을 갖게 되고, 이와 같은 사회적 반응으로 인하여 범죄자라고 스스로 인정하게 되면 그 사람은 2차 범죄를 저지르게 된다는 것이다. 따라서 일차적 범죄(primary deviance)는 다양한 맥락에서 일어날 수 있으나 이차적 범죄(secondary deviance)의 가장 중요한 원인은 낙인 때문이라는 것이다.

(5) 사회통제이론

사회통제이론은 사이크스와 마짜(Sykes & Matza, 1957)의 중화이론과 허쉬(T. Hirschi, 1969)의 연대이론을 들 수 있다. 사회통제이론은 인간의 행동이 사회조직의 정상적인 조건하에서는 사회규범에 의해 규제되어 일탈이 극소화되지만 어떤 이유로든 사회조직이 와해되면 규범의 통제력이 약화되거나 붕괴되어 인간이 일탈을 억제할 수 없는 상태로 된다는 것이다.

❶ 중화이론

중화이론(neutralization theory)은 문제행동을 하는 청소년들은 전통적 가치를 수용하고 있으나 중화를 통해 내적 통제가 약화되어 문제행동을 일으킨다고 본다. 청소년들은 문제행동이 나쁜 짓이 아니라고 학습한 것이다. 문제행동에 대해 처벌을 받을 때조차 그들은 중화기술을 사용하여 자신의 문제를 합리화한다. 사이케스와 마짜의 중화이론에 따르면, 비행청소년도 비행이 나쁘다는 것은 알고 있지만 비행을 정당화하는 구실을 찾으므로 비행을 저지르게 된다는 것이다. 비행청소년들이 비행을 정당화하는 유형에는 다른 것에 원인을 돌리는 책임의 부정, 피해자의 과실과 책임을 탓하는 피해자 부정, 비행을 비난하는 사람들은 더 비난받을 행동을 한다고 주장하는 비난자 부정, 자기 소속집단에 대한 의리와 충성심의 강조 등이 있다.

첫째, 책임의 부정(denial of responsibility)은 자기가 비행을 하게 된 것은 세상 탓이고 무책임한 부모의 탓이라는 등으로 합리화하여 자기가 오히려 희생자라고 주장한다.

둘째, 가해의 부정(denial of injury)은 자신의 행위로 인하여 손상을 입거나 재산상 피해를 본 사람이 없음을 이유로 자신의 행위를 합리화하는 것을 말한다. 즉 자신의 행위는 남에게 피해를 주지 않았으므로 괜찮다는 것이다.

셋째, 피해의 부정(denial of victim)은 피해자가 비행을 자초했거나 유혹하였다고 주장하는 것으로, 여름에 심하게 노출된 옷을 입었기 때문에 성폭행을 했다고 피해자를 비난한다.

넷째, 비난자 비난(condemnation of comdemners)은 비행청소년들을 못된 놈이라고 비난하는 교사, 경찰, 종교인 등이 더 나쁜 사람들이라고 비난한다. 비행을 저지르는 사람들이 많은데 왜 나만 나쁘다고 야단치느냐고 주장한다.

다섯째, 높은 충성심의 호소(appeal to higher loyalties)는 자기가 속해 있는 집단에 대한 의리 혹은 충성심 때문에 할 수 없이 나쁜 짓을 하게 되었다고 주장한다.

❷ 사회연대이론

사회연대이론(social bonding theory)은 허쉬(Hirschi, 1969)에 의해 주장되었으며, 사회 및 그 내부의 집단이 질서를 유지하기 위하여 내적으로 발생하는 일탈행동·범죄·긴장을 처리하여 균형을 회복하는 과정을 사회통제라 하며, 사회의 기존질서를 유지하는 데 있다. 다시 말해서, 사회가 바라는 대로 행동한다는 것은 기존의 사회질서 유지에 어긋남이 없다는 것이며, 반대로 질서가 있는 곳에는 사회통제가 작용하고 있다고 할 수 있다. 개인과 사회 간에 결속이 강할수록 범죄를 저지르지 않게 되며 반면에 그 결속이 완화될수록 범죄를 저지를 확률은 높다고 전제한다. 모든 사람은 동조행위보다는 일탈행위를 할 가능성이 높으며, 규범을 어기고 싶은 충동은 항상 있으나 사회통제의 결과로 사회와 유대를 갖고 있어서 위반하지 못한다고 주장한다.

3) 심리학적 이론

비행의 원인을 욕구불만에 따른 정서불안, 긴장, 부정적 자아의식, 반항성, 충동성, 공격성, 정신병 등과 같은 특수한 성격적 요인이나 정신질환, 신경증, 정신병 등과 같은 개인의 심리적 특성에 두고 있다.

(1) 정신분석이론

프로이트(S. Freud)는 인간의 성격은 원초아(id), 자아(ego), 초자아(super

ego)로 구성되었다고 보고, 원초아는 본능적인 욕구(배고픔, 수면, 배설, 성충동 등)를 추구하는 '쾌락의 원리'라고 하며, 자아는 현실적이고 이성적이며 합리적인 부분으로 '현실의 원리'라고 하고 원초아의 본능적 욕망과 초자아의 이상을 중재하는 역할을 하며, 초자아는 양심적이며 이상을 추구하는 '도덕의 원리'라고 한다. 비행은 성장과정에서 자아와 초자아를 제대로 형성하지 못하게 되면 본능적인 욕구와 충동성과 공격성에 의해 행동을 하게 된다는 것이다. 프로이트에 의하면, 범죄자나 일탈자들은 성장과정에서 초자아를 발달시키지 못하게 되면 양심을 내면화 시키지 못하여 도덕성 발달이 제대로 이루어지지 못하게 되고, 사회화 과정에서 실패함으로써 비행을 저지르게 된다는 것이다.

(2) 행동주의이론

행동주의이론에서는 행동주의 학습이론과 사회학습이론으로 설명될 수 있다.

첫째, 행동주의 학습이론에서는 인간의 행동이 학습의 결과이며, 비행은 잘못된 학습의 결과라고 본다. 또한 비행은 자극과 연합으로 보고, 인간의 행동을 결정하는 것은 자극이기 때문에 인간을 자극에 의해 통제될 수 있는 피동적인 존재로 본다. 따라서 강화와 벌을 활용하여 보상을 얻기 위해 어떤 행동을 습득하기도 하지만 고통으로부터 벗어나기 위해 어떤 행동을 습득하게 할 수 있다.

둘째, 사회학습이론에서는 인간의 행동을 관찰을 통한 모방학습에 의해 인간행동이 형성된다는 것이다. 반두라(A. Bandura, 1970)는 모델링을 통해 바람직한 행동이나 문제행동이 학습된다고 보았다. 반두라는 모델링(modeling)을 통해 인간의 복잡한 행동을 습득하는 것이 더 적절한 방식이라고 하면서 이런 모방학습은 세 가지 다른 영향을 미칠 수 있다고 하였다. 첫째, 관찰자는 본보기를 통해서 이전에 전혀 몰랐던 행동을 할 수 있다. 둘째, 본보기 행동을 관찰을 통해 이전에 억제했던 행동을 강화시킬 수도 있고 이전에 하던 행동을 약화시킬 수도 있다. 셋째, 이미 하던 행동을 촉진시키는 결과를 보인다. 예를 들면, 가정폭력을 하는 아버지 행동을 모방학습하여 폭력을 하게 된다거나 연예인이나 유명인 자살보도를 보고 모방자살을 시도하거나 영화나 텔레비전에서 본 범죄를 모방하여 범죄행동을 하는 것 등이다.

(3) 인지주의이론

인간의 감정과 행동은 주관적, 심리적 현실에 의해 결정되고, 인간의 능동적이고 사고(思考)와 심상, 인지적 기능의 편향이나 결손과 상관 있다고 보고, 개인의 역기능적 생각과 비합리적인 신념체계가 문제행동을 일으킨다.

04 비행과 관련한 위험요소 및 보호요소

(1) 위험요인

위험요인이란 비행을 예측할 수 있게 하는 다양한 변인들을 말한다. 박현선(1998)은 위험요인을 부적응적인 발달산물과 관계되는 개인 또는 환경적인 특성으로 정의하였고, 폴라드 등(Pollard et al., 1999)은 위험요인을 개인이 평균적인 다른 사람들에 비해 발달상 문제를 일으킬 만한 소지가 높아지도록 하는 특성 및 변인으로 정의하였다.

청소년들의 부적응이나 비행을 일으키는 위험요인들 중에서 선행 연구들에서 공통적으로 제시하고 있는 위험요인으로 개인변인, 가정환경변인, 학교 및 지역사회 위험요인 등으로 구분하여 제시하면 다음과 같다(유성경, 1999).

❶ 개인적 위험요인

청소년비행에 영향을 주는 개인적 위험요인으로는 유전적인 요인과 취약적인 기질(공격성, 사이코패스 등), 성격적 요인, 그리고 내적 갈등이나 불만

등을 들 수 있다. 개인적인 위험요인 중 대표적인 성향으로는 충동자제력이 낮고 소외되어 있으며, 반항적, 공격적, 불안, 우울 성향이 있다.

❷ 가정환경적 위험요인

핵가족화로 인한 부모의 지도·감독의 부재, 부정적 양육태도, 불명확한 가정규칙, 결손가정과 빈곤가정, 아동학대, 부부갈등, 부모의 알콜이나 약물 오남용 등이 발달과정에 부정적 영향을 미치게 되며, 김준호와 김순형(1995)은 결손가정, 빈곤가정, 부모의 억압, 가족 간의 유대감 부족 등을 위험요인으로 밝혀냈다.

❸ 학교환경의 위험요인

학교의 위험요인으로는 학업성취의 실패, 따돌림 경험 등으로 평가되었고, 우리나라의 입시위주의 지식주입식 교육으로 인한 출세지향적인 맹목성의 만연, 전인교육의 부족, 불건전한 교우관계 및 일부 교사의 지도력 역량 약화, 학교교육 제도상의 현실성과의 괴리문제, 비행에 대한 교육적인 훈육 작용의 미약과 무관심, 학교교육의 생활지도상의 미흡 등을 그 원인으로 찾아볼 수 있다.

❹ 지역사회환경적 위험요인

우리나라에서는 지방분권적인 체제와 국민들의 각 지역에 대한 편견, 각 지역의 문화적 특성 차이에 따라 지역갈등과 지역격차에 대한 갈등이 청소년비행과 상관성을 갖고 있다. 도시화에 의한 경제적 낙후성, 사회구성원 간의 교육적·사회적 통제의 소홀로 인한 약물·오남용, 높은 범죄율, 유해환경, 유흥 숙박업소의 무책임과 무분별한 파렴치 영업 행각 등이 문제행동에 영향을 미치고 있다.

(2) 보호요인

보호요인이란 "위험요인에 노출되었을 때 나타낼 수 있는 부정적인 영향력을 중재하거나 완화시켜 결과적으로 문제행동이 야기될 수 있는 확률을 낮추는 변인이다(Garmezy, 1985)."라고 정의하였고, 박현선(1998)은 보호요인은 취약한 환경적 조건에서도 위험요인과 작용하여 부정적인 산물의 가능성을 경감시키는 요인이라고 하였다. 다음은 환경조건이 위험요인들에 처해 있음에도 불구하고 문제행동을 보이지 않고 적응적 행동을 보이는 보호요인을 선행 연구자들의 분석에 따라 제시하면 다음과 같다(최은영·양종국, 2005).

❶ 개인적 보호요인

개인요인으로 자아존중감, 내·외적 통제성, 계획성, 책임감 등을 들 수 있고, 유성경(1999)은 사회적 소속감, 높은 지능, 높은 자존감, 사회적 대인관계 기술, 종교적 신앙심 등을 들고 있다.

❷ 가족적 보호요인

통제이론은 부모의 감독과 적절한 통제가 자녀의 비행을 억제시키는 효과를 경험적 검증을 통해 밝히고 있다. 김선남(1994)은 부모애착, 부모-자녀간 친밀도, 부모에의 통합 및 일치, 부모훈육, 부모의 감독, 부모의 통제 등이 비행에 부정적인 영향을 미치는 것으로 나타났다. 따라서 부모와 자녀 간의 원활한 의사소통으로 인한 부모-자녀 간의 친밀성과 가족 간의 결속력과 신뢰가 구축될 때 보호요인으로 작용할 수 있다.

❸ 학교관련 보호요인

학교관련 보호요인으로는 높은 학업성적, 동료들 간의 관계, 교사의 지지 등이 있다. 부모들이 학업에 대해 현실적이며 높은 기대를 가진 경우, 학교에 소속감을 느끼고 참여하고 있는 경우, 교사로부터 지지를 받는 경우 등은 학업성취도와 긍정적인 적응수준, 자존감이 높은 것으로 나타났다.

④ 친구관련 보호요인

청소년기에 또래가 미치는 영향은 크다. 불건전한 학생서클의 증가와 집단따돌림으로 인한 교우관계가 사회의 비교육적 환경요인으로 작용하고 있다. 김성이(1997)는 부적응하는 청소년들을 도와주는 방법으로 사회적 지지를 활용하는 것이 효과적이라고 하며, 많은 청소년들이 부적응행동을 하는 중요한 요인의 하나가 충분한 사회적 지지를 확보하지 못하고 있기 때문이라고 하였다. 특히 바람직하게 적응적인 친구들의 적극적 지지는 애착관계를 형성하여 적응적인 행동을 하도록 하는 요인으로 작용할 수 있다.

05 청소년비행 현황과 추세

1) 청소년 범죄유형 및 동기별 현황

청소년의 범죄유형은 강력범(살인, 강도, 강간, 방화), 폭력범(폭행, 상해, 공갈, 체포, 감금), 재산범(절도, 횡령, 배임, 장물, 사기), 특별법범(도로교통법, 음반·비디오물 및 게임에 관한 법률, 마약류 관리에 관한 법률), 기타 등으로 구분한다.

통계청(2013. 5. 2)의 2013 청소년 통계 보도자료에 따르면 2011년 소년범죄자(0~18세)는 83,060명으로 전체 범죄자 1,907,641명 중 4.4%를 차지하였다. 소년범죄의 유형으로는 강력범, 폭력범, 재산범 등이 있는데, 발생 비율이 제일 높은 유형은 재산범으로 45.7%를 차지하였다. 이어 폭력범(26.8%), 강력범(4.0%) 순이었다. 전과별로는 초범의 비율은 감소한 반면, 2범 이상은 증가하는 추세를 보였다.

표 9-2 소년범죄 현황 (단위 : 명, %)

	전 체 범죄자	소 년 범죄자	구성비	범죄유형					전과별				
				계	강력범[1]	폭력범[2]	재산범[3]	기타[4]	계[5]	전과없음	1범	2범	3범이상
2006	1,932,729	69,211	3.6	100.0	2.7	26.2	42.6	28.5	100.0	68.9	14.3	6.4	10.4
2007	1,989,862	88,104	4.4	100.0	2.2	26.4	38.2	33.2	100.0	68.5	14.2	6.6	10.7
2008	2,472,897	134,992	5.5	100.0	2.2	25.2	29.4	43.1	100.0	69.1	13.5	6.6	10.8
2009	2,519,237	113,022	4.5	100.0	2.8	26.1	40.5	30.6	100.0	64.3	14.7	7.4	13.5
2010	1,954,331	89,776	4.6	100.0	3.5	25.9	45.1	25.5	100.0	61.7	14.7	7.9	15.7
2011	1,907,641	83,060	4.4	100.0	4.0	26.8	45.7	23.5	100.0	59.5	15.1	8.3	17.1

출처: 통계청 (2013. 5. 2). 2013 청소년 통계 보도자료. p.36. (원 출처는 대검찰청, 「범죄분석」 각년도 통계임)

주 : 1) 살인, 강도, 방화, 강간
2) 폭행, 상해, 공갈 등
3) 절도, 장물, 사기, 횡령 등
4) 교통사범, 저작권법 위반 등의 기타 형법범, 특별법범
5) 미상 제외

소년범죄자의 범행동기는 우발적인 것이거나, 호기심, 부주의, 이욕이 주를 이루는 것으로 파악되고 있다. 대검찰청(20008)의 범죄분석 내용을 보면, 2007년도(1. 1.~12. 31)에 발생한 총 88,104건의 소년범죄를 동기별로 구분하여 비율을 분석한 결과 우발적인 동기가 23,154건으로 제일 많았고 전체의 26.3%를 차지하였다. 이어 호기심 12.8%(11,261건), 부주의 9.2%(8,071건), 이욕 6.2%(5,440건), 유혹 1.6%(1.382건), 사행심 2.4%((828건), 보복 0.7%(635건), 현실불만 0.5%(471건), 가정불화 0.1%(73건), 기타 32.8%(28,917건), 미상 8.9%(7,872건)의 순이었다. 이욕 중에서는 유흥비 마련이 3.3%(2,880건)과 생활비 마련 2.4%(2,905건)이 상대적으로 비중이 컸고, 치부 0.1%(117건), 도박비 마련 0.0%(23건), 허영·사치심 0.3%(230건), 기타 0.1%(95건) 동기는 미미한 수준이었다. 대검찰청(2009)의 2008년도(1. 1.~12. 31) 범죄분석에서도 거의 같은 결과가 나타났다. 소년범죄자의 범행동기는 우발적 26.6%, 호기

심 10.3%. 부주의 9.2%, 이욕 6.4%였고, 이욕 중에서는 유흥비 마련이 3.3%로 가장 높았다.

대검찰청(2009)이 분석한 소년범죄자의 연령별 범죄분포를 보면 형법범은 14~15세가 37.6%, 특별법범은 16~17세가 35.9%로 가장 높고, 형법범 중 절도·공갈·폭력행위 등 처벌에 관한 법률 위반은 14~15세, 장물·강도·강간은 16~17세, 사기·살인·폭행·상해 등은 18~19세가 높은 비율을 차지하고 있다. 아울러 소년범은 단독으로 범행할 때보다 학교동창과 함께 범행할 때가 많다는 것이 확인되었다. 공범으로는 동네친구, 고향친구, 애인, 친인척, 교도소·소년원 동료, 직장동료 등이 있었다. 재범의 경우도 많았고, 재범의 경우에는 같은 범죄를 저지르기도 하고 다른 범죄를 저지르기도 하였다. 전과가 누적되는 경우도 적지 않았다.

소년범죄를 야기하는 여러 가지 사회적, 가정적 요인과 이유를 파악하고 그러한 관점에 기초해 범죄를 예방할 수 있는 방안을 모색하는 것은 무엇보다 중요한 일이다. 그러한 노력을 기울이는 가운데, 소년범죄의 독특한 특성을 이해할 필요가 있을 것이다. 그것은 소년범죄가 '남에게 피해를 준다'는 죄책감 없는 가운데 하나의 '놀이'로 여겨지는 생각에서 일어나는 경우가 많다는 것이다. 이러한 사실은 청소년들에게 올바른 의식과 행동 방식을 체화시켜 줄 수 있도록 가정과 학교는 물론 온 사회가 적극적으로 노력해야만 한다는 점을 분명하게 시사해 주고 있다.

2) 청소년범죄의 특징

현대 청소년범죄의 특징이라면 현대사회가 복잡화 되어가는 시대의 반영으로 청소년범죄가 양적으로 증가해 가고, 질적으로는 재산범에서 인신범(人身犯)으로 이행되고 있으며 다른 한편, 조폭범(組暴犯), 성범죄 등 한꺼번에 몇 개의 범죄에 얽힌 범행으로 변해가고 있다. 즉, 현대 청소년범죄는 ① 저연령화·여성화, ② 비행 청소년들의 상습화 경향, ③ 학생비행이 많음, ④ 성범죄의 증가, ⑤ 흉포화(凶暴化)·조직화·집단화 등의 특징으로 나타나고 있다.

첫째, 저연령화 여성화 경향이다. 청소년범죄가 점차 저연령화 추세이고, 성별 분포에서는 여자 청소년 범죄율이 점차 증가추세이다. 청소년 폭력의 증가는 연령층에 따라 서로 다른 배경적 설명이 가능하다. 즉, 20대 전후의 청소년들의 폭력은 성인의 행동을 모방하거나 성인의 폭력조직과 연계성을 갖는 사회병리학적인 폭력양상을 띠고 있는데 비해 10대 중반의 청소년들의 폭력증가는 사회환경의 변화로 인해 사춘기가 빨리 찾아옴에 따라 생기기 쉬운 반항 등의 발달심리학적인 관점에서 발견될 수 있는 폭력양상으로 볼 수 있다.

둘째, 비행 청소년들의 상습화 경향이다. 즉 소년범의 재범률이 계속 증가추세이다. 1만 2,920명이 재범자였고 7,890명은 같은 범죄를, 5,030명은 다른 범죄를 저질렀다. 08년도 청소년범죄 재범율은 25.8%에서 09년 8월 재범율은 31.2%로 5.4% 상승하였으며, 3범 이상의 전과범이 1998년(9.4%), 2000년(11.2%), 2003년(12%)로 계속 증가추세이고 청소년범죄 전과 9범 이상이 2009년에 990명에 달하였다.

셋째, 청소년범죄의 상당 부분이 학생에 의해 이루어지고 있다. 소년범의 교육정도는 총 3만 9,687명 중 2만 2,070명이 고등학교 재학 이상이었고 중학교 재학~졸업은 1만 4,470명, 초교 재학~졸업 201명, 미취학 17명 등으로 집계됐다.

넷째, 성범죄의 증가이다. 2009년 10월 청소년 성범죄가 1년간 65% 증가하면서 대책마련이 시급하다. 국회, 교육과학기술위원회에서 공개한 자료에 따르면 학교성범죄 징계현황은 2007년 145건에서 2008년 239건으로 나타났다. 또 경찰청의 청소년 성범죄 가해자 수도 2008년 2,346건으로 2007년 2,136건에 비해 10%가 증가한 것으로 집계되었다. 청소년의 성범죄에 대해 국가의 법률제정이나 제도 등으로 근절에 앞장서고 있음에도 불구하고 '강간의 왕국'이라고 불릴 정도로 성범죄가 해마다 증가되어 가고 있는 추세이다. 외국에 비해 우리나라 청소년의 유해환경 노출정도가 높고 건전한 놀이문화시설이 부족함에 따라 청소년 성범죄는 심각한 기로에 접어들었다.

다섯째, 흉포화·조직화·집단화 경향이다. 청소년 폭력집단이 공통적으로 갖고 있는 특징은 폭력집단이 구성되면 조직의 유지를 위해 해마다 새로운 구성원을 끌어들이며, 일단 구성원이 되면 탈퇴하기가 매우 어렵다. 그리고 폭력과 더불어 금품갈취, 절도, 강간 등의 범죄행위를 여러 가지 무기로 무장을 하고 학생뿐 아니라 성인을 대상으로도 폭력을 행사하며, 폭력집단의 구성원들 중 일부가 성장하면서 성인 범죄집단으로 이동해 가기 때문에 청소년 폭력집단은 성인 범죄집단의 하부 연계조직이 될 가능성이 크다. 청소년 폭력은 지역의 불량집단과 조직폭력단의 구성을 통해 학교 간 집단폭력의 양상을 띠는 현상을 보이고, 살인·강도·방화와 같은 강력범죄가 집중되어 있다는 점에서 흉포화되고 있으며, 단독보다는 2명 이상의 범행이 많다. 소년범은 단독(1만 251명)보다 학교동창(1만 2,103명)과 함께 범행할 때가 많았다. 동네친구(9,064명), 고향친구(664명), 애인(256명), 친인척(241명), 교도소·소년원동료(122명), 직장동료(58명)도 공범이었다.

06 청소년비행화 과정

청소년 비행화 과정은 가족의 비행가능 환경조성, 비행성향의 형성기, 비행세계 맛보기, 공식적 사건, 비행의 고착기 등 5단계로 구분한다.

1) 가족의 비행가능 환경조성

부모의 적절치 못한 양육방식이나 갈등과 긴장을 초래하는 가족구조는 비행에 영향을 미친다.

① **가족구조 결손** : 부모의 사망, 부모의 이혼, 별거, 계부 또는 계모 등
② **부적절한 양육환경** : 친척집에서 양육되는 경우, 부모 중 한 명과 생활
③ **가족 구성원의 개인 문제** : 부나 모의 가출 또는 음주 문제, 외도, 도박,

의처증(의부증), 부모의 권위적이고 위압적인 태도, 형제 중 한 명이라도 가출이나 비행으로 인한 학교중퇴 등

④ **가족 구성원 간의 관계상 문제** : 부모의 불화, 가정폭력, 부모의 심한 편애, 부모 대신에 형제들의 엄한 야단, 고부간 갈등, 형제와 원만치 못한 관계, 대화가 없고 무관심한 가족

⑤ **훈육의 부재 및 잘못된 훈육** : 무조건 야단치는 경우, 부와 모의 훈육방식 불일치, 부모로부터의 폭력, 학대, 구타, 부적절한 용돈

⑥ **위기적 사건 경험** : 부모의 갑작스런 사업실패, 이혼, 이사나 전학 등

2) 비행성향의 형성기

가정에서의 갈등, 학대, 방임, 무관심 등으로부터 탈피하고자 하는 시도로 일탈행위를 하는 시기로 주로 초등학교 초기에서 후기에 나타난다(좀도둑질, 전자오락에 빠짐, 무단결석, 음란 비디오 시청, 술과 담배를 한다).

3) 비행세계 맛보기

비행행동으로 빠지는 중요한 계기가 되는 사건들이 있다. 비행 친구들과 친해지며 공부에 흥미를 잃고 무단결석이 잦아지며, 가출, 음주와 흡연, 본드나 부탄가스 흡입, 패싸움, 집단 성관계 등을 한다. 소외감, 가족의 심리적 관계, 학업적응도 등이 비행 아이들과 친해지는데 영향을 미치며, 집단비행이 이루어진다.

4) 결정적 사건-공식적 비행청소년

공식적 비행청소년이 되는 것은 비행행동으로 인한 반응들이다. 경찰서에 잡히거나 비행행동으로 인한 중퇴는 매우 중요한 시점이 된다. 중퇴경험은 그 자체만으로 청소년들에게 더 이상 준거집단이 없음을 의미하지만 이로

인한 낙인과 이후 생활이 범죄화에 영향을 미치기도 한다.

비행사건을 저질렀을 때 부모의 반응은 두 가지로 나타난다.

첫째, 내 자식은 절대 그럴 리 없다고 강하게 부인한다. 부모는 문제해결을 위한 적극적 개입을 하지 않는다.

둘째, 과도하게 허용한다. 부모는 자녀의 비행에 관대하여 잘못된 행동을 수정하지 않고 경찰서에서 계속 빼준다.

5) 비행의 고착기-범죄청소년

여러 번 비행행동을 반복하며 더욱 그 행동의 강도가 강화되면서 그것으로부터 빠져나오기 어려운 비행청소년으로서 역할을 수행하는 단계이다.

07 청소년비행에 대한 교육적 과제

청소년기는 발달 특성상 급격한 변화가 일어나는 시기이며 그에 따라 학업 및 학교생활과 관련된 여러 가지 문제에 직면할 수 있다. 청소년기의 문제에 대하여 교육적으로 적절한 도움을 주지 못하면 이후 순조로운 발달이 상당히 지체될 수도 있다.

청소년 비행에는 가벼운 잘못으로부터 중한 범죄까지 다양한 수준이 있는데, 대개의 경우 가벼운 비행에서 시작하여 중한 비행으로 이행한다는 점에서 그 심각성이 있다.

청소년 비행은 예방이 최선의 해결방법이며, 문제가 발생한 상황에서는 적시에 적절하게 대처하는 것이 중요하다. 문제를 가진 청소년들이 시간이 지나면서 문제를 해결하고 정상적인 발달을 계속할 것이라고 생각하는 경우가 많은데 이는 바람직하지 않다. 청소년 비행은 예방적 노력이 부족하고 초기의 대처가 적절하지 못할 때 악화되고 심각한 상황으로 발전할 수 있다(Kazdin, 1993; Petersen et al., 1993).

청소년 비행을 예방하기 위해서는 가정과 학교에서는 물론, 사회적으로도 청소년 문제를 세심하게 고찰하고 교육적으로 바람직하게 해결하려는 노력을 심도 있게 기울여야 한다.

1) 가정의 역할

가정에서는 부모와 자녀가 소통과 대화의 기회를 많이 가질 수 있도록 노력하여야 한다. 이러한 맥락에서 특히 도움이 될 수 있는 것은 가족 구성원 간의 긍정적 기능을 향상하기 위한 교육이다. 부모들은 바람직한 자녀 훈육 방법을 배울 수 있고, 청소년 자녀들은 중년기 부모들의 특성을 이해할 수 있는 기회가 있어야 한다는 것이다(Siegel & Senna, 1994). 부모와 자녀의 관계는 서로 영향을 주고받는 관계이기 때문에, 서로를 이해할 수 있을 때 부모 자녀 간 갈등이 해소, 예방될 수 있다. 가족 간 갈등이 원만하게 관리될 때, 청소년 자녀가 일탈적으로 행동할 여지는 줄어든다. 자녀를 훈육함에 있어서는 무엇보다 '잘못된 행동을 부르는 유혹의 손길로부터 스스로를 보호하려는 태도와 행동을 분명히 해야 함'에 초점을 맞추어야 할 것이다.

2) 학교의 역할

학교에서는 학생들이 문제 행동을 스스로 예방할 수 있는 능력을 길러 나가도록 적극적으로 지원하여야 한다. 이러한 맥락에서 특히 중요한 것은 교사의 역할이다. 교사는 학생들에게 비행이 초래할 수 있는 위험성을 가져올 수 있는 위험성을 인식시키고 학생들이 문제 행동을 적기에 적절하게 예방 또는 대처할 수 있도록 지도하여야 한다. 이렇게 하기 위해서는 교사가 조기에 학생과 상담하여 문제 행동을 예방, 대처할 수 있도록 하는 지원 체계가 있어야 한다. 이러한 맥락에서 교사들이 내실 있는 학생지도를 할 수 있도록 과다한 업무부담의 제거 등이 제도적으로 뒷받침되어야 한다 (Dryfoos, 1993). 교사들은 또한 교과목 수업 과정을 통해서도 학생들이 친구의 비행 압력에 저항할 수 있는 역량을 길러줄 수 있다.

3) 사회의 역할

사회적으로는, 청소년 비행을 유발하는 여러 가지 비교육적인 유해환경을 차단하여야 하고, 청소년들이 건전하게 여가를 활용하고 문화생활을 할 수 있도록 제반 여건을 조성해 주어야 한다. 청소년 수련시설, 복지시설, 체육시설 등을 확충하여 청소년의 삶의 질을 향상하고 청소년들이 생활 속에서 충족감과 행복감을 향유하는 데 도움을 줄 수 있는 공간과 인프라를 확충해야 한다. 아울러 청소년들의 자발적 학습 욕구를 충족시켜 줄 수 있는 사회교육적, 평생학습적 기회를 확대하여야 한다. 특히 대중매체의 사회 교육적 기능을 강화하여 청소년들이 건전하게 성장할 수 있는 여건을 조성하는 것이 필요하다.

한편 청소년 비행의 예방, 대처를 위해 사회적 차원에서는 보다 적극적인 노력이 요구된다. 가정과 학교가 적극적으로 노력하면 많은 청소년의 문제 행동을 예방할 수 있다. 그러나 미처 예방되지 못한 문제는 있기 마련이다. 이러할 경우를 대비해서 이미 발생된 문제에 대하여 가급적 빨리 개입을 해서 문제를 조기에 해결하고, 해당 문제로 인한 피해를 최소화시킬 수 있는 여건과 환경을 마련해야 한다. 예를 들어, 가출 청소년을 위한 대안학교나 미혼모를 위한 시설 등을 건립하여 이들이 조속히 사회의 구성원으로서 제 역할을 할 수 있도록 도와주어야 한다. 만약 이들에게 이러한 제도적인 도움이나 배려가 제공되지 않는다면 이들은 사회에 동화하지 못하고 소외계층으로 전락하여 결국은 일탈적 행동을 다시 저지를 가능성이 높아질 것이기 때문에 이러한 악순환적 고리를 단절시켜 주는 가정, 학교, 사회의 유기적이고 상호적인 노력이 있어야만 한다(양돈규 · 임영식, 연도미상).

4) 또래의 역할

한편 가정, 학교, 사회에서 청소년 비행 문제를 고찰할 때 특히 주목해야 할 것은 친구관계와 또래집단이다. 청소년은 발달 시기의 특성상 친구와 또래로부터 큰 영향을 받는다. 청소년 시기는 가치관이나 성격이 충분히 정립된 시기가 아니어서 친구가 비행을 함께 저지르자고 유혹한다 할지라도 이를 거절하기가 어렵다. 그러므로 부모나 교사로서는 평소에 청소년 자녀나 학생들에게 '아무리 친구라 하더라도 좋지 않은 일에 가담해서는 안된다. 그렇게 하는 것은 친구에게도 도움이 되는 것이 아니다. 오히려 친구가 그런 일을 하지 않도록 이끄는 것이 바람직하다. 본인이나 친구가 하는 행동이 다른 사람들에게 큰 피해를 줄 수 있고, 자신들에게도 돌이킬 수 없는 심각한 문제 상황을 야기할 수 있다. 친구의 말이라 하더라도 자신의 입장에서 무엇이 올바른지를 따져보고 냉정하게 판단해서 행동함으로써 자기 자신을 보호하여야 한다'고 인식시킬 필요가 있다. 이를 통해 자녀나 학생들이 친구들로부터 받을 수 있는 부정적 영향을 거절하거나 통제할 수 있는 능력을 키워주어야 할 것이다(조화태 등, 2002).

유념할 것은 친구나 또래는 긍정적인 영향력을 발휘할 수 있는 여지도 크다는 것이다. 비슷한 또래들은 사고의 수준이나 경향이 비슷하기 때문에 어떤 청소년이 겪는 문제나 경험에 대해 공감 할 수 있는 능력이 충분하다. 따라서 어떤 애로나 고민, 그리고 그것을 해결한 경험에 대해 소통하고 공유함으로써 자신의 문제를 해결하는 방법을 발견, 적용할 수도 있게 된다. 더욱이 자신이 문제를 해결해 나가는 데 있어 친구나 또래가 역지사지의 입장에서 격려하고 지지해 줄 수도 있다. 그러므로 부모나 교사로서는 자녀나 학생이 어려움을 겪고 있을 때 주변의 좋은 친구나 또래로부터 얻을 수 있는 도움이나 영향력을 활용할 수 있는 방안도 모색하여야 한다.

5) 환경의 역할

가정, 학교, 사회에서 청소년 비행 문제를 고찰할 때 특히 주목해야 또 하나는 유해환경이다. 청소년들에게 유해한 환경은 다음과 같이 분류될 수 있다(조화태 등, 2002). 첫째는 사회의 관행에 의해서 생긴 유해한 환경이다. 미성년자보호법에 의하면 미성년자에게 술과 담배를 판매할 수 없도록 되어 있지만 이에 대한 단속은 쉽지 않기 때문에 거의 모든 가게에서 술이나 담배를 판매하고 있다. 그렇다보니 미성년자들은 손쉽게 술이나 담배를 구입할 수 있다. 이러한 환경이 미성년자의 음주와 흡연을 부추기게 된다. 둘째는 영화·만화·잡지·소설·화보 등의 매체들로 인한 유해 환경이다. 영화나 인쇄물 등에 대해서는 미성년자 보호차원, 사회 윤리 및 기강의 차원에서 검열과 심사가 실시되지만, 만화의 경우에는 검열과 심사가 이루어지는 동안에 이미 그 만화가 시중에서 다 유통될 수가 있다. 셋째는 인터넷 등 사이버 공간으로 인한 유해 환경이다. 인터넷은 저속하고 음란한 내용의 유해한 정보를 무제한으로 유통시키고 있다. 그런데 이에 대한 차단이나 단속이 다른 매체의 경우보다 어렵다. 넷째는, 유해업소의 난립에 의한 유해 환경이다. 미성년자의 출입을 금지하는 업소들이 학교근처에 존재하며, 미성년자를 고용하거나 출입시키기도 한다.

이런 유해환경으로부터 청소년들을 안전하게 보호할 수 있는 전사회적 협력이 필요하다. 정부의 관련 부서·사회기관·학교·시민단체 등의 상호 협력은 그 중추가 되어야 할 것이다.

6) 교육 공동체의 역할

위에서 살펴본 바와 같이 비행을 포함한 청소년 문제에 대해서는 가정, 학교, 사회가 서로 협력해서 해결하고자 하는 자세와 체계를 가지고 대처해야 한다. 그리고 이 때 적용되어야 할 최우선적 문제 해결의 원칙은 처벌이라기보다는 교육이며 훈육이라고 해야 할 것이다. 이러한 점들은 청소년 문제에 대해 사회 전체가 하나의 교육공동체로서 역할을 수행해야 한다는 것을 말한다.

청소년 비행을 예방, 선도하기 위해 사회가 교육공동체로서 해야 할 역할은 다양하게 제시될 수 있을 것이다. 여기서는 안병환(2003)이 제시한 역할 즉 교육적 방안을 예시하여 본다. 이 방안은 '직접적으로 혹은 간접적으로 청소년들이 어떤 경로 또는 요소로부터 긍정적인 자극을 받을 수 있을 것인가'의 관점에서 종합된 것이라고 할 수 있다.

첫째, 사회의 밝은 면과 좋은 면을 부단하게 제공하고 긍정적인 삶의 목표와 바람직한 삶의 자세를 견지하여 정진하도록 고무·격려하는 여건과 분위기를 광범하고 지속적으로 유지하여야 한다. 동시에 사회는 공동체이며 구성원들이 서로 돕고 협력해야 다 같이 잘 살 수 있다는 의식을 체화시킬 수 있도록 노력해야 한다. 또한 경쟁 만능주의, 금권 만능주의 등을 경계할 수 있도록 하여야 한다.

둘째, 사회는 궁극적으로 명확하고 공정한 기준에 의해 움직인다는 것을 청소년들에게 보여 주어야 한다. 왜냐하면, 예외가 생기면 박탈감을 갖기 때문이다. 즉, 사회는 공정한 규칙에 의한 게임이며 사회의 구성원은 모두가 동일한 기준을 적용받는다는 의식을 심어주어야 할 것이다.

셋째, 또래집단의 활용이다. 비슷한 또래들은 사고수준이 비슷하므로 그들의 경험, 가령 그들의 목표나 고민 등을 말해보게 한다면 그러한 목표를 세우게 된 동기는 다른 또래들에게 새로운 목표를 심어줄 것이고, 또 고민의 원인 및 해결 경험 등을 공유함으로써 정신건강을 회복할 수 있다.

넷째, 가정의 교육적 기능회복이다. 핵가족으로 인한 역할모델의 부족으로 역할수행의 불안감을 가질 수 있고, 맞벌이부부의 증대로 인한 대화단절, 지나친 컴퓨터 몰입, 텔레비전 과다 시청 등은 자칫 청소년들의 어휘력 부족은 물론 자기중심적 사고로 인하여 공동생활에 부적응을 초래할 수 있다.

다섯째, 인성교육 방법의 개선이다. 특히 학교에서의 '내용과 행동'을 통합한 방식으로의 인성교육 활성화이다. 가령, 생활을 통한 인성교육, 교과를 통한 인성교육 그리고 놀이를 통한 인성교육과 같이 동시에 이루어져야 한다.

여섯째, 학교교육의 정상화이다. 이는 우리의 학교교육이 상급학교 특히, 대학입시제도에 의해 상당히 많은 영향을 받기 때문에 바람직한 입시제도의 정착이 절실히 요청된다. 학교는 평생학습 사회의 기초로서 갖추어야 할 것은 가르치고 상급학교 입시제도도 이에 맞추어 평가해야 한다.

일곱째, 오늘날 청소년 세대는 통신세대, 영상세대로서 인간관계가 비대면적 관계로 변화하고 있으므로 이에 대한 이해가 필요하다. 청소년들이 통신매체의 순기능을 살리고 역기능에서 벗어날 수 있도록 유의하고, 면대면 의사소통의 기회를 늘려 깊이 있는 대화의 기회를 많이 가져야 한다.

여덟째, 학습한 내용을 행동으로 옮길 수 있는 '기회의 원리'를 적용하는 것이다. 이러한 것들을 구체적으로 실천하는 과정을 통해 배려와 봉사하는 마음을 갖게 한다. 청소년들이 아는 것은 실천하고, 실천에는 성의를 다할 수 있도록 하는 실천력 향상의 경험을 내실화하여야 한다.

아홉째, 자녀에 대한 지나친 관점에서 벗어나 객관적 입장에서 자녀와 대화하는 일이다. 부모가 자녀에게 일방적으로 기대하고 끌어가기보다는 자녀의 꿈과 희망이 무엇이고, 어떤 일을 잘할 수 있을 것이며, 그래서 어떤 준비를 해야 할 것인가를 생각하여 아이들이 스스로 공부하고 수양하는 능력을 배양하여야 한다.

열 번째, 우리 모두가 '사회학적 상상력'을 기르는 일이다. 한 개인의 문제가 사회구성원 모두의 문제가 될 수 있고 또 남들의 문제가 곧 나의 힘이 될 수 있다는 생각을 가지게 될 때, 특정 문제에 대해 공동의 힘으로 대처하게 될 것이다. 따라서 건강한 청소년들을 기르기 위해서는 가정, 학교 및 사회가 공동의 노력을 기울여야 할 것이다.

마지막으로, 가정, 학교 및 사회가 청소년들에게 희망을 주는 일이다. 우리나라는 오늘날 세계적으로도 자랑할 만한 위치에 있으며, 앞으로 더욱 발전할 수 있는 역량이 있다. 우리 사회에 대한 자부심과 애정을 가지는 한편, 더 큰 희망과 포부를 가지고 자기의 나라와 자신의 발전에 이바지할 수 있는 목표를 세우고 매진할 수 있도록 미래지향적인 동기 부여에 힘써야 한다.

참고문헌

김경식 (1997). 중·고교 중퇴생 문제의 고찰. 교육사회학연구, 7(1). 1-24.

김선남 (1994). 청소년비행 관련 변인간의 인과적 분석. 전남대학교대학원 박사학위 논문.

김성이 (1997). 청소년 약물남용 실태와 예방대책 연구. 서울: 문화체육부.

김준호, 김순형 (1995). 가정환경과 청소년 비행. 한국형사정책연구원.

김진화 등 (2002). 청소년 문제행동론. 서울: 학지사.

대검찰청 (2008). 범죄개관. 범죄분석[2007. 1. 1~12. 31], pp.11-30.

대검찰청 (2009). 범죄개관. 범죄분석[2008. 1. 1~12. 31], pp.11-30.

박현선 (1998). 빈곤 청소년의 학교 적응 유연성. 서울대학교 박사학위논문.

안병환 (2003). 교육사회학. 서울: 교육과학사.

양돈규, 임영식 (연도미상). 청소년 비행의 최근 동향과 원인에 관한 고찰. 미발행원고.

유성경 (1999). 적응 유연성 발달을 통한 청소년 비행의 예방 및 개입. 청소년상담연구.

조화태, 김계현, 전용오 (2002). 인간과 교육. 한국방송통신대학교출판부.

최영신 (2001). 비행청소년의 학교중퇴와 대안학교. 교육사회학연구, 11권 3호.

최은영, 양종국 (2005). 청소년 비행 및 약물중독 상담. 서울: 학지사.

통계청 (2013. 5. 2). 2013 청소년 통계 보도자료.

Bandura, A. (1970). Modeling theory: some traditions, trends and disputes. In W. S. Sahakian (ed.), *Psychology of Learning: Systems, Models and Theories*. Chicago: Markham.

Becker, H. (1963). *Outsiders: Studies in the Sociology of Deviance*. NY: The Free Press.

Cloward, R. A, & Ohlin, L. E. (1960). *Delinquency and Opportunity: A Theory of Delinquent Gangs*. NY: Free Press.

Cohen, A. (1955). *Delinquent Boys: The Culture of the Gang*. NY: Free Press.

Dryfoos, J. G. (1993). Schools as places for health, mental health, and social services. In R. Takanishi (Eds.), *Adolescence in the 1990s: Risk and Opportunity*. New York:

Teachers College Press.

Durkheim, E. (1951). *Suicide*. Glencoe, IL: Free Press (Original work published 1897).

Freud, S. (1923). *The Ego and the Id*. Hogarth Press and Institute of Psycho-analysis, London, UK.

Garmezy, N. (1985). Stress-resistant children: The search for protective factors. In A. Davids (ed.), *Recent Research in Developmental Psychopathology*. Elmsford, NY: Pergamon Press.

Hirschi, T. (1969). *The Causes of Delinquency*. Berkeley: University of California Press.

Kazdin, A. E. (1993). Adolescent mental health: Prevention and treatment programs. *American Psychologist*, 48(2), 127-141.

Levine, D. U., & Havighurst, R. G. (1992). *Society and Education* (8th ed.). Boston: Allyn and Bacon.

Merton, R. K. (1938). Social Structure and Anomie. *American Sociological Review*, 3, 672-82.

Merton, R. K. (1968). *Social Theory and Social Structure*. NY: Free Press.

Miller, W. B. (1975). *Violence by Youth Gangs and Youth Groups as a Crime Problem in Major American Cities*. Washington, DC: Government Printing Office.

Petersen, A. C., Compas, B. E., Brooks-Gunn, J., Stemmler, S. E., & Grant K. E. (1993). Depression in adolescence. *American Psychologist,* 48(2) 155-168.

Pollard, J., Hawkins, J. D., & Arthur, M. A. (1999). Risk and protection: Are both necessary to understand diverse behavioral outcomes in adolescence. *Social Work Research*, 23, 145-158.

Santrock, J. W. (1993). *Adolescence: An Introduction*. Madison: Brown & Benchmark.

Sutherland, E. (1949). *White Collar Crime*. NY: Holt, Rinehart and Winston.

Sutherland, E., & Cressey, D. (1970). *Criminology*, 8th ed. Philadelphia. J. B. Lippincott Co.

Sykes, G., & Matza, D. (1957). Techniques of neutralization: A theory of delinquency. *American Sociological Review*, 22, 664-70.

제10장

평생학습사회와 교육

21세기는 평생학습과 평생교육을 필요로 하는 평생학습사회이다. 평균수명의 연장, 과학기술과 생명공학의 발달, 사회변화와 세계화의 가속화, 직업의 전문성 강화 요구와 고용정책 문제, 여가생활의 증대와 삶의 질 향상 요구 등은 전 생애에 걸쳐 지속적으로 이루어져야 할 학습과 교육의 필요성, 즉 평생학습·평생교육을 필요로 하고 있다.

이 장에서는 먼저 평생학습사회의 출현 배경에 대해 살펴보고, 다음에는 평생학습과 평생교육의 개념 및 특성, 평생학습도시에 대해 알아보며 마지막으로 평생학습과 평생교육의 과제 등에 대해서 살펴보고자 한다.

01 평생학습사회의 출현

현대사회는 지식의 축적과 보급이 고도로 발달하고 지식의 증가가 가속화된 지식기반사회이다. 세계은행은 이를 '지식혁명'이라 명명하였다. '지식기반사회'란 사회가 지식에 의해 주도된다는 것을 표현한 말이다. 지식사회는 무형의 자산인 지식의 보유여부에 의해 개인과 조직의 가치가 결정되는 사회이다. 그리고 새로운 지식의 습득과 창조를 위해 끊임없는 변화와 혁신을 요구하는 사회라고 할 수 있다. 지식사회에서는 지식이 생산의 중요한 요소로 등장한다. 지식사회는 계속적인 배움이 없다면 존재의 위협마저 받게 되는 사회이다. 대학졸업으로 교육을 마쳤다는 사고방식으로는 이제 살아가기 어렵다는 인식이 확산되고 있다. 따라서 평생교육, 평생학습사회는 이 세대의 핵심어로 자리잡게 되었다. 평생교육, 평생학습은 지식기반사회를 구축하기 위한 핵심적 수단이면서 교육패러다임에 근본적인 변화를 가져올 수 있는 개념이기도 하다.

평생학습사회(lifelong learning society)란 오늘날 일을 하거나 여가를 즐기면서도 학습을 하는 사회를 일컬으며 평생학습의 기회를 보장해 주는 사회, 사회전체가 평생교육의 장이 될 수 있는 사회를 말한다. 평생학습사회는 다양성의 사회이다. 태어나서부터 삶을 마감할 때까지의 학습을 강조하게 되면서 학습자 집단이 다양해졌고, 학습의 장소도 학교, 직장, 가정, 지역사회 등으로 다양해지고 있으며, 학습방법도 면대면 방식, 원격 방식, 온라인 방식 등으로 다양해졌다. 평생학습사회는 인간과 사회의 질적 성장을 추구하는 사회이다. 지금까지 우리교육이 초·중·고 의무교육의 확대와 대학교육 기회의 확대 등 양적으로 팽창해 왔었다면, 앞으로 평생학습사회에서의 교육은 개개인의 질적 성장을 통한 사회발전을 지향할 것으로 보인다.

교육자, 고용주, 사회는 주로 생산기술 개발에 초점을 두고서 빠른 변화와 고도의 기술사회 속에서 생활하는 구성원들에게 정보를 제공하고 있다. 특히 성인학습의 내용과 방법에 있어서의 경계가 무너지고 있음에 따라, 우리는 소위 학습사회의 출현을 목격하고 있는 것이다. 따라서 학습사회란 사회적 맥락에 대한 반응이다. 쟈비스(Peter Jarvis)가 지적한 바와 같이 급속한 테크놀로지수준의 변화는 사람들에게 일생을 통하여 그들의 학습을 확대하는데 필요한 사회적 조건을 제공함으로써 학습사회가 출현하도록 하였다는 것이다(Merriam & Caffarella, 1999).

학습사회란 국민 각자가 자아실현, 생활향상 또는 직업적 지식·기술의 획득 등을 목적으로 생애에 걸쳐 자주적·주체적으로 학습을 계속할 수 있는 사회를 말한다. 개인단위로 이루어지는 학습을 개인학습(individual learning), 조직이나 집단에서 일어나는 체계적인 학습을 조직학습(organizational learning), 집단전체의 최우선의 가치를 학습에 두고 그 촉진을 도모하는 집단을 학습조직(learning organization) 또는 학습공동체(learning community), 그 범위를 넘어 도시 전체가 학습촉진을 위해 계획되고 관리되는 곳을 학습도시(learning city)라 할 수 있다. 사회전체가 인간의 평생학습의 촉진을 최우선의 목표로 움직여간다면 그것을 평생학습사회(lifelong learning society)라고 할 수 있다.

따라서 학습사회는 다음과 같은 특징을 가지고 있다.

첫째, 학습은 일생을 통한 계속적인 활동이다.

둘째, 학습자들은 자신의 진보를 위해 스스로 책임을 진다.

셋째, 능력, 개인적 가치와 공유된 가치 그리고 협동작업은 지식의 추구와 대등한 것으로 인정한다.

넷째, 평가는 실패정도 보다는 오히려 진보정도를 고려하는 것이어야 한다.

다섯째, 학생, 부모, 교사, 고용주 및 공동체사이의 파트너십을 통해 성취도를 높이기 위한 학습이 이루어진다.

이와 같이 평생학습사회에 적응하기 위해서는 과거와는 달리 개인의 생존을 위한 다양한 기술과 능력을 요청하고 있다. 즉 급변하는 사회변화에 적응하고 나아가 개인의 자아실현을 위해서는 기존의 형식적 교육만으로써는 한계가 있을 수밖에 없다. 평생교육의 필요성은 세계화의 가속화, 경제와 고용구조의 변화, 평균수명연장에 따른 노인인구의 증가, 환경의 문제, 자아실현의 강조와 삶의 질 향상 등과 관련되어 있다. 이와 같이 오늘날 평생교육이라는 말이 급속도로 파급된 것은 이상에서 열거한 것들 외에도 사회변동의 급속화, 과학기술의 발달, 여가의 증대, 평균 수명의 연장, 매스미디어의 발달, 학교교육의 한계성 등을 들 수 있다. 특히 오늘날의 학교교육은 사회의 다양한 요구에 부응하지 못하며 획일적이고 지식위주의 교육에 머물고 있다는 비판도 받고 있다. 이러한 것은 학교교육이 시간적, 공간적으로 제한을 받을 뿐만 아니라 교육내용도 제한을 받기 때문이다.

따라서 현대사회에서는 평생학습이 필요하다. 평생학습이란 사람들이 일생을 통하여 필요로 하는 모든 지식, 가치, 기술 등을 획득하여 모든 역할, 환경 및 상황에서 자신감, 창의성 및 즐거움으로 그것들을 적용할 수 있도록 지원하는 것이다. 이러한 계속적인 지원과정을 통하여 인간잠재력의 발달을 가져오려는 것이다. 즉 평생학습이란 평생에 걸쳐서 배우는 모든 과정과 내용을 말하고, 평생교육이란 평생학습을 지원·실현하는 것이다.

02 평생학습과 평생교육의 개념

평생학습(lifelong learning)의 개념은 교육의 수요 측면으로써 종전의 교육 공급자(교육자) 중심의 교육이 아닌 수요자(학습자) 중심의 학습을 의미한다. 즉 평생학습이란 국민의 자질함양과 삶의 질을 향상시키기 위한 모든 형태의 수요자 중심적 학습활동이다. 그러므로 평생학습은 개개인이 학습자가 되며 평생에 걸친 학습생활을 능동적으로 자기 스스로 관리한다. 가르치고 배우는 교육활동에 있어서의 학습자는 수동적 존재가 아니며 능동적이고 적극적인 존재가 된다. 학습자의 입장에서는 교육을 받는다는 개념이 아니고 학습의 기회를 제공받고 학습활동을 지원받는다는 개념이 평생교육에 대한 평생학습인 것이다.

따라서 평생학습은 개개인이 주체적 학습자로서 평생에 걸친 학습생활을 주체적으로 관리하도록 국가와 사회가 지원하는 제도이다. 평생학습은 배우는 교육활동에 있어서 학습자는 수동적 존재가 아니라 능동적이고 적극적인 존재로 인식되며 학습자의 입장에서 평생에 걸쳐서 교육의 문제를 다루려는 것이다. 교육자 본위의 기존 교육관을 비판하고 학습자 본위의 새로운 교육관을 추구하는 대안적 교육론이 평생학습이다.

평생교육이라는 용어는 1965년 UNESCO의 성인교육추진국제위원회에서 폴 렝그랑(Paul Lengrand)이 평생교육(lifelong education)이라는 연구보고서를 제출하면서부터 등장하게 된 것이다. 이러한 평생교육이란 용어가 국제적 용어로 알려진 것은 1972년 동경에서 개최된 세계성인교육회부터이다. 이에 우리나라에서도 1973년 춘천에서 평생교육발전 세미나를 개최하여 평생교육발전에 대해 논의하게 되었고, 그 후 1982년에는 사회교육법이 공포되어 평생교육의 중요성이 인식되었으며, 1998년에 평생교육법이 제정되었고, 2000년 3월에 시행령이 공포되어 시행에 들어갔다.

평생교육(lifelong education)이란 인간의 삶의 질을 개선하기 위해 교육권을 실질적으로 보장해주기 위한 교육이념으로써 유아교육·청소년교육·성인교육·노인교육 등 발달단계에 따른 교육활동의 수직적 통합과 가정교육·학교교육·사회교육 등으로 각기 다르게 전개되는 형식·비형식·무형식적인 교육활동의 수평적 통합을 통하여 "삶이 곧 교육"인 "학습사회"를 건설하고자 하는 모든 형태의 교육활동이다.

즉 '누구에게나 어느 때에나 그리고 어느 장소(Any one, Any time, Any where)'에서나 학습할 수 있는 기회와 장(場)이 제공되어 영위하는 '인간의 삶과 성장'을 총칭하는 것이다. 즉 인간의 삶의 질 향상이라는 이념추구를 위하여 태교에서부터 시작하여 유아교육, 아동교육, 청년교육, 성인 전기교육, 성인 후기교육, 노인교육을 수직적으로 통합한 교육과 가정교육, 학교교육, 사회교육을 수평적으로 통합한 교육을 총칭하여 말하며 그것은 개인의 잠재능력의 최대한 신장과 사회발전에 참여하는 능력의 개발을 목적으로 한다. 교육 양태상으로는 형식, 비형식, 무형식 교육, 교육 영역상으로는 가정교육, 사회교육, 학교교육을 포괄하는 총체적 이념이며, 궁극적으로는 학습자의 자율적 학습수행과 교육적 선택의 자유를 통한 학습권이 보장되는 학습사회를 지향하는 교육이념이다.

렝그랑(Lengrand, 1970)은 평생교육(lifelong education)을 개인의 출생에서부터 죽을 때까지 전 생애에 걸친 교육의 통합으로 보았다. 즉 평생교육은 학교교육을 포함하여 평생을 두고 죽을 때까지 교육을 받아야 한다는 이념이다. 우리나라의 평생교육법 제2조(2007. 12. 14)에서는 "평생교육이란 학교의 정규교육과정을 제외한 학력보완교육, 성인 기초·문자해득교육, 직업능력향상교육, 인문교양교육, 문화예술교육, 시민참여교육 등을 포함하는 모든 형태의 조직적인 교육활동을 말한다."라고 제시되어 있다.

특히, 오늘날은 과학기술의 발달로 지식과 정보량이 폭발적으로 증대하고 있다. 이러한 급변하는 사회에 적응하기 위해서는 형식적 학교교육만으로는 한계가 있음으로 일생동안 끊임없이 배우지 않으면 안 된다. 또한 복지국가 실현이라는 차원에서 교육적 혜택을 받지 못하는 소외계층을 위하여 언제든지 원하는 시간에 교육받을 수 있는 교육기회를 제공할 필요도 있다. 나아가 자기계발과 성취를 통하여 자아실현의 과정으로서도 평생학습이 필요하다.

이처럼 전통적 패러다임에서는 교육을 학습과 평가라는 너무 좁은 의미로만 이해되어 왔지만, 평생학습이라는 새로운 패러다임의 교수-학습에서는 다음과 같은 핵심 원리들이 고려되어야 할 것이다(Ranson, Rikowski & Strain, 2001).

첫째, 능력과 사회의 능동적 성원의식을 위한 학습이다. 사람들이 생활하고 일하는 공동체의 능동적 시민으로 살아가고 능동적 시민이 되기 위한 준비를 하는 것으로 교육목적이 재음미되어야 할 것이다.

둘째, 모든 학습자를 위한 모든 욕구를 인식하는 총체적 학습자에게 가치 부여한다. 학습은 좁은 범위의 인지적 과정으로만 생각할 것이 아니라 기본적인 인지적 기술과 능력개발은 물론이고 자아존중, 동기 및 웰빙 등을 강화함으로써 잠재력을 학습하고 실현하기 위한 삶의 질이 중시되고 있다.

셋째, 학습자들은 능력을 가지고 있다. 지능은 개인의 고정된 내적 특성이 아니라, 인간은 누구나 능력이 있음으로 경험을 통하여 그리고 열심히 노력함으로써 능력을 더 계발할 수 있다.

넷째, 능동적이고 유연한 학습의 교육이다. 학습자들이 자신이 속한 공동체의 능동적인 구성원이 되도록 하려면, 학습과 실제를 재연계시켜 줄 수 있는 능동적인 학습도가니를 마련해 줄 수 있는 장치가 필요하다. 실제적 학습과 반성적 문제해결을 하도록 하려면 구성원들이 학습에 참여하도록 동기를 부여해야 할 것이다.

다섯째, 가족의 참여이다. 학습자에 대한 보다 더 총체적 관점으로써, 성취를 추구하려는 새로운 교육은 부모와 가족을 실제에 참여하게 하는 것이다. 이것은 가족단위에 초점을 둠으로써 가족학습과 적극적인 부모－자녀의 상호작용을 통하여 부모와 자녀 모두에게 격려하여 최상의 효과를 가져올 수 있도록 하려는 것이다.

여섯째, 다양한 기관의 활동이다. 학습자와 가족의 모든 욕구를 표현하기 위해서는 가족지원, 건강과 사회적 서비스 등 교육에 대해 보다 더 통합적인 접근이 필요하다.

일곱째, 광범한 공동체의 참여이다. 실제 가족의 참여를 통해 사회적 목적을 연계시키는 새로운 교육은 더 광범한 공동체의 참여가 필요하다.

03 평생학습과 평생교육의 특성

평생교육은 개인이 일생 받는 모든 교육의 총체로써 가정교육·학교교육·사회교육 등을 포함하는 특성이 있다. 평생교육의 특성을 살펴보면 다음과 같다(Lengrand, 1970).

첫째, 일생이 모두 교육하는 기간이다.

둘째, 교육목적이 인간교육과 인간의 삶의 질적이고 전인적인 향상을 추구한다.

셋째, 교육체계의 개방성과 통합성을 추구한다.

넷째, 지식의 전수가 아니라 탐구를 추구한다.

다섯째, 교육방식에서 자율성과 다양성을 추구한다.

여섯째, 교육은 문화의 전달보다 개인의 성장과 자기개발에 관심을 둔다.

일곱째, 교육행위의 결과에서 개인적인 우열보다 개개인의 잠재능력의 개발을 추구한다.

여덟째, 교사만 교육을 하는 것이 아니라 누구든지 교육을 할 가능성을 가진다.

그리고 전통적인 교육과 달리 새로운 패러다임의 평생학습은 다음과 같은 특징을 지니고 있다.

첫째, 평생학습은 요람에서 무덤까지 모든 생활형태를 총괄하는 일생을 통한 학습에 관련되어 있다.

둘째, 학습은 광범한 영역을 포괄하고 있다. 즉 모든 학습유형을 포함하는 것으로써 형식적·비형식적 교육뿐만 아니라 자기주도적 학습을 포함한다.

셋째, 고도의 기술사회에서 국가 조직 및 지역사회는 평생학습 기술 및 가치의 발달에 달려 있다.

넷째, 평생학습은 모든 수준에서 인간의 잠재력을 계발하는데 있으며, 교육의 초점은 모든 학습자의 요구를 만족하게 하는 것이다. 학습은 자신의 학습방법과 요구에 따라 학습할 도구를 학습자에게 부여하는 것이지 가르치거나 훈련시키는 것만은 아니다.

한편 교육인적자원부(교육인적자원정책위원회, 2001)는 평생학습에서 주된 체제적 특징을 다음과 같이 다섯 가지로 제시하기도 하였다.

첫째, 형식적 과정뿐만 아니라 모든 학습이 인정되어야 한다. 학습결과를 전환하는 체제가 도입되고 있으나 비형식적 학습의 인정 등에서 아직 미흡하다. 성인을 포함한 학습자에게 정보를 제공하고 안내하는 체제의 정비는 여전히 어려운 과제이다.

둘째, 평생학습은 청소년과 성인 모두에게 탄탄한 기초기술을 요구하며, 이는 특히 정규교육이 미흡한 사람에게 필요하다. 동기화가 중심적 위치에 놓여져야 한다. 이는 내용숙달과 함께 학습의욕을 강조하는 방향으로 교육과정과 교수법의 근본적인 변화를 요구한다.

셋째, 학습에 대한 접근의 형평성은 생애주기적 시각을 필요로 하며, 취학 전 아동 및 성인과 같이 학습이 제대로 제공되지 못하는 집단에 우선순위를 두어야 한다. 또한 다양한 학습필요를 배려할 수 있는 학습방법, 교육과정 및 장(settings) 등 기회의 질도 똑같이 중요하다.

넷째, 국가는 생애주기적 필요에 따라 재원을 산정하고 이를 효과적으로 배정하여야 한다. 추가적인 공공재원과 함께 민간재원을 끌어들일 수 있는 새로운 유인책이 필요하다.

다섯째, 평생학습의 영역은 단일 부처를 넘어서는 것이며, 정책조정에는 많은 관련집단이 참여하여야 한다.

평생교육은 전체 사회의 모든 영역을 통합하고 이를 통해서 누구나, 언제, 어디서라도 원하는 것을 배울 수 있는 교육기회를 제공하고자 하는데 의의를 두고 있으며, 전 생애와 전 생활의 교육화 그리고 그들의 체계적인 통합을 의미하는 개념이 담겨져 있다. 오늘날 우리는 '평생학습사회에서 평생교육'을 필요로 하고 있으며, 이런 특성은 앞으로도 지속될 것이다. 따라서 지난날 교육이 전적으로 학교에 의존하던 것과는 달리 오늘날은 한 개인이 '평생학습을 할 수 있는 능력'을 갖추게 하여 학습사회에 적응하고 평생교육을 가능케 하는 기초를 다져야 한다.

04 평생학습도시

평생학습도시(lifelong learning city)란 기본적 번영, 사회안정, 그리고 개인의 행복에 있어서 학습이 열쇠의 역할을 한다는 것을 인정하고 이해하는 도시로서 모든 시민의 완전한 인간적 잠재력을 계발하는데 인적 자원, 물적 자원, 금융자원을 동원하는 도시이다. 평생학습도시 건설의 목적은 지역사회의 학습자원을 연계하고 힘을 불어넣어 주어 지역사회의 학습력을 회복하여 궁극적으로 지역사회의 사회적 재생과 경제적 재생을 도모하는데 있다.

우리나라에서는 2001년부터 평생학습도시 조성사업을 평생학습진흥종합계획의 일환으로 추진되었다. 교육부는 평생학습의 지역화·지방화를 촉진하고, 평생학습을 수요자중심 운동으로 추진하기 위한 방안으로 2001년 9월 각 시·도교육청에서 추천한 지역교육청과 자치단체의 공동사업계획서를 심사하여 경기 광명시, 대전 유성구, 전북 진안군을 평생학습도시로 선정하였다. 이에 따라 이들 3곳 지역교육청은 평생학습도시 조성사업을 위해 2억 원씩의 특별교부금을 지원받았으며, 해당 지방자치단체는 이에 상응하는 투자를 하였다.

평생학습도시 조성사업은 지역 주민들의 교육욕구 충족을 위해 지방자치단체, 학교, 공공도서관, 주민자치센터, 구민회관 등 다양한 기관에서 개별적으로 실시하고 있는 평생교육프로그램들을 협력과 공유를 통해 연계·운영하여 교육서비스의 질을 향상시키는 데 크게 기여하였다. 학습도시는 2001년 경기 광명시, 대전 유성구, 전북 진안군을 시작으로 2007년에는 강원 강릉시 등 19개 학습도시가 선정되어 2014년 현재까지 지정된 평생학습도시는 총 120개이고, 각 지역별로 다음과 같이 분포하고 있다. 서울특별시 총 14개의 자치구, 부산광역시 총 9개의 자치구, 대구광역시 총 4개의 자치구, 인천광역시 총 4개의 자치구, 광주광역시 총 4개의 자치구, 대전광역시 총 4개의 자치구, 울상광역시 총 3개의 자치구, 경기도 총 21개의 지역, 강원도 총 7개의 지역, 충청북도 총 6개의 지역, 충청남도 총 9개의 지역, 전라북도 총 8개의 지역, 전라남도 총 9개의 지역, 경상북도 총 7개의 지역, 경상남도 총 9개의 지역, 제주특별자치도 총 2개의 지역 등으로 지정되었다.

정부는 지역간 교육격차 해소를 위한 시·군·구 단위의 평생학습 기반 확산을 위해 지속적으로 확대할 방침이다.

평생학습도시 조성사업은 지방자치단체의 평생학습에 대한 관심제고, 평생교육센터 설립 및 평생교육기관 간 연계활성화, 평생교육사 배치를 통한 평생교육 전문화, 지방자치단체의 평생교육에 대한 투자확대, 일반지방자치단체와 교육지방자치 단체 간의 협력강화, 주민들의 평생학습 참여율 제고, 지방자치단체 간 연계 활성화, 전국적인 평생학습도시 협의회 형성, 평생교육법에 평생학습도시 및 협의회 조항신설, 평생학습도시 국제네트워크 구축·운영 등의 성과를 가져왔다. 또한 평생학습이 전국적으로 확대되고 평생학

표 10-1 평생학습도시 지정 현황 ('15. 5월 기준)

지역	학습도시	기초자치단체	지정연도											
			'01	'02	'03	'04	'05	'06	'07	'11	'12	'13	'14	'15
서울	14	25	-	-	-	관악구	성북구 양천구	영등포구	강동구 강서구 마포구	-	은평구	강남구 금천구 노원구 도봉구 서대문구 송파구	-	-
부산	9	16	-	해운대구	-	-	-	연제구	사상구	영도구	부산진구	금정구 남구 사하구 서구	기장군	-
대구	4	8	-	-	-	-	달서구 동구	-	-	수성구	-	북구	-	-
인천	4	10	-	-	연수구	-	부평구	남구	-	남동구	-	-	서구	
광주	4	5	-	-	-	-	남구	광산구 동구	-	북구	-	-	-	서구
대전	4	5	유성구	-	-	-	-	-	대덕구	-	동구	서구	-	-
울산	3	5	-	-	-	-	-	울주군	중구	-	북구	-	-	-
경기	21	31	광명시	부천시	-	이천시	구리시 수원시	시흥시 안산시 용인시 평택시	과천시 안양시	남양주	포천시	가평군 군포시 김포시 성남시 양주시 의왕시 의정부시 화성시	고양시 양평군 연천군	오산시
강원	7	18	-	-	-	-	-	삼척시 화천군	강릉시 횡성군	-	동해시	인제군 평창군	홍천군	철원군
충북	6	12	-	-	-	청주시	단양군 제천시	진천군	-	-	-	옥천군 음성군	증평군	충주시
충남	9	15	-	-	-	금산군	부여군	서산시 아산시 태안군	서천군천 안시	-	당진시	홍성군	예산군	논산시
전북	8	14	진안군	-	-	전주시	익산시	김제시 남원시 정읍시	군산시	완주군	-	-	-	-
전남	7	22	-	-	순천시	목포시 (신안· 무안)	-	곡성군 광양시 여수시	강진군 영암군	-	-	-	담양군	화순군
경북	7	23	-	-	안동시	칠곡군	-	-	경산시구 미시	-	포항시	경주시 영주시	청도군	김천시
경남	9	18	-	-	거창군	창원시	김해시 남해군	양산시 하동군	진주시 통영시	-	-	창녕군	합천군	-
제주	2	0	-	제주시	서귀포시	-	-	-	-	-	-	-	-	-
합계	118개	227개	3개	3개	5개	8개	14개	24개	19개	6개	8개	28개	11개	7개

자료: 한국평생교육진흥원 홈페이지 자료를 종합하여 작성하였음.

주: 1) '08~'10년에는 신규 평생학습도시 지정이 이루어지지 않음
2) 제주특별자치도는 2006년 기초자치제도를 폐지하여 시군구수를 0으로 처리

습 네트워크가 형성되는 데 크게 기여하였다. 평생교육프로그램 특성화 사업, 소외계층 평생학습 지원 사업, 성인문해교육사업, 교육계좌제 시범운영사업(평생학습결과 표준화 시범운영사업), 평생학습 네트워크사업, 평생학습 축제사업, 연수사업, 평생교육사 양성 및 배치사업 등 많은 평생교육정책 관련사업이 직·간접적으로 평생학습도시와 연계된 가운데 이루어졌다.

평생학습도시 조성사업은 평생학습축제 사업과 긴밀하게 연결되어 있다. 평생학습축제 사업은 학습의 즐거움과 학습결과를 나누고, 평생교육기관 간 연계체제를 구축하기 위한 목표로 추진되었다. 2001년 천안을 시작으로 매년 전국평생학습축제가 개최되었다. 전국평생학습축제와 더불어, 각 지역별로 특색을 살린 지역축제들 또한 전국적으로 확산되었다.

제1회 전국평생학습축제는 2001년 11월 8일부터 10일까지 3일간에 걸쳐 충남교육청 주최로 개최된 제1회 전국평생학습축제에서는 '배우는 즐거움, 나를 찾는 기쁨'이라는 주제로 어린이·청소년·성인·노인에 이르기까지 다양한 평생학습 주체들이 모여 그동안 가꾸어온 솜씨를 서로 겨루고 또 나누었다. 이 축제는 우리나라 평생학습 운동의 국민적 공감대를 형성하고 평생교육 관계자들에게 비전을 제시하는 계기가 되었다.

제2회 전국평생학습축제는 2003년 9월 25일부터 28일까지 대전광역시 엑스포과학공원에서 개최되었고, '세대와 국가를 넘어 평생학습 사회로-학습참여·지역혁신·국가발전'이란 주제로 개최되었다.

제3회 전국평생학습축제는 2004년 9월 21일부터 24일까지 제주도 탑동광장, 해변공연장 일원에서 개최되었고, '평생학습의 등불을 밝히자! - 느영나영 평생학습, 함께하는 배움세상'이란 주제로 개최되었다.

제4회 전국평생학습축제는 2005년 9월 23일부터 26일까지 광명시 실내체육관, KTX 광명역사, 광명시 평생학습원에서 개최되었고, '미래를 향한 약속, 사람중심의 평생학습 사회'란 주제로 개최되었다.

제5회 전국평생학습축제는 2006년 9월 30일부터 10월 3일까지 부산 컨벤션센터·그랜드호텔, 송정 해수욕장·요트경기장에서 개최되었고, '배움의 물결, 평생학습의 돛을 올려라 - 학습! 이젠 즐기면서 배우자'란 주제로 개최되었다.

제6회 전국평생학습축제는 2007년 9월 5일부터 9일까지 창원컨벤션센터, 창원시 일원에서 개최되었고, '평생학습! fun(즐거움), feel(감동), future(미래)- 푸른학습도시 창원에서 희망열쇠를 찾으세요.'란 주제로 개최되었다.

제7회 전국평생학습축제는 2008년 10월 17일부터 20일까지 순천만, 팔마체육관, 낙안읍성, 순천시 일원에서 개최되었고, '행복의 반올림, 희망의 어울림 - 2008 순천'이란 주제로 개최되었다.

제8회 전국평생학습축제는 2009년 10월 9일부터 12일까지 구리 한강시민공원, 고구려 대장간 마을, 구리시 일원에서 개최되었고, '행복의 반올림, 희망의 어울림 - 2009 구리'란 주제로 개최되었다.

제9회 전국평생학습축제는 2010년 10월 8일부터 11일까지 대구 동구 동촌유원지에서 개최되었으고, '행복의 반올림, 희망의 어울림 2010 대구 동구!' 란 주제로 개최되었다.

제10회 전국평생학습축제는 2011년 9월 2일부터 5일까지 경기도 이천시 전역, 설봉공원에서 개최되었고, 교육부와 사단법인 한국평생교육총연합회가 주최하였고, 이천시, 경기도, 경기도교육청, 평생교육진흥원이 주관하여 '행복의 반올림, 희망의 어울림 2011` 이천!'이란 주제로 개최되었다.

2011년을 마지막으로 전국 평생학습축제는 개최되고 있지 않으며, 지역단위별 평생학습축제는 활기차게 진행되고 있는 추세이다.

평생학습도시 사업은 많은 성과를 낳았다. 그럼에도 불구하고 개선의 여지가 적지 않은 것으로 평가되고 있다.

첫째, 내실화, 특성화의 필요성이다. 평생학습도시 사업이 급속히 확산되는 과정에서 평생학습도시의 주민들이라 하더라도 평생학습도시에 살고 있다는 느낌을 실감하지 못하는 경향이 있다.

둘째, 추진주체와 방식 면에서 점차 하향식의 행정주도형에서 상향식의 풀뿌리 민주주의형으로 전환해야 할 필요성이다. 행정주도의 하향식 센터설립 추진접근과 상향식 시민주도의 네트워크 접근을 절충하는 방식이 권장된다.

셋째, 지역평생 교육활성화를 위한 3대 기구인 지역평생 교육정보센터, 평생학습관, 평생교육협의회를 실효성 있게 해야 할 필요성이다. 즉 평생교육센터→지역평생 교육정보센터→평생학습관으로 이어지는 체제와 교육부에서 기초자치단체의 평생학습추진센터로 이어지는 체제 간에 유기적인 협조가 요구된다.

넷째, 평생학습축제를 일회성 컨벤션센터 축제가 아니라 지속가능한 생활 속의 학습축제로 발전시켜야 할 필요성이다. 학습축제로써의 정체성 강화, 평생학습 및 인적자원개발 관련 유사축제의 연대강화, 축제의 특성화, 유네스코 등 국제기구와 연대한 세계적인 축제로의 발전 등이 요구되고 있다.

05 평생학습과 평생교육의 과제

평생교육이란 말이 우리 사회에 공식적으로 등장한 것이 대체로 1970년대 초반일 것이다. 이후 1982년 사회교육법이 제정·공포됨으로써 우리나라도 본격적인 평생교육의 이념을 실천하는 실질적인 출발점이 되었다고 볼 수 있다. 이를 기점으로 특히 대학에 사회교육원이 설립됨으로써 더 활성화되었다. 그러다가 평생교육법은 2000년 3월 시행령이 공포됨으로써 시행에 들어갔다.

특히, 앞에서도 설명된 바와 같이, 새로 제정한 교육기본법은 교육관련 법체계를 새로 구조화하였다는데 큰 의의가 있다. 이것은 법구조 개혁상으로는 엄청난 개혁임에 분명하다. 이제까지는 학교교육이 교육제도를 지배해 왔으나 새 법이 제정됨으로써 학교교육과 학교 외 교육을 대등한 위치에 놓게 된 것이다. 이에 평생교육은 실질적인 도약기를 맞이했다고 볼 수 있다(안병환, 2006).

2000년에 새롭게 구조화된 교육관련 법체계는 평생교육 발전을 적극화하는 계기가 되었다. 같은 해 교육부는 '새로운 평생교육체제'를 구축하기 위한 과제를 다음과 같이 8개로 구체화하여 제시하였다.

① 평생학습 진흥을 위한 제도적 기반조성
② 방송·정보통신 매체를 활용한 원격교육활성화
③ 고령화 사회를 대비한 노인교육활성화
④ 성인학습자를 위한 학점은행제 운영
⑤ 자율학습자를 위한 독학학위제 운영
⑥ 전통문화의 계승·발전을 위한 문하생 학력인정제 도입
⑦ 학교시설을 이용한 평생교육기회확대
⑧ 학원설립·운영제도 개선

평생교육의 법적 기반은 확고해졌다고 볼 수 있다. 그렇다면 앞으로 평생교육의 정착과 발전을 위하여 무엇을, 어떻게 해야 할 것인가? 이를 위해 몇 가지 고려해야 할 점을 살펴보면 다음과 같다(안병환, 2006).

첫째, 평생교육체제는 학교, 사회, 그리고 가정이 공동으로 교육목적을 달성할 수 있도록 그 연계성이 구축되어야 한다.

둘째, 평생교육사회에 적합한 학교교육과정의 개혁이다. 학교교육은 평생학습사회를 대비한 적응능력과 기초지식 및 태도함양에 초점을 두고, 나아가 여러 상황을 고려한 후 심화과정으로 나아가는 형태로 진행되어야 할 것이다. 특히, 자기주도적 학습능력과 학습자중심적 사고를 강화함으로써 자발적으로 활동하고 시대변화에 적응할 수 있는 힘을 길러 주어야 할 것이다.

셋째, 평생학습사회에 대한 인식의 변화이다. 과거 평생교육이 학교교육에 부수적인 것으로 생각하는 단계에서 이제는 학교교육과 대등한 차원에서 그 중요성을 인식해야할 것이다.

넷째, 평생교육의 기회균등문제이다. 최근 다양한 평생교육관련 기관들이 생겨나고 있지만 실제로 여기에 참여할 수 있는 사람은 소수라 생각된다. 이유야 여러 가지 있겠지만 상당수의 평생교육프로그램이 경제적 뒷받침이 없이는 참여하기 어려운 것도 사실이다. 따라서 자칫하면 또 하나의 교육불평등 기관이라는 비판을 받을 수도 있다.

다섯째, 교육과정 및 프로그램의 개발문제, 학습능률 향상을 위한 교육방

법의 문제, 교육할 수 있는 인적자원의 보급문제, 시설 및 행정지원의 문제 등이 고려되어야 한다.

여섯째, 특히, 아동 및 청소년의 경우 효율적인 방과 후 지도방안을 마련하고, 학교교육과 연계하여 청소년수련원 등을 유용하게 활용할 수 있는 방안을 모색해야 할 것이다.

평생학습진흥 종합계획은 우리나라 평생학습의 기회확대 및 평생학습 기반구축을 위해 향후 5개년 동안 추진해야 할 27개 과제 및 100여 개 세부 추진방안 등을 담고 있다. 주요 추진방향으로는, 평생학습 기회확대 및 기회균등화, 지역평생학습문화 진흥을 위한 평생학습의 지역화, 상대적 교육취약계층을 위한 평생학습지원 강화, 일터의 학습조직화 및 민간 평생직업교육의 활성화, 양질의 평생학습 제공을 위한 평생학습 기반강화 등이 제시되었다.

우리나라에서 현재 평생학습 주요정책의 추진현황은 평생학습축제지원, 학점은행제의 내실화 추진, 노인평생교육지원, 사이버대학의 질 관리, 평생교육기반 조성을 위한 행정지원 등이 실시되고 있다. 교육부는 2007년도 국가교육 정책이념의 핵심을 학습복지국가 건설을 통한 국가인적자원의 양적·질적 성장 기반조성으로 제시하고, 학교교육력 강화로 공교육 신뢰 제고, 세계수준의 고등교육 수월성 확보, 인적자원개발·평생직업교육체제 구축, 교육안전망을 통한 교육격차 완화, 교육·인적자원개발의 국제적 역할강화를 2007년 교육정책의 5대 핵심 사업목표로 설정하였다. 이 중 2007년 추진된 평생학습 관련 주요정책으로는 범국민의 평생학습참여를 통한 평생학습문화 확산, 사회통합을 위한 소외계층 및 성인의 평생학습기회 확대, 열린학습사회 실현을 위한 평생학습결과 인증, 국가경쟁력 강화와 인적자원개발을 위한 평생직업능력 개발을 들 수 있다.

제3차 평생학습진흥종합계획(2013~2017)을 교육부는 평생학습사회구현을 위한 평생교육 추진지원 및 전담기구 정비와 지역평생교육 기반조성에 초점을 두고 있으며, 100세 시대 창조적인 평생학습을 통하여 국민의 행복을 실현하게 하는 것에 사업목표를 설정하였고, 구체적인 세부사항은 다음과 같다.

첫째, 대학중심의 평생교육체제 실현이다. 성인학습자를 위한 대학체제 전환, 지역대학의 평생교육 역할강화, 국가직무능력표준 기반학습 자격 연계강화 등이다.

둘째, 온오프라인 평생학습종합지원체제 구축이다. 온라인 평생학습 지원체제 구축, 기초-광역 지자체의 평생교육 추진체제 강화, 전문성·투명성 강화, 평생교육 질적 향상 등이다.

셋째, 사회통합을 위한 맞춤형 평생학습 지원이다 세대별·대상별 맞춤형 평생학습 지원, 사각 없는 소외계층 평생학습 지원, 학습을 통한 경력단절 극복 지원 등이다.

넷째, 지역사회의 학습역량 강화이다. 학교와 지역을 연계한 평생학습 강화, 지역주민의 인문역량과 시민역량 강화, 지역학습공동체 확산 지원 등이다.

향후 국가수준의 평생학습 진흥정책은 다음과 같다.

첫째, 평생교육 참여율 제고를 위한 투자 확대

둘째, 주5일 근무제 실시를 대비한 일－여가－학습이 연계된 평생학습프로그램 개발·보급, 학교시설의 개방, 자발적으로 구성되는 학습조직, 학습동아리 활동지원 등

셋째, 생애단계별 평생학습실태 및 요구분석

넷째, 평생교육지표 및 지수개발, 국민들이 체감하는 평생학습정책의 수립 및 추진

다섯째, 평생교육센터의 독립기구화

여섯째, 사회적 취약계층의 평생교육지원 확대

일곱째, 평생학습도시 사업 확대

평생학습진흥 종합계획은 정부수립 이후 최초의 평생학습에 관한 체계적·종합적 계획 마련, 지역평생교육정보센터, 평생학습관 설치 등 제도적 기

반 확충과 평생학습도시 지정, 성인문해교육 지원, 소외계층 평생교육프로그램 재정 지원 등 새로운 정책수요에 부응하였으나 국가차원의 평생교육 추진체제 및 기구부재로 관련사업의 상호연계적 추진이 아닌 개별 사업프로그램 위주의 분절적 추진, 전 생애단계에 걸친 계속·순환학습 모형 제시 부족, OECD 등 선진국과 비교하여 평생교육에 대한 국민의 인식수준 제고 및 참여확대의 한계, 평생학습정책과의 사업추진 및 점검의 노력이 미흡하다는 등이 한계로 지적되고 있다.

참고문헌

교육인적자원정책위원회 (2001). 인적자원개발을 위한 교육·고용·복지 연계체제 구축. 서울: 교육인적자원정책위원회.

안병환 (2006). *교육사회학*. 서울: 교육과학사.

Caffarella, S. R. (1994). *Planning Programs for Adult Learners*. San Francisco: Jossey Bass.

Jarvis, P. (1999). *The Practitioner Researcher*. San Francisco: Jossey Bass.

Jarvis, P. (2006). *Towards a Comprehensive Theory of Human Learning*. London and NY: Routledge/Falmer Press

Jarvis, P. (2008). *Democracy, Lifelong Learning and the Learning Society*. London: Routledge.

Lengrand, P. (1970). *An Introduction to Lifelong Education*. UNESCO, Paris, France.

Merriam, S. B., & Brockett, R. G. (1997). *The Profession and Practice of Adult Education*. San Francisco: Jossey-Bass.

Merriam, S. B., & Caffarella, S. R. (1999). *Learning in Adulthood: A Comprehensive Guide* (3rd ed.). San Francisco: Jossey-Bass.

Parkin, G. W. (1973). *Torwards a Conceptual Model of Lifelong Education*. UNESCO, Paris, France.

Ranson, S., Strain, M., & Rikowski, G. (2001). Lifelong learning for a learning democracy. In D. Aspin, J. Chapman, M. Hatton and Y. Sawano (eds.), *International Handbook of Lifelong Learning*, Vol.1 (pp. 135-154). Dordrecht: Kluwer.

제11장

정보사회와 미래교육

오늘날의 사회는 지식·정보사회이다. 정보화 사회는 지식과 정보가 사회발전의 원동력이 되는 사회를 의미한다. 따라서 정보사회의 교육은 정보사회적 여건과 특성에 부합되도록 그 방향과 내용을 교육해야 한다.

이 장에서는 먼저 정보사회가 가지는 특성과 의미에 대해 살펴보고, 다음에 정보사회와 교육의 관계, 정보사회의 교육에서 강조해야 할 요소들에 대해 알아보며, 마지막으로 지식기반 사회에서의 교육의 문제를 논의하고자 한다.

01 정보사회

21세기 미래사회는 지식과 정보가 사회발전을 견인하는 지식기반형 경제사회, 첨단기술과 고부가 가치산업을 중심으로 국제경쟁이 심화되는 기술집약형 산업사회, 그리고 다원화 사회의 인간활동과 조직행위가 기술진보와 밀접하게 연관되는 기술연계형 복합사회로 이행하게 된다. 지식정보화사회는 지식과 정보라는 무형의 자산이 중요하게 부각되고, 모든 가치판단의 기준이 된다. 따라서 지식과 정보가 사회권력의 중심이 되면서 지식이 모든 사회영역의 중심을 이루는 사회이다. 지식정보화사회는 교육, 사회, 문화,

경제 등 사회의 모든 영역에서 큰 변화를 일으키고 있다. 21세기 미래사회에 대한 몇 학자의 전망을 살펴보면 다음과 같다. 배규한(2000)이 제시하고 있는 미래사회의 형상을 ① 정보 사회(information society), ② 그물망 사회(network society), ③ 다원 사회(pluralistic society), ④ 세계 사회(global village)로 분류하고, 황정규(1986)는 ① 산업문명의 급격한 변화 속도, ② 정보화 사회, ③ 지역 간 국가 간 인류 간의 상호의존성의 확대, ④ 이데올로기의 종언, ⑤ 풍요와 결핍의 동시적 혼재 현상 등으로 미래사회의 모습을 전망하고 있다.

학자들의 견해를 종합해 보면 미래사회에 대한 전망에는 공통점이 발견된다. 그것은 정보화, 다원화, 국제화가 불가피하게 확대되고, 가속화된다는 것이다. '정보화'는 정보 유통량이 크게 늘어남에 따라 이를 효율적으로 처리·분배할 수 있는 기술이 고도화되고, 경제적으로나 사회적으로 정보의 가치가 보다 커지게 되는 과정을 의미한다. 즉 농경사회는 물질, 산업사회는 물질과 에너지에 의존했다면 정보사회는 물질과 에너지에 더하여 정보가 사회의 주요한 바탕이 되리라고 보는 것이다. 다원화란 사회적 힘의 근원이나 성원들의 행위양식이 다양한 사회를 뜻한다. 이는 정보기술의 발달로 인한 것이며 정보기술은 의식의 변화와 더불어 사회적 측면에서 다원화와 분산화를 촉진할 것으로 전망된다. 이러한 다원사회에서는 서로가 다양성을 인정하고 조화를 모색함으로써만 새로운 질서를 찾을 수 있다. 마지막으로 '국제화'란 '세계화'라고 할 수 있는 것으로, 교통 및 통신의 발달로 활동무대가 세계로 확장되고 지리적 국경개념의 의미가 약화되면서, 생활공간과 경제적 시장이 하나의 공간으로 통합되고, 생활양식은 세계적으로 보편화되어 나간다는 것이다. 그리고 이런 맥락에서 세계는 정치적 차원의 국민국가라는 개념을 넘어 문화적 차원의 민족개념으로 재편되리라고 보며, 이때 문제가 되는 것은 문화적 정체성이다.

미국의 대표적인 미래사회학자 앨빈 토플러(Alvin Toffler)는 1980년대에 『미래의 충격(Future Shock)』, 『제3의 물결(The Third Wave)』, 『권력의 이동(Power Shift)』 등의 발군의 저작과 이어서 2008년 『부의 미래(Revolutionary Wealth)』

등을 속속 저술하여 현대에 사는 우리에게 충격을 더해 주면서 미래에 대한 대비를 주문하고 있다. 그는 『제3의 물결』에서 반만년의 인류의 역사를 농업혁명, 산업혁명, 그리고 정보혁명으로 나누어, 지금의 정보혁명의 시대를 제3의 물결이라고 주장하면서 다음과 같이 설명하고 있다. 제1의 물결을 농업혁명의 시대로 주로 농업을 중심으로 생산 활동에 참여하는 시대로 지방 분권적 정치와 주로 자급자족의 시대이다. 다음은 제2의 물결은 산업혁명의 시대로 산업기계활동에 참여하면서 대량생산과 국가라는 개념의 등장으로 거대한 관료적 중앙집권적 국가형태의 성격을 띠게 되었다. 그리고 마지막으로 제3의 물결은 정보혁명으로 정보가 참여를 지배하는 시대이며, 인간의 지식을 가공, 생산, 저장, 재생, 전달하는 사회로, 이런 정보혁명은 20세기 중엽 최대의 신기(神器)라고 할 수 있는 컴퓨터의 등장으로 이 혁명은 가속하게 되었다.

이어서 인간의 두뇌를 형상화한 컴퓨터는 전 세계를 하나의 네트워크로 조직하기에 이르렀고, 우주, 항공, 전기전자, 의약, 통신, 교통 등의 모든 분야에 획기적인 변화와 속도를 실감하게 되어 왔으며, 미래사회는 무한 가능한 컴퓨터의 발달로 유비쿼터스(ubiquitous) 사회로 진입하기에 이르렀다. 우리 생활의 변화는 상상을 초월할 수준에 이를 것으로 예상된다. 미래사회는 이미 정보화 혁명의 물결에 따라 지식을 기반으로 하는 사회로 발전하면서 지식정보화의 물결이 흐르고 있다. 토플러는 앞서 또한 종래의 권력 지배자는 신분, 재력, 권력의 소유자의 개념에서 정보를 소유하는 계층인 신지식층이 사회의 지배와 주도세력으로 등장한다는 미래의 권력의 이동을 예견한 바 있다. 앞으로 지식정보는 수없이 우리의 주위를 흐르고 지나갈 때에 누가 어떻게 언제 선별하여 이용, 가공, 재생산, 전달하는 계층과 느린 속도나 정보를 이용할 수 없는 계층 간의 상대적 갈등이 심화될 것이다. 다시 말하면 정보를 소유한 계층은 사회의 신지배 계층으로 등장하게 될 것이고, 그렇지 못한 계층은 소외계층으로 전락할 것이다. 그럼 바람직한 정보사회의 모습은 어떠한 사회일까? 세계가 하나 되는 사회로 지구촌 사회, 창의력 존중사회, 자기 주도적 평생학습 사회라는 것이다(교육부 멀티미디어 교육지원센터, 1998).

우리는 다가오는 미래사회를 어떻게 준비할 것인가가 초미의 관심사이다(이흥동, 1999).

첫째로 변화를 긍정적으로 받아들이는 마음을 갖추어야 한다. 살아 있는 동물은 변화하기 마련이다. 만일 변화에 순응하지 못하면 도태되거나 생명을 잃게 된다. 인간은 역사상 수없이 다가오는 변화의 물결에 긍정적으로 순응하고 때로는 변화를 유도하기까지 하였다. 미래사회는 어떻게 전개 될지 상상을 할 수 없을 것이다. 변화에 속도가 따라 붙을 때에 가속도를 내게 될 것이다.

둘째로 21세기는 창조적인 인간만이 새로운 가치를 창출할 수 있다는 것이다. 인간이 어떻게 수없이 변화하는 세계에서 살아남을 수가 있을까? 거기에는 엉뚱하리만큼 생각과 문제의식을 가질 때에 새로운 가치개념과 지식을 기반으로 하는 창조적인 인간이 된다. 이런 사람만이 새로운 권력과 부를 창출하게 될 것이다.

셋째로 21세기는 세계적, 우주적 사고를 필요로 한다. 21세기는 정보통신의 발달로 세계가 하나가 되고 모든 정보를 언제 어디서나 무엇이든지 탐색할 수 있고, 지구촌이라는 말처럼 세계를 하나의 마을로 이루고 있는 것이다. 뿐만 아니라 세계인은 누구든지 필요한 모든 것들을 언제든지, 어디서나 취할 수 있게 된다. 우리 노동력의 국제적 이동에서부터 오늘 아침의 식탁에 올라온 음식물에 이르기까지 우리가 사용하고 있는 일용품들이 국내에서 생산되는 비율이 얼마나 되는가를 보면 알 수 있다. 이제 우리의 사고 자체가 편협한 국수적이거나 지엽적이 아니라 우주적 사고가 필요하게 된다.

넷째로 직업의 변화와 짧은 직업의 종사기간, 직업의 전문화를 들 수 있다. 앨빈 토플러가 주장한 대로 정보화 사회가 35년, 지식기반사회는 3.5년이라고 할 때에 현재 우리가 가지고 있는 직업은 매우 빠른 속도로 변화하고, 직업의 전문화가 그 직업 소유자의 브랜드화될 때에 가치는 매우 높을 것이다. 앞으로의 세계는 종래의 직업에 대한 가치관의 변화가 올 것이며 전문 직업만이 살아남을 것이다.

이처럼 21세기는 급변하는 변화 속에서 인간이 얼마나 창의적이고 진취적인가, 얼마나 넓은 세계관을 유지하는가에 우리 개개인의 삶은 달라질 것이다.

이러한 정보화 사회의 변화가 가져오는 우리 사회의 변화 내지는 단점은 어떠한 것이 있을까? 정보화 사회가 가져오는 장점보다도 오히려 단점이 더욱 우리 삶의 영향을 미칠 것이다.

첫째로 가치관의 변화이다. 인간은 변화하려는 것보다도 안정과 보수를 유지하려는 성향이 있다. 급격한 사회 변화는 인간의 삶을 빨리 적응하려는 속성보다도 적응하기에 더욱 힘들어 하게 된다. 그리고 익숙했던 삶이 그리워지게 된다. 최근 급격한 휴대전화 번호의 보급으로 언제 어디서나 전화나 문자 메시지를 보낼 수 있는 편리함 이면에 조금은 무성의한 태도로 보이기도 한다. 글을 보낼 때에도 사계절에 따른 인사말로 정중하게 문서를 통해서 인사하던 것과는 사뭇 다르게 보내지는데, 간단한 인사말이나 속어, 줄임말 등 편리성에 비하여 문서의 의도가 퇴색되는 경향이 있다. 이처럼 가치관의 변화는 삶의 불안을 초래하기도 한다.

둘째로 익명성이다. 실명보다도 익명성이라는 것 때문에 자칫 자기 조절보다도 마음대로 자기의견을 인터넷이나 기타 매개체를 통해서 표현의 자유라는 미명으로 글이나 사진을 올리게 될 때에 상대에 대한 피해는 인권의 차원을 넘어서게 되며 사생활의 침해로 까지 이어질 수 있다. 최근에 익명에 의한 무한 댓글로 자살을 불러일으키기까지 하게 되었다. 이것은 무차별 학살이며, 테러이고, 공개 재판식이 되는 엄청난 파장을 가져 오게 된다.

셋째로 시공간의 간격의 줄어들게 된다. 지구는 돌고 있으며 자연 세계는 밤낮의 차이, 남북의 차이가 있는데, 줄어든 시공간의 차이로 인간의 기본적인 생체 리듬이 깨지고 각 나라별, 지역별로 안정된 생활이 보장 되지 않는다.

넷째로 정보의 폭발로 인한 계층의 갈등의 양산과 정보의 아노미 현상이 일어날 수 있다. 수없이 들어오고 나가며 흘러가는 정보의 바다에서 자기에게 필요한 귀중한 정보를 검색하여 유용하게 사용하면서 자신의 경제적 사회적 지위획득이 가능하다. 반면 그렇지 못한 사람들은 정보의 소외계층으로 전락하면서 전자가 가졌던 모든 특권을 포기하게 된다. 이렇듯 사회적 불평등이 재생산되거나 구조화될 때에 그 차이는 엄청나게 된다. 정보가 가지는 속성상 지식, 정보, 기술의 문화는 성, 지역, 계층, 노소, 국가 간 등의 형태적 불평등으로 나타나게 된다. 그 비용은 계산할 수 없는 숫자에 이르게 된다. 더욱이 양산되는 정보의 홍수속에 인간은 정보를 선택할 능력마저 상실되고 빠져버리게 되는 아노미적 현상이 일러나게 될 때에 중요한 정보마저 잃어버리게 된다.

다섯째로 정보사회가 가져오는 직업패턴의 변화이다. 산업사회에 달리 정보사회에서는 어떤 고정된 장소에서 생산성에 향상에 참가했던 종래의 직업과 노동의 패턴과는 달리 시공간을 초월한 정보매체만 가지고 있으면 일을 할 수 있게 된다. 가령 재택의 작은 공간에서 일을 할 수 있기에 편리함도 있겠지만 집약적 생산성 향상에는 의문을 제기할 수 있다. 산업사회에서는 시간과 생산성의 비례가 나타나 경제원칙에 의존해 왔지만 정보사회에서는 계산할 자료가 부재로 나타난다. 더욱이 노동력의 감소로 대량 실업자가 양산될 전망이다. 모든 유통이 e-bay로 이루어질 때에 종래에 들어갔던 노동력은 사라지고 정보매체에 의존하다보니 정보매체로부터의 소외가 나타난다.

이처럼 정보사회의 단점은 우리로 하여금 미래사회의 어두운 그림자를 드리우지만 이런 단점과 장점을 잘 융합하여 살리면 정보의 효과는 극대화 될 수 있다.

02 정보사회와 교육체제

유사 이래 교육은 인간의 보다 나은 삶을 위해 시대적으로 필요한 교육을 실시하게 되었다. 농경·수렵·어업 시대에는 교육의 주된 내용과 목표가 생업을 위해 최소한의 필요한 소극적 교육으로, 수렵이나 어업시대에는 사냥에 필요한 활쏘기, 창던지기가 주된 교육내용이었다면 어업 시대에는 고기를 잡는 일이였고, 농업시대에는 농사짓기 위해 필요한 농기구 사용법이 주였다. 산업사회에서는 생산공장에서 필요한 교육으로 3R's, 즉 읽고(Reading), 쓰고(wRiting) 계산하는(aRithmetic) 독·서·산 교육을 실시하게 되어 지식위주교육의 시발점이 되었다. 우리가 지금 쓰고 있는 교육(教育)이라는 개념은 바로 다름 아닌 식자(識字 = 文解)교육 이후, 즉 국가가 교육권을 가지게 된 이후부터였다. 물론 그리스 시대나 고대, 중세 시대도 교육은 있었고, 플라톤의 국가론(國家論), 아리스토텔레스의 정치학(政治學)이 교육의 고전임을 익히 알고 있다. 하지만 산업사회이전은 식자교육보다는 앞서 언급한 삶에 필요한 방편으로 농사짓기, 고기잡기, 사냥하기 등의 교육내용과 예의작법(courtesy)의 수준이었다. 또한 교육권의 변천은 농경 목축 수렵어업시대에는 지역공동체가 교육권을 가지게 되었고, 중세 봉건시대에는 봉건 영주나 왕이 교육권을 행사하다가 산업사회에 국가가 교육권을 가지게 되면서 국가주의와 이데올로기 교육으로 전락하게 되어 체제유지에 필요한 교화적 성격을 띠게 되었다. 정보화 사회가 되면서 인터넷과 사이버 교육 등의 개인과 가정으로 되돌아오게 되었다. 또한 홈스쿨링, 디지털교육도 이와 같은 한 예이다. 이처럼 교육의 패러다임도 바꾸게 된다. <표 11-1>를 참고하자 (박승배, 1995).

표 11-1 교육패러다임의 변화

현재의 교육	미래의 교육
• 학위취득(학벌중시) • 수동적 지식전래 • 단편적 사고 • 암기 및 회상능력 • 개인적 성취 • 획일적, 직선적 강의 중심 • 국민적 국가적 관점/단일 사고 • computer literacy • 통제적 분위기 교육 • 현재 및 과거(현상)의 이해	• 능력중심, 자아실현 • 능동적 문제해결, 메타 인지능력 • 통합적사고 • 창의적 사고력 • 협동적 팀 성과 • 다양한 학습자원 및 경험학습방법 • 세계적 관점/다양한 사고 • 정보공학 literacy • 역동적, 허용적, 환상적 분위기 • 미래 예측, 대응 및 설계

이처럼 정보화에 따라 교육체제는 변화하게 되었다. <표 11-2>을 보자.

표 11-2 정보화와 교육체제의 변화 (곽영우, 1999)

<table>
<tr><th colspan="2">교육체제의 혁신을 자극하는 요인</th><th colspan="2">교육체제 혁신</th></tr>
<tr><th>정보화추세</th><th>교육체제 변화 추진요인</th><th>영역</th><th>예상되는 혁신</th></tr>
<tr><td rowspan="6">• 정보통신 기술의 발달
• 네트워크 확장
• 정보서비스의 확장
• 정보화 역기능 증대</td><td rowspan="6">• 교육체제의 기능 조정 촉진(지식네트워크 성장, 미디어 체제역할의 증가, 정보통신 인력수용 증가)
• 정보화 대처능력 증대(유용한 정보선택능력, 정보과잉 대처능력, 정보화 기본 소양, 정보화 역기능 대처 능력)
• 정보통신기기와 소프트웨어의 대량공급(하드웨어, 소프트웨어의 발달, 다양한 미디어 대량 보급)
• 가정, 직장, 교육기관의 교육기능 역할 재조정
• 교육행정서비스의 요구다양화
• 교육연구, 개발 서비스의 증대</td><td>교육제도의 교육기능</td><td>• 교육제도의 유연화
• 미디어 체재와 협력체제 구축
• 학교외 교육기관의 확산
• 정보인력 양성 역할 제고</td></tr>
<tr><td>교육기관과 프로그램</td><td>• 교육기관의 다양화
• 네트워크형 교육기관 증가
• 교육프로그램의 다양화</td></tr>
<tr><td>교육내용과 방법</td><td>• 정보의 대처능력의 함양
• 정보학의 비중 증가
• 교육프로그램의 다양화</td></tr>
<tr><td>교사의 역할</td><td>• 정보의 효율적 관리자
• 정보활동 지도자</td></tr>
<tr><td>교육시설</td><td>• 네트워크형 학교시설의 확산</td></tr>
<tr><td>행정, 연구개발</td><td>• 교육행정서비스 고도화
• 교육연구, 개발의 발전</td></tr>
</table>

정보화 사회가 들어서자 교육의 내용과 방법이 당연히 다를 수밖에 없다. 정보사회가 필요한 교육내용은 컴퓨터, 인터넷, e-bay, e-learning, 화상 사용 등 정보기술능력을 기르는 교육이 중심이 되고, 교육시스템 자체도 다르게 되어있다. 종래의 교사중심교육, 아동중심교육, 인간중심교육, 학문중심교육 등과 학교라는 상아탑의 영조물 안에서 실시되었던 폐쇄적 교육, 한정된 학습자 중심의 교육에서 완전히 차원이 다른 정보화 특성에 맞는 교육이 요구되기에 이르렀다. 말하자면, 정보화 사회에서 정보중심의 협동과 경쟁사회를 이끌어 갈 필요한 인재는 창의적 사고, 자율적 학습능력, 주체성을 가진 인재를 양성해야 한다는 것이다(교육부, 1997). 이것을 위한 교육정보화의 비전을 다음과 같이 주장하고 있다. 시공을 초월한 개별화된 교육을 주창하며, 누구에게나 열려진 교육, 시간과 공간을 초월한 교육, 개별화된 교육, 풍부한 정보가 제공되는 교육, 효율적인 교육행정 구현을 내세우고 있다(교육부, 1997).

교육정보화 시대에 한국교육의 과제는 무엇인가?(신극범, 1997).

❶ 개방적 교육체제의 요구

종래의 교육체제는 학교 안에서만 이루어지는 제도권으로 폐쇄성을 면치 못하였다. 정보화에 의해 시공간을 초월하여 언제나 어디서나 정보의 신속한 접근이 이루어야한다. 개인의 능력에 따라 평생학습차원에서 교육이 이루어 질 수 있도록 개방되어야 한다.

❷ 새로운 기술 재교육체제 요구

정보화 사회에 따라 끊임없이 가공처리, 재생되어지는 지식을 습득하여 자신의 지적 자산으로 축적하기 위해서는 끊임없는 새로운 기술을 위한 재교육이 이루어야 한다.

❸ 폭넓은 교양과 기술의 조화 요구

정보화는 동시대를 살아가는 사람들에게 새로운 폭넓은 교양과 기술이 서로 만나 조화를 이루어야 한다. 자국이든 세계인이든 간에 평등과 자유, 균형과 형평성을 유지하여야 한다.

❹ 직업 평생교육 요구

정보화에 의한 변화의 속도 속에서 직업도 수없이 변화되어 가는데, 정보화는 평생학습에 의해 이루어지는 직업교육에 많은 정보를 제공해 주고 있다. 정보화에 따라 평생학습의 방향도 선도해 가게 된다.

❺ 평생학습의 방법 강조

종래의 지식 위주의 교육에서 탈피하여, 삶과 연결되며 유익하고 재미있는 평생학습의 방법을 강조하고 있다.

❻ 개인, 학부모, 지역사회의 학교교육에의 참여 요구

종래의 교육실천을 학교에게만 맡기다 보니 획일적이고 융통성이 없는 교육현장에 개인 뿐 아니라 학부모와 지역공동체가 합력하여 서로 돕고 정보를 제공하면서 학교교육의 수월성을 제고하고자 하는 요구가 있다. 지역사회의 교육력(教育力)을 최대한 활용하여 학교와 사회에 환원하자.

교육이 이제 정보화를 어떻게 이용하느냐에 따라 교육정보화는 득이 되기도 하고 독이 되기도 한다. 교육정보화가 가져오는 장점으로 학자들이 다음과 같이 주장하고 있다(박승배, 1999).

1) 학습동기의 유발

학습은 하고자 하는 학습자의 동기에 달려 있다. 동기가 유발될 때에 학습의 효과는 측정할 수 없을 만큼 높이 나타난다. 정보화에 의한 교육은 학습자가 스스로 관심과 흥미가 있는 분야를 찾아다니면서 새로운 정보를 얻고, 자기 것으로 가공하고 재생산하여 다른 이들과 공유하면서 시간 가는 줄 모르고 정보의 바다에 빠져들어 가게 된다. 정보화는 교육의 동기 유발에 커다란 공헌을 하게 된다.

2) 개인차를 고려한 수업의 실현

종래의 교육은 많은 수의 학습자가 연령과 능력의 한계도 무시된 채 같은 교실에서 어려운 것을 공부해야 하는데, 특히 한국에서는 3월 1일부터 다음해 2월 28일가지 연령은 최대한 1년의 차이를 가져오기 때문에 능력의 차도 1년 이상으로 난다고 보아야 한다. 그러나 연령제 학년제라는 이름으로 개인차가 고려되지 않고 집단적으로 일어나는 폐단을 없애고, 개인의 차이에 따라 자신이 선택한 교육을 받을 수 있다. 이런 현상은 학습권과도 중요한 연관이 있다.

3) 교육기회의 확대

종래의 교육은 집단적이고 시공간의 제약을 받지만, 이제는 언제나 어디서나 누구나 교육적 공간과 시간이 필요 없이 인터넷이나 가상공간에서 공부할 수 있는 장점이 있다. 특히 학점은행제에 따라 어디서나 공부하여 습득한 지식으로 가지고 새로운 학위를 딸 수 있다는 것이다. 학습자에게 있어서 학습과 교육의 기회가 무한정 확대가 되고 있다.

4) 창의적이고 탐구적인 수업

정보기술공학의 발달로 창의적이고 탐구적인 학습이 가능케 되었다. 종래의 교사중심 교육제도는 한 교사 개인의 단편적인 지식이나 교과서에만 실려있는 지식만을 암기식으로 교육되어 왔던 것이다. 또한 아동중심교육제도도 결국 아동의 미완의 그리고 한정된 지식 수준의 의해 이루어지던 교육제도를 넘어서 정보기술공학을 이용하고 단점들을 보완하여 창의성 있는 교육을 할 수 있다.

이에 못지않게 교육정보화가 가지는 단점도 묵과 할 수 없다.

첫째로, 교사들의 소외현상이 나타난다. 필경사 세대와 컴퓨터 세대와는 손놀림이 느리고 감각 자체도 따라 주지 않는다. 칠판에 판서 세대와는 다르게 효율성도 문제가 된다. 이들은 교육정보화의 소외계층으로 전락하고 학교 현장에서도 속도, 능률적, 계획적, 체계적인 사무처리나 수업계획과 과정에서도 밀리게 된다.

둘째로, 그러다 보니 교사로서 자신의 지식만을 최고로 생각했던 과거, 성직이라고 생각하며 굳건히 지켜왔던 교단도 자존심도 새로운 변화의 물결에 고개를 숙이고 신진교사들과 학습자들에게 낡은 교육서비스가 이제 설 자리를 잃게 되고 만다. 교사들은 장년의 노하우를 자랑하기는커녕 정년을 못 채우고 명퇴를 하면서 젊었을 때에 쏟았던 정력은 사라지고 무기력하고 우울증만 남게 되었다.

셋째로, 교육정보화는 또한 학생 간의 불평등도 조장되어 갈등의 요인으로 작용하게 된다. 개인용 컴퓨터의 소유자와 미소유자와의 정보격차는 벌어지고, 가정의 형편에 따라 고급정보의 소유자와 미소유자와의 지식가공능력이나 생산능력에서 뒤처지게 된다. 학창시절의 불평등은 사회의 불평등으로 이어지면서 사회적 문제를 야기하게 된다.

고도정보화 시대의 한국교육은 여러 가지 과제를 안고 있다(신극범, 1997).

첫째, 열린교육체제로의 전환

교육주관 부서인 교육부가 세계적 흐름 속에서 새로운 열린 교육체제를 주장하게 되었으며, 이제는 단지 교육이 지식 전수이 아니라 모든 사람은 평생교육을 받을 수 있으며, 연령을 초월한 누구나 어디서나 언제나 다양한 교육프로그램, 재택 수업 등 다양한 방법을 제공받을 수 있도록 전환되어야 한다.

둘째, 정보화의 올바른 이해와 도덕규범의 확립

정보화가 사람에게 유익한 점도 있지만 단점도 잊어서는 안 된다. 정보화는 누구나가 쉽게 접근할 수 있으나, 모든 문제의 해결을 제시해 주지는 못한다. 정보화는 간접체험의 증가나 획일적 다양화, 삶의 보람에 대한 정서문제 등 인간 형성에 부정적 영향을 미치게 된다고 주장한다. 이러한 부정적인 영향을 바르게 이해시키고 정보화에 따른 도덕적 규범이 마련되어야 한다.

셋째, 교수학습의 개별화와 교육의 과학화

교수학습의 개별화와 창의성 교육이 가능하도록 교육의 과학화가 이루어져야 한다. 올바른 교육은 개개인이 타고난 잠재력을 바탕으로 최대로 개발되어 자아가 실현되도록 이루어져야 한다.

넷째, 전통적 가치와 신세대 가치의 조화로운 인성교육

여러 가지 사회적 영향에 따라 전통적 가치와 신세대 가치는 다르지만 조화를 이루고 병행하여야 하는 인성교육을 필요로 한다.

다섯째, 교육자의 참여와 전문적 역할

정보화의 추진에 앞서서 교육자가 참여하여 전문적 역할을 하여야 한다. 아무리 열린 학습 체제라 하더라도 교육은 전문가의 역할을 배제할 수 없다. 전문가인 교육자의 자문이 꼭 필요하다.

여섯째, 사회과학 및 교육이론의 한국화와 국제화

'사회과학과 교육이론이 한국화와 국제화가 이루어져야 올바른 세계인을 양성할 수 있다'는 것처럼 교육이론이 토착적인 한국화를 바탕으로 이루어져야 하며, 이러한 바탕위에서 국제화도 가능하다. 사회과학은 토착화의 원리에 토대를 두고 연구되고 발전되어야 한다.

일곱째, 지적재산권에 대한 보호와 육성책의 강구

정보화가 이루어진 마당에 누구나 쉽게 정보에 접근할 수 있지만 자칫 지적재산권에 대한 침해가 우려되며, 이를 보호하고 지적재산을 육성하도록 대책이 마련되어야 한다.

여덟째, 지역별 교육정보화 추진기구 설치 및 컴맹퇴치운동 전개

각 지역별로 교육정보화를 위한 추진 기구를 설치하고 컴맹을 퇴치하기 위하여 범국민운동을 적극적으로 전개하여야 한다. 국민의 컴퓨터의 보급을 확대하고 지역별 모범 전자마을을 만들어서 지역정보화 활성을 도모하여야 한다.

이처럼 정보화에 따른 열린학습체제는 교육이 새로운 지식, 정보사회로 가는 길이며, 종래의 가졌던 가치와는 달리 다양하고 풍부한 새로운 지식가치를 창출하여 이러한 지식을 토대로 과학 기술의 발달을 촉진하게 될 것이다. 바로 이러한 새로운 지식을 창출해가는 세대가 이 시대의 새로운 파워엘리트로 존재하게 될 것이다. 그래서 이미 교육도 세계화 국제화 정보화의 흐름 속에서 적극적이고 능동적인 대처와 새로운 21세기 인간형성을 위한 교육개혁이 이루어 졌고, 정부주관의 신교육체제의 특징은 다음과 같다(대통령자문교육혁신위원회, 2006).

① 학습자 중심으로의 전환, ② 교육의 다양화, ③ 자율성과 책임성에 기초한 개별학습 중심의 학교운영, ④ 자유와 평등이 조화된 교육체계, ⑤ 세계화, 정보화 시대에 걸 맞는 열린교육, ⑥ 공정한 평가와 지원에 의한 질적 교육의 추진, 이라는 종래와 다른 가히 교육혁명이라고 할 수 있다.

03 뉴미디어와 사이버공간

정보화 사회에 따른 뉴미디어 세대의 대두는 오늘날 새로운 문화사회의 양상을 나타내 주고 있다. 뉴미디어 상징인 인터넷을 전 지구를 네트워크화 하여 하나로 묶는 역할을 하였으며, 지구가 하나의 공동체 속에 들어가게 하였다. 세계 어느 곳에 가든지 개인 휴대 컴퓨터나 컴퓨터 부스에 가서 언제,

어디서나 누구나 서핑을 하여 필요한 정보를 얻을 수 있고 쌍방통신을 가능케 하였다. 고속버스 터미널, 국제공항, 인터넷 카페든 인간이 모이는 곳이면 어디든지 설치되어 있는 인터넷은 생활의 편리함은 말할 것도 없다.

국가정보화백서(한국정보화진흥원, 2013)에 의하면, 정보화에 이용될 수 있는 텔레비전 보유율, 컴퓨터 보유율, 인터넷 이용 가입자율, E-BAY 이용률 등을 토탈 평가한 정보화 지수는 한국이 세계 1위이며, 컴퓨터 보유율이 3위, 기타 정보화율이 상당히 높은 수준에 와 있다. 특히 휴대전화의 가입자 수가 월등히 높은 수준에 와 있고, 인터넷과 음성전화, 문자송신이 컴퓨터의 보급과 함께 새로운 정보화시대의 총아로 대두되고 있다. 휴대전화에 의한 문자송신은 새로운 엄지족을 낳게 되었다. 메시지 전달의 수단이 봉화 횃불, 서찰, 유선, 무선 등으로 시작한 컴퓨터 통신발달은 지하철에서 높은 산에서 전 세계 어느 곳에든지 전달할 수 있도록 발달되었고, 우주선을 이용한 지구촌의 정보 획득은 군사적 전략적으로까지 이용하기에 이렀다.

더욱이 우리의 모든 삶이 유비쿼터스 시대로 접어들어 모든 정보를 우리 몸에 지니고 있는 ID나 칩 하나로 주고받는 거래가 이루어지며, 감정까지도 통제될 수 있게 되었다. 찾아 가는 기관마다 유비쿼터스로 안내를 받게 된다. 예를 들면 대학 캠퍼스 안내, 국정홍보, 각 기관홍보뿐 아니라 몸의 컨디션이 안 좋을 때면 직접 병원이나 약국에 안 가도 자신 병원기록부에 기록을 남기며 의사의 진단과 처방으로 치료와 약물이 배달되며, 먹고 싶은 음식까지도 읽어 내려 음식점에서 배달이 가능케 된다.

또한 한국의 정보화 분야의 발달은 최첨단에 이르렀다. 특히 교육 분야에 이용되고 있는 인터넷강좌, 사이버대학 개설 등으로 학습의 장이 시공간을 초월하였다. 한국디지털대학을 비롯하여 전국 20여 개의 사이버대학은 날로 인기를 더해가며 많은 학과와 전공 등이 개설되어 학습자의 요구를 충족하고 있다. 정규 제도권 대학이 양성해 내는 각 전공별 학습자들은 사회적 요구와 수요에 충당이 어려운 부분들을 사이버대학이 커버를 하고 있으며 21세기 지식기반사회가 필요로 하고 있는 국가 인력 양성에 한몫을 하고 있다.

인터넷 강좌나 학습은 이미 최고의 학습수준으로 자리매김을 해가면서 어학, 취미, 건강, 재취업 등에 필요한 과목 등이 실시간과 다시보기로 이용자의 흥미를 잃지 않고 있으며, 인터넷 이용을 학습대상자 또한 일반 성인, 직장인, 중·고 대학생, 국내외, 계층, 성별, 노소를 총망라한 무한층을 형성하고 있다. 뜨거운 국내 인터넷 시장도 수 조원의 시장으로 성장해 가고 있다.

이처럼 컴퓨터와 통신기술의 발달은 종래의 인간 커뮤니케이션의 시공간의 제약을 완전히 탈피하여 무한의 시공을 초월한 사이버 공간은 음성, 영상, 이미지, 데이터 등의 의해 상상을 하기에 어려운 커뮤니케이션을 낳게 되었다.

컴퓨터나 네트워크가 만들어 내는 사이버 공간은 새로운 인간관계와 커뮤니케이션에서 사이버문화를 구축하고 있다. 그 특징으로 다음과 같이 들고 있다(한국정보문화센터, 1995).

첫째, 세계의 이미지화이다. 컴퓨터 그래픽과 미디어의 발달로 무의식과 상상의 세계 등, 우리가 주관적 시각에서 볼 수 없는 세계를 영상화 시각화하여 객관적으로 볼 수 있다는 것이다. 인체뿐 아니라 영화나 시뮬레이션을 세계를 이미지화한다는 것은 엄청난 문화 콘텐츠 산업의 발달을 가져올 수 있다.

둘째, 커뮤니케이션의 동시공존이라는 것이다. 커뮤니케이션에서 대면이든 매체를 통한 소통이든 언제, 어디서나 매체의 종류에 따라 다양한 커뮤니케이션이 가능하다. 사람, 매체, 정보가 동시에 존재하는 양상을 보이는 것이다. 기업이나 정부기관, 개인 간 등 참모들의 전략회의에서 볼 수 있는 것처럼 동시에 같은 매체로 정보를 공유하면서 동시공존을 가능하게 된 획기적인 커뮤니케이션의 발달이다.

셋째, 지각방식의 이중화이다. 종래에는 우리가 볼 수 있는 것만 보아왔다. 그러나 현실세계와 달리 컴퓨터를 통한 가상현실(virtual reality)를 통해 지각방식이 동시에 성립될 수 있어서 인간의 지각과 이해에 엄청난 영향을 미치게 된다는 것이다.

문제는 앞서 언급한 것처럼, 정보화에 민감한 적응을 하는 새로운 계층간의 문화적 교류가 그들만의 세계로 이루어질 때에 지역 간, 계층 간, 세대

간의 새로운 갈등은 정보문화 소외계층을 낳게 된다. 대면이 없는 익명성의 장단점이 새로운 문제로 대두되게 된다. 장점으로는 보이지 않는 지역, 계층, 학력, 빈부와 관계없이 소통이 가능한 반면, 익명을 이용한 개인의 프라이버스 침해와 무차별 공격이나 마녀 사냥같은 예상외의 문제가 대두된다는 것이다. 여기에 개인 간의 도덕적 의무감도 철저히 지켜져 인권에 대한 심각한 도적을 피해야 할 것이다. 최근에 기승을 부리고 있는 사이버 범죄 즉 사이버 테러나 해커, 보이스 피싱는 국경을 초월한 국제 범죄화 되면서 범죄의 세계화로 번지게 되었고, 정보화 사회가 가져오는 이득만큼 이에 따른 손실도 만만치 않음을 알 수 있다. 그리고 네티즌이 사리나 도덕적 의무감이 결여된 20대 미만이 주류라는 사실도 사회적 문제로 대두되고 있다. 이들은 현실사회와의 적응을 하면서 사회화가 이루어져야 하는데, 정체성을 상실한 채로 가상세계와 문화교류에 몰입하게 되면서 현실세계가 다른 차원의 세계로 인식될 때에 영화 'Alien'처럼 문화적 차별, 소외, 갈등으로 상상하기 어려운 전쟁을 치룰지도 모른다.

가속화되어 가고 있는 정보화 사회에서 몇 가지 주시해야 할 문제들이 있다.

첫째로 정보가 세분화되어 있어서 장점보다는 단점이 더 문제이다. 이용자가 선택을 할 수 없을 정도로 고도의 세분화는 혼란을 초래하게 되고, 정보발신 주체가 너무나 다양하다는 것이다. 그러다 보니 흙탕물과 같은 정보의 홍수 속에서 정보의 가치와 중요성을 알 수 없고, 신뢰성마저 잃게 될 경우 정보의 아노미 현상이 일어날 것이며, 개인적이든 국가적이든 엄청난 물적 인적 자원의 손실이 나타날 것이다. 정보가 거짓이나 가짜, 쓰레기가 되어서는 안 된다.

둘째로 뉴미디어와 정보화 사회는 우리에게 장밋빛 환상의 세계인가? 하는 점이다. 우리가 노트에 글을 쓰면서 사색을 하고 자신을 돌아보고 정체성을 찾게 되는데, 뉴미디어는 완전히 우리의 세계를 망각케하고 수동적 인간화를 가져온다. 이런 정보화가 가져다주는 일방통행식 정보로 길들여지는 현상이 나타나면서 우리의 정체성이 망각하고 바보박스형(종래의 텔레비전 시청자) 인간이 블랙박스형으로 바꾸어지는 결과를 가져오게 된다. 인간에게 있어서 가장 중요한 인간미, 노력, 사색과 상상, 존재가치 등 개념들이 사라지게 된다.

셋째로 정보화를 주도하는 세력이 문제이다. 정보화를 누가 주도하느냐에 따라 문화층은 달라진다. 문화선진국이야 개도국이야, 국가냐 개인이냐, 20대 미만이냐 성인이냐, 여성이냐 남성이냐, 빈자냐 부자냐, 등에 따라 정보에 의해서 길들여지면서 새로운 층이 형성되는 것이다. 만일 부도덕한 층이 정보화의 주도권을 잡을 때에 그 파장은 클 것이다.

넷째로 인터넷중독으로 인한 정신장애의 발생과 학업부진이다. 일 예로 제주도는 2009년 상반기 도내 32개교 6,611명의 학생들을 상대로 한 인터넷중독 상담을 분석한 결과 401명이 개별상담을 필요로 하는 등 인터넷중독이 심각한 한 것으로 나타났다고 22일 밝혔다. 제주도에 따르면 올해 인터넷중독 상담을 받은 도내 초등학교 26개교 3,632명(283명 62%), 중학교 2개교 2,058명(9%), 고등학교 4개교 921명(17%), 등 모두 6,611명 중 401명과 함께 시민 51명(시민은 40대가 27명, 30대 12명, 20대와 50대가 각 6명) 등 모두 452명이 인터넷중독 개별상담을 받았다고 한다. 특히 인터넷중독 진단결과 고위험군인 '인터넷을 하지 않을 때에도 인터넷에서 나오는 소리가 들리며, 인터넷을 하는 꿈을 꾼다.'가 297명으로 전체 65%를 차지해 가장 높았고 '인터넷 사용으로 인해서 생활이 불규칙해졌다.'가 116명으로 25%를 보여 개별상담을 받은 학생과 시민 대부분이 인터넷중독이 심각한 것으로 나타났다고 보도했다. 그 외에도 많은 청소년들이 인터넷 사용으로 인해 학교성적이 떨어졌고 머리가 아프다는 등 통증을 호소하는 경우도 있는 것으로 드러나 매우 심각한 상황인 것으로 분석했다(김지석, 2009).

이처럼 사이버 세계와 정보화는 현대를 사는 우리에게 적지 않는 영향을 미치고 있다는 사실이다. 우리는 밀려오는 사이버문화를 긍정적으로 효율적으로 잘 활용하도록 여러 차원에서 고려되어야 할 것이다. 여기에는 기본적으로 바람직한 사이버공동체를 활성화할 수 있는 방안도 궁극적으로 포함되어야 할 것이다(황주성 등, 2002).

04 지식기반사회와 교육

이 시대의 지식은 무엇이고 무슨 의미를 가지고 있는가? 인간이 살아가는 데에는 시대에 따라 필요한 자원이 있기 마련이다. 농경사회에는 자원이 농사를 짓기 위해서 필요한 농기구, 토지, 인력, 그리고 농업기술일 것이며, 산업사회로 넘어 오면서 생산 자원은 토지(공장부지), 자본(설비자본), 노동(노동력)에서 찾을 수 있다. 정보화 사회로 넘어 오면서 중요한 생산자원으로 지식과 정보가 된다는 것이다. 그렇다면 지식은 무엇인가? 지식이란 시대를 살아가는 삶의 원천적 기술이요, 정신이요, 문화이다. 이 시대의 지식은 기술과 정신과 문화이며, 이 지식을 정보를 통해서 획득될 수 있고, 창출될 수 있다. 이렇게 획득과 창출된 지식은 생산, 가공, 유통을 통해서 삶을 풍부하게 할 뿐 아니라 이러한 지식에 의해서 부가가치가 창출되는 원천적 힘과 가치가 존재하는 사회를 지식사회라고 할 수 있다. 이러한 지식사회는 항상 새로운 지식을 창조하고 이것을 조직 전체로 확산시키며, 그것을 다시 상품, 서비스, 시스템으로 형상화시키는 조직이라고 한다(노나카이쿠지로·곤노 노보루, 1998). 그리고 지식과 정보의 활용을 강조하는 조직을 지식기반조직(knowledge-based organization)이라고 한다(P. F. Drucker, 1993).

지식기반조직은 ① 조직구성원들 간의 통일적이고 구체적인 행동을 유발하는 명확한 공동 목표를 가지고 있어야 하며, ② 조직의 리더는 구성원 개개인의 역학이 발휘될 수 있도록 유도하여야 하고, ③ 하부 조직단위의 업무 목표와 실적이 전체 조직의 목표로 환류될 수 있어야 하며, ④ 필요한 정보와 지식 그리고 경험이 조직 내에서 공유될 수 있는 탄력적이고 개방적인 조직이라고 한다(양기용, 2000). 이 지식을 기반으로 조직되어 가는 사회를 지식기반사회라고 부를 수 있다. 지식은 정보와 더불어 산업 자본화로 발전해 가게 된다. 이 지식기반사회는 다음과 같은 특징을 가지고 있다(곽영우, 1999).

첫째, 정보통신혁명을 가져왔다. 이 정보통신혁명은 종래 산업사회에서 생산해 내는 상품의 드는 비용의 엄청난 절감을 가져왔다. 그만큼 부가가치가 높은 산업으로 발전해 가는 것이다. 이런 정보 지식자체가 시공간을 초월하여 제공되며 정보산업이 급성장하게 되었다. 예를 들면 e-learning을 하는데, 종래에 서울의 한 학원의 공간에서 한정된 양을 강의할 수 있던 것이 인터넷을 통해 전국 학습자에게 시공을 초월한 무제한 양과 학습자에게 제공됨으로 정보지식 자체가 산업화되어 갔다.

둘째, 과학기술의 진보의 가속화이다. 선진국 중신으로 과학기술의 투자와 인력개발 등은 지식기반사회의 특징으로 나타났으며, 과학기술의 진보를 가속화 시켰다.

셋째, 경쟁의 세계화를 촉진시켰다. 정보통신의 기술은 세계의 문턱이 낮아지고 세계경쟁속에서 생존가능한 기업만이 살게 되는 무한경쟁의 세계로 인도되게 되었다. 정보통신 분야에서만 보더라도 삼성애니콜, 롯데, nokia, 모토로라 등 세계적인 브랜드와 경쟁하게 되면서 적자생존만이 있을 뿐이다.

넷째, 수요의 고급화, 다양화에 있다. 산업사회에서는 모든 것이 규격화, 표준화의 재화와 용역이 주된 상품이 되었지만 지식기반사회는 개개인의 취향과 개성에 따른 다품종을 생산하여야 하며, 차별화를 선언하고 있다. 제품자체도 친환경적이고 기술집약적이며, 제품의 첨단화가 요구되고 있다. 결국 기술집약적이며 창의적 아이디어를 요구하며 노동시장도 기업이 요구하는 인적자원을 요구하고 있다.

다섯째, 수확체중의 현상이 나타난다. 대량생산 체제하에서는 물질적 자원이 많이 투입되지만 지식을 필요로 하는 산업에서는 물질이 덜 투입되고 지식이 더 많이 투입되어 많은 산출이 예상되는 수확체중의 메카니즘이 나타난다. 이런 현상은 지식기반사회의 현상이다.

이처럼 생산, 자본, 토지가 생산력의 원천이던 시대와 달리 지식이 기반이 되는 사회에서 상상하기 어려운 정도로 모든 분야에서 일어난다.

이러한 지식기반사회의 교육적 패러다임은 무엇일까? 종래에 실시되어 왔던 교육의 전분야가 새로운 도전과 모습으로 탈바꿈하게 되었다. 전통적 교육은 문화와 전통, 그리고 교육방법도 획일적, 강압적, 집단적, 제도적 교육에서 벗어나 개인의 차별화, 다양화를 추구하는 인간상을 만들어내는 일을 해야 한다. 교육시스템 자체도 지식전달위주가 아니라 창의적이고 문제해결방식으로 나가야 하며, 논리적 사고나 가치관의 함양이 무엇보다 중요하다. 지식은 이제 은혜의 산물로 공급되는 것이 아니라 지식산업으로 발전하면서 대가를 치러야 받는 것이다. 다음 <표 11-3>에서 보는 바와 같이 전통적 교육과 지식기반사회의 패러다임과는 다를 수밖에 없다.

표 11-3 전통적 교육과 지식기반사회의 패러다임과의 비교 (이종각, 2004, p. 182)

주요내용	전통적 교육패러다임	지식기반사회의 패러다임
인간상	상황 적응적 인간	상황 주도적 인간
지식 정보	전달	창조
중심 가치	공급자 중심	수요자 중심
교육의 종료	학교	평생
추구 가치	평등	수월
인력개발 주도기관	정부	민간
교육과 훈련의 관계	분리	연계
인력양성기관	학교 중심	다변화
지식 독점여부	독점	공유

표에서 보는 바와 같이 지식기반사회에서는 전통적 교육과는 달리, 상황적응적에서 상황주도적 인간상을 양성하여야 하며, 지식정보도 전달에서 창조로 바뀌는 것이다. 중심가치도 공급자 중심에서 수요자 중심으로 전환하여야 하며, 전통에서는 학교에서 교육의 종료가 평생학습으로 이어진다. 추구 가치는 평등에서 수월로 전환을 요구하며, 인력개발 주도기관도 정부에서 민간으로 넘어가게 되었다. 교육과 훈련의 관계도 분리에서 연계로 패러다임의 전환이 필요하며, 인력양성기관은 학교 중심에서 다변화로 가고 있다. 지식의 독점여부도 독점에서 공유로 바뀌게 되었다.

지식기반사회의 학습내용과 교육방법은 어떻게 될까? 시대에 따라 교육의 내용과 방법이 다를 수 있다는 것은 앞서 언급한 바 있다. 농경 수렵 어업시대에는 그 시대에 맞는 삶을 위해 필요한 것이 교육되었고, 산업사회나 전통사회에서는 3R'S 교육과 전통문화가 중심이 되다가 정보화와 지식기반 사회에서는 이런 기초교육을 기반으로 하면서 지식을 산업화할 수 있는 전문적 지식이 필요하게 되었다. 이종각은 <표 11-4>에서처럼 독일의 델파이 연구보고서에서 지식기반사회가 필요로 하는 일반지식을 소개하고 있다.

표 11-4 지식기반사회에서의 일반지식 (이종각, 2004, p. 184)

도구적 능력 (instrumental/ methodological skills)	일반적인 기초와 문화적 능력	외국어, 전통문화 능력, 논리, 창의적 능력, 기술적인 것에 대한 이해
	정보기술의 처리	현대 매체에 대한 지식, 소프트웨어 프로그램 사용, 정보 탐색과 선별
개인적 능력 (personal skills)	개인의 경험적 지식	자기인식, 정체성, 독립적 행위능력, 자기관리, 문화적 경험, 감정관리, 사회소속감의 경험, 죽음, 윤리, 종교
	지식을 처리하는 개인적 능력	호기심, 개방성, 비판적 관점, 성찰 판단력
사회적 능력 (social skills)	의사소통 능력	표현력, 팀을 이루어 작업하는 능력, 절제력, 자기표현, 사회적 관계능력
	사회적 책임	관용, 책임수용, 신중함, 유대감, 사회친화적 행동
기본적 사실들에 대한 능력 (basic factual knowledge)	시사문제에 대한 사실적 지식	교육과 직업, 생태학, 유럽통합과 세계공존
	기본적 사실	금전에 대한 일상적 지식, 경제, 어린이 양육, 사회학, 교육, 역사, 문학, 철학, 정치, 과학기술, 지리

그리고 교육방법은 창의적이고, 문제해결방식, 프로젝트 학습, 공동연구 학습, 팀티칭, 정보통신공학과 매체 이용학습, 자기 주도 학습, 실험과 탐문 학습, 간학문적 학습, 다문화 다민족 이해 학습, 화상학습, e-learning 등이 요구되고 있다.

참고문헌

곽영우 (1999). 지식기반사회와 평생교육. 한국사회교육학회 추계학술세미나 발표논문.

교육부 (1997). 초중등 교육정보화 강화 방안 검토 보고서.

교육부 (2000). 지식기반사회와 교육.

교육부 멀티미디어교육지원센터 (1998). 교육정보화백서.

김지석 (2009. 7. 23). 도내 청소년 인터넷중독 심각. 제주일보기사.

노나카이쿠지로, 곤노노보루 (1998). 지식경영, 나상억 역. 서울: 21세기북스.

대통령자문교육혁신위원회 (2006). 역대정부 대통령위원회 교육개혁보고서 III. 1994. 5.~1997. 6.

박성호 (2002). 인터넷 유해 사이트 실태조사 연구. 정보통신부 자유조사, 01-14.

박승배 (1996). 정보화 시대의 학교교육과정과 평가 상의 과제. 교육학연구.

박승배 (1999). 교육정보화가 교사 및 학생에게 미칠 영향에 관한 비판적 검토. 한국교육, 26권 2호. 한국교육개발원.

박용삼 (1999). 정보화시대의 사이버윤리 확립을 위한 제언. 정보화저널, 6권 1호. 한국전산원.

박형준 (1996). 정보화의 문명사적 의미와 국가전략의 방향. 서울: 박영률출판사.

배규한 (2000). 미래사회학: 미래연구와 21세기 설계. 나남출판사.

신극범 (1997). 고도정보화 시대의 한국교육. 교육부.

양기용 (2000. 12.2). 경기도 중장기 조직운용에 관한 연구. 중간연심회 자료.

이종각 (2004). 새로운 교육사회학 총론. 서울: 동문사.

이홍동 (1999. 5.15). 21세기 준비 잘 되고 있나요. 한겨레신문 기사.

통계청 (2001). 2001년 정보화 실태조사.

한국전산원 (2001). 2001년 국가정보화 백서.

한국전산원 (2005). 2004년 국가정보화 백서.

한국정보문화센터 (편) (1995). 정보교류의 사회학.

한국정보화진흥원 (2013). 국가정보화백서.

황정규 (편) (1986). *인간과 미래. 미래지향의 인간교육*. 서울: 서울특별시 교육위원회.

황주성 등 (2002). 사이버 문화 및 사이버 공동체 활성화 정책 방안 연구. 정보통신정책연구원.

Drucker, P. F. (1993). *Post-Capitalist Society*. NY: Harper Business.

Toffler, A. (1970). *Future Shock*. NY: Bantam Books.

Toffler, A. (1980). *The Third Wave*. NY: Bantam Books.

Toffler, A. (1990). *Power Shift: Knowledge, Wealth and Violence at the Edge of the 21st Century*. NY: Bantam Books.

Toffler, A., & Toffler, H. (2006). *Revolutionary Wealth: How It will be Created and How It Will Change Our Lives*. NY: Alfred Knopf.

제12장

한국사회와 교육

현대사회는 교육의 기회를 균등하게 제공함으로써 능력주의를 구현하고자 하는 데 기초를 두고 있다고 할 수 있다. 교육기회의 균등화에 의한 능력주의를 적극적으로 구현하는 것은 사회를 평등하게 하는 원천이 된다고 보고 있기 때문이다. 즉 교육기회의 균등은 사회평등화의 필요조건이라고 할 수 있다. 교육기회의 균등에 관한 문제가 중요한 이유는 바로 이러한 맥락 때문이다.

그러나 전 세계적으로 교육을 통해 사회 평등을 구현하고자 하는 목표와 기대는 충족되지 못하고 있으며, 우리나라의 경우도 예외는 아니다. 교육의 기회는 사회계층별로 격차를 보이고 있고 이에 학생의 학업성취는 자신이 속한 사회계층적 위치에 따라 적지 않은 영향을 받고 있다. 사회계층별로 교육에 활용할 수 있는 자원과 능력이 크게 다르며, 이에 따른 교육의 격차는 해소되기 어려운 실정이다.

이 장에서는 교육기회의 균등화, 평등화 맥락에서 놓칠 수 없는 주요 문제를 고찰한다. 먼저 우리나라에서의 교육기회가 얼마나 균등 또는 불균등한지를 살펴본다. 이어 교육 평등화의 맥락에서 도입된 고교평준화 정책, 우리 교육의 유별난 특징이라 할 높은 교육열과 학벌주의, 그리고 입시 위주의 교육을 해소하기 위해 도입한 대학입학 사정관제는 어떻게 평가될 수 있는지를 알아본다.

01 교육기회와 평등화

1) 교육평등의 개념

균등한 교육기회의 제공 즉 '교육기회의 평등'이란 일반적으로 "성별, 인종, 종교, 정치적·경제적 조건 등에 의해 차별을 받지 않고 누구든지 능력에 따라서 교육을 받을 수 있어야 함"을 의미한다. 다시 말하면 교육기회의 평등이란 모든 학생으로 하여금 자신들의 능력, 지능을 선천적으로 타고난 조건들의 사회적 배경에 구애받지 않고 발휘될 수 있도록 학교교육의 기회를 동일하게 제공하는 것을 뜻하는 것이다.

교육기회의 평등은 법적으로 규정하고 하고 있는 기본적 권리이다. 우리나라 헌법 제31조 1항은 "모든 국민은 능력에 따라 균등하게 교육을 받을 권리를 가진다."라고 규정하고 있고, 교육기본법 제4조(교육의 기회균등)는는 "모든 국민은 성별, 종교, 신념, 사회적 신분, 경제적 지위 또는 신체적 조건 등을 이유로 교육에 있어서 차별을 받지 아니한다."고 규정하고 있다.

교육기회의 평등은 오늘날 법적으로 보장받고 있으나 이렇게 되기까지에는 긴 기간에 걸친 인류의 역사적 과정이 있었고, 민주주의의 발전과정과 맥을 같이 한다고 할 수 있다.

인류 사회가 민주주의로 전환하는 데 분기점 역할을 한 사건은 프랑스 혁명이며 그 사상적 기초는 루소(J. J. Rousseau, 1754)에 있다고 할 수 있다.

루소는 '인간 불평등 기원론'에서 개인적이고 독립적이었던 원시 인간이 공동생활을 시작하면서 소유의 개념이 발생하여 서로를 비교하는 과정에서 무질서와 혼란이 증폭되었고, 생산수단의 사유화가 인간을 소외시키고 인간을 소유에 종속시키면서 불평등이 시작되었다고 보고 있다. 사유재산 제도야말로 인간 불평등의 뿌리이며 불행의 근원이라는 것이다. 한편, 소외된 사람들은 잃은 것을 되찾기 위해 투쟁하는 가운데, 가진 자들은 자신들의 소유물을 지키기 위해 법률과 제도를 만들고 세습을 정당화해 온 것이 인류의 역사라는 것이다. 인류 역사는 평등과 정의를 쟁취하기 위한 투쟁의 역사이다. 루소는 인류 사회는 결국 평등한 사회로 나아가는 과정이며, 이는 민주주의사회를 구축함으로써만 가능하다고 주장하였다.

루소의 평등과 민주주의 개념은 프랑스 혁명이 가치로 내건 '자유, 평등, 박애'에 대한 사상적 기초를 제공하였다. 1917년 러시아 볼셰비키 혁명이나 1949년 중국의 농민혁명 등 20세기에 일어난 주요 혁명도 신분의 불평등, 부의 불평등으로 억눌린 시민과 농민들이 평등한 사회를 바라고 구하는 가운데 발생한 역사적 사건이라고 할 수 있다.

현대에 이르러 평등은 어느 사회에서나 당연시되는 권리로 간주되기에 이르렀지만, 평등이 실제로 구현되고 있느냐의 문제는 별도로 평가하여야 할 것이다. 현실적으로 평등이 완벽한 수준에서 이루어지고 있는 사회는 없다.

평등의 구체적 실현이 어려운 데에는 기본적으로 사회적 여건이 미숙하기 때문이지만, 평등의 개념이 다양한 수준에서 이해되고 있기 때문이기도 하다. 즉 어떤 사회가 기초적 수준의 평등 개념에서는 충분하다 하더라도, 그보다 높은 수준의 평등 개념에서는 불충분한 것일 수 있기 때문이다. 교육사회학의 주요 주제인 '교육이 사회평등에 기여하느냐?'와 같은 문제에 대해서도 사실상 평가자가 어떤 학파에 속해 있느냐에 따라 평등의 개념이 상이하고 이에 따라 그 평가도 달라지는 경향이 있다.

사전적인 의미로 평등은 같음, 동등, 대등, 균등의 의미를 가지고 있다. 한편 사회적, 정치적인 의미에서의 평등은 단순한 사전적 의미를 넘어 민주주의의 기본적인 덕목으로 간주되고 있으며 이는 사실상 '정의(正義)'의 개념과 밀접하게 관련되어 있다.

롤즈(J. Rawls, 1971)에 따르면, 정의에는 기회의 평등과 결과의 평등의 두 측면이 있는데, 전자에는 다시 '완전한 절차적 평등, 불완전한 절차적 평등, 순수한 절차적 평등'이 있고, 후자에는 '산술적 평등, 분배적 평등'이 있다. 주목할 점은 롤즈가 특히 분배적 평등을 주장한다는 데 있다. 분배적 평등이란 간단히 말하면 '최소 수혜자의 원칙'을 함의하고 있는 것으로, 우리가 흔히 평등하면 떠올리기 쉬운 '최대다수의 최대행복'을 지향하는 공리주의적 함의와는 다른 것이다.

롤즈가 지향하는 정의는 다분히 이상주의적이라고도 할 수 있는데 그렇다 하더라도, 그러한 수준의 정의를 실천하고자 노력하는 가운데 보다 나은 사회가 조성될 여지가 많다는 것은 분명할 것이다.

한편 벨(D. Bell, 1976)은 현대사회가 지향하는 기본적인 가치를 '효율, 평등, 자아실현'로 파악하고 있다. 효율은 관료중심주의 조직의 발전과 산업혁명의 경제성장의 원동력을 가져왔고, 평등은 근대 시민혁명 이후의 정치적 발전을 가져왔으며, 자아실현은 현대사회의 문화적 상황을 지배해 왔다는 것이다. 현대사회는 이 세 가치의 실현과정에 다름 아니라는 것이다.

벨은 평등의 개념을 '효율적 평등', '형식적 평등', '실질적 평등'으로 구분하여 제시하고 있는데 주목할 것은 효율적 평등의 개념이다. 효율적 평등이란 '평등이라는 가치에 합치하는 모든 평등화 시책'을 가리키는데 이는 사실상 능력주의적 입장의 평등을 말하는 것으로 해석할 수 있다. 예를 들어 우리나라의 헌법에서 보장하는 교육기회 균등이란 바로 이러한 수준의 평등 개념에 기초한 것으로 이해할 수 있다.

이상 살펴본 바와 같이 평등의 개념은 학자에 따라 견해를 달리하고 있다. 그리고 이러한 견해 차이의 이면에는 평등을 판단하는 준거의 수준이 상이함을 알 수 있다. 학자들의 견해를 고찰해 보면, 평등에는 다양한 수준의 준거가 작용하고 있다고 볼 수 있다. 여기에는 균형성(이익은 물론 희생과 부담도 동일하게 나누고 있는가), 균배성(분배가 어느 한 쪽에 치우치지는 않는가), 공평성(모든 이에게 균등한 몫이 돌아가는가), 동등성(같은 조건을 갖춘 사람에게 같은 몫이 돌아가는가), 비례성(해당 특성이나 상대적 기여도에 합당한 비율의 몫이 돌아가는가), 합법성(돌아가는 몫이 법에 규정된 차이에 따라 합법적으로 이루어지는가) 등이 포함된다.

평등의 개념을 특히 교육과 관련시킬 때 학자들은 흔히 몇 가지 준거를 중심으로 하여 평등의 개념을 구분하기도 한다. 예를 들면 '기회의 평등', '조건의 평등', '대우의 평등', '자원의 평등', '관계의 평등', '교육과정의 평등', '능력, 업적에 따른 평등', '결과의 평등'과 같은 것이다(김병욱, 2007).

2) 교육 불평등의 요인

교육 평등이 현대 사회가 지향하는 가치임에도 불구하고 현실적으로 교육기회의 불균등, 교육의 불평등은 존재하고 있다.

교육기회 불평등의 요인은 여러 가지가 있으나 중요한 것으로는 가정요인, 개인적 요인, 교육제도 요인의 세 가지를 들 수 있다.

첫째, 가정요인은 부모의 양육태도와 부모의 경제적 지위와 학력 등을 말한다. 부모의 직업, 교육수준, 연령, 거주 지역, 소득과 재산 등은 자녀의 학업성취에 특히 큰 영향을 미치는 것으로 나타나고 있다. 콜먼 등(J. S. Coleman, 1966; Coleman et al., 1966)의 보고서에 의하면 학생의 가정배경은 학업성취에 미치는 가장 중요한 요인이다.

둘째, 개인적 요인은 지능, 자아개념, 성취동기 등을 뜻한다. 지능이 높고 긍정적 자아개념을 갖을수록, 성취동기가 높을수록 학업성취도를 높일 수 있다.

셋째, 교육제도 요인은 학교의 종류, 입시제도, 교육정책, 교육재정 규모 및 사교육비 등을 포함한다.

교육 불평등의 원인과 관련하여 콜먼은 다음과 같이 언급하고 있다. "교육기회 불평등의 원인은 무엇보다도 가정 그 자체와 가정을 둘러싼 모든 문화적 환경에 달려있다. 바꾸어 말하면, 학업성적을 가정에서 해방하는 위에 학교교육은 유효성을 가지지 못한다. 더욱이 학교문화가 동질의 것으로 되어있어도 가정과 그것을 둘러싼 환경의 사회적 영향력을 지속시키게 되어 있기 때문이다."

콜먼의 주장은 우리가 학교시설이나 교육내용의 내실 평등화를 실행한다 하더라도 학생들의 학교 성적 등은 그에 상응하는 평등화를 달성하지는 못하게 되고 결과적으로 계층 격차를 극복하지는 못한다는 것이다. 특히 상급학교 진학률이나 학교졸업 후의 취업기회, 생활기회의 평등화는 실현되기 어렵다는 것이다.

콜먼의 연구 결과는 전 세계적으로 주목을 끌었고 이후 교육의 불평등 문제는 어느 사회에서나 중요한 연구 주제이며 쟁점이 되어 왔다. 교육 불평등에 대한 연구를 종합해 보면, '학생들의 학력수준 및 학업성적은 해당 학생의 가정이 사회적 계층에 속해 있느냐에 따라 차이를 보인다'는 것이 거듭 확인되고 있다. 즉 어떤 아이가 달성할 수 있는 학력 수준과 학업성취에는 계층차가 존재한다는 것이다.

3) 한국 사회의 교육 불평등

우리나라에서도 교육기회와 학업성적에 계층차가 존재한다는 사실이 확인되고 있다. 한국직업능력개발원과 서울시 교육정보연구원이 서울시 초중고 251개교, 7,800명을 대상으로 실시한 '서울특별시 교육격차 분석연구'(유한구 등, 2011)에서 학생들의 점수는 부모의 사회적 지위, 가정배경과 지역 등에 따라 상당한 차이를 보였다. 자사고, 특목고의 진학은 높은 소득의 가정이 차지했고, 고등학교의 경우 550만 원 이상의 소득계층에 속하는 학생들이 250만 원의 소득 계층에 속하는 학생들보다 성적 면에서 15%이상 높았다.

한국직업능력개발원(2004. 11. 4)의 조사에서도 부모학력과 중학생 자녀의 성적은 관련성이 많았다. 아버지 학력이 4년제 대학 이상인 경우가 상위권에서 37.6%, 중위권에서 25.7%, 하위권에서 15.8%로 나타났다. 어머니 학력의 경우도 유사한 경향을 보였다. 이 연구에서는 부모의 사회적 계층이 아이들의 문화적 환경과 경험에도 영향을 미치는 것으로 나타났다. 도서보유나 영화, 연극, 뮤지컬 관람 등 가정 내 문화 환경의 차이가 자녀성적에 영향을 미치는 것으로 조사되었다. 중학생의 경우 가정 내 도서 보유권수가 300권 이상인 경우가 상위권에서 24.4%, 중위권에서 12.5%, 하위권에서 6.8%로 나타났다. 이와 반대로 영화나 연극, 뮤지컬 관람 등 문화생활이 없는 가구의 비율이 상위권에서 38.5%, 중위권에서 51.0%, 하위권에서 58.6%인 것으로 조사됐다. 한편 가정에 여유가 있어서 방과 후 귀가했을 때 어머니가 집에 있는 비율은 상위권 중학생은 53.5%, 중위권 42.6%, 하위권 36.3%로 나타났다.

통계청이 실시한 '2013년 사교육비 실태조사 결과'(통계청, 2014. 2. 27)에 따르면 사교육비 또한 가정의 소득수준과 지역, 부모학력에 따라 사교육비 지출규모 면에서 차이가 크며 점점 심화되고 있다. 최고 소득층과 최저 소득층의 사교육비 격차는 6배에 이르렀고, 서울과 지역(읍·면) 간 사교육비 지출 격차는 2배 이상으로 벌어졌다. 부모학력에 따른 사교육비 지출격차는 4.4배에 이르렀다.

위 조사결과를 구체적으로 살펴보면 다음과 같다.

(1) 소득별 사교육비 지출 및 참여율

<표 12-1>에서와 같이, 2013년 기준으로 최고 소득층(월 700만 원 이상) 가구의 학생 1인당 월평균 사교육비(41만 5천 원)는 최저 소득층(월 100만 원 미만) 가구의 경우(6만 8천 원)보다 6배 이상이었다. 참여율에서도 최고 소득층 자녀(83.5%)가 최저 소득층 자녀(31.3%)의 2.6배를 상회하였다.

표 12-1 가구 소득수준별 학생 1인당 월평균 사교육비 및 참여율

구 분	학생 1인당 월평균 사교육비 (만 원, %)				사교육 참여율 (%, %p)			
	2012년	전년비	2013년	전년비	2012년	전년차	2013년	전년차
전 체	**23.6**	**-1.7**	**23.9**	**1.3**	**69.4**	**-2.3**	**68.8**	**-0.6**
100만 원 미만	6.8	0.0	6.8	0.0	33.5	-1.8	31.3	-2.2
100~200만 원 미만	11.0	0.9	11.1	0.9	46.3	-3.4	45.3	-1.0
200~300만 원 미만	16.8	-3.4	16.0	-4.8	64.0	-4.2	60.1	-3.9
300~400만 원 미만	23.0	-1.7	22.1	-3.9	74.5	-2.3	71.5	-3.0
400~500만 원 미만	28.8	-0.7	28.0	-2.8	80.1	-1.7	79.2	-0.9
500~600만 원 미만	33.2	-2.4	33.0	-0.6	83.1	-0.6	82.5	-0.6
600~700만 원 미만	36.7	-6.9	35.9	-2.2	84.2	-2.3	84.8	0.6
700만 원 이상	42.6	-3.2	41.5	-2.6	83.8	-1.5	83.5	-0.3

출처: 2013년 사교육비 실태조사 결과 (통계청, 2014. 2. 27)

(2) 성적별 사교육비 지출 및 참여율

<표 12-2>에서와 같이, 2013년 기준으로 성적 상위 10% 이내 학생들의 월평균 사교육비(31만 6천 원)가 하위 20%에 속하는 학생들의 경우(16만 2천 원)보다 두 배로 많았다. 참여율 면에서는 전자의 경우가 80.0%, 후자의 경우가 55.0%로 상당한 차이를 보였다.

표 12-2 성적 구간별 학생 1인당 월평균 사교육비 및 참여율

구 분	학생 1인당 월평균 사교육비 (만 원, %)			사교육 참여율 (%, %p)		
	2012년	2013년	증감률	2012년	2013년	증감차
전 체	**23.6**	**23.9**	**1.3**	**69.4**	**68.8**	**-0.6**
상위 10%이내	30.7	31.6	2.9	80.3	80.0	-0.3
10 ~ 30%	27.9	28.3	1.4	77.2	76.6	-0.6
31 ~ 60%	24.9	25.1	0.8	72.1	71.4	-0.7
61 ~ 80%	20.7	21.1	1.9	65.2	64.8	-0.4
하위 20%이내	16.1	16.2	0.6	55.5	55.0	-0.5

출처: 2013년 사교육비 실태조사 결과(통계청, 2014. 2. 27)

(3) 사교육 참여의 동기 분포

<표 12-3>에서와 같이, 2013년을 기준으로 보면, 사교육 참여의 동기(복수응답)는 '진학준비, 불안심리, 선행학습, 학교수업보충, 보육, 기타'로 구분할 수 있는데, 학교수업보충의 동기가 압도적으로 많았고(72.4%), 선행학습의 동기도 매우 많았다(41.2%). 이 같은 사실은 사교육이 거의 전적으로 학교수업을 뒷받침하여 학교수업에서의 성적을 제고하기 위한 것임을 말해주고, 사교육이 학업성취에 큰 영향을 미치고 있음을 시사하고 있다.

표 12-3 일반교과 및 논술관련 사교육수강목적별 분포(복수응답) (단위 : %)

구 분	진학준비	불안심리	선행학습	학교수업보충	보 육	기 타
2012년	25.1	18.9	42.5	73.0	4.4	5.1
2013년	**23.6**	**17.7**	**41.2**	**72.4**	**3.8**	**4.7**
초등학교	11.6	20.1	49.6	69.4	8.0	7.8
중 학 교	23.1	17.2	39.0	79.5	-	2.4
고등학교	51.8	13.1	25.2	68.5	-	1.2
일 반 고	51.9	13.3	25.4	68.6	-	1.0

출처: 2013년 사교육비 실태조사 결과(통계청, 2014. 2. 27)

4) 교육 불평등의 원인

위에서 살펴본 바와 같이 교육기회의 균등은 법적으로 규정하고 있다 하더라도 이를 현실적으로 충족시키기는 용이하지 않다. 교육기회 및 달성가능 학력 및 학업성적은 계층차의 영향을 적지 않게 받는다. 이러한 여건에서 교육의 실질적 평등화를 구현하는 것은 어려운 과제가 아닐 수 없다.

그러면 교육기회와 학업성취에 미치는 계층차의 영향은 구체적으로 어떠한 메커니즘에 의해 발휘되는 것인가? 즉 교육의 평등화를 저해하는 요인은 무엇이며 어떻게 작용하는 것인가? 이를 알기 위해서는 학습의 과정과 결과에 영향을 미치는 요인들이 무엇인가를 알아보고, 이 요인들 중 특히 어떠한 것들이 사회 계층적 요소와 관련되어 있는가를 살펴보아야 할 것이다.

일반적으로 학업 성취에 영향을 미치는 요인은 선천적 요인과 후천적 요인으로 나누어 생각할 수 있다. 전자는 지능과 같은 개인 특성적 요인이며 후자는 사회경제적 배경과 같은 환경 요인이다. 최근까지의 연구를 통해 주목해야 할 것은 후자도 전자 못지않게 중요한 요인이 된다는 점이다.

학업성취 결정 요인에 관한 연구를 종합하여, 후지타(藤田英典)는 교육의 평등화가 이루어지지 못하는 요인을 다음과 같이 다섯 가지로 제시하고 있다(新堀通也 等, 1982).

(1) 지능 요인

쌍생아의 비교연구 등을 종합해 보면, IQ의 개인차는 대부분(약 80%) 유전적 요인에서 기인한다. IQ의 유전규정성은 교육기회의 계층 간 격차의 원인이라고 보고 있다. 능력이나 업적은 지능에 의해서 결정되고, 따라서 높은 지능을 가진 사람들은 높은 사회적 계층에 속하게 되고, 높은 지능의 자녀를 갖게 된다. 그렇게 해서 지능과 계층, 계층과 학업성취의 상호 관련성은 끊어지지 않는다. 결국 지능에는 환경적 사회적 요인보다 유전적 생물학적 요인이 강하게 미치며, 결국 유전적, 생물학적 요인에 의한 사회계층에의 소속이 결정되는 경향은 지속된다.

(2) 경제적 요인

학교교육을 받을 때에 여러 가지 비용이 들게 된다. 예를 들면 좋은 교육환경을 위한 맹모삼천지교, 조기유학, 예체능 교육을 포함 사교육, 도서 구입 등 이런 교육비용은 국가의 의무교육 이외의 추가비용으로 학령 아동의 부모가 부담하게 되며 그것은 부모의 소득과 학력관에 기인한다. 이런 학습환경의 차가 학업성적의 차나 달성학력 수준의 차로 나타난다.

(3) 사회심리적 요인

의무교육과 아동 교육에 대한 부모의 가치인식과 자녀의 직업전망과 진로선택에 대한 가치를 얼마나 두느냐에 달려 있다. 이처럼 학교에 대한 생각, 직업전망에 대한 달성 학력 수준에 따른 계층차가 생기는 것을 사회 심리적 요인이라고 한다.

(4) 문화적 요인

아동의 인지능력이나 학교문화에의 적응능력은 가정의 문화적 환경과 학교문화와의 연속성, 비연속성에 영향을 받는다. 학교에서의 지배적인 문화는 중간계층 문화이다. 따라서 중간계층의 아동에게는 입학 이전의 문화체험이 학교에 있어서의 문화체험과 연속되어 학교에서의 적응과 학습이 순조롭게 되지만, 하층노동자 계급의 자녀들에게는 그렇지 못할 수 있다.

(5) 과정적 요인

이 입장은 교육기회의 계층 간의 불평등은 학교교육과정에 있어서 현저하게 나타난다는 것으로 보는 것이다. 위의 4가지 요인의 관점이 학업성취의 요인을 학교 외부 또는 교육과정의 밖에서 찾는 것과는 달리, 이 입장은 학교 내부, 교육의 과정에서의 내적 요소 중에서 해당 요인을 찾으려고 한다. 이를테면 이 입장에서는 '자기성취적 예언(self-fulfilling prophecy)'이나 '자기효능감(self-efficacy)'과 같은 긍정적 자아개념이 학업성취의 중요한 요인이 된다는 점을 강조한다. 또한 그리고 학급편성의 방식도 중요하다는 점을 강조하고 있다. 미국에서는 능력별 및 적성별로 학급을 편성하고 있고(tracking), 영국에서는 능력별로 학급을 편성하고 있다(streaming). 이러한 방식의 학급편성이 학업성취 면에서 영향을 미친다는 것이다.

후지타가 제시한 교육 불평등의 요인 중에서 주목해야 할 것은 후천적, 환경적 요인이다. 선천적, 지능적 요인은 주어진 조건 이상으로 변화시키기 어렵기 때문이다. 그리고, 환경적 요인 중에서도 좀 더 관심을 기울여야 할 것은 사회심리적, 문화적, 과정적 요인이다.

지난 30여년 동안 교육사회학적 연구의 결과는 특히 문화적, 과정적 요인이 교육의 평등화에 상당한 영향을 미치는 것을 확인해 왔다. 첫째, 학교에서의 학업성취에 문화적 요인이 큰 영향을 미친다는 점은 특히 영국에서 신교육사회학이 발전하는 과정에서 강조되었다. 즉 문화체험의 연속 또는 불연속이 학교의 적응·부적응이나 성적의 고저에 영향을 미치고, 교육달성, 직업달성 수준의 계층차가 생긴다는 것이다. 번스타인(B. Bernstein, 1975)의 문화론적, 사회언어론적 입장이 대표적인 것이다. 그에 따르면, 영국의 중류계층은 추상적이고 논리적인 언어 사용 방식, 즉 '정련된 어법' 또는 '정밀 코드(elaborated code)'을 상징하는 형식언어를 이용하는 반면, 노동자 계층은 구상적이고 정서적인 언어 사용 방식, 즉 '제한적 어법' 또는 '제한 코드(restricted code)'를 상징하는 대중언어를 사용한다. 그런데 학교교육에서는 일반적인 형식언어의 사용이 우세하기 때문에 중류계층의 출신자녀들이 상대적으로 학교문화에 쉽게 적응한다. 아동의 인지능력은 경험을 재구성하고 논리적으로 사고할 수 있을 때 향상될 수 있다는 점에서 볼 때, 제한 코드보다는 정밀 코드가 인지능력의 향상과 학업성취에 유리하게 된다.

둘째, 학교에서의 학업성취에 문화적 요인이 큰 영향을 미친다는 관점은 갈등론적 교육사회학자들에 의해서도 제기되었다. 학교에서 학업을 평가하는 내용과 방식은 '대응원리'에 의해 사회에서 기대하는 내용과 방식을 반영한 것이기 때문에(Bowles & Gintis, 1976), 중상층의 사회계층 가정과 자녀들에게 보다 유리하게 운영되기 때문에 애초부터 교육기회의 계층간 격차가 존재한다는 것이다. 그밖에 문화적 자본론을 제기한 부르뒤(Bourdiu, 1973), 문화적 제국주의론을 주장한 카노이(Carnoy, 1974) 등도 학교문화가 사회계층적 이해관계와 중립적이지 않으며, 사회계층적으로 격차성과 자의성을 가지고 있다는 점을 지적하고 있다.

셋째, 학업성취의 과정적 요인을 강조하는 입장에서는 교육기회의 불평등을 중요한 교육내적 요소들의 특성으로부터 비롯하는 것으로 설명하려 한다. 예를 들어 '자기성취적 예언'이란 어떤 사람이 어떤 상황에서 스스로에게 설정한 인식(즉 상황정의, definition of situation)이라고 할 수 있는데 만일 그 사람이 이러한 인식을 확신하고 그러한 인식에 따라 행동한다면 애초의 인식 즉 예언이 현실화될 수 있다는 것을 말한다. 만일 어떤 학생이 스스로 공부를 잘하는 학생으로 자기성취적 예언을 한다면 그렇지 않은 학생보다, 여타의 조건이 대등하다고 한다면, 학업성취 면에서 유리할 수 있을 것이다. 그리고, 이러한 학생들의 자기성취적 예언을 교사가 지지하고 북돋아 주는 경우라면 그 효과는 더 커질 것이다. 로젠탈과 제이콥슨(Rosenthal & Jacobson, 1968)이 개념화한 '피그말리온 효과(Pygmalion effect)'도 결국 이러한 측면을 강조한 것이라 할 수 있다. 학교에서 아동은 교사나 동급생에게서 어떤 기대와 평가를 받을 때에 그 기대와 평가에 맞추어 자기를 만들어 나가려 한다. 그런데 교사나 동급생이 가지고 있는 기대나 평가에는 어떠한 형태로든 계층 간 선입관이 내포되어 있다. 따라서 이러한 기대나 평가가 궁극적으로 계층 간의 학력차를 발생시키게 된다는 것이다.

5) 교육 평등화의 방향

이상에서 살펴본 바와 같이 교육기회가 평등화 되지 못하는 데에는 사회계층에 따른 요인이 작동하고 있다. 교육의 평등화가 용이하게 이루어질 수 없는 이유가 여기에 있다. 그러면 교육 평등화의 가능성은 없는 것인가?

이에 대한 판단을 쉽게 내릴 수는 없다. 다만 이 문제에 대한 답을 구하고자 할 때 몇 가지 염두에 두어야 할 점이 있다는 점은 전제해야 할 것이다. 앞에서 벨(D. Bell)이 제시한 평등의 준거(효율, 평등, 자아실현)를 고려할 때, 교육의 기회 균등이란 '효율적 평등', '형식적 평등', '실질적 평등' 등의 기준으로 구분하여 분석, 논의되어야 할 것이다. 말하자면, 이 세 가지 수준의 평등 중 어떤 하나의 평등을 기준으로 평등에 대한 주장과 판단을 해서는 안된다는 것이다. 왜냐하면 그러한 주장과 판단에 부합하는 계층 및 계층적 이해가 있는가 하면, 그렇지 않은 계층과 계층적 이해가 있을 수 있기 때문이다. 또한 개인적 능력이나 특성 요인을 무시하고 모든 사람이 똑같다고 전제하여 획일적 논리를 강제하는 것은 타당하지 않기 때문이다. 다른 것은 다르다고 인정하여야 하며, 다른 것을 같다고 간주해서는 안된다는것이다. 예를 들어 아무리 많은 수험의 기회가 주어진다 하더라도 불합격하는 사람이 있게 마련이다. 무조건적으로 기회를 열어 놓는 것이 꼭 평등화를 의미하는 것만은 아닌 경우가 있다. 그런가 하면, 교육기회를 열어놓기만 한다고 해서 그것을 필요로 하는 사람들이 반드시 혜택을 받을 수 있는 것만은 아니다. 예를 들어 중등교육을 의무화한다 하여도 여전히 교육기회를 활용할 만한 처지가 되지 않는 사람도 있을 수 있다. 그렇기 때문에 평등화의 가능성은 다양한 평등의 준거 요소들을 적절히 통합하고 조절하고 균형을 맞추어 실천적 방안, 정책적 대안을 마련하는 데서 찾아야 할 것이다.

02 고교평준화와 한국교육

고교평준화 정책은 고교입시가 학교의 서열화를 심화시키고, 교육의 기회균등을 악화시킨다는 악화시키고 있다는 판단 하에 고교입시를 폐지하고 모든 고등학교의 교육 환경 및 여건을 평등화하려는 제도적 노력을 말한다. 1970년대 초에 도입된 이래 이 정책은 이후 중등교육 정책의 근간이 되어 왔다. 여기서는 한국교육의 대표적 평등화 조치라고 할 수 있는 고교평준화 정책 및 관련 쟁점을 개관하고, 그 타당성 여부를 평가하여 본다.

1) 고교평준화 정책의 배경

고교평준화 정책이 도입되게 된 데에는 고등학교의 서열화, 등급화 문제가 심각한 역기능, 부작용을 야기하고 있었기 때문이었다. '좋은 고등학교'란 학생을 명문 대학에 많이 합격시키는 학교를 의미하였고, 좋은 중학교란 학생을 '좋은 고등학교'에 많이 합격시키는 학교를 의미하였다. 따라서 전국의 고등학교, 중학교가 입시에서 얼마나 좋은 성적을 내느냐에 의해 서열화, 등급화되어 있었다. 그리고 학생들을 높은 서열의 상급학교에 합격시키기 위한 입시 위주의 교육이 지배하였다. 당연히 사교육도 극성스러웠다.

과열된 입시경쟁이 중학생들에게 과중한 입시부담을 초래하여 학생들의 신체적·정신적 발달이 저해되었고, 중학교 교육과정이 입시준비 교육으로 변질되어 운영되었다. 그리고 사교육으로 인해 학교교육이 소외되면서 학부모에게는 사교육비 부담이 되었고 학교는 권위가 실추되는 상황이 되었다. 또한 명문 고등학교들이 있는 도시로 인구가 집중되는 문제점도 야기되었다.

이러한 상황은 교육의 기회균등과 평등을 위협하는 것이었다. 이에 중등교육이 인간의 성장가능성, 발전가능성, 계발가능성을 누구에게나 평등하게 보장할 수 있는 협동적인 체제로 전환되어야 할 필요성이 있었다.

고등학교 평준화 정책은 1974년 '입시제도 연구위원회'의 제안으로 도입되었다. 입시제도 연구위원회는 인문 고등학교의 경우 학군을 설정하고, 연합고사에 의해 입학자격자를 선발하여 추첨 방식으로 학교에 배정하는 것을 제안하였다. 실업계 고등학교의 경우에는 시를 하나의 단위로 하여, 학생들은 학교를 임의로 지원하고, 연합고사 성적과 체력장 성적에 따라 학교별로 선발되도록 하되, 인문계보다 먼저 실시되도록 하는 것이었다.

입시제도 개선 및 고교평준화 방안은 고교 입시제도의 개혁을 핵심으로 하고 그 전제 조건으로 고교 간 교원, 시설 및 재정격차를 해소한다는 내용으로 구성되었는데 그 기본 방향은 다음과 같았다. 첫째, 중학교 교육의 정상화를 촉진한다. 둘째, 고등학교의 평준화를 기하여 학교 간 격차를 해소한다. 셋째, 과학 및 실업교육을 진흥시킨다. 넷째, 지역 간 교육의 균형발전을 도모한다. 다섯째, 국민의 교육비 부담을 경감시킨다. 여섯째, 학생인구의 대도시 집중경향을 억제시킨다. 이른바 고교평준화 정책은 다.

이러한 정책이 도입된 데에는, 고등학교가 등급화되어 있어 입시경쟁이 과열됨에 따라 중학생의 입시부담이 과중되어 신체적·정신적 발달이 저해되고 있고, 중학교 교육과정이 입시준비 교육으로 변질되어 운영되고 있다는 점에 있었다. 사교육으로 인해 학교교육이 소외되면서 학부모에게는 사교육비 부담이 되었고 학교는 권위가 실추되는 상황이 배경이 되었다. 명문 고등학교들이 있는 도시로의 인구집중 문제도 해결을 요하는 상황이었다.

고교평준화 정책의 현실적 배경을 구체적으로 살펴보면 다음과 같다(김병욱, 2007).

첫째, 성장기에 있는 중학생들에게 입시로 인한 과중한 부담을 줄이기 위함이었다. 당시에 고등학교는 40%밖에 진학할 수 없는 현실에서 과외로 인한 수면부족과 정신적 장애로 소위 '중3병'이라는 병을 안고 있었다.

둘째, 중학교 교육은 고등학교 입시를 위한 교육으로 매달렸고, 중학교는 고등학교의 입시준비 기관화되어 버렸다. 학교교육은 과열과외로 유명무실해지고 교사의 권위는 실추되었다.

셋째, 과중한 과외해소와 학부모들로부터 사교육비 부담을 덜어야 했다.

넷째, 고등학교 간 격차 해소와 지역 간 불균형 해소라는 문제였다. 소위 명문 고등학교가 밀집되어 있는 대도시로 인구가 집중함에 따라 인구유입을 최소화할 필요가 있었다.

교육부 교육통계를 살펴보면, 교교평준화 정책은 전개 과정에서 다소의 부침은 없지 않았으나 기본적으로는 견고하게 유지되어 왔음을 알 수 있다. 2003년에는 12개 도시 시·도 총 36개 학군에서 일반계 고교의 50.4%, 전체 고교의 68.2%가 평준화의 대상이 되었고, 2008년에는 14개 도시에서 일반계 고교가 61.1%, 전체 고교의 38.2%가 대상이 되었다. 두 시점 사이에 일어난 변화를 보면, 평준화 대상으로 일반계 고교는 늘어난 반면에 전체 고교는 많이(305개 이상) 줄었다는 것이다. 이는 동 시기에 평준화 정책이 다소 약화되는 경향을 보였다는 것을 말해준다.

고교평준화정책의 핵심은 고교 서열화를 없애 교육기회의 균등과 불평등을 해소하기 위해 고교입시를 폐지하는 것이었다. 이러한 정책은 인간의 성장·발전·계발 가능성은 누구에게나 부여되어야 한다는 교육의 기회균등 및 교육 평등화의 개념에 기초하여 기본적으로 경쟁적이기보다는 협동적인 교육체제를 조성한다는 취지를 내포하고 있었다. 이에 학생의 평준화, 교원의 평준화, 교육여건의 평준화를 전제로 하여, 고등학교에서 지역을 단위로 학군을 설정하고, 학군별 추첨을 통해 학생을 학교에 균등 배정하는 방식을 채택함으로써 공평한 교육기회의 보장과 교육과정의 평등화를 추구한 것이었다. 이는 그 이전까지의 다분히 엘리트주의(elitism)적인 교육으로부터 교육기회의 평등을 우선으로 하는 교육의 대중화로 전환하고자 하는 시도였다고 할 수 있다.

2) 고교평준화 정책의 쟁점

고교평준화 정책은 전면적이고 지속적으로 추진되었고 사회적으로도 비교적 순조롭게 수용되어 왔다. 그러나 이 정책에 대한 비판이 전혀 없었던 것은 아니며, 시기와 입장에 따라서는 강도 높은 비판이 제기되기도 하였다.

예를 들어 자유화, 세계화가 인구에 회자되던 시기에 사립학교들 특히 명문 사립학교들의 입장에서는 고교평준화가 교육의 수월성과 경쟁력을 약화시킨다는 명분을 내세우며 정책의 전환을 요구하기도 하였다.

고교평준화 정책을 비판하는 입장이 무조건 타당하지 않다고 주장하기는 어려운 면이 있는 것도 사실이다. 교육의 평등성은 교육의 보편화 과정에서 반드시 포함되어야 할 중요한 이념이며 따라서, 일차적으로 취학기회가 확대되어 지역, 계층, 성별 간에 균등하게 제공되는 상태를 조성하고자 하는 정책은 당연히 타당한 것이지만, 이 같은 평등화 정책이 자칫 교육의 수월성을 저해하는 것이 아니냐는 의문을 가질 수 있기 때문이다.

고교평준화 정책이 교육의 다양성을 저해할 수 있다는 주장이 대두되기도 하였다. 예를 들어 2010년 이후에는 고등학교의 평준화, 비평준화의 문제보다는 고등학교 교육의 다양성에 대한 요구가 강조되기 시작하였고, 이에 따라 특성화고, 특목고, 자율고, 일반계고, 전문계고 등 비(非) 일반고의 비율이 현저하게 증가되었다. 2013년을 기준으로 볼 때 전체 2,322개 고등학교 중 일반고는 1,525개로 약 65%를 차지하고 있고, 비일반고는 모두 합하여(특성화고 494개, 특목고 138개, 자율고 165개) 전체 고등학교의 35%를 차지하고 있다. 아울러, 이러한 흐름 속에서 민선 시·도교육감의 정책적 경향에 따라 고등교육의 평준화 혹은 다양화 정도는 다소의 편차를 보이고 있다.

고교평준화가 실시된 지 한 세대 이상이 지나간 시점에서도 교육의 수월성, 교육의 다양성의 관점에서 제기되는 교육평준화에 대한 의문과 쟁점은 여전히 잠재되어 있으며, 고교평준화 정책에 대한 논쟁과 평가는 일방적인 것만은 아니다.

고교평준화 정책과 관련하여 잠재적인 쟁점들을 정리하여 보면 <표 12-4>와 같다.

표 12-4 고등학교 평준화를 둘러 싼 쟁점

쟁점의 근거	폐지론	유지론
기본 이념	• 학교의 획일화와 획일적 평등주의 반대 • 획일적, 관료적 학교 운영 파기	• 중등교육의 정상화 • 사회적 약자의 교육 기회 확대로 평등 실현 • 교육의 균형 발전과 사회통합가능
사교육·과외 문제	• 교육의 질 저하로 사교육 의존도 증가 • 공교육의 위기에 따른 현상	• 중학교 과열 과외 성행 • 학생과 학부모 부담 가중. '공룡 사교육'
학력 및 국가 경쟁력	• 이질집단 편성에 따른 학습 효과 저하 및 학력 하향 평준화 • 수월성과 국가 경쟁력 약화 • 지식기반 사회가 요구하는 유연한 사고력과 창의성 육성 불가	• 수준별 이동수업이나 특기 적성 교육 등으로 이질집단 문제가 극복 가능하고 평준화 지역 성적 저하론의 증거가 희박함 • 유연한 교육방법이 언제나 도입 가능하고 창의성 육성이 가능함
학교 선택권 및 사학 자율권	• 학교 선택권 침해 • 준공립화 한 사립학교의 자율성 침해	• 학교 운영의 공정성, 공평성 확보·자립형 사립 고등학교 제도로 보완 가능
교육 격차	• 학생 간, 학교 간 격차 불가피 • 우수아 및 우수 학교의 상대적 불이익	• '명문' 고등학교 등장에 따른 학교 서열화 • 사회적 위화감과 부정적 자아개념 예방
사회경제적 문제	• 서울 강남 등 교육 여건 우수 • 선호 지역 집값 상승 • 서울 강남 지역 등 불간섭 주장	• 집값 상승이 평준화 때문이라는 시각은 '강남, 교육특구'나 기득권의 아전인수 논리

먼저 이 정책을 긍정적으로 보는 입장에서는, 고교평준화가 고교입시에 부담을 줄여 주고 국민 교육비 부담을 경감시키며, 경쟁 위주의 교육을 최소화하고 인성중심의 전인적 교육을 지향할 수 있게 한다. 학교 간 격차를 해소하여 지역이나 세대에 따른 이질감과 위화감을 줄일 수도 있다. 학생과 학부모, 교사들로 하여금 입시 준비에 대한 부담에서 벗어나 과학 및 실업교육을 실질적으로 진흥할 수 있다. 인구의 대도시 집중을 최소화하고, 교육의 지역 간 불균형도 지양할 수도 있다. 또한 현대 사회의 여건과 특성

면에서 볼 때 적합하지 않은 엘리트주의 교육으로부터 민주주의 사회에서의 시민 형성을 본령으로 하는 대중적 교육으로 나아갈 수 있게 한다.

한편 고교평준화 정책을 부정적으로 보는 입장에서는, 이 제도가 학생들의 실력 향상을 적극적으로 견인해 내지 못함으로 해서 전반적으로 하향 평준화를 발생시키며, 이로 인해 사회 전체적으로 개인과 국가의 경쟁력 향상을 더디게 한다. 그리고, 학생들로서는 좋은 대학에 입학하기 위해서는 다른 학생들보다 성적이 나아야 하고 그러기 위해서는 학원을 다닐 수밖에 없게 되기 때문에, 평준화가 된다고 하더라도 사교육은 줄어들지 않을 뿐 아니라 오히려 사교육에 더 의존하게 된다. 평준화는 학생들의 고교 선택권을 부인하는 제도이며, 자율권을 제약하고 있다. 평준화로 인하여 능력의 차이가 있는 학생들이 한 반에서 공부하게 됨으로써 수업 진행의 어려움이 발생하고, 학생들의 학업성취가 효율적으로 이루어지지 못한다. 평준화는 결국 학교선택권을 운에 맡기기 함으로, 학생과 학부모들은 좋은 학군을 찾아 가게 되며 이로써 특정지역에 인구가 집중되게 된다.

3) 고교평준화 정책의 평가

고교평준화 정책에 잠재된 이러한 기본적인 시각의 차이와 쟁점으로 인해, 이 정책에 대해 단정적으로 평가하는 것은 어려운 것뿐만 아니라, 위험한 것이기도 하다. 이러한 까닭에 고교평준화 정책에 대하여는 심도 있고, 객관적이고 체계적인 연구와 평가가 요구되고 있다.

이러한 맥락에서 한국교육개발원이 고교평준화 제도의 타당성 여부를 재검토하기 위해 실시한 연구(김달효, 2003)는 의미가 있다. 연구는 고교평준화 제도와 관련하여 지속적으로 제기된 쟁점들을 압축하고 심도 있게 검토하였다. 주요 쟁점들은 다음과 같은 것이었다.

- 고교평준화 제도 때문에 학생들의 학력이 하향 평준화되었는가?
- 고교평준화 제도 때문에 공교육 붕괴가 발생했는가?

- 고교평준화 제도 때문에 사교육비와 조기유학이 증가하였는가?
- 고교평준화 제도 때문에 학교선택권이 침해되었는가?
- 고교평준화 제도 때문에 사학의 자율성이 침해받는가?

연구의 결과는 이러한 질문에 대해 '그렇다'고 답할 만한 근거를 찾기 어렵다는 것이었다.

어떤 정책의 타당성 여부를 학술적 연구의 결과만으로 평가하기는 어려울 것이다. 그러나 이러한 연구가 누적된다면 신뢰할 만한 결론에 도달하는 것이 불가능하지도 않을 것이다. 아울러, 어떠한 정책이든 순기능과 역기능을 동시에 가지고 있는 것이므로, 해당 정책이 의도한 순기능적 효과가 인정할 만한 것이라면, 다소의 역기능에도 불구하고 수용될 여지는 충분한 것으로 보아야 할 것이다.

어떤 정책의 수용 과정에서는 국민 일반의 인식도 중요한 요인이 된다. 고교평준화 정책에 대해서도, 객관적 연구에 의한 평가와는 별개로, 국민 일반과 대중이 어떠한 인식과 평가를 하고 있는가를 파악하는 것은 필요한 일이다. 이러한 맥락에서 일반인을 대상으로 실시한 여론 조사(경향신문 기획 취재팀, 2006. 6. 7)를 참조하는 것도 의미가 있을 수 있다.

고교평준화에 대한 특별 취재를 위해 실시한 이 조사에서 조사대상자의 51.7%는 '현행 평준화 기조를 유지하되, 특목고와 자립형 사립고 등을 확대해야 한다'는 의견에, 21.5%는 '현형대로 고교평준화를 유지해야 한다'는 의견에 동의하였고, 19.7%가 '고교평준화 정책을 폐지해야 한다'는 데 동의함으로써, 전체적으로 고교평준화는 높은 지지도를 얻고 있었다.

요컨대 이 조사는 대중이 고교평준화 제도를 폐지하기보다는 유지하면서 보완해 가는 것을 지지하고 있다는 점을 시사하고 있다. 대중이 이러한 반응을 보이는 데에는, 많은 사람들이 교육기회의 균등화, 교육의 평등화가 무엇보다 우선적으로 추구해야 할 사회적 가치라고 인식하고 있기 때문일 것이다. 그렇기 때문에 '학력의 하향화', '학교선택권 제한', '교육의 획일화' 등과 같이 평준화 정책에 수반될 수 있는 역기능적 요소나 우려에도 불구하고 평준화 정책에 대하여 강력한 지지를 보이고 있는 것으로 해석해야 할 것이다.

결국 이러한 점을 종합해 볼 때 고교평준화는 교육기회의 균등화, 교육의 평등화 관점에서 수용할 만한 효과가 인정되는 것으로 보아야 할 것이다.

03 교육평등과 학업성취도 평가

한국의 교육은 도구적 학력주의 동기에 의해 크게 영향받고 있으며 이에 따라 과도한 학력경쟁과 사교육이 수반되고 있다. 그 결과 한국의 학생들은 높은 수준의 수업시간, 학업시간에 참여하고 있고, 세계적으로도 높은 학업성취도를 보이고 있다. 그러나 이렇게 표면적으로 긍정적인 성과의 이면에는 학업성취의 계층간 격차를 우려하는 목소리도 있다.

학업성취의 계층간 격차는 교육사회학에서 오랫동안 지적되어 온 현상이다. 어느 나라에서나 학업성취는 학생의 가정 배경, 부모의 사회경제적 지위, 부모의 교육 수준, 학교교육의 질에 의해 영향을 받는 것이다. 특히 부모의 재산과 소득, 교육 수준이 중요한 영향을 미치고 있다.

공교육 정책의 관점에서 모든 학생의 학업성취를 제고하는 것은 일차적 중요성을 가지며, 특히 모든 학생이 최소 기준 이상으로 학업성취도를 달성할 수 있도록 하는 것은 교육기회의 균등, 교육의 평등화를 위한 필요조건이다. 이러한 관점에서 우리나라에서는 국가 수준에서 학업성취도 평가를 시행하고 있다. 학업성취도는 공교육의 실태를 파악하는 데 중요한 판단 기준이 된다.

우리나라에서 국가수준의 학업 성취도 평가는 1998년 '국가수준 교육성취도 평가 기본 계획'이 수립되면서 시작된 이래 다양한 변화(평가의 목적,

대상, 시기, 영역, 평가 유형, 표집 방법, 점수체제, 설문조사 범위와 내용 등)를 겪으면서 발전해 왔다.

국가수준 교육성취도 평가는 2009년부터 '표집평가 체제'에서 '전수평가 체제'로 전환하였다. 새로운 평가 체제는 '동등화 자료수집을 위한 표집(약 1%)'과 '표집 외 전수 시행'을 통해 평가대상 학생들(초6, 중3, 고1)에게 연말(10월 13일~14일)에 실시하는 방식이었다. 평가영역으로는 '국어, 사회, 수학, 과학, 영어, 배경변인' 등이 선정되었다.

이러한 평가체제는 이후 다소간의 조정(평가 시기와 평가 대상)과 보완(학교별 평가 결과 공시, 각급학교 향상도 공시, 학생용 평가결과표 개선 등)을 거쳤다. 2013년 평가부터는 초등학교 6학년을 평가 대상에서 제외시켜 중3과 고2를 대상으로 하였고 평가 영역으로는 '국어, 사회, 수학, 과학, 영어, 배경변인'을 선정하였다. 평가의 결과(학교별 평가 결과, 중학교·고등학교 향상도)는 공시되도록 하였다.

현재 이루어지고 있는 국가수준 교육성취도 평가의 내용과 방식은 다음과 같이 요약될 수 있다(학업성취도 평가 정보 서비스의 학업성취도 평가 개관).

첫째, 국가수준 학업성취도 평가는 국가에서 정한 교육과정에 근거해 학생들의 교육목표 달성 정도를 평가하는 준거참조평가로, 국가 수준에서 학생들의 학업성취도 현황 및 변화 추이를 파악하고 학교교육의 질을 체계적으로 관리하기 위해 매년 실시된다.

둘째, 학업성취도 평가는 중학교 3학년, 고등학교(일반계) 2학년 학생 전체를 대상으로 매년 실시되며, 평가 대상 교과는 국어, 수학, 영어이다.

셋째, 평가 대상 및 영역은 중학교의 경우 '3학년 국어, 수학, 영어 중 1~2학년 전 과정, 3학년 1학기 과정'으로 하며, 고등학교의 경우 '고등학교 2학년 국어, 수학, 영어 고 1학년 전 과정'으로 한다. 평가는 교과별로 60분씩 실시한다.

넷째, 학업성취도 평가에서는 교육의 결과인 학생 성취 정도를 파악하기 위해 국가 교육과정을 철저하게 분석한 후 교과별 평가 영역에 따라 평가문항을 개발한다. 국어 교과에서는 듣기, 읽기, 쓰기, 문법, 문학의 5개 영역, 수학 교과에서는 수와 연산, 문자와 식, 기하, 함수, 확률과 통계의 5개 영역, 영어 교과에서는 듣기, 말하기, 읽기, 쓰기의 4개 영역을 평가한다. 평가 문항 수는 교과에 따라 다소 차이가 있지만 약 30~40개의 문항으로 구성된다. 학업성취도 평가 문항은 선다형 문항과 서답형 문항으로 구성되며, 서답형 문항은 전체 문항의 20~30% 정도를 유지한다.

다섯째, 학업성취도 평가에서는 학업성취도에 영향을 주는 학생 및 학교 특성 변인을 파악하고 교육활동 개선을 위한 시사점을 얻기 위해 설문조사를 실시한다.

여섯째, 설문조사는 학업성취도 평가에 참여하는 모든 학생 및 학교를 대상으로 실시하며, 학생 및 학교 대상 설문의 구성 요인 및 변수는 <표 12-5>와 같다.

표 12-5 학교설문 하위 영역 및 변수명

영역	하위 영역	변수명
개인 및 가정환경	가정환경	가족형태, 부모(가족)와의 관계, 도서 보유 정도
	개인특성	독서시간, 운동시간
학교생활	학교생활 적응 및 학교풍토	교우관계, 교사와의 관계, 학교 풍토
	학습 태도, 방법 및 이해도	수업태도 및 학습방법
방과 후 생활	방과 후 학습 시간	방과후학교, 자율적 학습EBS/교육청인강, 학습지/사설인강, 학원, 과외
	방과 후 학교 / EBS 유형	참여 프로그램
	여가 활동 시간	컴퓨터나 휴대용 전자기기 사용
학습방법	학습방법	학업적 효능감
	교과공부	국어과공부
		수학과공부
		영어과공부
학교장 특성	학교장	학교장 개인 배경(성별, 연력, 경력), 초빙교장 여부, 학교장의 학교 운영 수행 정도

영역	하위 영역	변수명
학생 구성과 교원 특성	학생 구성 특성	학생 특성
	교원 특성	교원 현황, 교사 연수 현황
교육과정 및 학교 풍토	수업 및 프로그램	방과후학교, Wee클래스, 학생 활동 제공 여부, 학습부진 학생 지도 프로그램
	학교 풍토	교사 풍토, 학생 풍토, 학부모 풍토, 학부모의 학교 행사 참여 정도

출처: 학업성취도 평가 서비스 http://naea.kice.re.kr/

가장 최근의 학업성취도 평가는 중3·고2 전체 학생(약 107만 명)을 대상으로 국어, 수학, 영어 3개 교과에 대해 2014년 6월 24일에 실시된 것이다. 이 평가의 결과는 교육평가 전문기관인 한국교육과정평가원의 평가결과 집계·분석을 통해 이루어졌다. 학교별 학업성취도 평가 결과 공시자료는 2014.11.28일부터 '학교알리미'(www.schoolinfo.go.kr)를 통해 확인할 수 있게 하였다. 주요 공시내용은 개별학교 응시현황 및 교과별 3단계 성취수준(보통학력 이상, 기초학력, 기초학력미달) 비율, 학교 향상도 등이었다.

교육과학기술부는 이 평가의 결과를 발표하였다(2014년 국가수준 학업성취도 평가 결과 보도자료, 2014. 11. 28 이하 내용 및 통계는 http://naea.kice.re.kr에 탑재된 파일에 따름). 이 평가에서 '보통학력 이상' 비율은 80.8%로 전년도보다 0.6%p 증가하였고(<표 12-6>, <표 12-7>), '기초학력 미달' 비율은 3.9%로 전년도보다 0.5%p 증가하였다(<표 12-8>). 보통학력 이상 비율이 증가 추세에 있는 반면, 기초학력 미달 비율은 크게 개선되고 있지 않고 있다.

표 12-6 중·고 학업성취도 평가 결과 분석 (2011~2014)

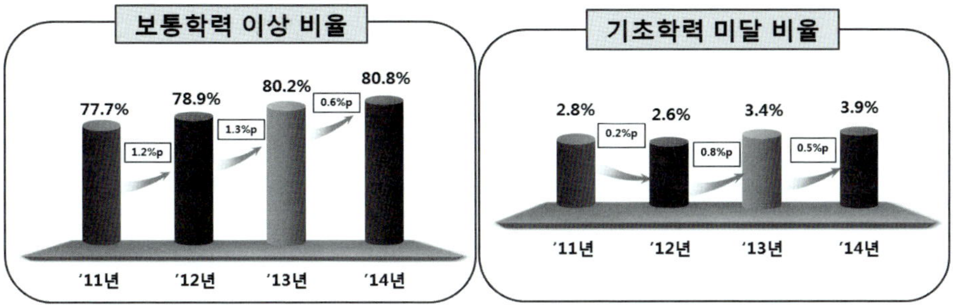

※ 보통학력이상 비율: 77.7%('11) → 78.9%('12) → 80.2%('13) → 80.8%('14)

※ 기초학력미달 비율: 2.8%('11) → 2.6%('12) → 3.4%('13) → 3.9%('14)

표 12-7 보통학력 이상 비율 추이 (단위 : %)

구분 연도	중3				고2				평균			
	국어	수학	영어	평균	국어	수학	영어	평균	국어	수학	영어	평균
'11	81.4	64.5	70.7	72.2	85.2	80.9	83.4	83.2	83.3	72.7	77.1	**77.7**
'12	83.8	66.7	73.9	74.8	83.5	81.1	84.2	82.9	83.7	73.9	79.1	**78.9**
'13	86.1	66.3	74.9	75.8	83.6	85.2	85.0	84.6	84.9	75.8	80.0	**80.2**
'14	87.3	66.8	75.2	76.4	86.5	84.5	84.7	85.2	86.9	75.7	80.0	**80.8**

표 12-8 기초학력 미달 비율 추이 (단위 : %)

구분 연도	중3				고2				평균			
	국어	수학	영어	평균	국어	수학	영어	평균	국어	수학	영어	평균
'11	1.4	4.0	1.3	2.2	2.0	4.4	3.6	3.3	1.7	4.2	2.5	**2.8**
'12	1.0	3.5	2.1	2.2	2.1	4.3	2.6	3.0	1.6	3.9	2.4	**2.6**
'13	1.3	5.2	3.4	3.3	2.9	4.5	2.8	3.4	2.1	4.9	3.1	**3.4**
'14	2.0	5.7	3.3	3.7	1.3	5.4	5.9	4.2	1.7	5.6	4.6	**3.9**

<표 12-9>에서 보면 대도시와 읍·면지역 간 학력격차는 '보통학력 이상' 비율의 차이가 7.3%p('11)→5.0%p('13)→5.2%p('14)로 2013년까지 중·고교

의 대도시와 읍·면지역 간 학력격차가 지속적으로 감소하였으나, 2014년에는 다소 증가하였다. '기초학력 미달' 비율의 차이는 0.8%p('11)→0.3%p ('13)→0.4%p('14)로 감소 추세에 있는 것으로 나타났다.

표 12-9 지역규모간(대도시-읍·면지역) 성취수준 격차 추이, 학력격차 추이 (2011~2014)

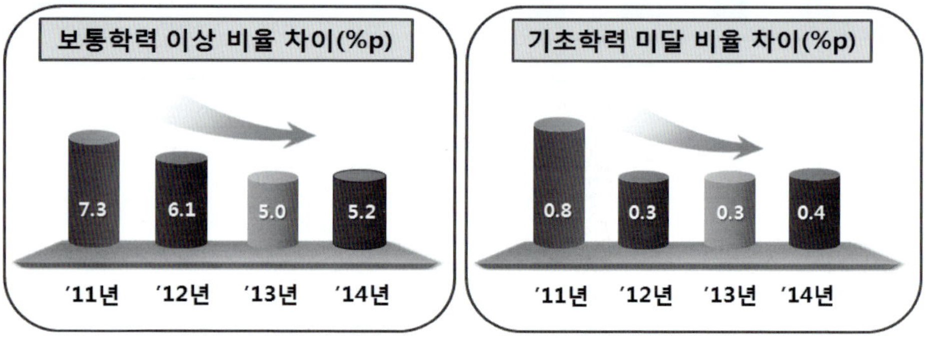

※ 보통학력 이상 비율 차이: 7.3%p('11)→6.1%p('12)→5.0%p('13)→5.2%p('14)
※ 기초학력 미달 비율 차이: 0.8%p('11)→0.3%p('12)→0.3%p('13)→0.4%p('14)

지역규모간 학업성취 격차를 보통학력 이상 비율을 기준으로 비교해 보면(표 12-10), 중학교의 경우 7.7%p('11)→7.7%p('12)→6.7%p('13)→7.7%p('14)로 큰 변화를 보이고 있지 않다. 그러나 고등학교의 경우에는 6.9%p('11)→4.4%p('12)→3.3%p('13)→2.6%p('14)로 상당히 감소하고 있다.

표 12-10 지역규모별 중·고교 보통학력 이상 격차 비교 (단위 : %)

지역규모	중3				고2			
	'11	'12	'13	'14	'11	'12	'13	'14
대도시(A)	74.1	77.1	78.0	78.6	84.4	84.4	85.9	86.3
중소도시	72.1	74.1	75.1	76.1	83.2	82.1	84.1	84.5
읍면지역(B)	66.4	69.4	71.3	70.9	77.5	80.0	82.6	83.7
격차(A-B)	**7.7**	**7.7**	**6.7**	**7.7**	**6.9**	**4.4**	**3.3**	**2.6**

아울러, 지역규모간 학업성취 격차를 기초학력 미달을 기준으로 비교해

보면(표 12-11), 중·고교의 대도시와 읍·면지역 간 미달 비율의 차이는 약간 증가하였다. 중학교의 경우 0.5%p('11)→0.4%p('12)→0.3%p('13)→0.4%p('14)로 나타났고, 고등학교의 경우 1.0%p('11)→0.2%p('12)→0.2%p('13)→0.2%p('13)로 나타났다.

표 12-11 지역규모별 중·고교 기초학력 미달 격차 비교 (단위 : %)

지역규모	중3				고2			
	'11	'12	'13	'14	'11	'12	'13	'14
대도시(A)	2.1	2.0	3.0	3.5	3.1	2.8	3.2	4.0
중소도시	2.3	2.4	3.5	3.8	3.3	3.2	3.4	4.4
읍면지역(B)	2.6	2.4	3.3	3.9	4.1	3.0	3.4	4.4
격차(A-B)	**0.5**	**0.4**	**0.3**	**0.4**	**1.0**	**0.2**	**0.2**	**0.4**

2014년 학업성취도 평가 결과를 시·도별로 구분해 보면 <표 12-12>와 같다. 중·고교 전반에 걸쳐 가장 낮은 기초학력 미달 비율을 보인 교육청은 충북, 울산, 대구로 나타났다. 2013년 평가에서 기초학력 미달 비율이 가장 낮게 나타난 지역이 충북, 울산, 경북이었다는 점을 고려하면, 양상은 크게 달라지지 않았다.

표 12-12 시·도교육청별 중·고 기초학력 미달 비율 (단위 : %)

구분	서울	부산	대구	인천	광주	대전	울산	세종	경기	강원	충북	충남	전북	전남	경북	경남	제주
중3	4.6	2.8	2.2	2.3	4.7	3.2	2.0	3.7	3.8	5.2	1.7	3.7	5.7	4.8	3.0	3.9	3.6
고2	6.6	2.4	2.0	2.2	2.5	1.8	1.9	5.8	5.5	4.5	1.4	3.0	4.2	4.0	2.5	4.3	3.1
평균	5.6	2.6	2.1	2.3	3.6	2.5	2.0	4.8	4.7	4.9	1.6	3.4	5.0	4.4	2.8	4.1	3.4

※ 세종시교육청은 중학교 13개, 고등학교 5개로 소속 학교의 수(전국 대비 0.4%)가 매우 작기 때문에 16개 교육청 결과와 직접 비교에 주의

한편 2014년 평가에서 분석된 '학교 향상도' 결과를 보면, 국어·수학·영어 교과 모두 양(+)의 향상을 보인 학교가 고등학교는 1,597교 중 401교(25.1%, '13년 24.1%)이며, 중학교는 3,096교 중 968교(31.3%, '13년 31.3%)로 나타났다.

학교 향상도는 학교의 교육력에 의한 학력 향상을 측정하기 위한 것으로, 다음과 같은 산식이 적용되었다. 이 식에서, '기대점수'는 중3은 초6('11), 고2는 중3('12) 때의 성취도 평가 점수를 학생별로 연계하여 당해 연도('14)에 받을 것으로 예상되는 점수이다. '향상도'는 0을 기준으로 기대 점수보다 더 높게 성취한 학교의 경우 양(+)의 향상도로, 기대 점수보다 낮게 성취한 학교는 음(-)의 향상도로 나타나며, 양(+)의 향상도는 향상으로, 음(-)의 향상도는 하락을 의미한다.

$$\text{학교 향상도}(\%) = \frac{\text{당해 연도 성취도 점수} - \text{기대되는 성취도 점수}}{\text{기대되는 성취도 점수}} \times 100(\%)$$

중학교의 경우 전체 대상학교(3,096개교) 중 31.3%(968개교)가 향상된 것으로 나타났다. 시·도별로는 제주, 인천, 서울의 향상 학교 비율이 높았고(표 12-13), 지역 규모별로는 대도시→중소도시→읍면지역 순으로 향상 학교 비율이 높았다(표 12-14).

표 12-13 2014 중학교 시·도별 향상 학교 현황 (단위 : %)

시·도	서울	부산	대구	인천	광주	대전	울산	세종	경기
분석 학교수	380	167	123	131	86	86	61	13	596
향상 학교수	180	51	37	67	25	24	20	5	277
(%)	47.4	30.5	30.1	51.1	29.1	27.9	32.8	38.5	46.5

시 · 도	강원	충북	충남	전북	전남	경북	경남	제주	계
분석 학교수	150	124	183	185	242	260	266	43	3,096
향상 학교수	45	19	22	28	31	69	43	25	968
(%)	30.0	15.3	12.0	15.1	12.8	26.5	16.2	58.1	31.3

표 12-14 2014 중학교 지역규모별 향상 학교 현황 (단위 : %)

구분	대도시	중소도시	읍면지역	전체
분석대상 중학교	986	960	1,150	3,096
'14년 학력 향상 중학교	392	362	214	968
(%)	39	37.7	18.6	31.3

고등학교의 경우에는 전체 대상학교(1,597개교) 중 401개교(25.1%, '13년 24.1%)가 향상된 것으로 나타났다. 시·도별로는 광주, 대전, 전남의 향상 학교 비율이 높았고(표 12-15), 지역 규모별로는 대도시→읍면지역→중소도시 순으로 향상 학교 비율이 높아(표 12-16), 중학교의 경우와는 상이하였다.

표 12-15 2014 고등학교 시 · 도별 향상 학교 현황 (단위 : 교, %)

시 · 도	서울	부산	대구	인천	광주	대전	울산	세종	경기
분석 학교수	235	98	69	89	50	48	41	5	313
향상 학교수	48	35	13	16	38	23	4	0	54
(%)	20.4	35.7	18.8	18.0	76.0	47.9	9.8	0	17.3

시 · 도	강원	충북	충남	전북	전남	경북	경남	제주	계
분석 학교수	76	52	70	78	92	118	143	20	1,597
향상 학교수	13	11	26	9	41	18	51	1	401
(%)	17.1	21.2	37.1	11.5	44.6	15.3	35.7	5.0	25.1

표 12-16 2014 고등학교 지역규모별 향상 학교 현황 (단위 : 교, %)

구분	대도시	중소도시	읍면지역	전체
분석대상 고등학교	609	625	363	1,597
'14년 학력 향상 고등학교	177	133	91	401
(%)	29.1	21.3	25.1	25.1

아울러, 2014년 학업성취도 평가에서는 연속 향상 여부도 조사하였다. 중학교의 경우, 전체 대상학교(3,096개교) 중 368개교(11.9%)가 3년 연속 향상된 것으로 나타났다. 시·도별로는 제주, 인천, 대구의 연속 향상 학교 비율이 높았고(표 12-17), 지역 규모별로는 대도시→중소도시→읍·면지역 순으로 연속 향상 학교 비율이 높은 것으로 나타났다(표 12-18).

표 12-17 중학교 시·도별 3년 연속 (2012~2014) 향상 학교 현황 (단위 : 교, %)

시·도	서울	부산	대구	인천	광주	대전	울산	세종	경기
분석 학교수	380	167	123	131	86	86	61	13	596
3년 연속	74	11	34	38	10	13	12	0	89
(%)	19.5	6.6	**27.6**	**29.0**	11.6	15.1	19.7	0	14.9

시·도	강원	충북	충남	전북	전남	경북	경남	제주	계
분석 학교수	150	124	183	185	242	260	266	43	3,096
3년 연속	0	3	4	2	11	44	8	15	368
(%)	0	2.4	2.2	1.1	4.5	16.9	3.0	**34.9**	11.9

표 12-18 중학교 지역규모별 3년 연속 (2012~2014) 향상 학교 현황(단위 : 교, %)

구분	대도시	중소도시	읍면지역	전체
분석대상 중학교	986	960	1,150	3,096
3년 연속 학력 향상 중학교	185	130	53	368
(%)	18.8	13.5	4.6	11.9

고등학교의 경우, 전체 대상학교(1,597개교) 중 103개교(6.4%)가 4년 연속 향상된 것으로 나타났다. 중학교의 경우보다는 향상 비율이 저조하였다. 시·도별로는 광주, 대전, 전남의 연속 향상 학교 비율이 높아 중학교의 경우와는 상이하였다(표 12-19). 지역규모별로는 대도시→중소도시→읍·면지역 순으로 연속 향상 학교 비율이 높아, 중학교 경우와 동일하였다(표 12-20).

표 12-19 고등학교 시·도별 4년 연속 (2011~2014) 향상 학교 현황(단위 : 교, %)

시·도	서울	부산	대구	인천	광주	대전	울산	세종	경기
분석 학교수	235	98	69	89	50	48	41	5	313
4년 연속	12	13	3	0	19	14	0	0	2
(%)	5.1	13.3	4.3	0	**38.0**	**29.2**	0	0	0.6

시·도	강원	충북	충남	전북	전남	경북	경남	제주	계
분석 학교수	76	52	70	78	92	118	143	20	1,597
4년 연속	0	6	4	2	13	5	10	0	103
(%)	0	11.5	5.7	2.6	**14.1**	4.2	7.0	0	6.4

표 12-20 고등학교 지역규모별 4년 연속 (2011~2014) 향상 학교 현황(단위 : 교, %)

구분	대도시	중소도시	읍면지역	전체
분석대상 고등학교	609	625	363	1,597
4년 연속 학력 향상 고등학교	61	30	12	103
(%)	10.0	4.8	3.3	6.4

학업성취도는 '학교 및 학생의 특성'과 관련하여서도 분석된다. 2014 학업성취도 평가 결과에 따르면, 학교장의 학교경영활동과 학교풍토 조성활동이 높은 중학교와 학교경영활동과 대외활동이 높은 고등학교에서 보통학력 이상 비율이 높고, 기초학력 미달 비율은 낮았다. 또한, 학교에서 학습부진 학생 지도 프로그램(학생수준별 학습자료 개발, 담임교사 책임제, 정서함양 프로그램 등)을 많이 운영할수록 보통학력 이상 비율이 높고, 기초학력 미

달 비율은 낮았다.

학생 특성과 관련하여서는, 다양한 결과가 도출되었다. 먼저, 부모와의 대화나 활동(일주일에 1~2회 이상)이 많은 학생일수록 보통학력 이상 비율이 높고, 기초학력 미달 비율은 낮았다. 교육취약 학생(한부모· 조손가정학생)의 경우에는, 양부모에 가정 학생에 비해 보통학력 이상 비율이 낮고, 기초학력 미달 비율은 높았다. 방과 후 학교 프로그램에 참여한 고등학생의 경우, 해당 교과의 보통학력 이상 비율이 높고, 중·고등학생 모두 기초학력 미달 비율은 낮았다. 아울러, 스스로 공부하는 시간이 많은 학생일수록 대체로 보통학력 이상 비율이 가장 높고, 기초학력 미달 비율은 낮았다. EBS 교육방송을 청취하는 시간이 많은 학생일수록 대체로 보통학력 이상 비율이 높고, 기초학력 미달 비율은 낮았다. 학생이 교사와의 관계를 긍정적으로 인식할수록 중·고등학교 모든 교과에서 보통학력 이상 비율이 높고, 기초학력 미달 비율은 낮았다.

국가 수준의 학업성취도 평가는 교육의 기회균등을 실현하는 데 기초가 되는 사업이라 할 수 있다. 공교육의 사회계층별, 지역별 격차를 해소하고, '뒤처지는 아이가 없도록' 모든 학교의 기초학력 향상 역량을 제고하려는 사업은 적절한 것이며 중요한 교육 평등화의 요소가 아닐 수 없다. 이러한 평가 사업이 지속적으로 이루어져 학교의 공교육적 역량을 강화한다면, 학생들의 사교육 의존도를 줄이는 데뿐만 아니라 교육 평등화를 적극화하는 데에도 적지 않게 기여할 것으로 기대된다.

04 한국 교육의 발전과 성과

1948년 대한민국 정부가 수립된 이래 한국 교육은 눈부시게 발전해 왔다고 해도 과언이 아니다. 애초 한국 교육은 1894년 갑오개혁을 계기로 초기 근대화가 시작되었으나 곧 이어 닥친 일제강점으로 좌절되었고 장기간 자발적 근대화 노력이 불가능한 채로 지연되다 광복 후 미군정과 대한민국 정부를 거치며 서양의 발전된 현대적 교육제도, 특히 미국식 교육제도를 적극적으로 도입하여 현대화에 박차를 가했다. 1950년대 전쟁을 겪으면서도 교육은 발전을 가속화하며 사회발전의 과정에서 요구되는 인재 양성의 역할을 충실하게 수행하였다. 후진국에서 개발도상국으로, 개발도상국에서 산업국으로, 산업사회에서 지식정보사회로, 전근대적 사회로부터 민주화된 선진국가로 발전하는 과정은 용이하지 않았으나 한국은 오늘날 세계적으로 유래가 없는 국가 발전의 사례와 모형으로 거론될 정도로 성장하였다.

이렇게 획기적으로 국가 발전이 이루어질 수 있었던 데에는 여러 가지 요인이 있겠으나, 교육을 중시하는 문화 전통과 적극적인 교육열이 무엇보다 중요한 요인이었다는 점은 분명하다. 신생국이 국가다운 면모를 갖추기 위해서는 다양한 분야에서 수준 높은 인재를 필요로 한다. 아울러 민주주의를 실현할 수 있기 위해서는 국민 일반의 의식과 역량을 발전시켜야 한다. 더불어 경제를 성장시키기 위해서는 과학기술을 연구개발하고, 산업을 발전시킬 수 있는 인재들이 필요하다. 동시에 근면하고 성실한 노동 인력도 필요하다. 이는 모두 교육에 의해서 뒷받침 되어야만 하는 것들이다. 교육에 힘입어 한국은 후진성의 국가에서 개발도상 국가로, 개발도상 국가에서 중진 산업 국가로, 중진 산업 국가에서 선진 국가로 끊임없이 발전해 왔다.

오늘날 한국 교육의 객관적 여건은 전반적으로 교육 선진국의 경우와 비교하여 거의 뒤지지 않을 뿐 아니라, 특정 여건에 있어서는 다소 앞서는 면도 있을 정도로 성장하였다. 주요 지표별로 살펴 보면 다음과 같다.

1) 각급 학교의 취학률, 진학률

각급 학교의 취학률, 진학률이 높다(표 12-21). 2013년을 기준으로 초등학교 취학률은 97.2%, 중학교 취학률은 96.2%, 고등학교 취학률은 93.6%로 모두 높다. 이는 OECD 국가들의 경우와 비교해 보아도 대등한 수준이다(표 12-22). 진학률 면에서도 동일한 경향을 확인할 수 있다. 동 시기 중학교 진학률은 99.9%, 고등학교 진학률은 99.7%이다(표 12-21). 이수율로 보더라도 같은 경향을 확인할 수 있다(표 12-23).

주목할 점은 한국의 대학(고등교육기관) 취학률, 진학률이 2013년 기준으로 각각 68.7%, 70.7%로 특히 높다는 것이다(표 12-5). <표 12-7>의 고등교육 이수율로 보더라도 전체 연령층 전체(25~64세)의 한국의 고등교육 이수율은 40%로, OECD 평균인 32%를 상회하고 있다. 연령층별로 보더라도 청년층(25~34세)의 이수율은 64%로 OECD 평균인 39%로 크게 상회하고 있고, 중년층(35~44세)의 이수율는 49%로 OECD인 34%로 상당히 상회하고 있다.

표 12-21 취학률과 진학률 (2010–2013) (단위 : %)

연도	취학률[1]					진학률[2]		
	유치원	초등학교	중학교	고등학교	고등교육 기관	초→중	중→고	고→ 대학
2010	40.5	99.2	97.	91.5	70.1	99.9	99.7	75.4
2011	40.9	99.1	96.7	91.9	71.	99.9	99.7	72.5
2012	44.	98.6	96.1	92.6	68.4	99.9	99.7	71.3
2013	47.4	97.2	96.2	93.6	68.7	99.9	99.7	70.7

출처: 교육과학기술부·한국교육개발원, 『교육통계연보』 각 년도

주: 1) 취학률 = (취학 적령학생 수 / 취학 적령인구 수) × 100
※ 취학적령인구 : 초등학교 만 6~11세, 중학교 만 12~14세, 고등학교 만15 ~ 17세, 고등교육기관 만 18~21세
2) 전문대학, 교육대학, 일반대학교, 각종학교(전문대학, 대학과정)가 포함됨
3) 진학률 = (상급학교 진학자 수 / 졸업생 수) × 100, 기타학교 진학 포함
4) 전문대학, 교육대학, 일반대학교, 각종학교, 방송통신대학, 산업대학, 기술대학, 원격대학, 사내대학, 대학원, 특수학교전공과가 포함됨, 소수점 둘째 자리에서 절사하였음

표 12-22 국제 간 취학률 비교 (2011) (단위 : %)

	3～4세 취학률	5～14세 취학률	15～19세 취학률	20～29세 취학률	30～39세 취학률	40세 이상 취학률
한 국	82.	99.	86.	30.	2.	-
미 국	64.	96.	80.	27.	7.	1.4
일 본	85.	100.	—	—	—	—
프랑스	99.	99.	84.	20.	3.	N
영 국	90.1	100.	78.	19.	6.	1.8
OECD 평균	74.	99.	84.	28.	6.	1.4

출처: OECD, Education at a Glance 2013

주: 2세 이하의 경우 한국은 32%로 OECD 평균 3%보다 훨씬 높은 수치임

표 12-23 고등학교 및 고등교육 이수율 (2011) (단위 : %)

구 분		25～64세	25～34세	35～44세	45～54세	55～64세
고등학교	한 국	81	98	96	75	45
	OECD 평균	75	82	78	73	64
고등교육 1	한 국	40	64	49	28	13
	OECD 평균	32	39	34	28	24

출처: OECD, Education at a Glance 2013

주: 1) 고등교육은 전문대학, 4년제 대학, 대학원 석·박사과정을 포함함
  2) 이수율은 해당 연령 구간별 전체 인구 대비 고등학교를 졸업한 자 또는 고등교육 학위 소지자의 비율을 의미함

2) 초중등학교 기본적 교육 환경 및 여건

한국 교육의 기본적 환경과 여건을 말해주는 대표적인 지표로는 교원 1인당 학생 수, 학급당 학생 수 등이 있다.

<표 12-24>에서와 보는 바와 같이 2013년 교원 1인당 학생 수는 유치원 14.3명, 초등학교 15.3명, 중학교 16.0명, 고등학교 14.2명이다. 이는 전년대비 각각 유치원 0.2명, 초등학교 1.0명, 중학교 0.7명, 고등학교 0.2명 감소한 것이다.

2010년 이후 각급학교의 교원 1인당 학생 수는 지속적으로 감소하고 있다.

2013년 학급당 학생 수는 유치원 21.5명, 초등학교 23.2명, 중학교 31.7명, 고등학교 31.9명이다. 이는 전년대비 각각 유치원 0.1명, 초등학교 1.1명, 중학교 0.7명, 고등학교 0.6명 감소한 것이다. 2010년 이후 각 급 학교의 학급당 학생 수는 지속적으로 감소하고 있다.

표 12-24 교육부 예산, 교원 1인당 학생 수 및 학급당 학생 수 (2010~2013) (단위 : 천 명)

연도	정부예산 대비 교육부	교원 1인당 학생 수				학급당 학생 수			
		유치원	초등학교	중학교	고등학교	유치원	초등학교	중학교	고등학교
2010	15.1	14.8	18.7	18.2	15.5	21.0	26.6	33.8	33.7
2011	15.8	14.6	17.3	17.3	14.8	20.9	25.5	33.0	33.1
2012	16.2	14.5	16.3	16.7	14.4	21.6	24.3	32.4	32.5
2013	16.5	14.3	15.3	16.0	14.2	21.5	23.2	31.7	31.9
2014	16.4								

출처: 교육과학기술부·한국교육개발원, 「교육통계연보」 각 년도

교원 1인당 학생 수, 학급당 학생 수는 2010년 이후 지속적으로 개선되고 있어, 교육 환경 및 여건은 더욱 좋아질 여지가 있다. 이러한 점을 고려할 때 한국교육의 기본적 환경 및 여건은 양호하다.

우리나라의 교원 1인당 학생 수, 학급당 학생 수를 OECD 국가들과 비교하면 다소 미흡하다고 할 수 있다. <표 12-25>에서 보면, 2011년 한국의 교사 1인당 학생 수는 초등학교 19.6명, 중학교 18.8명, 고등학교 15.8명으로 OECD 국가들의 평균보다 각각 4.2명, 5.5명, 1.9명 많다. <표 12-26>에서 보면, 2011년 학급당 학생 수는 초등학교 26.3명, 중학교 33.2명으로 OECD 국가들의 평균보다 각각 5.1명, 10.7명 많다. 학급당 학생 수의 면에서는 상당한 차이를 보이고 있다. 다만, 우리나라의 경우 2010년 이후 전년 대비 교원 1인당 학생 수, 학급당 학생 수가 다소 감소 추세에 있기 때문에 향후 격차는 점진적으로 좁혀질 것으로 보인다.

표 12-25 교사 1인당 학생 수 (2011) (단위 : 명)

구 분	취학전 교육	초등학교	중학교	고등학교
한 국	16.3	19.6	18.8	15.8
OECD 평균	14.4	15.4	13.3	13.9

출처: OECD, Education at a Glance 2013

주: 1) 교사는 수업 담당 교사만을 대상으로 함(교장·교감 등 관리직 교원 제외)
2) 우리나라는 전일제 교사와 학생만을 대상으로 하며, OECD 평균은 전일제 환산치를 기준으로 함

표 12-26 학급당 학생 수 (2011) (단위 : 명)

구 분	초등학교			중학교		
	전체	국 · 공립	사립	전체	국 · 공립	사립
한 국	26.3	26.3	29.5	34.0	34.1	33.2
OECD 평균	21.2	21.3	20.5	23.3	23.4	22.5

출처: OECD, Education at a Glance 2013

3) 중등학생의 학업성취도

한국 초중등학교에서의 학업성취도는 우수한 것으로 알려져 있으며, 이는 국제 비교를 통해서 확인되고 있다. 대표적인 학업성취도 국제비교는 PISA 즉 '국제 학생 평가 프로그램'에 의해서 정기적으로 이루어지고 있다.

<표 12-27>은 PISA의 평가 결과를 보여주고 있다. 이 평가 결과는 만 15세(고교 1학년생)를 대상으로 한 것이며 평가에 참여한 국가는 OECD 회원국 및 참여를 희망하는 비회원국으로 구성되었다. 2006년에는 총 36개국이 참여하였다.

2003년 및 2006년 PISA의 학업성취도 국제비교 결과는 한국 중등학생의 학업 성취도가 세계적으로 높은 수준임을 보여주고 있다. 읽기 영역에서 한국의 순위는 2위(2003년), 1위(2006년)를 차지하였고, 수학 영역에서는 3위(2003년), 1~4위(2006년)를 달성하였다. 과학 영역에서도 4위(2003년), 7~13위(2006년)를 유지하였다. 결국 읽기와 수학 영역에서는 최상위권임을 보여

주었고, 과학 영역에서도 상위권임을 보여 줌으로써 한국 중등교육의 성과를 입증하고 있다.

표 12-27 한국 중등학생들의 학업성취도 결과 (단위 : 점)

	읽기			수학			과학		
	한국 점수	한국 순위	국제 평균	한국 점수	한국 순위	국제 평균	한국 점수	한국 순위	국제 평균
2003	534	2위	492	542	3위	496	538	4위	497
2006	556	1위	478	547	1~4위	485	522	7~13위	488

출처: OECD, Education at a Glance 2008: OECD Indicators (http://www.oecd.org/edu/eag2008)

주: 1) 위 통계는 PISA(Programme for International Student Assessment)의 평가 결과임

2) 순위는 '하위영역별 순위'를 뜻함. 예를 들어 '수학에서 1~4위(2006년)'이란 '수학의 모든 하위영역 평가에서 1 ~ 4위 수준임'을 뜻하는 것임

4) 공교육 재정과 정부 부담률

한국의 공교육 재정은 OECD 국가들과 비교할 때 다소 미흡하나 전반적으로 양호한 수준이다.

교육부 보도자료(2013년 OECD교육지표 조사결과, 2013. 6)에 따르면, 한국의 'GDP 대비 공교육비' 비율은 7.6%로 OECD 평균인 6.3%보다 높았다. 그리고, 2005년 대비 2010년의 GDP 대비 공교육비 비율은 0.9% 포인트 증가(6.7%→7.6%)하였다. 이는 OECD 국가들의 경우보다 높은 비율이다. 같은 시기 OECD 국가들의 평균 'GDP 대비 공교육비' 비율은 0.5% 포인트 증가(2005년 5.8% → 2010년 6.3%)에 그쳤다.

위 자료에서 한국의 '공교육비 중 정부부담'의 비율은 4.8%로 OECD 평균인 5.4%보다 0.6% 포인트 낮은 것으로 나타났다. 전체 공교육비 중 정부부담 비율은 2005년 58.9%에서 2010년 61.6%로 2.7% 포인트 증가했다. 한편 OECD 국가들의 평균 '공교육비 중 정부부담'의 비율은 1.9% 포인트 감소하였다(2005년 85.5% → 2010년 83.6%).

한국의 '학생 1인당 공교육비' 지출은 $8,198(미국달러 구매력지수, PPP 기준)로 OECD 평균인 $9,313보다 낮았다. 다만 2005년에 대비하여 2010년의 경우 초·중등 교육과 고등교육 각각 35% 포인트 증가하여 OECD 평균(초·중등 17% 포인트, 고등 8% 포인트)보다 증가폭이 큰 것으로 나타났다.

이상의 통계를 종합해 볼 때 한국의 공교육 재정 및 정부 부담률은 아직 OECE 평균에 미달하나, 증가율 면에서 앞서고 있기 때문에 점진적으로 개선될 것으로 보인다.

5) 고등교육의 여건과 질

한 국가의 교육적 수준과 역량은 고등교육의 여건과 질에 의해 평가된다고 할 수 있을 정도로 고등교육의 수월성은 중요하다. 고등교육의 수월성을 평가하는 방법은 다양하겠으나 세계적 기준(global standard)에 비추어보는 것도 한 방안이 될 것이다. 세계적으로 평판이 있는 대학에서 학위를 취득한 자가 얼마나 되는가, 특히 대학 교원으로서 해외 유명 대학에서 박사학위를 취득한 자가 얼마나 되는가 하는 것도 주요한 지표가 될 수 있다.

<표 12-28>에서와 같이 우리나라에서 고등교육기관의 박사학위 소지 교원 중 해외에서 학위를 취득한 교원은 높은 비율(34.5%)에 달하고 있다. 일반대학의 경우만 보면 이 비율은 38.8%로 늘어난다. 이러한 비율은 상당히 높은 수준이다.

표 12-28 박사학위 소지 교원의 학위 취득국 비율 (단위 : %)

구 분	고등교육기관		일반대학		전문대학	
	국내	국외	국내	국외	국내	국외
2013	**65.5**	**34.5**	**61.2**	**38.8**	**93.9**	**6.1**
2012	65.6	34.4	61.3	38.7	93.6	6.4
2011	65.3	34.7	60.6	39.4	93.5	6.5
2010	65.6	34.4	61.1	38.9	93.5	6.5

출처: 교육과학기술부·한국교육개발원, 「교육통계연보」 각 년도

주: 1) 고등교육기관에는 일반대학, 교육대학, 산업대학, 대학원, 전문대학, 방송통신대학, 기술대학, 각종학교, 원격대학형태의 평생교육시설, 사이버대학, 사내대학, 기능대학, 전공대학이 포함됨
2) 교원 수는 총(학)장 및 전임교원(교수, 부교수, 조교수)만 포함됨. 단, 국공립대학은 전임교원의 요건을 충족하는 기금교수가 포함됨
3) 일반대학은 학부와 대학부설 대학원의 교원이 포함됨

<표 12-29>는 해외에서 박사학위를 취득한 교원들이 어느 나라에서 공부했는가를 보여주고 있다. 고등교육기관 전체로 볼 때, 미국이 15,834명으로 65%를 상회할 정도로 압도적이며, 그 다음 일본이 2,827명으로 거의 12%를 차지하고 있다. 독일, 영국, 프랑스는 모두 합하여 3,028명으로 약 12.5%를 점하고 있다. 중국, 캐나다는 미미한 수준이다.

한국의 대학 교원들은 다수가 미국이나 일본, 유럽 등 선진국의 대학에서 수학하고 학위를 취득하였다. 이는 한국 고등교육의 수준과 역량이 세계적 기준에 비추어 손색이 없음을 보여주는 것으로 볼 수 있을 것이다.

표 12-29 국외 박사학위소지 교원의 취득국가별 분포 (단위 : 명)

구분	계	미국	일본	독일	영국	프랑스	중국	캐나다	기타
고등교육기관	24,133	15,834	2,827	1,576	986	766	463	240	1,441
일반대학	22,840	15,187	2,582	1,487	912	732	398	218	1,324
전문대학	505	172	174	29	18	9	44	7	52

출처: 교육과학기술부·한국교육개발원, 「교육통계연보」 각 년도

주: 1) 고등교육기관에는 일반대학, 교육대학, 산업대학, 대학원, 전문대학, 방송통신대학, 기술대학, 각종학교, 원격대학형태의 평생교육시설, 사이버대학, 사내대학, 기능대학, 전공대학이 포함됨
2) 교원 수는 총(학)장 및 전임교원(교수, 부교수, 조교수)만 포함됨. 단, 국공립대학은 전임교원의 요건을 충족하는 기금교수가 포함됨
3) 일반대학은 학부와 대학부설 대학원의 교원이 포함됨

6) 교육의 국제교류 및 국제화

한 국가의 교육이 얼마나 개방적이고 진취적인가는 그 나라 교육의 특성을 아는 데 도움이 된다. 특히 교육의 국제 교류 및 국제화가 얼마나 활발하게 이루어지고 있는가는 그 나라 교육의 선진성 정도를 시사하는 지표가 될 수 있다.

유네스코 통계연구소 자료를 인용한 보도에 따르면(일본 니혼게이자이신문, 2013. 6. 14), 각국이 해외로 보낸 유학생(대학생)의 수(2012년 기준)를 보면 한국은 약 12만 3천명으로 중국(69만 4천 명), 인도(18만 9천 명)에 이은 3위를 차지하고 있다. 이것은 독일(11만 7천 명), 사우디아라비아(6만 2,000명), 프랑스(6만 2,000명), 미국(5만 8,000명)에 앞 선 것이며, 말레이시아(5만 5천 명), 베트남(5만 3천 명), 이란(5만 1천 명)에 앞 선 것이다. 특히 일본(3만 3천 명)보다 많이 앞 선 것이다.

각국이 받아들인 외국유학생(대학생)의 수를 보면 미국(74만 명), 영국(42만 7,000명), 프랑스(27만 1,000명), 호주(24만 9,000명), 독일(20만 6,000명)이 상위권을 차지하고 있으며, 그 뒤를 러시아(17만 3,000명), 일본(15만 명), 캐나다(12만 명), 중국(8만 8,000명)이 잇고 있다.

전 세계적으로 해외 유학생의 수는 급증하고 있다. 해외 유학생 총수는 2012년 400만 9,300명으로 추정되는데 이는 2000년과 대비하여 97% 증가한 것이다. 특히 중국, 인도, 베트남 등 아시아 국가 출신의 해외 유학생이 크게 증가하고 있다. 2009년 통계에 의하면 특히 미국 내 유학생은 인도, 중국, 대한민국 출신 순으로 많아 전반적으로 아시아 국가의 학생들이 높은 비율을 차지하고 있다. 한국의 해외 유학생들은 절대 다수(60%)가 미국을 선호하고 있으며, 그 다음으로 일본을 선택하고 있다(20%).

한편 한국에서 공부하는 외국인 학생들은 얼마나 되는가를 살펴보는 것은 한국 교육의 국제교류, 국제화 정도를 평가하는 데 중요한 지표가 될 수 있다.

<표 12-30>를 보면 우리나라의 고등교육기관에 재학 중인 외국인 학생의

수는 2013년 기준으로 85,923명이며, 그 중 대학의 학위과정(전문학사, 학사, 석사, 박사)에 있는 학생의 수가 56,715명으로 약 66%를 차지하고 있다. 비학위 과정은 '어학연수'와 '기타 연수'로 구분될 수 있는데, 어학연수생이 17,498명(20.4%)으로 기타연수생 11,710명(13.6%)보다 많다.

표 12-30 한국 내 외국인 유학생 추이 (단위 : 명, %)

구분	총계	학위과정				비학위과정	
		소계	전문학사/학사	석사	박사	어학 연수생	기타 연수생
2013	**85,923**	**56,715 (66.0)**	**35,503 (41.3)**	**16,115 (18.8)**	**5,097 (5.9)**	**17,498 (20.4)**	**11,710 (13.6)**
2012	86,878	60,589 (69.7)	40,551 (46.7)	15,399 (17.7)	4,639 (5.3)	16,639 (19.2)	9,650 (11.1)
2011	89,537	63,653 (71.1)	44,641 (49.9)	14,516 (16.2)	4,496 (5.0)	18,424 (20.6)	7,460 (8.3)
2010	83,842	60,000 (71.6)	43,709 (52.2)	12,480 (14.9)	3,811 (4.5)	17,064 (20.4)	6,778 (8.1)

출처: 교육과학기술부·한국교육개발원, 「교육통계연보」 각 년도

주: 1) (외국인유학생 비율) = 해당 과정 유학생 수 / 전체 외국인 유학생 수 × 100
2) 학위과정 외국인 유학생 수에는 전문대학, 일반대학, 산업대학, 교육대학, 방송통신대학, 기술대학, 각종학교, 원격대학형태의 평생교육시설, 사이버대학, 사내대학, 전공대학, 기능대학, 대학원의 학위과정에 있는 외국인 유학생이 포함됨

<표 12-31>는 한국 내 외국인 유학생 비율을 OECD 국가들의 경우와 비교하고 있다. 고등교육기관 전체로 볼 때 한국 내 외국인 유학생의 비율은 1.9%로 OECD 평균인 6.9%보다 현저하게 낮다. 특히 미국(16.5%), 영국(13.0%), 독일(6.3%), 프랑스(6.2%), 호주(6.1%)보다 많이 낮았다. 석사과정이나 박사과정을 중심으로 볼 때에도 거의 같은 수준이다. 따라서 한국 내 외국인 유학생 비율은 아직 선진국 수준에 많이 뒤떨어져 있으나 국제교류, 국제화의 기초는 조성되었다고 평가할 만하다. 더욱이 최근 많은 대학에서 국제교류, 국제화를 활성화하고 있어 이 분야의 발전은 가속화될 것으로 보인다.

표 12-31 고등교육기관 재학 외국인 학생 비율 (2011) (단위 : %)

구 분	전체 고등교육	전문대학	대학교 및 대학원(석사)	대학원 (박사)	변화지수
한 국	1.9	0.3	2.2	7.5	404
OECD 평균	6.9	3.6	6.9	19.6	197

출처: 교육부 (2013. 6.). 2013년 OECD 교육지표 조사결과 보도자료

주: 변화지수는 2005년의 외국인학생 수를 100으로 환산했을 때 2011년 외국인학생 수를 의미함

아울러, 국내 외국인 유학생의 수를 출신국별로 살펴보면 <표 12-32>에서 보는 바와 같이 중국, 몽골, 베트남, 일본, 미국의 순이다. 중국인 유학생이 압도적으로 많으며(38,394명, 67.7%), 아시아 국가 출신의 유학생이 대부분을 차지하고 있다. 이는 아시아 지역에서 한국 고등교육이 지도적 위치에 있음을 시사하는 것이라고 볼 수 있을 것이다.

표 12-32 출신국가별 학위과정 외국인 유학생 수 추이 (단위 : 명, %)

구분	합계	중국	몽골	베트남	일본	미국	기타
2013	56,715	38,394(67.7)	2,490(4.4)	2,153(3.8)	1,367(2.4)	1,808(3.2)	10,503(18.5)
2012	60,589	43,951(72.5)	2,631(4.3)	1,889(3.1)	1,347(2.2)	1,513(2.5)	9,258(15.3)
2011	63,653	47,725(75.0)	2,515(4.0)	1,940(3.0)	1,430(2.2)	1,408(2.2)	8,635(13.6)
2010	60,000	45,944(76.6)	2,196(3.7)	1,667(2.8)	1,350(2.3)	1,182(2.0)	7,661(12.8)

출처: 교육과학기술부·한국교육개발원, 「교육통계연보」 각 년도

주: 1) (출신국가별 외국인 유학생 비율) = 출신국가별 외국인 유학생수 / 해당년도 학위과정의 총 외국인유학생수 × 100

2) 출신국가별 외국인 유학생에는 해당 국가의 재외동포가 포함됨

3) 기타는 중국, 몽골, 베트남, 일본, 미국 이외의 국가를 모두 포함함

비학위과정 유학생의 경우에도, 아시아 국가 출신이 두드러지고 있다. <표 12-33>에서 보면, 2013년 비학위과정 유학생 29,208명 중 중국출신이 13,919명(47.7%)으로 다수를 차지하고 있으며, 일본, 베트남, 몽골 등이 뒤를 잇고 있다.

표 12-33 출신국가별 비학위과정 외국인 유학생 수 추이 (단위 : 명, %)

구분	합계	중국	일본	베트남	미국	몽골	기타
2013	29,208	13,919(47.7)	3,136(10.7)	1,414(4.8)	1,312(4.5)	860(2.9)	8,567(29.3)
2012	26,289	13,448(51.2)	2,825(10.7)	1,168(4.4)	1,524(5.8)	569(2.2)	6,755(25.7)
2011	25,884	13,210(51.0)	3,215(12.4)	1,185(4.6)	1,615(6.2)	392(1.5)	6,267(24.2)
2010	23,842	13,546(56.8)	2,740(11.5)	1,139(4.8)	1,303(5.5)	252(1.1)	4,862(20.4)

출처: 교육과학기술부·한국교육개발원, 「교육통계연보」 각 년도

주: 1) (출신국가별 외국인 유학생 비율) = 출신국가별 외국인 유학생 수 / 해당년도 비학위과정 의 총 외국인유학생수 × 100
2) 비학위 과정은 어학연수생, 교환연수생, 방문연수생, 교육과정 공동운영생 등이 포함됨
3) 출신국가별 외국인 유학생에는 해당 국가의 재외동포가 포함됨
4) 기타는 중국, 일본, 베트남, 미국, 몽골 이외의 국가를 모두 포함함

이상에서 교육 여건과 관련된 주요 지표를 중심으로 살펴본 바와 같이, 한국 교육은 대체로 양호한 여건과 우수한 성과를 보이고 있다고 볼 수 있다. 한국 교육의 대체적 환경과 여건은 OECD 국가들에 미치지 못하고 있으나 학업성취도 면에서는 대등한 위상을 보이고 있어 전반적으로 선진국의 반열에 들었다고 평가할 수 있을 것이다.

한국의 교육은 불과 반세기 동안에 세계적으로도 유래가 없을 정도의 획기적 발전을 이룩하였다. 광복 이후 정부가 서구식 교육제도를 적극적으로 도입하여 교육기회를 확대하고, 교육의 내용과 방법을 현대화함에 따라 한국인의 학력은 지속적으로 상승하였다. 이에 학교교육을 통해 양성된 인재와 인력이 사회 발전에 크게 기여하였다. 한국이 보여 준 '교육의 성장을 통한 사회의 발전'은 많은 후진국들이 주목하는 국가 발전의 모형이 되었으며, 인간자본론(Schultz, 1963 & 1971; Becker, 1964)과 같은 경제발전 이론의 타당성을 뒷받침하는 사례가 되고 있기도 하다.

05 한국 교육의 문제와 과제

한국 교육은 세계가 주목하는 성공 사례이지만 그렇다고 해서 한국 교육의 모든 측면이 바람직한 것은 아니다. 예를 들어, 세계적으로 유래가 없는 높은 고등교육 취학률이나 사교육 참여율은 결코 긍정적이라고 할 수 없다.

과도한 학력경쟁의 문제는 한국 교육의 기본적 문제이다. 과잉 학력경쟁에는 한국인이 전통적으로 가지고 있는 도구적 교육관이 자리잡고 있다. 교육을 과도하게 '사회적 지위 획득의 수단' 위주로 생각하는 태도는 학력을 사회적 필요 이상으로 과도하게 확대하고 상승시켜 왔다.

학력경쟁은 사회 발전에 필요한 인적자원을 풍부하게 제공하는 순기능도 있지만, 적정 수준 이상으로 과도하게 진행될 때 실업이나 하향고용(under-employment)과 같은 사회적 비용을 가져올 수 있다. 오늘날 한국 교육은 학력팽창의 역기능을 경험하고 있다.

과도한 사교육 역시 과잉 학력경쟁이 야기하는 현상으로 볼 수 있다. 한국의 초중등교육은 학업성취 면에서 세계적으로도 상위권이다. 그러나 이러한 성과도 사실상 과도한 사교육에 의해서 가능하다는 점은 성찰을 요하는 것이다. 아울러, 높은 수준의 학업성취에도 불구하고 학생들의 학업(특히 수학, 과학)에 대한 흥미도가 매우 낮다는 것도 우려할 점이다. 학생들간의 협동의식이나 사회의식 등이 미약한 것도 간과할 수 없다. 한국 교육은, 그 외형적 발전과 성과와는 별개로, 자율성과 창의성의 발휘가 제한된 가운데 타율적이고 경직된 교육이 강제되어 이루어지고 있고, 적지 않은 사회적 비용에 의존하여 이루어지고 있다.

과잉의 고등교육과 사교육은 과도한 학력주의와 연결되어 있으며, 본질적으로 도구적 교육관에 의해 오도된 것이다. 여기에서는 먼저 한국 교육의 문제를 살펴보고, 사교육과 과잉 고등교육의 문제를 검토하여 본다.

1) 과도한 학력경쟁

한국 교육이 빠른 기간에 눈부신 성장을 이룰 수 있었던 데에는 한국인들의 교육열에 힘입은 바 크다. 한국인들의 교육에 대한 열망에는 '교육을 통해 좋은 사회적 지위와 보상을 획득하고자 하는 동기'가 뿌리 깊게 내재되어 있다. 이에 도구적인 교육관 및 교육열, 그리고 이에 착종한 학력주의(學歷主義)가 지배적인 동기로 작동하여 왔다.

학력주의 즉 학벌 위주의 교육 동기는 상급학교에 진학하고 궁극적으로 최고학부(대학)을 거치는 것을 절대적인 가치로 여기는 것을 의미하였다. 이것은 사회발전에 필요한 인력을 생산하려는 국가 정책적 요구와 맞물려 빠른 시일 내에 학력을 가진 인구를 확대하였다. 그 결과 경제 발전은 압축적으로 이루어질 수 있었고, 그 과정에서 학력에 대한 사회적 보상은 인상적인 것이었다. 이를 테면 이 시기에 학력의 차이는 그대로 임금 격차로 나타났다. 특히 대학 졸업자가 희소하였기 때문에, 이들에 대한 보상은 매우 우호적인 것이었다. 예를 들어 1971년 고졸자의 임금을 100으로 할 때 중졸자의 임금은 60.9였고, 대졸자의 임금은 175.2였다(노동부 자료: 학력별 임금수준 1971~1982). 경제 발전의 성과가 가시화되던 시기인 1979년에는 고졸자의 임금을 100으로 할 때 중졸자의 임금은 65.9로 격차가 다소 줄어들었으나, 대졸자의 임금은 230.7가 되어 고졸자와의 임금격차가 대폭 증가되었다. 이러한 경향은 1980년대 초에도 대체로 유지되었다. 1982년 고졸자의 임금을 100으로 할 때 중졸자는 69.9, 대졸자는 221.6이었다.

학력 차이에 따른 사회적 보상의 격차는 다른 통계로도 확인된다. 각급 학력의 수익률 추이를 보면, 1980년에 이르러 중학교의 수익률은 2.9%에 불과한 반면 고등학교의 수익률은 8.1%, 대학교의 수익률은 11.7%였다(배종근, 1978). 대졸 학력에 대한 사회적 보상이 상대적으로 높았다는 것이다.

따라서 학력 차이에 따른 임금 격차가 크다는 사실, 특히 대졸자의 임금이 고졸자 임금보다 압도적으로 많다는 사실은 당연히 대학 교육에 대한 동기를 자극하였고, 대학 입시 경쟁을 가열시켰다. 대학 특히 명문 대학에 진학하기 위한 동기는 절박한 것이었고, 이를 위해서 초중등학교에서의 교육은 대학 입시에서의 성공 여부에 사활을 걸게 되었다. 입시 중심의 교육, 그리고 사교육 의존적인 한국 교육의 특성은 이러한 환경에서 그 기본적 틀을 조성하였다.

이 시기에는 대학교육의 기회는 희소한 것이었기 때문에, 대학 교육은 엘리트 교육의 지위를 누릴 수 있었다. [그림 12-1]이 보여주는 바와 같이. 1980년대 초에도 대학교육은 30% 이내의 소수만이 대학교육의 혜택을 누릴 수 있었다. 1980년대 중반 이후 대학교육에 대한 요구와 수요는 급증하였고, 대학의 문호는 크게 개방되지 않을 수 없었다. 그 결과 1990년대 대학설립준칙주의로 대학입학 정원이 크게 늘어나면서 고등교육의 기회는 대대적으로 확대되었다. 2000년대 중반에 고등교육 취학률은 이미 80%를 상회하기에 이르렀다.

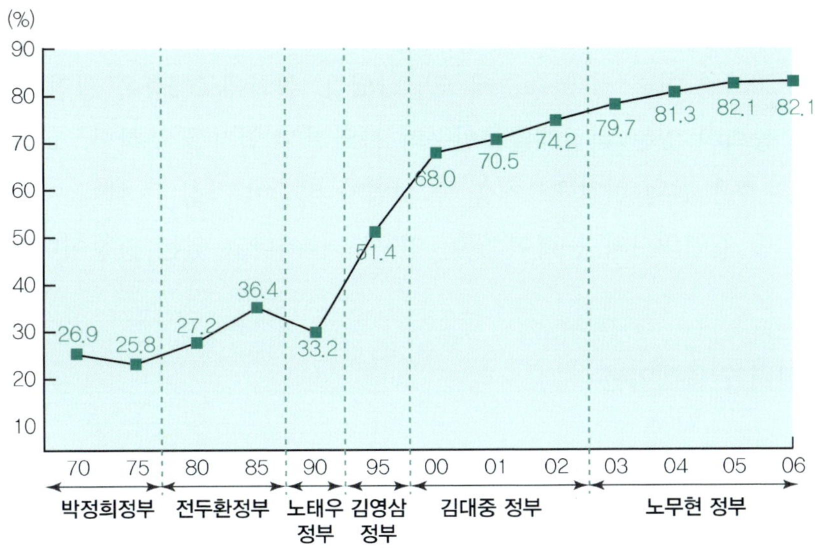

[그림 12-1] 고등교육기관 진학률

출처: 한국교육개발원 (2006), 교육통계분석자료집

한국의 고등교육은, 트로우(M. Trow, 1970 & 1999)에 따르면, 엘리트형(취학률 15% 이내)이나 대중형(15~50%)의 단계를 넘어 보편형(50% 이상)에 와 있다. 그 뿐 아니라 한국은 세계에서 가장 높은 수준의 대학 취학률, 진학률을 보이고 있다. 추계에 따르면 2017년에는 대학입학정원이 전국의 고교 3학년 학생의 수를 초과할 것이라는 전망도 있다. 고등학교에서 대학으로 진학하는 비율이 거의 100%에 도달하는 것도 불가능한 일이 아닐 수도 있다.

고등교육 취학률, 진학률이 이렇게 높다는 것은 긍정적인 것이 아니다. 고등교육의 수익률을 높은 수준으로 유지될 수 있느냐가 의문시 될 뿐 아니라, 사회경제적 필요와 생산성을 과도하게 초과하는 수준의 고등교육은 학력과 직업선택 간의 불일치로 인한 실업과 하향고용 등의 사회적 비용을 발생시키기 때문이다.

현재의 수준에서도 한국의 고등교육 취학률, 진학률은 과도하다. 연구에 따르면(김민정, 2014), 대졸 이상의 고학력 실업자 수는 10년 만에 최대치를 기록했다. 2013년 기준으로 초대졸이상 취업애로계층 중 실업자는 35만 5천명으로 2004년 이후 최대 수준에 도달하였다. 취업애로계층은 실업자, 취업의사와 능력이 있는 비경제활동인구와 불완전 취업자를 뜻한다. 고학력 취업애로계층은 전체 취업애로계층 중 실업자 비중이 가장 큰 데다, 비경제활동인구 중 취업의사와 능력이 있는 인구도 늘어나고 있는 양상이다.

2) 학력 인플레이션

학력 인플레이션은 학력상승이 과도하게 이루어지는 현상을 말한다. 학력상승을 설명하는 관점은 다양하다.

(1) 학습욕구 이론

이는 매슬로우(A. Maslow, 1943)의 동기이론에 따른 것으로, 학력 상승은 인간이 가지고 있는 학습욕구의 당연한 결과라는 것이다. 인간의 욕구에는 필연적으로 '자아실현의 욕구', '알고 이해하려는 욕구'가 내포되어 있다. 인간은 생존이 확보되면 학습욕구를 충족시켜야만 한다. 따라서 누구나 교육을 원하며 기회가 되면 학교교육을 통하여 지적 욕구, 인격도야의 욕구를 충족시키고자 한다. 학교는 '자아실현의 욕구'와 '알고 이해하려는 욕구'를 충족시킬 수 있는 곳이기 때문에 학교에 대한 요구가 늘어나며, 이에 사회적으로 학교 설립을 위한 노력이 증대된다.

(2) 기술기능 이론

이는 지식과 기술이 발전하는 사회에서는 학교가 필요하며, 지식과 기술이 발전이 급속하게 이루어지면 학교 교육의 필요성이 가속화된다는 것이다. 특히 과학기술이 급속도로 발전하면서 과학과 기술이 심화되어 전문적 분화가 이루어지며, 이에 따라 그러한 수준에 맞게 지식과 기술을 전수해야 할 학교의 역할은 증대된다. 과학기술이 발전함에 따라 낮은 수준의 기술을 요하는 직업 비율이 적어지는 반면 높은 수준의 기술을 필요로 하는 직업의 비율은 늘어나며, 새로운 기술은 새로운 훈련을 받은 사람을 필요로 한다. 아울러 고도의 기능적 직업에 훈련이 필요하며, 취업을 위한 높은 사회적 요구가 끊임없이 상승한다. 이러한 과정 및 그 결과로 학력은 불가피하게 상승된다. 이러한 관점에서는 학력의 위계는 직업의 위계이며, 학력은 개인의 상승이동을 촉진하는 매개체이다. 따라서 높은 학력일수록 개인의 지위 결정에 유리하다.

(3) 대응(상응) 이론

이는 보울스와 진티스(Bowles & Gintis, 1976)에 의해 발전된 것으로, 학교는 지배계급(자본가 계급)의 이익에 기여하기 위한 교육제도이며, 지배계급의 의도와 이해관계에 따라 학력이 경쟁적으로 상승하게 된다는 것이다. 이 관점에서는 학교는 상류층을 위해 존재한다. 학교는 훈련된 노동력을 자본가들이 쉽게 얻을 수 있게 하고, 학생들에게 자본주의에 맞는 사회규범을 주입시키는 핵심장치이다. 예를 들어 상사에게 순종하도록 교육하는 것과 같은 것이다. 각급 학교는 주된 교육 목적을 가지고 있다. 말하자면 초등교육은 하급 노동자들의 훈련에, 중등교육은 기능직과 초급 사무직의 훈련에, 고등교육은 중견 기술자와 관리직의 훈련에 목적이 있다.

(4) 지위경쟁 이론

이는 콜린스(R. Collins, 1979)의 주장에 기초한 것으로, 학력은 사회적 지위를 획득하는 주요 수단이기 때문에 사람들이 좋은 지위를 차지하기 위해서 더 높은 학력을 경쟁적으로 추구함에 따라 사회적으로 학력 상승이 가속화된다는 것이다. 현대 사회에서 학력은 사회적 지위 획득의 필요조건이다. 즉 사회적 지위의 획득은 다른 어떤 요소보다도 학력에 의해서 영향 받는다. 제한된 수의 사회적 지위를 얻기 위해서는 다른 사람보다 유리한 여건에 있어야 하고, 상대적으로 높은 학력은 유리한 조건이 된다. 따라서 높은 학력의 추구는 당연한 것이다.

(5) 국민통합론

이는 2차 세계대전 이후 냉전시대가 오면서 이데올로기에 대한 국가적, 국민적인 이데올로기 통합을 위해 국가가 제도적으로 학교교육을 확대시키려 하기 때문이라고 한다. 학교는 동일한 규범과 지식을 모든 국민에게 보급하고 학교의 각 단계별 시험을 통해 학습여부를 확인한다고 본다.

(6) 인간자본론

이는 슐츠(T. Schultz, 1963)와 베커(G. Becker, 1964)의 주장에 기초한 것으로 교육은 인력 즉 인간 자본을 형성하기 위한 투자인데, 경제가 발전하여 감에 따라 인간 자본을 더욱 많이 필요로 하기 때문에 학력에 대한 요구가 늘어날 수밖에 없다는 것이다. 인간 자본에 대한 투자 즉 교육은 개인적, 사회적 부를 증식시키고 사회평등화에 기여한다. 이러한 투자는 또한 노동력을 질적으로 향상시킴으로써 생산력을 증대시키고, 지식과 기술의 습득을 가능하게 하여 높은 경제적 가치를 창출한다.

이러한 이론들은 현대 사회에서 이루어지고 있는 학력 인플레이션을 이해하는 데 유용한 관점을 제공하고 있다. 그러나 어떠한 한 관점도 학력 인플레이션을 완벽하게 설명하기는 어렵다는 것도 사실이다. 각 관점은 모두 부분적 타당성을 지니고 있다고 할 수 있을 것이다. 어떤 관점이 보다 큰 설명력을 가지는 것이냐에 대한 판단은 용이하지 않다. 그럼에도 불구하고 상대적으로 설명력이 큰 관점을 선택하려 한다면, 지위경쟁 이론을 배제하기 어려울 것이다. 우리나라의 경우에는 특히 그러하다고 할 수 있다. 왜냐하면 학력경쟁이 매우 큰 사회적 비용을 촉발하는 역기능을 보이는 가운데, 과잉의 고학력과 사교육의 현상을 낳고 있기 때문이다.

3) 학벌사회

한국사회는 흔히 '학벌사회'라고 할 만큼, 학벌이 중시되는 사회이다. '학벌'이란 특히 '학력'의 외형적 측면을 강조하는 말이다. 따라서 학벌주의란 무조건적으로 학력을 중시하는 사고방식이나 태도를 의미한다. 즉 사람의 실제적 능력이나 인품보다는 '어떤 학교를 나왔느냐'는 피상적 요소를 우선시하는 것을 말한다. 학벌주의는 학력주의가 과도하고 단순한 수준으로 발전된 것이라 말할 수 있을 것이다.

한국의 학벌주의는 몇 가지 특성에 의해 강화된다. 첫째, 학력의 경제적 가치이다. 학력이 높을수록 임금수준이 높다. 그리고 근속연한이 길고 학력이 높은 사람이 임금을 더 많이 받게 된다. 둘째, 학력의 사회적 가치이다. 학력이 높은 사람이 사회적 영향을 미치고 학벌주의는 학연에 의해 사회적 권력화가 만들어지며, 가시적·비가시적 차별수준으로 작용하게 된다. 명문대 출신의 승진은 학연에 의한 연고주의적 온정이 형성된다. 셋째, 학력의 문화적이다. 같은 계층끼리의 문화적 정보와 가치를 향유하면서 문화적 연대감을 형성한다. 같은 계층끼리 결혼도 하게 되면서 학력은 문화적 지표로도 작용하게 된다. 넷째, 학력의 상징적 가치이다. 실제적 능력과 관계없이 좋은 학력은 사회적으로 신임과 명예, 위신을 가지게 된다(강창동, 2009).

한국에서 높은 학력은 만능적 가치를 가지게 되며, 학교교육은 이러한 학력을 획득하기 위한 가장 효과적인 방법이고 지름길이라고 왜곡되고 있다. 교육경쟁은 여기서 비롯하며 그 양식과 구조는 이러하다. 첫째, 과열교육열, 입시지옥, 과열과외, 치맛바람, 재수생 문제, 입시제도 시비, 주입식 교육 등이 뒤엉켜 존재한다. 둘째, 중졸보다는 고졸, 고졸보다는 전문대졸, 전문대졸보다는 대졸을 높이 평가하고(수직적 학력주의), 동일 단계의 학교를 졸업하였더라도 전공의 종류, 학교의 이름과 평판 등의 사회적 위신에 따라 다른 가치를 부여한다(수평적 학력주의). 예를 들어 엘리트학교 출신자를 높이 평가하는 것과 같은 것을 말한다. 셋째, 교육경쟁은 궁극적으로 입학을 위한 시험과 선발에서 승리하기 위한 싸움이다. 넷째, 교육경쟁은 '생산관계변화→직업(취업)구조변화→교육의 변화(제도·내용·방법·목적의식)→고학력현상→학력 취득 노력에 집중→학력경쟁→교육경쟁→고학력경쟁→학력 인플레이션'의 메커니즘에서 고찰되어야 한다.

이러한 점을 고려할 때 한국사회에서 교육열의 형성 배경 및 원인은 다음과 같이 요약할 수 있다.

(1) 사회 지배구조의 급변

한국 근·현대사의 급격한 사회변동은 출세의 빈도, 규모, 가능성을 확대시켰다. 그리고 출세의 결정적 도구로써 학력이 사용되면서 교육을 통한 출세에 대한 믿음이 강화되었다. 학력은 조선시대부터 내려오는 입신양명과 입신출세를 가능하게 하는 가장 확실한 경로였다.

(2) 인구구조의 변화

한국의 가정이 대가족에서 핵가족으로 변화하고 가구당 자녀 수가 격감하면서 각 가정의 소득이 전반적으로 향상되었고, 자녀교육열이 점차 가열되면서 학력경쟁으로 가게 되었다.

(3) 높은 도구적 교육관

한국인들은 교육에 대한 기대 특히 고등교육에 대한 기대 수준이 높으며, 교육을 통해 좋은 직장을 얻으려는 의도가 강한 도구적 교육관을 가지고 있다. <표 12-34a>에서 보는 바와 같이 거의 모든 부모들이 자녀가 고등학교 졸업 후 대학에 진학하기를 바라고 있다. 2012년을 기준으로 자녀를 4년제 이상의 대학에 보내고자 하는 부모는 68.6%이다. 만일 4년제 이하의 대학에 보내고자 하는 부모 6.6%를 포함하면 이 수치는 75.2%를 차지한다. 전체 부모의 24%(석사 9.4%, 박사 14.6%)가 자녀가 대학원 교육까지 받기를 기대한다는 점도 주목할 만하다.

그런데 이렇게 높은 교육열, 교육에 대한 기대는 다분히 도구적, 수단적 교육관에 동기를 두고 있다. <표 12-34b>에 보는 바와 같이 부모들은 교육을 통해 자녀들이 좋은 직업을 가질 수 있고, 결혼이나 친구 등 사회적 관계에서 유리한 배경을 가질 수 있기를 기대하고 있다. 이러한 기대는 교육이 인격과 교양을 함양해 주고, 취미나 소질의 개발해 주기를 바라는 기대를 상회하고 있다.

교육은 '바람직한 인간의 형성, 인간 잠재력의 개발'이라는 본질적 목적, 내재적 가치를 지향하는 것이지만, 그렇다고 해서 그러한 교육의 결과로 경제적, 사회적 보상을 얻으려는 도구적 목적, 외재적 가치를 외면하려는 것은 아니다. 이런 점에서 '좋은 직업을 갖기 위해' 교육을 시키거나 받으려고 하는 것이 무조건 부정적인 것이 될 수는 없다. 다만, 교육에 기대하는 도구적인 동기가 본질적인 동기를 압도할 경우 교육의 건강성은 약화될 수 있다. 한국인의 높은 교육열이 지나치게 도구적이라는 점은 성찰을 요한다.

표 12-34a 부모가 자녀에게 기대하는 교육 수준 (단위 : %)

	계	고등학교 이하	대학(교) (4년제 미만)	대학교 (4년제 이상)	대학원 (석사)	대학원 (박사)
2010년	100	1.1	5.8	66.9	10.0	16.2
2012년	100	0.8	6.6	68.6	9.4	14.6
부모의 교육정도						
초졸이하	100	1.7	12.5	71.9	4.4	9.5
중졸	100	1.3	12.6	72.7	4.8	8.6
고졸	100	1.0	9.3	71.9	6.5	11.2
대졸이상	100	0.4	2.6	64.3	13.4	19.4

출처: 통계청 (2012. 12. 20). 2012년 사회조사 결과 보도자료

주: 1) 초·중·고·대학생(재수생, 휴학생 포함) 자녀가 있는 부모임
 2) 30세 이상 부모 대상임

표 12-34b 부모가 자녀에게 기대하는 교육의 목적 (단위 : %)

	계	인격이나 교양을 쌓게	좋은 직업을 갖게하기	자녀의 취미나 소질 개발	결혼, 친구 관계 등 사회적 유리	부모가 받지 못한 교육 보상	기타
2010년	100	32.0	44.7	9.2	12.1	1.4	0.6
2012년	100	30.5	50.6	9.5	8.2	1.1	0.2

출처: 통계청 (2012. 12. 20). 2012년 사회조사 결과 보도자료

주: 1) 부모가 자녀를 대학이상 교육시키려고 하는 이유
 2) 30세 이상 부모 대상임

(4) 비교준거의 일원화

한국인들의 출세는 사회적 평판에 의해 결정되고 사회적 평판은 직업, 소득, 권위 등에 상당히 좌우된다. 학력과 학벌은 출세의 통로로 되어 있다.

(5) 평등의식의 팽배화

상대방과의 비교를 통해서 자신의 위치를 파악하는데 익숙한 한국인들은 상대의 우수함을 미리 인정하지 않기 때문에 모두를 경쟁상대로 간주하고 쉽게 승복하지 않으며, 자신의 패배는 자식의 승리로 보상하려는 사고방식

에서 오게 된다. 이때에 사회경제적 지위가 낮은 부모들이 자녀교육열에 더 희생적이 될 수 있다.

(6) 대중매체의 발달과 확산

광고와 홍보에 민감한 대중매체가 주로 다루는 내용들 중에 최소한 중류계층 정도의 소비수준을 목표로 설정하여 출세욕을 갖도록 부추기고, 소비계층은 많은 직업을 획득하기 위해 학력과 학벌을 높이려고 한다.

(7) 지식정보사회로의 급진전

지식정보사회로 급격히 진전하면서 늘어난 학습량 때문에 교육의 중요성이 고조되고 있으며 학교교육은 여전히 가장 중요한 통로로 인식되고 있고, 여기에 교육열을 부추기고 있다.

(8) 경쟁유도 정책의 적용

한국 정부도 국제 경쟁력을 높이기 위해 경제, 사회, 문화 등 제반 영역에 경쟁체제를 적용하고 있다. 특히 학위증과 자격증이 사회적 유통 가치로 되어버린 이 시대에 그 증거자료로서 학력을 높이기 위해 사회 전반적으로 교육열이 가열되고 있다.

(9) 대학교육의 보편화

한 사회에서 해당 연령인구 가운데 극소수만 대학교육을 받으면, 졸업자들은 모두 대학 교육 수준에 어울리는 높은 사회경제적 자리를 차지할 수 있을 것이라는 신화와는 달리 80%의 대학 진학률을 나타내는 이 시대에는 누구나 대학에 가야 하는 사회적 압력을 받고, 미진학자는 낙오자로 규정되어 버리는 상황 속에서 피해를 줄이려는 개인적 노력은 학력과 학벌을 높이는 데 집중될 수밖에 없다.

4) 과잉 학력주의

적절한 수준의 학력경쟁이나 학력주의는 순기능을 가지고 있다. 학력주의는 학교교육에 대한 참여율을 높여 사회구성원 전체의 역량을 증대시킨다.

구조기능주의 교육사회학에서는 학력주의가 능력주의(meritocracy)의 동의어로 이해되고 있다. 교육의 기회가 균등하게 주어지는 조건이라면 학력은 한 사람의 능력을 말해 주는 것이고, 그러한 능력에 의해 사회적 지위가 획득되고 사회이동(social mobility)이 이루어지는 것은 사회 평등을 실현하는 데에도 기여할 수 있는 바람직한 것이라는 관점이다.

그러나 이러한 관점을 전적으로 지지하기는 어렵다. 왜냐하면 현실적으로 교육의 기회가 균등하게 주어지기 어려울 뿐 아니라, 학교에서 평가받은 학업성취, 학교에서 인정받은 역량, 학교교육의 결과가 과연 한 사람의 진정한 능력을 말해줄 수 있을 것인가에 대해서는 의문이 따르기 때문이다. 더욱이 학력이 '학교교육, 형식교육'으로만 측정될 경우 학력주의의 문제점은 두드러진다. '학교교육, 형식 교육을 얼마나 어떻게 받았는지의 표시'가 어느 경우에나 그 사람이 '실제로 어떤 능력을 가지고 있는지'를 오류 없이 판단해 줄 수는 없기 때문이다. '졸업장, 자격증'과 '실제 능력, 역량'과의 괴리가 상존할 수밖에 없는 것이라면, 학력에 대한 과도한 의존은 보다 바람직한 선택의 여지를 제한하거나 봉쇄하게 된다.

과도한 학력경쟁, 학력주의는 학교교육에 지나치게 의존함으로써 학교외 교육을 통한 자기개발을 소홀하게 할 뿐 아니라, 교육의 내용보다는 학교 졸업장과 학교에서의 평가라는 가시적 성과에 필요 이상으로 투자하게 압박함으로써 사회적 비용을 증가시키고 생산적 투자의 잠재력을 감소, 왜곡시킨다.

지위경쟁론(R. Collins, 1979)에 따르면, 학력경쟁은 제한된 숫자의 사회적 지위를 놓고 다투는 경쟁 즉 '지위경쟁'에 다름 아니다. 사회적 선발은 학력 특히 형식교육의 경력 위주로 이루어지기 때문에, 사회적 보상이 큰 지위나 직업을 획득하기 위해서는 상대적으로 높은 학력과 학업성취 결과를 확보해야 한다. 이 경쟁에서 승리하기 위해서는 다른 사람들보다 우세하거나 우세하다고 여겨지는 학력을 갖추어야 한다. 교육을 통한 입신출세의 전통이 강한 우리나라에서 학력경쟁은 특히 격렬하게 진행되어 왔고, 이에 따라 고학력과 사교육의 팽창이 가속해 왔다.

물론 교육을 '사회적 성공으로 가기 위한 수단'으로 보는 관점 즉 '도구적 교육관'은 어느 사회에서나 있는 것이고, 또 완전히 부정적인 것으로만 단정할 수 없다. 사회의 유지와 발전에 요구되는 지위와 역할은 있게 마련이고, 그러한 직업 또는 과업에 필요한 인력, 인재를 양성하기 위한 수단으로서 학교를 만들어 교육을 시키고, 교육을 받게 하겠다는 것이 잘못된 것은 아니기 때문이다. '도구적 교육관'은 사회가 필요로 하는 인력, 인재를 양성하는 데 효율적이 될 수도 있으며, 빠른 시일 내에 직업인을 양성함으로써 경제발전과 같은 외적 성장을 가속화할 수도 있다.

뿐만 아니라 교육 행위에는 본질적 가치와 도구적 가치가 혼재되어 있는 것도 사실이다. 아무리 본질적 가치를 강조하는 관점이라 하더라도, 도구적 가치의 관점을 완전히 배제할 수 없기 때문이다. 예를 들면, '바람직한 인간형성을 위한 교육'이라 하더라도, 그러한 교육의 결과로 얻을 수 있는 사회적 역할이나 보상에 대한 기대와 관심이 전혀 없이 이루어질 수는 없다. 말하자면, '자신이 받은 교육의 사회적 보상이 무엇이며, 어떠한 것일 것인가?'를 염두에 두지 않고 교육을 받기도 어렵거니와, 설령 그렇게 할 수 있다 하더라도 그렇게 하는 것이 당사자에게 최적의 교육 및 직업 선택의 경로가 될 수 있을 것인가는 의문이다. 오히려 "나는 어떠한 이상적 인간상을 가지고 있고, 이러한 인간상의 구현을 위해 어떠한 교육을 받고 싶다. 그리고 이러한 교육의 결과는 나를 어떠한 사회적 역할과 소명으로 이끌 수 있을 것이다. 이러한 일에 연관된 사회적 지위와 보상에 대해서는 인지하고 있으며, 충분히 추구할 만하다."라는 인식은 교육 본연의 가치를 추구하는 데에도 도움이 될 수 있을 것이기 때문이다. 따라서 본질적(내재적, intrinsic) 가치 중심의 교육관과 도구적(외재적, extrinsic) 가치 중심의 교육관은 혼재, 융합될 수밖에 없다.

그러나, 이러한 점을 고려한다 하더라도 도구적 교육관에 기반한 과잉의 학력주의는 적지 않은 문제를 야기한다. 먼저, 교육이 지향해야 할 본질적, 내재적 가치나 목적을 경시하고, 권력이나 부(富), 좋은 직업이나 명예를 얻기 위한 수단 위주로 교육을 중시하는 태도는 교육과 사회의 관계를 왜곡시키고, 교육과 사회의 여러 측면에서 부작용을 가져온다. 이러한 왜곡과 부작용은 다양하나 대표적인 것으로는 사회적으로 지나치게 학력(學歷) 의존적인 경향 즉 '학력주의 또는 학벌주의'와, 고학력임에도 불구하고 사회적응에 필요한 실질적 능력이 미달하거나 혹은 해당 학력에 걸맞는 사회적 역할을 얻지 못하는 상황 즉 '과잉교육(over-education)'이나 '하향고용(under-empolyment)' 또는 실업을 야기한다.

한국의 교육은 도구적이고 외재적인 가치 중심의 교육관에 경도되어 있다. 과도한 수준의 '도구적 교육관'이란 '교육이 사회적 지위 획득의 도구로도 작용된다'라고 생각하는 정도를 넘어 '교육의 주된, 그리고 실질적인 목적과 기능은 사회적 지위를 획득하기 위한 경쟁에서 이길 수 있도록 수단을 준비하는 것'으로 생각하는 수준으로 나아간 것을 의미한다. 즉 교육을 오로지 '사회적 생존 경쟁, 사회적 지위 획득의 경쟁에서 살아 남기 위한 보다 유리한 수단을 준비하기 위한 투자'로 여기는 것이다. 말하자면, 교육을 전인적 성장과 자율적 창의적·자율적인 학습능력, 그리고 민주 시민적 역량을 함양하기 위한 공동체적 가치 추구를 지향하는, 바람직한 인간형성의 위한 행위로 보기보다는, 개인의 사회적 지위나 직업을 위한 훈련이며 투자 위주로 본다는 것이다. 교육을 개인의 출세(사회적 지위 획득)를 위한 수단 위주로 생각하는 것은 결코 바람직하지 않다.

이와 같이 과도하게 도구적인 교육관은 상당히 잘못된 교육관이라고 할 수 있으며, 이와 같은 교육관에 착종된 지나친 교육열은 오히려 한국 교육의 부정적 양상의 원천이 되고 있다. 도구적 교육관은 교육을 '지·덕·체를 조화롭게 갖춘, 인류사회에 기여할 수 있는 바람직한 인간의 형성'이라는 교육 본질의 가치와 목적을 중심으로 보기보다는, '사회적 생존 경쟁에서

도태되지 않고, 사회적 성공(사회적 인정과 보상)에 도달하는 데 상대적으로 유리한 조건을 갖추기 위한 결정적인 도구'로 본다는 점에서 기본적인 문제점을 가지고 있다. 한국 교육은 지나치게 도구적 관점의 교육관에서 독립할 때 새로운 발전의 여지를 발휘할 수 있을 것이다.

5) 과잉 고학력경쟁과 하향고용

한국 교육의 성장은 세계인이 주목할 정도가 되었고 일부 국가에게는 성공의 모델로 비쳐지기도 하였다. 그리고 한국 교육이 교육열과 취학률, 학업시간과 학업성취 등 여러 면에서 강점을 가지고 있는 것도 사실이다. 그러나 과도한 학력주의, 입시위주의 교육과 경쟁, 과잉 사교육 등 우리들이 잘 알고 있는 약점도 적지 않다.

한국 교육의 이 같은 약점은 외국인들도 염려하는 문제가 되기에 이르렀다. 한 예로 영국의 언론은 한국인의 교육열이 부작용을 낳고 있다고 지적하였다. 경제일간신문 파이낸셜 타임스(2006. 10. 12; 한겨레 2006. 10. 13에서 재인용)는 "한국의 지식계층, 육체노동 직면(South Korea's educated class faces manual labor)"이라는 기사를 실어, 한국의 과잉 교육열의 문제를 언급한 바 있다.

기사의 골자는 다음과 같다. 한국의 지나친 교육열과 정부의 잘못된 대학정책이 청년실업을 유발하거나 고학력층을 단순육체 노동자로 전락시키고 있다. 한국의 대졸자와 고등교육 이수자들은 줄곧 취업난을 겪어 왔다. 이들은 괜찮은 직업을 잡기 위해 고전하고 있으며, 이 중 많은 이들은 여러 해 동안의 치열한 경쟁 속에서의 헛된 시도에 지쳐 꿈을 접고 육체 노동직에 지원하고 있다. 세계 11대 경제규모인 한국에서 고등교육 이수자들이 청소부나 조립공장에서 일하게 된 사연들이 보도되고 있다. 한국의 높은 교육열은 세계에서 가장 교육수준이 높은 인력을 길러내면서 지난 반세기 동안 경제 급성장의 추진력이 되었다. 그러나 이제 상황은 아이러니컬하게 되고 말았다. 이 나라는 어떤 OECD 나라보다도 높은 수준의 교육 재정투자(GDP의 7%)를 하고 있다. 이 나라에서 사람들은 교육배경에 의해서 평가되고 있고, 사회적 지위에 민감하며, 좋은 대학에 들어가는 것을 '성공티켓'으로 간주한다. 그런데도, 이 나라의 수백만에 이르는 대학 졸업생이 자신에게 어울리는 일자리를 찾지 못해 단순 노무직으로 전락하고 있기 때문이다. 한국 대학생들의 구직경쟁은 지나친 교육열로 인한 인적 자원의 공급과잉이 그 원인이며 이미 사회의 구조적 문제가 되었다.

파이낸셜 타임스는 한국교육이 직면하고 있는 문제점을 정확하게 지적하고 있다. '과도한 학력주의 교육열'이 지난 반세기 동안 한국 사회의 발전을 이끌어 오는데 결정적으로 기여하였지만, 이미 그 효력을 상실하고 실업과 하향고용 등의 역기능에 직면해 있다는 것이다

(1) 교육수준별 취업률과 실업률

<표 12-35>에 의하면 한국에서 성인인구(25~64세)의 고용률은 전반적으로 고학력일수록 높게 나타나고 있다(중졸 68%, 고졸 71%, 전문대졸 74%, 대학 및 대학원졸 78%). 이는 학력이 높을수록 취업에 유리하다는 것을 말해준다. 이는 학력경쟁이 쉽게 완화되기 어렵다는 것을 보여준다.

물론 이러한 경향은 OECD 국가들의 경우에도 마찬가지이다(중졸 58%, 고졸 73%, 전문대졸 81%, 대학 및 대학원졸 84%). 사회의 지식정보화가 심화됨에 따라 일자리는 보다 높은 학력을 요구하는 한편, 학력 경쟁이 이루어질 수밖에 없기 때문에 고학력이 취업에서 유리하게 되는 경향은 보편적인 것이다.

주목할 것은 여성의 고용률이 남성의 고용률에 비해 낮다는 점이다. 이는 한국과 OECD 국가 모두에서 동일하게 나타나는 격차이다. 그러나 이러한 격차가 한국의 경우에 보다 적극적으로 나타나고 있다. 그만큼 한국의 경우 여성의 고용률이 상대적으로 저조하고, 특히 여성 대졸자의 고용률이 저조하다는 것을 말해주고 있다.

표 12-35 교육단계별 성인인구의 고용률 (2011) (단위 : %)

구 분		유치원 및 초등학교	중학교	고등 학교	전문 대학	대학교 및 대학원(석 · 박사)
한 국	총계	61	68	71	74	78
	남	72	81	84	90	90
	여	56	59	58	58	62
OECD 평균1	총계	46	58	73	81	84
	남	59	69	80	86	88
	여	37	48	65	77	79

출처: 교육부 (2013. 6). 2013년 OECD교육지표 조사결과 보도자료

주: 1) OECD 평균의 고등학생은 일반계열만 포함함
2) 고용률=(취업상태 인구/경제활동+비경제활동 인구)*100

<표 12-36>에서 교육단계별 성인인구(25~64세)의 실업률은 모든 단계에서 OECD 평균보다 낮았고, 4년제 대학 이상 학력의 실업률은 2.6%로 OECD 평균(4.7%)보다 낮았다. 4년제 대학 이상을 이수한 여성의 실업률도 2.5%로 OECD 평균(5.0%)보다 낮게 나타났다.

이러한 통계를 액면 그대로 보면 고등교육의 성과(취업) 면에서 한국이 OECD 국가들을 능가하는 것으로 여길 수 있다. 그러나, 한국의 실업률 개념은 OECD의 그것과 상이하다는 점에 유의하여야 한다. 한국은 OECD에서보다 훨씬 느슨한 기준(적은 노동 시간)을 적용하여 취업-실업 여부를 판정한다. 한국의 실업률은 과소평가되어 있다. 따라서 한국과 OECD 국가의 경우를 단순하게 비교하는 것은 피해야 한다.

표 12-36 교육단계별 성인인구의 실업률 (2011) (단위 : %)

구 분		유치원 및 초등학교	중학교	고등학교	전문대학	대학교 및 대학원(석 · 박사)
한 국	총계	2.2	3.0	3.4	3.8	2.6
	남	3.2	3.9	3.7	3.6	2.6
	여	1.4	2.0	2.9	4.0	2.5
OECD 평균1	총계	13.6	12.6	7.1	5.1	4.7
	남	14.0	13.0	6.8	5.6	4.3
	여	13.5	12.6	7.7	5.8	5.0

출처: 교육부 (2013. 6). 2013년 OECD교육지표 조사결과 보도자료

주: 1) OECD 평균의 고등학생은 일반계열만 포함함
 2) 실업률=(실업상태의 인구/경제활동 인구)*100

따라서 한국에서의 취업률, 실업률과 관련하여서는 별도의 분석이 필요하다. 통계청 자료(통계청 고용분석, 2012. 7. 18)에 따르면, 2012년 6월 기준으로 15~29세 청년층의 실업률은 7.7%로, 구직이 활발한 25~29세의 실업률은 6.7%였다. 특히 대졸 이상의 실업자수와 실업률은 각각 4만 명, 12.7%이었다. 15~29세의 청년층 고용률은 40.7%이다. 청년 10명 가운데 6명은 실업 상태이거나 경제활동에 참가하지 않고 있다는 것으로 분석된다.

아울러, 이 자료에서 주목할 것은 '하향고용'의 현상이다. 한국직업능력개발원의 분석 결과를 인용한 이 자료에 따르면, 자신이 받은 교육수준보다 낮은 수준을 요구하는 일자리에 취업하는 대졸자의 '하향취업'의 비율은 첫 직장 기준으로 1982년 24.1%, 1992년 27.7%, 2002년 31%로 해당 기간 중(10년간) 상승하고 있음으로 보여주고 있다.

한국에서의 하향고용은 주요 선진국들의 경우보다 높은 수준으로 진행되고 있다. <표 12-37>에 의하면, EU 주요 국가 중 스웨덴과 노르웨이는 하향취업자의 비율이 0%이며, 핀란드(2%), 네덜란드(3%), 체코(4%), 스페인(5%)은 5% 이내의 비율이다. 영국(18%), 프랑스(15%), 일본(14%) 등이 비교적 높은 비율을 보이고 있지만, OECD 평균은 9% 수준인 것으로 파악되고 있

다. 같은 시기 한국의 하향취업자 비율은 20~27%로 추정한다면, 한국의 대졸자 하향고용률은 매우 높다고 할 수 있다.

표 12-37 주요국의 대졸 하향취업자 비율 (2000) (단위 : %)

	이탈리아	스페인	프랑스	오스트리아	덴마크	네덜란드	영국	핀란드	스웨덴	노르웨이	체코	일본
하향취업자	8	5	15	11	8	3	18	2	0	0	4	14

출처: 日本勞動硏究機構 (2001), "日歐の大學と職業 -高等教育と職業に關する12カ國比較調査結果"
원자료: CHEERS(Careers after Higher Education-a European Research Study), 2000
※ EU의 특정사회경제조사 프로그램(TSER; Targeted Socio-Economic Research Programme)의 일환

한국에서 하향고용률이 증가하고 있는 이유는 노동시장 인력수요구조에 비해 대졸 고학력자가 과잉 공급으로 보고 있다. 2011년 기준으로 한국의 25~34세 인구 중 대학 교육 이상을 받은 비율은 64%로 OECD 회원국 중 가장 높다. OECD 평균은 39%이다.

실업과 하향고용은 과잉의 학력경쟁, 학력주의의 산물이다. 고학력자의 실업, 하향고용은 한국 교육의 약점이 누적된 결과이기도 하다. 한국 교육이 가장 시급하게, 그리고 지속적으로 해결해야 할 문제이다. 이를 위해서는 불필요하게 고학력을 추구하는 경향을 완화시키는 한편, 교육(특히 고등교육)과 직업세계의 불일치(mismatch)를 줄여나가야 한다. 말하자면 굳이 대학에 가지 않더라도 성공적인 직업인이 될 수 있게 하여야 하며, 대학 교육이 직업의 세계를 실질적으로 확대하고 지도해 가는 데 적극적으로 기여할 수 있는 여지를 개척해 나가야 한다는 것이다.

이러한 관점에서 한국의 교육, 특히 고등교육은 OECD 국가 등 교육선진국들의 교육정책을 원용해야 할 필요가 있다. 기업과 연계한 직업교육으로 국가 경쟁력을 높이는 것이 한 예이다.

도제식 교육 프로그램인 VET(Vocational Education Training)로 유명한 스위스는 16세 때 직업학교 학생들이 기업과 고용계약을 맺고, 일주일의 절반

은 학교에서 이론을 배우고 나머지 절반은 기업에서 기술을 연마하도록 한다. 이러한 방식으로 전국에서 5만 8,000개 기업이 8만여 개 직업교육 과정을 운영하고 있다. 학생들은 기업에서 희망과 기회를 찾고 기업은 미래의 인적자원을 양성한다. 특히 스위스는 직업학교를 나와도 승진에서 불이익을 받는 '유리천장'이 없다(윤석만, 2014. 10. 23).

스위스(Switzerland)의 대학진학률은 29%(2009년)로 우리나라의 절반도 안 되지만 청년실업률은 경제협력개발기구(OECD) 회원국 중 최저 수준(2013년 7%)이다. 한국의 높은 대학진학률(2014년 78.3%) 및 청년실업률(2014년 10.9%)과는 대조적이다(표 12-38).

이러한 정책에 힘입어 스위스는 불필요한 학력주의과 하향고용을 예방하고, '실질적으로 경쟁력이 있는' 교육을 유지, 발전시켜 나가고 있다.

표 12-38 대학진학률 낮은 스위스와 대학진학률 높은 한국의 경쟁력 비교

스위스	항목	한국
7만 8,754달러	1인당 국민소득(2012년)	2만 3,579달러
1위	국가경쟁력(WEF 2012년)	25위
1위	인적자원경쟁력 (프랑스 인시아드 경영대학원 2013년)	28위
29%(2009년)	대학진학률	78.3%(2014년)
7%(2013년)	청년실업률	10.9%(2014년)

출처: 전국경제인연합회·통계청 (윤석만, 2014. 10. 23에서 재인용)

독일도 어릴 때부터 진로를 선택하도록 해 취업으로 인한 사회적 비용을 줄인다. 초등학교 저학년 때는 기본이 되는 내용만 배우고 필기시험은 가급적 피한다. 대신 학생의 적성과 소질을 파악하기 위해 다양한 체험을 장려한다. 4학년이 되면 담임교사가 일반계 학교인 김나지움(Gymnasium)과 직업학교인 레알슐레(Realschule) 중 하나를 추천하고 학생 스스로 선택하도록 한다(윤석만, 2014. 10. 23).

우리나라의 학생들은 대학 입학을 그렇게 중시하면서도 정작 대학을 가는 목적 의식은 뚜렷하지 않은 것으로 나타나고 있다. 심지어는 고교 문·이과 선택도 적성이 아닌 수학 성적에 따라 결정하는 풍토, 입시만 보고 달려가는 교육 풍토에서는 진로교육이 제대로 될 수 없을 것이다. 그리고 교사조차 학생의 소질과 적성이 뭔지 모르는 상황에서 학생들이 진로 선택을 제대로 하기를 기대하기는 어렵다.

학력주의를 극복하는 교육이 되기 위해서는, 학생들이 어려서부터 다양한 경험을 통해 자신의 적성과 소질을 파악할 수 있도록 해야 한다. 대학은 수많은 진로 중 하나일 뿐이다. 학생은 다양한 경험을 통해 자신의 적성을 찾아야 하고, 교사는 이를 도와줄 수 있어야 한다. 우리나라에서 이와 같은 교육은 아직 까마득할 것이다. 그러나 이러한 방향으로 노력해 가야만 한다.

6) 과잉 사교육

한국 사회에서 사교육은 교육 불평등을 심화시키고 사회적 비용을 증대시키는 일차적 요인으로 지목되고 있다. 사교육은 학력경쟁과 입시에서 중요한 영향력을 발휘하고 있고, 이에 모든 가구가 사교육에 참여하고 있다. 사교육은 부유한 계층에서 더 많이 참여하고 더 많이 투자하기 때문에 계층간 격차를 심화시키고, 교육의 불평등을 심화시킨다.

사교육에 대한 비판은 다양한 각도에서 이루어지고 있다. 사교육은 부유한 사회계층에게 편향적으로 이익을 주고, 교육과 사회를 양극화시킬 수 있다. 사교육은 또한 사회적 자원이 '입시 준비에 지나지 않는 교육' 또는 '학교교육, 공교육에서 다루는 내용을 반복적 훈련하는 것에 다름 아닌 교육'에 낭비되게 할 수도 있다. 사교육은 '인성 및 감성 교육이 요구되는 발달기 청소년들이 전인적으로 성장할 수 있는 기회를 제한할 수도 있기 때문이다.

사회적으로 사교육을 최소화하려는 노력은 적지 않았다. 그럼에도 불구하고 사교육 문제는 충분히 해결되지 못했다.

한국의 과잉 사교육은 한국교육의 최대 약점이다. 한국의 사교육은 고질적인 것으로, 치열한 입시경쟁, 학력경쟁으로 촉발되는 학력주의적 교육열의 산물이다.

<표 12-39>는 사교육 참여 실태를 보여주고 있다. 2013년 기준으로 초·중·고등학생의 사교육 참여율은 68.8%로 매우 높다. 초등학생의 사교육 참여율은 특히 높고(81.8%), 중학생(69.5%), 고등학생(55.9%)의 경우도 높은 편이다. 학생 1인당 월평균 사교육비는 23만 9천 원이다. 중학생의 월평균 사교육비가 가장 높고(26만 7천 원), 일반계 고등학생(26만 2천 원), 초등학생(23만 2천 원)도 높은 편이다.

표 12-39 학교급별 사교육 참여실태 (단위 : %, 만 원)

	계		초등학교		중학교		고등학교	
	참여율	비용	참여율	비용	참여율	비용	참여율	비용
2011	71.7	24.0	84.6	24.1	71.0	26.2	58.7	25.9
2012	69.4	23.6	80.9	21.9	70.6	27.6	57.6	26.5
2013	68.8	23.9	81.8	23.2	69.5	26.7	55.9	26.2

자료 : 통계청, 「사교육비조사보고서」 각년도.

주: 1) '고등학교'는 일반계 고등학교임
2) '비용'은 전체 학생 1인당 월평균 금액임

<표 12-40>은 학교 내 사교육 프로그램이라 할 수 있는 '방과 후 학교' 참여 실태를 보여주고 있다. 2013년 기준으로 초·중·고등학생이 이 프로그램에 참여한 비율은 60.2%이다. 이 비율은 학교 외 사교육 참여율인 68.8%보다는 약간 낮을 뿐, 상당히 높은 수준이다.

표 12-40 방과 후 학교 참여실태 (단위 : %, 만 원)

	계		초등학교		중학교		고등학교	
	참여율	비용	참여율	비용	참여율	비용	참여율	비용
2011	56.6	1.5	50.4	1.6	48.3	0.6	80.9	2.6
2012	57.6	1.3	52.6	1.5	49.4	0.4	77.1	2.2
2013	**60.2**	**1.5**	**58.2**	**2.0**	**50.5**	**0.4**	**74.8**	**2.3**

자료 : 통계청, 「사교육비조사보고서」 각년도.

주: 1) '방과 후 학교'에는 초등 돌봄 프로그램, 특기·적성 관련 프로그램, 교과 관련 프로그램이 포함됨
2) '고등학교'는 일반고등학교임
3) '참여율'은 유상+무상임
4) '비용'은 전체 학생 1인당 월평균 금액임

<표 12-41>는 소득수준별에 따른 사교육비 참여와 지출 상의 격차를 보여주고 있다. 2012년 기준으로, 초·중·고등학생의 사교육 참여율은 69.4%, 비용은 23만 6천 원이다. 그런데 가구소득이 하위권인 집단(100만 원 미만)에서는 사교육 참여율은 33.5%, 비용은 6만 8천 원에 불과하다. 그러나 가구소득 중위권 집단(300~400만 원, 400~500만 원)에서는 참여율이 74.5%, 80.1%로 증가하고 비용이 23만 원, 28만 8천 원으로 증가하고 있다. 가구소득 상위권 집단(700만 원 이상)에서는 참여율이 83.8%, 비용이 42만 6천 원에 달하고 있다. 사교육비 지출은 가구의 소득수준에 정비례하여 증가함을 알 수 있다. 그 가정의 경제적 여건이 학생의 학업성취도에 영향을 미칠 수 있는 여지가 크다는 것을 말해주고 있다.

표 12-41 학교급별 사교육 참여실태 (단위 : %, 만 원)

	계		초등학교		중학교		고등학교	
	참여율	비용	참여율	비용	참여율	비용	참여율	비용
2010	73.6	24.0	86.8	24.5	72.2	25.5	61.1	26.5
2011	71.7	24.0	84.6	24.1	71.0	26.2	58.7	25.9
2012	69.4	23.6	80.9	21.9	70.6	27.6	57.6	26.5
100만 원 미만	33.5	6.8	44.1	7.6	31.9	7.6	28.5	7.7
100~200만 원 미만	46.3	11.0	60.2	11.4	47.4	13.3	36.1	11.5
200~300만 원 미만	64.0	16.8	77.7	17.3	62.7	19.4	47.1	16.5
300~400만 원 미만	74.5	23.0	86.6	22.4	73.7	25.6	59.1	23.8
400~500만 원 미만	80.1	28.8	90.1	26.5	81.3	33.1	66.0	30.4
500~600만 원 미만	83.1	33.2	91.6	29.1	84.4	37.7	70.9	36.8
600~700만 원 미만	84.2	36.7	90.9	31.4	85.7	41.7	75.0	41.1
700만 원 이상	83.8	42.6	91.0	35.5	84.5	45.3	76.7	51.0

자료 : 통계청, 「사교육비조사보고서」 각년도.

주: 1) '고등학교'는 일반고등학교임
2) '비용'은 전체 학생 1인당 월평균 금액임

<표 12-42>는 가구 소득수준별 사교육비 및 참여율에 변화가 있는지를 보여주고 있다. 2012년과 2913년 자료를 종합해 보면, 사교육의 구조와 양상은 유지되고 있음을 알 수 있다. 즉 가구 소득수준별 사교육비 및 참여율의 격차 패턴이 그대로 유지되고 있을 뿐 아니라, 모든 가구를 대상으로 한 사교육비 지출 및 참여율의 패턴도 유지되고 있음을 알 수 있다. 대부분의 가구가 사교육에 참여하고 있으며, 참여율과 지출 규모는 소득수준에 따라 증가하고 있다.

표 12-42 가구 소득수준별 사교육비 및 참여율 변화 추이 (단위 : %)

구 분	학생 1인당 월평균 사교육비 (만 원, %)				사교육 참여율 (%, %p)			
	2012년	전년비	2013년	전년비	2012년	전년차	2013년	전년차
전 체	**23.6**	**-1.7**	**23.9**	**1.3**	**69.4**	**-2.3**	**68.8**	**-0.6**
100만 원 미만	6.8	0.0	6.8	0.0	33.5	-1.8	31.3	-2.2
100~200만 원 미만	11.0	0.9	11.1	0.9	46.3	-3.4	45.3	-1.0
200~300만 원 미만	16.8	-3.4	16.0	-4.8	64.0	-4.2	60.1	-3.9
300~400만 원 미만	23.0	-1.7	22.1	-3.9	74.5	-2.3	71.5	-3.0
400~500만 원 미만	28.8	-0.7	28.0	-2.8	80.1	-1.7	79.2	-0.9
500~600만 원 미만	33.2	-2.4	33.0	-0.6	83.1	-0.6	82.5	-0.6
600~700만 원 미만	36.7	-6.9	35.9	-2.2	84.2	-2.3	84.8	0.6
700만 원 이상	42.6	-3.2	41.5	-2.6	83.8	-1.5	83.5	-0.3

자료 : 통계청, 「사교육비조사보고서」 각년도.

우리나라의 사교육에는 치열한 입시경쟁과 학력경쟁의 동기가 많이 작용하고 있다고 볼 수 있다. 이는 사교육에 관한 국제 비교를 통해 확인할 수 있다. [그림 12-2]와 <표 12-43>를 보면 미국에서의 사교육은 기초수준 미달로 인한 참여의 비율이 매우 높은 반면(69.9%), 높은 수준의 수월성(수월수준 이상)을 달성하려는 동기로 인한 참여의 비율은(17.9%)에 상당히 낮다. 영국의 경우에도 기초수준 미달로 인한 참여율(34.8%)이 수월수준 이상의 동기로 인한 참여율(9.6%)에 비해 훨씬 높다. 그러나 한국의 경우에는 기초수준 미달로 인한 사교육 참여율(29.2%)이 매우 낮은 반면 수월수준 이상의 동기에 의한 참여율이 대단히 높아(83.7%), 미국과 영국의 경우와는 대조적이다. 수월성(excellency)이란 학업성취의 우수성이나 탁월함을 지칭하는 것으로 교육의 형평성(equity)과 대비되는 개념이다. 따라서 수월성 동기에 의한 사교육이 광범하다는 것은 교육의 형평성을 유지, 발전시키는 데는 우호적일 수 없는 환경임을 말해준다고 하겠다.

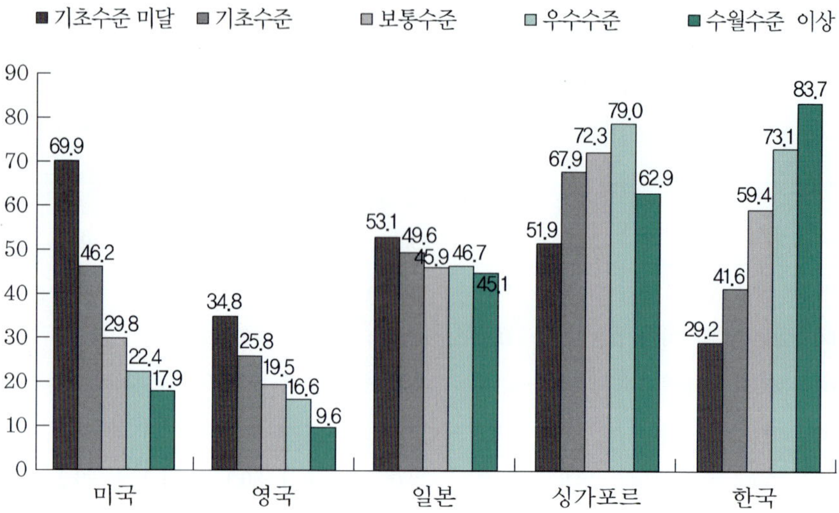

출처: TIMSS(Trends for International Mathematics and Science Study), 2003

[그림 12-2] 학업성취 수준에 따른 주요 국가별 사교육 참여율

표 12-43 학업성취 수준에 따른 주요 국가별 사교육 참여율 (단위 : %)

	미 국		영 국		일 본		싱가포르		한 국	
	1995	2003	1995	2003	1995	2003	1995	2003	1995	2003
기초수준 미달	37.8	69.9	27.3	34.8	63.1	53.1	20.0	51.9	17.8	29.2
기초수준	35.5	46.2	15.5	25.8	59.3	49.6	29.5	67.9	27.7	41.6
보통수준	32.3	29.8	11.8	19.5	64.8	45.9	31.1	72.3	32.6	59.4
우수수준	29.1	22.4	7.4	16.6	67.1	46.7	35.6	79.0	42.6	73.1
수월수준 이상	28.2	17.9	11.2	9.6	62.4	45.1	33.4	62.9	59.0	83.7

출처: TIMSS(Trends for International Mathematics and Science Study), 2003

7) 청소년의 정신건강 문제

<표 12-44>에 의하면, 2012년 기준으로 청소년(13~24세)의 66.9%가 생활 전반에서 스트레스를 느끼고 있으며, 가정생활에서(40.7%)보다는 학교생활에서(58.4%) 스트레스를 더 많이 느끼고 있다. 20대 청소년(20~24세)은 10대 청소년(13~19세)보다 학교생활에서 스트레스를 보다 더 민감하게 인지하고 있다(62.8% 대 56.%).

표 12-44 청소년의 스트레스 인지율 (2012) (단위 : %)

	가정생활		학교생활		전반적인 생활	
	2010	2012	2010	2012	2010	2012
13~24세	**42.3**	**40.7**	**66.9**	**58.4**	**69.6**	**66.9**
13~19세	45.6	42.1	68.2	56.9	70.3	64.5
20~24세	38.3	38.5	63.7	62.8	68.7	70.8

자료 : 통계청, 「사회조사」 각년도.

주: 1) '스트레스 인지율'은 평소 스트레스를 느끼는 사람('매우 많이 느낌'과 '느끼는 편임')의 비율임
2) 2010년은 각각 15~24세, 15~19세 대상임

<표 12-45>는 청소년(13~24세)들이 '공부(성적·적성)'에 대해 가장 크게 고민하고 있음을 보여주고 있다(2010년 38.6%, 2012년 35.9%). 그리고 10대 청소년(13~19세)이 20대 청소년(20~24세)에 비해 공부에 대한 고민이 크다(50.4% 대 13.4%). 공부에 대한 고민 다음으로는 '직업'에 대한 고민이 크다.

표 12-45 청소년이 고민하는 문제 (단위 : %)

	계	외모·건강	가정환경	용돈부족	공부(성적, 적성)	직업	친구(우정)	이성교제(성문제)	흡연, 음주	기타	고민없음
2010	100.0	16.4	9.1	4.3	38.6	22.9	1.6	1.7	0.2	0.8	4.5
2012	100.0	17.8	8.9	4.6	35.9	22.1	2.0	1.6	0.2	1.3	5.6
13~19세	100.0	18.6	6.1	5.2	50.4	9.8	2.5	1.0	0.2	1.4	4.8
20~24세	100.0	16.5	13.2	3.6	13.4	41.4	1.1	2.5	0.2	1.1	7.0

자료 : 통계청, 「사회조사」 각년도.

주: 1) '가정환경'에 '가정경제의 어려움' 포함
2) '기타'에 '학교(원)폭력', '인터넷중독' 포함
3) '2010'은 15~24세 대상

'공부'는 청소년들이 가장 많이 고민하는 문제이다. 그런데 많은 청소년들은 공부하는 목적을 '좋은 직업을 갖기 위한' 것에 두고 있다. '도구적 교육관'이 압도하는 사회와 가정에서의 분위기가 반영된 것이라 볼 수 있다.

<표 12-46>에서와 같이 청소년들(13~24세)이 기대하는 교육목적으로는 '좋은 직업을 갖기 위해서'(49.3%)가 압도적인 것이다. 10대 청소년(13~19세)의 경우에는 이 경향이 더욱 크다(50.1%).

'주위의 기대 때문'(2.9%), '학력을 차별하는 분위기 때문'(12.2%)이라는 목적도 상당 부분 차지하고 있다. 학력주의적 경쟁이 작용하는 것이라 볼 수 있다. '자신의 능력과 소질 개발'(34.3%) 목적도 상당히 큰 것은 긍정적이다. 그러나 '인격이나 교양을 쌓기 위한'(1.2%) 목적이 경미한 것은 인성교육, 전인교육의 측면에서 우려되는 부분이다.

표 12-46 기대하는 교육 목적 (단위 : %)

	계	좋은 직업을 갖기 위해서	자신의 능력과 소질개발	주위의 기대 때문	학력을 차별하는 분위기 때문	인격이나 교양을 쌓기 위해	기 타
2010	100.0	50.1	32.4	2.5	12.9	1.5	0.5
2012	**100.0**	**49.3**	**34.3**	**2.9**	**12.2**	**1.2**	**0.2**
13~19세	100.0	50.1	33.6	2.9	12.1	1.1	0.2
20~24세	100.0	47.1	36.1	2.7	12.4	1.4	0.3

자료 : 통계청, 「사회조사」 각년도.

주: 1) '기대하는 교육 목적'은 학생이 대학 이상의 교육을 받고자 하는 이유
2) 2010년의 통계는 15~24세를 대상으로 한 것임

<표 12-47>는 청소년들이 자살 충동에도 상당히 노출되어 있음을 보여주고 있다. 청소년의 11.2%(2012년)가 '지난 1년 동안 한 번이라도 자살하고 싶다'는 생각을 해 본적이 있는 것으로 나타났다. 자살을 생각한 가장 큰 이유는 '성적 및 진학문제'(28%)이다. 이는 '경제적 어려움'(20.5%), '외로움·고독'(14.1%), '가정불화'(13.6%) 등의 이유보다는 훨씬 강력한 이유인 것으로 나타났다. 그만큼 공부에 대한 압박감이 높다는 것을 보여준다. 특히 10대 청소년(13~19세)의 경우 자살을 생각한 가장 큰 이유로 '성적 및 진학 문제'를 제시한 비율이 39.2%에 이른다는 것은 특별한 주목을 요한다. 이는

20대 청소년(20~24세)의 경우(6.6%)보다 압도적으로 높은 수준이다. 10대 청소년들에게 '성적 및 진학 문제'는 엄청난 압박감을 주는 요인임을 알 수 있다.

표 12-47 청소년의 자살에 대한 충동여부 및 이유 (단위 : %)

	있다	소계	경제적 어려움	직장 문제	외로움, 고독	가정 불화	성적, 진학 문제	기타
2010	8.8	100.0	17.0	6.8	12.7	11.8	37.8	13.8
2012	11.2	100.0	20.5	6.7	14.1	13.6	28.0	17.1
13 ~ 19세	12.1	100.0	16.7	0.4	12.5	16.9	39.2	14.3
20 ~ 24세	9.9	100.0	27.6	18.7	17.1	7.3	6.6	22.7

자료 : 통계청, 「사회조사」 각년도.

주: 1) '기타'에 '이성문제', '질환·장애', '친구불화' 포함
2) '2010'년은 15~24세 대상

<표 12-48>에서처럼 청소년 사망의 제일 원인이 '고의적 자해(자살)'이라는 것은 놀라운 사실이다. 2012년 기준으로 '고의적 자해(자살)'은 인구 10만명당 8.0명으로, '운수사고'에 의한 사망(4.9명)이나 '악성신생물(암)'에 의한 사망(3.4명)보다 많았다.

표 12-48 청소년(9~24세)의 사망원인 (단위 : 인구 10만 명당)

		1위	2위	3위
2002	사망원인	운수사고	고의적 자해(자살)	악성신생물(암)
	사 망 률	9.8	5.8	4.5
2011	사망원인	고의적 자해(자살)	운수사고	악성신생물(암)
	사 망 률	8.9	5.5	3.3
2012	**사망원인**	**고의적 자해(자살)**	**운수사고**	**악성신생물(암)**
	사 망 률	**8.0**	**4.9**	**3.4**

자료 : 통계청, 「사망원인통계」 각년도.

한국의 청소년 자살은 계속 증가하고 있다. 이는 OECD 국가들과 비교할 때 확연하게 드러난다. 앞에서 살펴본 바와 같이(제5장의 [그림 5-5], p.137), OECD 31개 회원국의 아동청소년(10~24세) 자살률은 2000년 7.7명에서 2010년 6.5명으로 감소하였다. 그러나 같은 시기에 한국의 아동청소년 자살률은 6.4명에서 9.4명으로 증가하였다(46.9%). 10년 동안에 자살률 순위가 18위에서 5위로 뛰어오른 것이다. 증가율로 보면 칠레(52.9%)에 이어 두 번째이다.

이상에서 살펴본 바와 같이 한국 교육에 내재된 기본적인 특성이라 할 과도한 수준의 학력주의적 교육열은 한국교육이 빠르게 성장하는 데 기여하였으나, 과잉의 사교육과 고학력 인플레이션을 유발하고 실업과 하향고용 등의 사회적 비용으로 이어졌다. 동시에, 입시 위주의 교육은 전인적 인성교육의 가능성을 제한하였고, 그 결과 청소년의 심리적 안녕감과 행복감이 크게 위축되기에 이르렀다. 한국 교육이 과열된 도구적 학력주의를 벗어나 개인과 공동체의 삶을 발전시키는 데 실질적으로 기여할 수 있는 역량의 개발을 추구하는 적정한 수준의 합리적 학력주의로 전환되어야 할 필요가 있다.

참고문헌

강창동 (2009). 교육사회학의 이해. 서울: 학지사.
교육과학기술부, 한국교육개발원 (2009, 2010, 2011, 2012, 2013). 교육통계연보.
교육부 (2013. 6.). 2013년 OECD 교육지표 조사결과 보도자료.
김달효 (2003). 고교평준화 제도 정당화의 재조명. 한국교육 30권 1호. 한국교육개발원.
김민정 (2014). 취업애로계층의 특징과 시사점. 한국경제주평, Vol. 586, 1-15.
김병욱 (2007). 교육사회학. 서울: 학지사.
배종근 (1978). 교육투자의 적정화와 경제적 효과에 관한 연구. 문교부 학술연구조성 연구보고서.
유한구, 이혜숙, 윤여신 (2011). 서울특별시 교육격차 분석연구. 한국직업능력개발원, 서울특별시교육연구정보원.
윤석만 (2012 10. 23). 취업강국 스위스, 비결은 기업들 직업교육과정 8만개. 중앙일보 기사. http://article.joins.com/news/article/article.asp?total_id=16199853
통계청 (2008). 한국의 사회조사.
통계청 (2009). 사교육비 조사.
통계청 (2009). 한국의 사회동향.
통계청 (2009). 한국의 사회지표.
통계청 (2010). 청소년 통계.
통계청 (2010, 2011, 2012, 2013). 사회조사.
통계청 (2011, 2012). 사망원인 통계.
통계청 (2011, 2012, 2013). 사교육비 조사보고서.
통계청 (2012. 12. 20). 2012년 사회조사 결과 보도자료.
통계청 (2014. 2. 27). 2013년 사교육비 실태조사 결과 보도자료.
한국교육개발원 (2006, 2008). 교육통계분석 자료집.
한국직업능력개발원 (2004. 11. 12). 한국교육고용패널(KEEP: Korean Education and Employment Panel) 조사 보도자료.

新堀通也 等 (1882). *教育社会学*. 東京: 東信堂.

日本労動研究機構 (2001). 日欧の大学と職業·高等教育と職業に関する12か国比較調査結果.

Becker, G. S. (1964). *Human Capital: A Theoretical and Empirical Analysis, with Special Reference to Education*. Chicago, University of Chicago Press.

Bell, D. (1976). The Cultural Contradictions of Capitalism. Basic Books.

Bernstein, B. (1975). *Class, Codes and Control (Vol.3): Towards A Theory Of Educational Transmissions*. London: Routledge & Kegan Paul.

Bourdieu, P. (1973). Cultural reproduction and social reproduction. In: R. Brown (ed.) *Knowledge, Education and Cultural Change*. London: Tavistock.

Bowles, S., & Gintis, H. (1976). *Schooling in Capitalist America: Educational Reform and the Contradictions of Economic Life*. New York: Basic Books.

Carnoy, M. (1974). *Education as Cultural Imperialism*. New York: McKay.

Coleman, J. S. (1966). Equal schools or equal students. *The Public Interest*, 4: 70-75.

Coleman, J., Campbell, E., Hobson, C., McPartland, J., Mood, A., Weinfeld, F., & York, R. (1966). *Equality of Educational Opportunity Report*. Washington, DC: U.S. Government Printing Office.

Collins, R. (1971). Functional and conflict theories of educational stratification. *American Sociological Review*, 36: 1002-1019.

Collins, R. (1979). *The Credential Society: A Historical Sociology of Education and Stratification*. New York: Academic Press.

Maslow, A. H. (1943). A theory of human motivation. *Psychological Review*, 50(4), 370.

OECD (2008). Education at a Glance: OECD Indicators.

OECD (2009). Stat Extracts (http://stats.oecd.org).

OECD (2013). Education at a Glance 2013: OECD Indicators.

Rawls, J. (1971). *A Theory of Justice*. Harvard University Press.

Rosenthal, R., & Jacobson, L. (1968). *Pygmalion in the Classroom: Teacher Expectations and Pupils' Intellectual Development*. New York: Holt, Rinehart and Winston.

Rousseau, J. J. (1754). *Discourse on the Origin and Basis of Inequality Among Men*. Available at: http://un2sg4.unige.ch/athena/rousseau/jjr_ineg.html.

Schultz, T. W. (1963). *The Economic Value of Education*. New York: Columbia University Press.

Schultz, T. W. (1971). *Investment in Human Capital: The Role of Education and of Research*. New York: Free Press.

TIMSS (1995, 2003). Trends for International Mathematics and Science Study.

Trow, M. (1970). Reflections on the transition from elite to mass higher education. *Daedalus*, 90: 1-42.

Trow, M. (1999). From mass higher education to universal access: the American advantage. *Minerva*, 37(4): 303-328.

찾아보기 index

내용색인

가

사

아

자

차

인명색인

저자 소개

▶ 성낙돈

서울대학교 문학사(교육학 전공)
서강대학교 경제학 석사(정보통신 경제학 전공)
미국 Pennsylvania State University 교육학 박사(성인교육학·교육정책학 전공)
현, 덕성여자대학교 교직학부 교수
동 대학 교육대학원 석사과정 평생교육전공 주임교수

주요저서

교육학개론(공저), 교육행정 및 교육경영(공저), 성인학습 및 상담(공저), 평생교육학개론(공저), 평생교육프로그램개발(공저)

▶ 안병환

영남대학교 교육학 석사(교육사회학 전공)
영남대학교 교육학 박사(교육사회학 전공)
전, 대진대학교 부총장
현, 국민행복교육포럼 공동대표
한중교육교류협회 부회장
중원대학교 총장

주요저서

교육사회학(저), 교육행정 및 교육경영(공저), 행동수정(공역), 평생교육학개론(공저), 성인학습 및 상담(공저)

▶ 가영희

고려대학교 교육학 석사(상담심리학 전공)
인하대학교 교육학 박사(교육사회학·교육행정학 전공)
대진대학교 초빙교수
전, 고려대학교 교육대학원 겸임교수
현, 한국교육상담연구원 부원장
덕성여자대학교 강사, 안양대학교 강사

주요저서

교육심리학(공저), 교육행정 및 교육경영(공저), 교육학개론(공저), 평생교육방법론(공저), 성인학습 및 상담(공저), 평생교육학개론(공저), 평생교육경영론(공저)

▶ 노재화

국립 도쿄가쿠게이(東京學藝)대학 교육학 석사(교육학 전공)
국립 히토쓰바시(一橋)대학 사회학 박사(교육사회학·평생교육학 전공)
(재)일한문화교류기금 방일(訪日)연구원
고려대학교 아세아문제연구소 선임연구원
서울대학교 사범대학 강사
전, 한국평생교육연구소 소장
한국문해교육협회 부회장
현, 성결대학교 교양교직부장 교수

주요저서

학교의 사회교육(서울시교육청 공저), 인간과 교육의 이해(2004), 한국의 평생교육(일본어판, 일본 동아사회교육연구회 간, 공저, 2006), 평생교육사전(일본어판, 일본 일본평생교육학회 편, 공저, 2009), 교육학개론(공저, 2011)

역서

사회교육학(1993, 동문사), 단일민족사회의 신화를 넘어서(1994, 고려대 아세아문제연구소), 사할린 잔류한국인 조선인과 일본의 정치(1996, 고려대 아세아문제연구소), 생각을 바꾸면 미래가 열린다(2006, 한국종합경제연구원)

교육사회학

초판 1쇄 발행 / 2015년 8월 10일
초판 2쇄 발행 / 2016년 2월 25일
초판 3쇄 발행 / 2017년 8월 30일
초판 4쇄 발행 / 2018년 8월 30일
초판 5쇄 발행 / 2020년 8월 30일

•

공저자 / 성낙돈·안병환
가영희·노재화
발행인 / 이 중 수
발행처 / **동 문 사**

•

서울특별시 서대문구 홍제원 1길 12
(홍제동 137-8)
Tel : 02)736-3718(대), 736-3710, 3720
Fax : 02)736-3719
등록번호 : 제9-17호
가격 : 20,000원

•

ISBN : 978-89-8251-701-3(93370)
E-mail : dong736@naver.com
www.dongmunsa.com